U0448773

ПОВѢСТЬ ВРЕМѦННЫХЪ ЛѢТЪ

古史纪年

（古俄语——汉语对照）

王松亭　译注

李锡胤　
左少兴　审校

商务印书馆
2010·北京

中华人民共和国新闻出版总署"汉语年"活动资助
Издание осуществлено в рамках Года китайского языка в России при финансовой поддержке Главного управления по делам прессы и печати КНР.

图书在版编目（CIP）数据

古史纪年：古俄语—汉语对照／王松亭译注．—北京：商务印书馆，2010
ISBN 978‐7‐100‐06527‐6

Ⅰ．①古… Ⅱ．①王… Ⅲ．①俄罗斯—编年史—中世纪—俄、汉 Ⅳ．①K512.3

中国版本图书馆CIP数据核字（2009）第012920号

所有权利保留。
未经许可，不得以任何方式使用。

GǓSHǏ JÌNIÁN
古 史 纪 年
（古俄语—汉语对照）
王松亭 译注

商 务 印 书 馆 出 版
（北京王府井大街36号 邮政编码 100710）
商 务 印 书 馆 发 行
北京瑞古冠中印刷厂印刷
ISBN 978‐7‐100‐06527‐6

2010年8月第1版　　　开本787×960　1/16
2010年8月北京第1次印刷　印张24¾　插页1
定价：42.00元

目 录

序言一 喜读《古史纪年》 1

序言二 拨火传薪启后来——900年庆话《古史纪年》（古俄语—汉语对照） 2

序言三 "汉语年"话《古史纪年》 10

译者前言 13

罗斯诸侯世系表

ПОВѢСТЬ ВРЕМѦННЫХЪ ЛѢТЪ 1

古史纪年（译文） 1

译后记 171

序一 喜读《古史纪年》

王松亭同志在黑龙江大学攻博期间翻译此书。那年（1993）冬天很冷，他硬是"午夜一灯晓窗千字"，我说他有股子悬梁刺股劲儿。次年由黑龙江大学俄语系内部印刷300册，供本校研究生阅读。这次商务印书馆正式发行修订本，广大读者得能共赏宏文，是大好事。

1994年7月12日，我和松亭同志在莫斯科拜访普罗科菲耶夫（Н. И. Прокофьев）教授（顺便说说，他是古俄语权威布斯拉耶夫[Ф. И. Буслаев]院士的孙婿），他得知松亭翻译了《古史纪年》，十分兴奋，滔滔不绝地讲起二战时他在前线利用战斗间隙，于战壕之中为战友们讲述古罗斯勇士的故事，鼓舞士气，被评为优秀宣传员。

松亭同志译稿的内部印刷本，我曾于1994年在莫斯科访问时赠送汉学家宋采夫（В. М. Солнцев）院士和普希金俄语学院莫尔科夫金（В. В. Морковкин）教授，他们都十分赞赏，认为这是两国人民间文化交流的一件大事。

时间飞逝，松亭同志初译后，我获先读之快，商榷数事。如今耄耋，重读新稿，回忆当年师从苏联专家布托林（Д. И. Буторин）和戈尔什科夫（А. И. Горшков）学古俄语文献，恍如隔世。龚定庵诗："恍从魏晋纷纭后，为溯黄农浩渺前"。

李锡胤
2010年端阳于黑龙江大学

序二 拨火传薪启后来

——900年庆话《古史纪年》（古俄语—汉语对照）

一

王松亭博士翻译的俄罗斯最古老的编年史《古史纪年》由享有"中国现代出版从这里开始"盛誉的商务印书馆出版了。它的出版是2010年"俄罗斯汉语年"的盛事之一，也是继2003年该出版社出版的李锡胤教授（下称"李先生"）翻译注释的《伊戈尔出征记》之后，中国学术界、文化教育界和中俄文化交流的一项具有重要学术意义的活动。这将进一步加深、巩固中俄两国人民的传统友谊。

"中国现代出版"俄国古代史籍：中国—俄国，现代—古代，汉语—俄语，这些崇高而庄严的字眼让人浮想联翩，显示出它们之间的相辅相成、相映成趣的密切关系。

《古史纪年》的翻译出版，是一项"拨火传薪启后来"的事业。"拨火传薪启后来"这一诗句出自李先生笔下。1994年李教授应邀出席俄罗斯科学院汉学研讨会。当时他会晤了俄罗斯著名汉学家宋采夫（Виктор Солнцев）院士，为后者作诗一首相赠：

中俄唇齿互依偎，师尽喜看比象回；

盈室通人论汉学，跻堂远客佩高才。

旁搜远绍光先哲，拨火传薪启后来。

倘许二生伺程雪，狂饮今日替干杯。

（见李锡胤诗存《霜天星影》：莫斯科杂诗[一]）

宋采夫院士十分赞赏王松亭的《古史纪年》（译注本，指1994年黑龙江大学"内部发行本")。他认为从古俄语文本(实为后期抄本的铅印本)译成汉语,确非易事,其中包含了王松亭和他的导师李先生花费的很多功夫。如今该译本正式出版,译文质量上乘,更是凝聚了多位译校者的心血。

1997年李先生将《伊戈尔出征记》和《古史纪年》两部"译注本"赠我,使我有机会先睹为快,最早受益。新世纪伊始,我于2003年和2008年前后两次(在李先生举荐之下)受商务印书馆之聘,为两部"译注本"作审校工作。我把这项工作看作自己俄语教学60年(1950—2010年)中最有意义的工作之一。

二

《古史纪年》和《伊戈尔出征记》是基辅罗斯时期两部重要的"扛鼎"之作,堪称古代罗斯文学中的"鸿篇巨制"。前者属于文学题材的"编年史"。而古代罗斯的编年史是一种史学和文学相结合的体裁,因而也是古代罗斯文学中最有史料价值的文学性历史文献。

欧洲中世纪被称为"宗教世纪"、"信仰时期",《古史纪年》这部编年史,同欧洲中世纪许多书面文献一样,受到当时宗教—社会思想的影响,带有或多或少的宗教色彩和或轻或重的宗教痕迹。但编年史仍然属于世俗性质的作品。尽管如此,古代罗斯的编年史,也如中世纪欧洲许多国家的"编年史"和"年代记"等史籍一样,出自修道院僧侣之手。例如比较著名的《法兰克人史》就是在中世纪初期由都尔教会主教、史学家格雷戈里(约538—594年)所编纂。古罗斯的这部由修道院汇编的《古史纪年》,从一定意义上说,可以称之为"古罗斯人史"或者"早期罗斯史"。

后来,中世纪编年史逐渐由修道院进入王公府邸,编年史家除了修士还有"书吏"(相当于我国古代的"吏官"),但中世纪罗斯的史家"编史"都属于"官修"范围。

每个民族(此前的部落部族)发展到一定阶段时,特别是进入恩格斯说的"从铁矿石的冶炼开始,并由于拼音文字的发明及其运用于文献记录而过渡到文明时代"(《家庭、私有制和国家起源》)的阶段时,都要从世代

"口口相传"的历史转入用"留之久远、传至远方"的书面文字来记载自己的历史,用"历史文献"(即编年史之类)来确立自己是一个独立存在的历史个体及其在历史进程中所处的地位。这是这个民族自我存在意识的表现,是民族意识提高的表现。本族历史的记载,加强并促进了民族的集体记忆和集体认同。

《古史纪年》一开始就亮明了自己的主旨(有人称其为该书的"全名"、"主题"等):

"这是对往年历史的记载,它叙述了罗斯族人(Русская земля)从何而来,谁是基辅的开国大公,以及罗斯国家(Русская земля)如何建立。"

这几句话可谓是开宗明义,言近旨远。"Русская земля"(在古俄语文献中写成"Рускаяземля")这个词语就像是一根红线,是贯穿全书的中心词、关键词。在《古史纪年》中,公元9世纪有三个以数字"2"结尾的年份值得注意:852年、862年和882年。例如,在"6360(852)年"项下〔其中852年指从公元元年(耶稣基督诞生年)到这一年过了852年,6360年指从上帝"创世"到这一年过了6360年,而两者相距5508年〕写道:"……拜占庭帝国米哈伊尔皇帝开始执政,此年才有罗斯国(Русская земля)这个名称……"这是《古史纪年》中第一次写明的年份(依据当时译自希腊语的拜占庭史料),或者说,从852年起开始"逐年记载"有关"史实"。而其前"历史"是"无文字记载"的。因此,对东斯拉夫人来说,852年之后,称为"有历史时期",852年之前,称为无历史记载的"史前"时期。852年不仅成了年代"分水岭",而且是一个重要的"年代标记"。

但是,《古史纪年》中仍以《圣经》为据,从上帝的"创世"(及之后的"大洪水"、"挪亚方舟"、"人种分布"等)一直讲到"当世"(即史家所处时代)。这是古代史籍中的"神话传说"时期。中世纪欧洲史家在叙史时有一个惯例(即所谓教会惯例):叙史必从《圣经》开始。《法兰克人史》是这样,《古史纪年》也是这样,但它们都能"略"古而详"今"。

至于862年,因为《古史纪年》上记录了留利克在诺夫哥罗德建立了古罗斯的第一个王朝（这一年还被称为"立国年"）。1000年后，于1862年，在诺夫哥罗德建立了"俄罗斯千年纪念碑"（Памятник тысячелетию России）。而882年是留利克（879年去世）委托亲信族人奥列格"摄政"后带领罗斯北方的东斯拉夫人各部南下，占据南方大邑基辅并定都于此。从此，基辅大公国一直延续到《古史纪年》记述的1117年——弗拉基米尔·莫诺马赫大公在位时代（1113—1125年）。换句话说，"按年"记述的罗斯《古史纪年》（852—1117年）共有265年之久。

三

从《古史纪年》中的文字叙述和其他相关的俄国文史资料可以看到，有关这一史籍还有一些问题，值得向读者（尤其是向"俄罗斯学家"）提供一些信息，作一些简单的介绍，同时也谈点我们的看法。

（一）关于编者

我国有关俄国古代文化的书籍或俄国文学史中，几乎一直认为《古史纪年》是"12世纪初由基辅山洞修道院僧侣涅斯托尔（Нестор）编成的"。其实问题并非如此简单。1994年俄罗斯科学院通讯院士米洛夫（Л.В.Милов）主编的《从涅斯托尔到冯维辛》（《От Нестора до Фонвизина》）文集第一篇就是《谁是〈古史纪年〉编著者？》（《Кто был автором〈Повести временных лет〉？》）。文章第一段写的是："《古史纪年》的编著者问题是最复杂的史料学问题之一，迄今为止还没有满意的解答。在学术界这个问题讨论了整整二百年之久"（第40页）。有学者提出，是基辅山洞修道院邻近的另一修道院院长西尔韦斯特尔（可能在涅斯托尔编纂的史料基础上）加工续编而成的。19世纪俄国著名史学家克柳切夫斯基认为："这个西尔韦斯特尔就是编年史汇集的编者"，"涅斯托尔是最早的基辅的编年史的作者，但这部编年史的真本没有流传下来……"（《俄国史教程》第1卷，商务印书馆，1992年，第81-82页）。

《古史纪年》的"1110年"项下最后一段写道："我乃圣米哈伊尔修道院院长西尔韦斯特尔，于1116年……弗拉基米尔·莫诺玛赫任基辅大公期间写成此书，以期求得上帝赐福……"因此，学术界就采取一种"折中"

办法：1110年以前由涅斯托尔所编而未传留至今者看作《古史纪年》第一版（"первая редакция"），而在此基础上由西尔韦斯特尔加工修正续写（至1117年）的《古史纪年》看作"第二版"（"вторая редакция"）。罗斯各地编纂的编年史（如《拉夫连季编年史抄本》等）均将后者置于卷首，从而《古史纪年》被称为《俄罗斯编年序史》（或《初始编年史》）。

（二）关于史料

《古史纪年》的史料多种多样，克柳切夫斯基认为："构成最初的编年史汇集的三个主要部分就是：1）1054年前编成并叙述到奥列格统治时期为止的《往年纪事》；2）12世纪初编成，在汇集中置于986—988年项下的《罗斯接受基督教的传说》；3）叙述11至12世纪（到1110年为止）的事件的《基辅山洞修道院编年史》"（《俄国史教程》，第1卷第79页）。

此外，还有分别置于"912年"、"945年"等项下的法律文书——与拜占庭希腊人签订的和约（含通商贸易条款等）以及莫诺玛赫的《训诫书》（据认为在早先的《基辅编年史》中没有这两件史料）。

最值得一提的还有《古史纪年》的最早编纂者大量引用了9世纪拜占庭史学家乔治·阿马托尔（也译为阿玛尔托拉或阿玛托卢斯）的一本类似"欧洲通史"的《年代纪》（罗斯受洗后最早引入罗斯并译成古俄语，名《Хроника》），特别是在"852年"项之前，引用该《年代纪》达17—18次之多。编年史还大量引用并改编故事、传说等（如"奥莉加替夫复仇记"等）。

《古史纪年》中的重要年份还有986、987、988这三年（与"罗斯受洗"的关系极密切）的记述，特别是其中"哲学家（这里有神学家的意义）的谈话"（"речь философа"）它们不仅篇幅大，而且史料多（既有《圣经》的材料，但有点差异，也有"仿经"的材料，还有口头传说等）。从某种意义上说，"谈话"颇似简本的"早期基督教史"。

（三）关于编年史家的史识和史德

基辅罗斯立国后，罗斯人一直面临维护国家统一的斗争；1054年基督教在组织上（此前已在思想上和教义诠释上）正式分裂为"东方正教"和

"西方天主教"。因此，史家在编史时必然从王族和教会这两个方面来选取材料，亮明观点（即自己的史识）。《古史纪年》的史家之史识实质上就是"成王败寇"的"正统观"和"东正西歪"的"正宗观"（书中把"拉丁人"天主教说成是"вера кривая"）。

1054年雅罗斯拉夫大公临终之际嘱咐儿子们要"尊长爱幼"、相互友爱。有人把这看作是他们的王室"立长（继承）制"的遗训。然而历史告诉我们：从弗拉基米尔一世（从他980年统治全罗斯）起，到弗拉基米尔二世（1125年去世）止，在145年内，当年的"立长制"始终没有真正实行，王公内讧也很少停止过。它与中国封建王朝的世袭制"立长不立幼，立嫡不立庶"不完全相同。即便如此，如我国唐朝李世民称帝前还有"弑兄杀弟"、夺取继承权的"玄武门之变"。

从《古史纪年》多次用到的两个词语"крест честный"（吻十字架对天明誓）和"завещание отцовское"（父辈遗训）来看，这是古罗斯编年史家评判人事的两个标准：明誓不可违，祖训不可逆。在《古史纪年》中，违誓逆训的事例不少。

所谓"史德"，就是史家是否敢于秉笔直书，直言不讳。自古以来，世界各国的史家修史就有直书和曲笔之分。中国汉朝史官司马迁不以汉武帝雄才大略而不书其奸诈："陛下内多欲而外施仁义"（《史记·汲郑列传》）；他的《史记》被誉为"其文直，其事核，不虚美，不隐恶，故谓之实录"（均引自王锦贵主编《中国历史文献目录学》，北大出版社，第51页）。

《古史纪年》的编年史家在一定程度上也有这样的"史德"：首先是实录。他们不以弗拉基米尔一世"引进基督教"的丰功伟绩而不书其"受洗礼"前"弑兄纳嫂"、"奸淫妇女"等劣行；也不以雅罗斯拉夫大公的文治武功而不记录："6525（1017）年，雅罗斯拉夫（率部）进基辅，焚毁教堂"等罪恶；此外，编年史家从王室和教会的利益出发，不断地揭露谴责王公中兄弟反目成仇，叔侄之间兵戎相见，危害国家，荼毒生灵等恶行。正如前面所说，由于史家的"正统观"和"正宗观"，他们又不得不"曲笔"而"党同伐异",为尊者讳。

（四）关于"纪年"

通常认为编年史是按年份逐年编写的,所以有时它被称为"按年纪录"（"погодная запись"）。在《古史纪年》中,从852年开始"记事"到1117年,历时265年。然而有104年（近2/5的年份）是"有年无记"。有时把某年发生的事挪到其他年份,即"合年"记事,或"移年"记事。这往往造成史实杂乱,语焉不详。例如"898年"项下记录着863年发生的事,即拜占庭传教士基里尔兄弟应邀到大摩拉维亚公国传教,同时创建了一种斯拉夫字母并用这种新创字母文字翻译了《使徒行传》、《诗篇》等《圣经》书籍。基里尔本人于869年去世。因此一些读史书的学人对这种"年份"与"史实"不符的情形甚感困惑,连呼"неясно"（莫名其妙！）。

关于《古史纪年》的语言

《古史纪年》这部古罗斯书面文献,在材料、内容、语言、文体诸多方面,可谓丰富多彩,在古罗斯的文献中,首屈一指。由于其材料来源不同——如取自东斯拉夫流行的民间传说故事,来自像《哲学家的谈话》之类的宗教—教会著述言论,等等,结果它们使用来记事的语言也有所不同（主要表现在词汇用语上）。

我们看到,一些非基督教—教会性质的"记事"（如：多神教时期古罗斯的民间故事传说,再如莫诺马赫的《训诫书》等）是用以东斯拉夫全民语为基础的古罗斯书面语言写成,而含宗教—教会内容的材料,多数是用罗斯化的古斯拉夫语,即教会斯拉夫语写成（或译成）。当然,各类材料的语言词汇是相互渗透,交互为用的。

四

《古史纪年》是全部东斯拉夫人（及后来俄罗斯人、乌克兰人和白俄罗斯人）的极珍贵的历史文献,人们誉其为"档案室"（архив）,因为它保存着许多已遗失的文献史料的信息和遗迹。由于它材料的丰富多样还被誉为古罗斯社会历史文化的"百科全书"；它给后世的文学史家、史学家、地理学家、社会民俗学家、宗教学家、法学家以及语言文字学家等提供了宝贵的史料。

俄罗斯人热爱自己的历史，尊重自己的历史；俄罗斯学者把《古史纪年》赞誉为"有许许多多单个画面的大型壁画"（利哈乔夫院士语），"我国历史的一面镜子"等。把"史书"比作"镜子"(зеркало)，正是我国的"以史为鉴"（"鉴"——古时之"镜"）的 俄式说法。众多的俄罗斯人文社科学者，长时期以来致力于研究探索本族（包括斯拉夫人种集团）的历史、历史"真实"和各种史籍，并取得丰硕的学术成果。而《古史纪年》的翻译出版，必将推动我国俄罗斯学界在学术研究上的进一步开展，澄清我国学界中存在的被人为弄乱了的一些"是非问题"和"违反史实"的问题，有助于我国学者取得更多的学术成就。

《古史纪年》从在古罗斯的基辅初版汇编成的1110年，到它在现代中国北京正式翻译出版的今年——2010年，经过了整整900年。它也许是在中国翻译出版的第一部有"900岁高龄"的俄罗斯古籍。

900年庆，可喜可贺！

左少兴
2010年夏于北京大学

序三 "汉语年"话《古史纪年》

王松亭教授所翻译的古俄语文献《古史纪年》（Повесть временных лет）即将由商务印书馆出版发行，这是我国俄语学研究园地绽放出的又一朵绚丽鲜花，更是改革开放政策在对外文化交流领域结出的另一个喜人成果，可庆可贺。

《古史纪年》的原作是一部古俄语文学名著，又是一部编年体的纪实性史书。全书涵盖9~11世纪古俄罗斯政治、军事、文化、艺术、宗教、地理以及风土民俗、国际关系等一系列重要方面，内容博大，记述翔实，堪称有关古俄罗斯国情的一部历史小百科。该书在俄罗斯广为流传，家喻户晓；其中许多历史纪实和传说故事更是美轮美奂，脍炙人口，因而被俄罗斯人民视为自己的传世瑰宝，引以为自豪。毫无疑问，这一古典名著的汉译出版对我们探讨俄罗斯国情和研究俄语的历史发展都具有特殊意义。

《古史纪年》从古俄语文献译成汉语，难度是很大的，但整个译文准确流畅，传神达意，遣词造句细腻隽永，韵味盎然，是一部难得的好译作，因而该书作为中俄文化交流的项目出版，自然受到国内外有关学界的格外重视与欢迎。1994年俄罗斯著名汉学家宋采夫（В.Н.Солнцев）院士看到松亭同志的译本后，曾连声赞誉，说这是对中俄文化交流的有益贡献。

《古史纪年》按历史顺序逐年记述了古俄罗斯9—11世纪曾经发生过的许多重大历史事件，内容翔实而生动，是研究俄语史和俄罗斯国情的重要材料和依据之一。首先，从历史的角度看，该书所记述的史料始于公元852年，终于1117年，历史跨度长达二百余载。众所周知，这一历史阶段是古俄罗斯（东部斯拉夫）人建立基辅大公国到封建割据的时期，《古史纪年》生动地重现了留利克王朝由统一兴盛到群雄争斗，内讧迭起，战乱不止，最后导致国道中衰、外族入侵的整个历史画面。抚今追昔，令人心潮涌动，感慨万千——历史是实实在在的，"和则兴邦，乱必败国"，以史为鉴，发人深省。其次，从内容和编排上看，该书更具有自己的特色，与其他编年史手抄本相比，是最为完整的一部，称得上是一种"善本"。如945年的记载，在一般手抄本中只有"希腊皇帝罗曼接见俄罗斯使臣，双方谈话内容记录在案"的简单字样，而无具体内容，但在这一"善本"中则作了增补，加添了会谈纪要和订立俄希和平条约的全部内容，至详至尽；又如莫诺玛赫《训诫书》（Поучение Владимира Мономаха）原是该大公以家长身份，用切身经历写来教育自己儿孙应该怎样为人处世，怎样勤政爱民的一篇"家训"，其内容生动，情节感人，使人常读不厌。该文散见于某些版本的古俄语文学选读中，但《古史纪年》则根据《拉夫连季编年史手抄本》（Лаврентьевский список летописи）的原著附录于1096年的条例之中，既是单列，又与同年代发生的其他历史事件融成一体，使人能多层次多角度、更深入地了解该"家训"创作的时代背景与历史意义。最后，从语言的角度看，这一历史阶段正是俄语经历巨大变革的时期，语言的各种旧质逐渐消亡，新质不断产生，形式体系新旧交替互为明显并留下了深刻的记印，将《古史纪年》的译本与原文对照研读，能为我们提供丰富的"活的"语言材料。现代俄语中许多特殊语言现象在这里都可以找到自己的历史印迹，得到科学的阐释。恩格斯在《反杜林论》中指出："……要了解'本族语言的材料和形式'，就必须追溯本族语言的形成和它的逐渐发展，如果一不顾它自身业已消亡的形式，二不顾亲属语言中活的和死的语言，那么这种了解是不可能的。"（人民出版社，1971年版，316页）。因此，不论是从历史、资料、语言，还是从国情等方面看，《古史纪年》一书对俄语专业学生和俄语工作者来说，都是十分有益的，是案头必备的参考。

　　世界各国人民的历史文化遗产是全人类的共同财富。我们一贯主张应该仔细研究，认为拒绝研究和排斥一切的虚无主义态度是不正确的。当然，这种研究必须秉持科学的态度，采用正确的方法，才能从中得到有用的东西，获取宝贵的借鉴和教益。客观世界的任何事物或现象总是一体两面的，这里的"两面"指的就是"现状"和"历史",二者是相辅相成,缺一不可的。因此,语言研究中只有把共时描写与历时分析有机地统一起来,结合起来,即在共时描写的基础上辅以必要的历时分析,又在历时分析的帮助下进一步扩大共时描写的广度和深度,这样,研究工作才能达到更科学更完善的境地,而且具有更大的说服力。可见,俄语研究中对其历史作某些必要的探讨,"并不是厚古薄今,而是给历史以一定的科学地位,是尊重历史辩证法的发展"(毛泽东:《新民主主义论》),是古为今用。

中俄是山水相连的友好邻邦,两国人民的历史交往源远流长。去年在我国举办了"俄语年",今年又在俄罗斯举办"汉语年",这些双边活动受到两国人民的热烈欢迎和积极响应,从而有力地推动了两国间的文化交流,增进了彼此的相互了解,并大大地加深了两国人民久已存在的友好情谊。此刻,王松亭教授《古史纪年》汉译本的面世,可说是正逢其时,它为今年的"汉语年"活动增添了光彩,并为之献上了一份珍贵的贺礼。衷心祝愿中俄两国人民间的友谊之树枝繁叶茂,硕果累累,万古长青。

杨 隽
2010年于武汉

译 者 前 言

《古史纪年》(Повесть временных лет,亦译为《往年纪事》)是俄罗斯古代编年史中最为完备、最有影响的一部编年史著作。本书上溯至斯拉夫人起源和分布,下迄公元1110年(教历6618年)。着重叙述留利克(Рюрик)称王(862年)和奥列格(Олег)建国(882年)以后的古罗斯历史,并将古罗斯历史同世界史及斯拉夫民族史联系起来。作者针对当时封建割据的历史背景,谴责分裂、内讧、战乱和相互残杀,强调维护国家统一和民族团结的重大意义。

从内容上看,本书收入了大量历史、地理、国际关系、语言、文字、宗教和艺术等方面的资料,是反映9—11世纪基辅罗斯社会生活的完整著作,当时社会生活的百科全书,是现存的大多数俄罗斯编年史的基础。本书文字简洁而生动,可称为当时罗斯文献的瑰宝。可以说,《古史纪年》既是一部史书,也是一部古代罗斯文学杰作。

关于成书过程:

1113年左右,基辅洞穴修道院修士涅斯托尔(Нестор)依据多种"材料",在前人的基础上编撰此书,后得以广为流传。1116年,圣米哈伊尔修道院院长西尔韦斯特尔(Сильвестр)受当时弗拉基米尔·莫诺马赫(Владимир Мономах)大公之命,续编《古史纪年》,使其内容更加充实。此书最早和最重要的抄本是《拉夫连季编年史》(Лаврентьевская летопись)、《伊巴吉夫编年史》(Ипатьевская летопись)和《拉吉维勒编年史》(Радзивиловская летопись)。

本书译自苏联科学院1950年版。原文系利哈乔夫(Д. С. Лихачев)院士根据《拉夫连季编年史》1377年的羊皮抄本整理后刊行,内容始于852年,止于1117年。拉夫连季抄本是修士拉夫连季（Лаврентий）受苏兹达尔—下诺夫哥罗德的德米特里·康斯坦丁诺维奇（Дмитрий Константинович）王公之命而写成；抄本有几处不全，有几处只标年代而缺记事，利哈乔夫根据《拉吉维勒编年史》加以补足。①

关于本书作者：

涅斯托尔，生卒年月不详，古罗斯编年史家，约在11世纪70年代入基辅洞穴修道院。11世纪80年代，完成了《鲍利斯和格列布之死及其言行录》和《费奥多西言行录》两部著作。其作品在宣讲基督教思想的同时，强调罗斯对拜占庭的独立性，谴责诸王公之间的混战和分裂。1113年左右，编成《古史纪年》这一历史著作。

本书大体梗概：

本书作者根据《圣经》中的内容讲述人类的起源和语言的分化，然后谈到古代斯拉夫人的起源、分布和发展以及斯拉夫人各部落及部落联盟的基本情况和基辅城（Киев）的建立，并从希腊皇帝米哈伊尔（Михаил）当政的第一年（852年）开始编年记事。

862年，斯拉夫人中的一支——楚德人战胜瓦兰人，然而其部族内部形成混战局面，他们请罗斯人首领留利克三兄弟前来统治。后来，西涅乌斯（Синеус）和特鲁沃尔（Трувор）相继去世，政权落于留利克一人之手。879年，留利克去世，其子伊戈尔（Игорь）年幼，故托其族人奥列格摄政。"先知"奥列格率兵征服周边各部族，扩展疆土，并于882年攻占基辅。907年，奥列格率兵攻打希腊获胜，于912年与希腊人签订和约。当年，奥列格死于坐骑，伊戈尔开始执政。至此时，东斯拉夫诸部落多数归于罗斯范围，政治重心南移基辅城。伊戈尔统治周边部落，941年出征希腊，败于"希腊火"②而归，945年，再次与希腊签订和约。同年，伊戈尔在收取贡赋时，被德列夫利安人杀死，其子斯维亚托斯拉夫（Святослав Ⅰ）年幼，故由奥莉加（Ольга）大公夫人摄政。奥莉加率兵攻打德列夫利安人，

---

① 拉吉维勒是14世纪立陶宛大公国的一位王公。
② "希腊火"（Греческий огонь）指的是：当时希腊人安装在船上的一种发射"易燃混合物"的"炮火"。

为夫报仇。955年，她出行希腊，接受基督教洗礼。此时，斯维亚托斯拉夫已长大成人，率兵四处征战，却险些使基辅城丧于异族佩切涅格人之手。969年，奥莉加去世，斯维亚托斯拉夫再次率兵攻打希腊，攻克佩列亚斯拉韦茨（Переяславец），后与希腊人议和，在回返罗斯的途中，被佩切涅格人杀死。斯维亚托斯拉夫死后，他的3个儿子雅罗波尔克（Ярополк）、奥列格、弗拉基米尔相互争权。雅罗波尔克杀死了奥列格，弗拉基米尔又设计杀死了雅罗波尔克，统一了政权。与其前辈一样，弗拉基米尔多次率兵征服周边各部族，课以税赋，他自己居基辅城，统揽大权。988年，弗拉基米尔出征希腊后接受洗礼，废弃了多神教，定基督教为国教，巩固了封建制度，加强了同欧洲各国的交往，促进了文化发展。

1015年，弗拉基米尔大公去世，诸子之间内讧纷起，争夺政权。鲍利斯（Борис）和格列布（Глеб）先后被杀，谋杀同父异母兄弟的斯维亚托波尔克（Святополк I）受到了雅罗斯拉夫（Ярослав）的讨伐，兵败受惊而死。雅罗斯拉夫继为基辅大公。他具有远见卓识，号称"智者"，在他统治下，基辅罗斯的政治、经济及文化诸方面发展均到鼎盛时期。雅罗斯拉夫生前安排3个儿子治理分封之地：斯维亚托斯拉夫在切尔尼戈夫（Чернигов），伊贾斯拉夫（Изяслав）在基辅，弗谢沃洛特（Всеволод I）在佩列亚斯拉夫利（Переяславль）。1054年，雅罗斯拉夫大公临终之际，谆谆遗命儿辈精诚一致，不要内讧，然而，言犹在耳而战祸连连。一方面，罗斯疆土屡遭异族波洛韦茨人的侵略；另一方面，诸罗斯王公之间内讧不断，战火频起，斯维亚托斯拉夫之子奥列格甚至勾结波洛韦茨人攻打罗斯王公。11世纪后半叶罗斯内战分为两场对抗。一场是雅罗斯拉夫的异母兄弟波洛茨克公伊贾斯拉夫的孙子弗谢斯拉夫（Всеслав）与雅罗斯拉夫一房之间的对抗（1067年起）；一场是雅罗斯拉夫房内亲兄弟间，主要是伊贾斯拉夫、斯维亚托斯拉夫，弗谢沃洛特之间的对抗（1073—1097）。关于这一阶段的战事，大致如下：

1055年：波洛韦茨人酋长博鲁什（Болуш）率兵攻打罗斯，与弗谢沃洛特讲和后退兵。

1061年：波洛韦茨人首次侵犯罗斯，酋长为伊斯卡尔（Искал），俄罗斯人兵败于敌手。

1064年：弗拉基米尔之子罗斯季斯拉夫强占特姆多罗干，赶走了斯维亚托斯拉夫之子格列布。

1065年：斯维亚托斯拉夫讨伐罗斯季斯拉夫，后者不愿交战，逃走。格列布重返特姆多罗干。罗斯季斯拉夫再次赶走格列布，占领该城。

1067年：波洛茨克公伊贾斯拉夫之孙弗谢斯拉夫挑起内讧，雅罗斯拉夫的3个儿子率兵讨伐，将其抓获，囚于基辅。

1068年：波洛韦茨人再次入侵，罗斯军队再败。伊贾斯拉夫逃往波兰，弗谢斯拉夫被救获释。

1069年：伊贾斯拉夫勾结波兰人攻打基辅，弗谢斯拉夫逃走。

1071年：波洛韦茨人再度入侵。弗谢斯拉夫于波洛茨克胜伊贾斯拉夫之子斯维亚托波尔克。

同年，伊贾斯拉夫的另一个儿子雅罗波尔克又于格洛季奇斯克（Голотичск）胜弗谢斯拉夫。

1073年：斯维亚托斯拉夫与弗谢沃洛特一起，与伊贾斯拉夫发生纷争，后者逃走。

1076年：弗谢沃洛特把大公之位让给伊贾斯拉夫，自己从奥列格手中夺取了切尔尼戈夫公位。

1078年：奥列格与维亚切斯拉夫（Вячеслав）之子鲍利斯（Борис）联合，勾结波洛韦茨人向弗谢沃洛特报仇；索日察河（Сожица）上一战，奥列格获胜，波洛韦茨人大肆抢掠。弗谢沃洛特向伊贾斯拉夫请援，后者应允。伊贾斯拉夫、弗谢沃洛特及其子莫诺马赫（Мономах）从斯摩棱斯克（Смоленск）穿过波洛韦茨人防地而南下。奥列格与鲍利斯商议，拟议和。鲍利斯不从，夸口说单独也能取胜。10月3日双方战于涅扎金（Нежатин）一带，鲍利斯和伊贾斯拉夫战死。

1079年：奥列格与兄弟罗曼（Роман）再次勾结波洛韦茨人进犯罗斯。弗谢沃洛特大公在佩列亚斯拉夫利附近与波洛韦茨人议和；波洛韦茨人撤兵途中杀死罗曼。奥列格被可萨人抓获，带往希腊。3年后，奥列格从希腊逃往特姆多罗干。

1093年：弗谢沃洛特大公去世，波洛韦茨人入侵，罗斯军一败再败。

1094年：奥列格引波洛韦茨人从特姆多罗干至切尔尼戈夫。弗拉基米尔·莫诺马赫关闭城门，奥列格纵火焚烧郊外修道院等。后双方议和，弗拉基米尔把切尔尼戈夫让给奥列格，自己来到佩列亚斯拉夫利。波洛韦茨人劫掠切尔尼戈夫地区，奥列格不加制止。

1096年：斯维亚托波尔克与弗拉基米尔叫奥列格去基辅议事，奥列格拒绝前往。前二人率兵到切尔尼戈夫，奥列格出逃，不久求和。他口头上答应去基辅签约，到斯摩棱斯克后却纠集兵马，杀死了莫诺马赫之子伊贾斯拉夫，夺回了世袭地穆罗姆（Муром），又从穆罗姆到苏兹达尔（Суздаль）和罗斯托夫（Ростов）。莫诺马赫之子姆斯季斯拉夫不许奥列格进驻罗斯托夫，库拉奇察河（Кулачьца）河一战，奥列格败逃。

1097年：罗斯诸王公之间的内讧暂时结束，在柳别奇（Любеч）缔结和约，承认每个王公都有权世袭自己的领地，并决心精诚一致，反对异族的入侵，保卫罗斯疆土。

关于这一时期的情况，卡拉姆津（Карамзин）在《俄国史》中写道："城池空虚，乡间教堂、民舍、仓房被焚。百姓于锋镝之下屏营待毙。被俘者流放蛮方，跣足裸体，哽咽互语：'家本某山某水'而已。草甸之上无复马牛；昔日良家宴居之处，今则满目蒿莱，狐狌跳啸其间。"《古史纪年》中也写道："所有城镇村落，十室九空，满目疮痍，万户萧疏。曾经放牧马、牛、羊的草地和田野，如今野草丛生，野兽出没，成了它们的巢穴"（见1093年）。有许多公国实际上已经脱离了基辅大公的控制，严重削弱了基辅罗斯的势力。

柳别奇会议刚刚过去，诸王公表面上信誓旦旦，实则同床异梦，争权夺利，干戈不息。先是斯维亚托波尔克与伊戈尔之子达维德（Давыд）合谋，囚禁了特姆多罗干公罗斯季斯拉夫之子瓦西里科（Василько），剜其双目。弗拉基米尔·莫诺马赫召集诸王公，意欲讨伐。基辅百姓哀告："诸侯纷争，蛮貊之徒势必坐收渔利，国土沦丧，何以告慰列祖列宗。"这一时期，一方面斯维亚托波尔克和达维德之间互相推脱罪责，相互攻击。另一方面，瓦西里科为报剜目之仇，与其兄弟沃洛达里（Володарь）一起率兵攻打斯维亚托波尔克和达维德。罗斯大地上仍是一片混战局面。1100年，弗拉基米尔·莫诺马赫率斯维亚托波尔克、奥列格及其兄弟达维德聚于乌韦季奇（Уветичи），再次议和。伊戈尔之子达维德赶到，拒不认罪。众兄弟决定划给他部分领地，不许他再为恶事。后来达维德死于其领地多罗哥布日（Дорогобуж）。

乌韦季奇议和之后，罗斯诸王公之间的内讧相对减少，相互之间也没有什么大的军事行动，弗拉基米尔·莫诺马赫竭力主张诸王公共同出兵，攻打波洛韦茨人。1103年和1111年，罗斯大军两次大规模进攻波洛韦茨人，皆大获全胜，胜利凯旋。1113年，斯维亚托波尔克去世，弗拉基米尔·莫诺马赫继任大公。此后，基辅罗斯国势日强。

黑龙江大学李锡胤教授译注《伊戈尔出征记》时，曾赋诗一首，因其与本书所载史实有历史联系，故移录于此，作为"前言"结束语：

> 草原鼓角噪千军，谁省天心日色昏。
> 饮马大江沉折戟，举头故国蔽高岑。
> 浪言孤注山能拔，不道离心势已分。
> 往复平陂何限事，摩挲殷鉴更谁陈？

王松亭

罗斯诸侯世系表

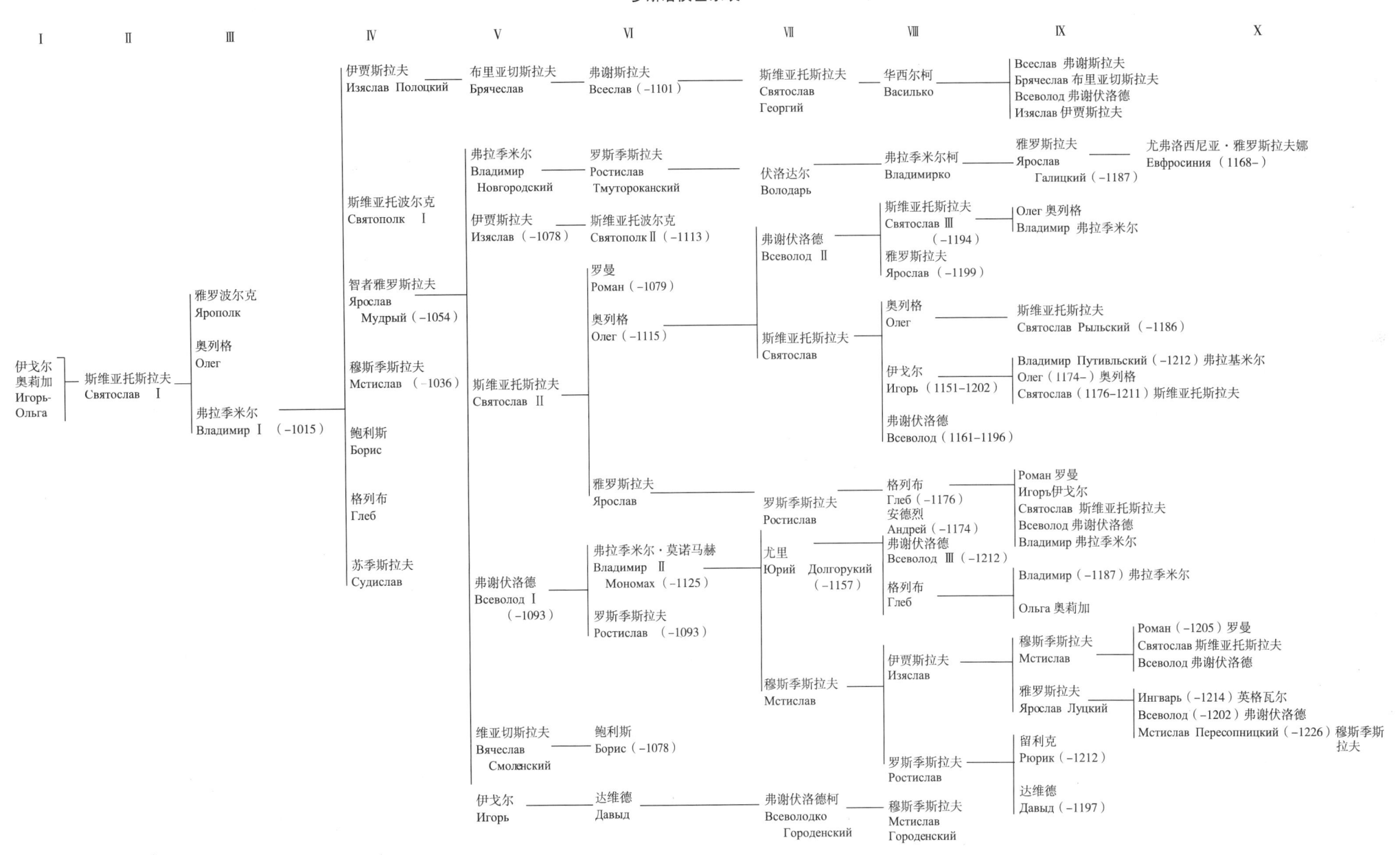

| I | II | III | IV | V | VI | VII | VIII | IX | X |

- I — II — III — IV — V — VI — VII — VIII — IX — X

I列： 伊戈尔 奥莉加 Игорь-Ольга

II列： 斯维亚托斯拉夫 Святослав I

III列：
- 雅罗波尔克 Ярополк
- 奥列格 Олег
- 弗拉季米尔 Владимир I（-1015）

IV列（弗拉季米尔之子）：
- 伊贾斯拉夫 Изяслав Полоцкий
- 斯维亚托波尔克 Святополк I
- 智者雅罗斯拉夫 Ярослав Мудрый（-1054）
- 穆斯季斯拉夫 Мстислав（-1036）
- 鲍利斯 Борис
- 格列布 Глеб
- 苏季斯拉夫 Судислав

V列：
- 布里亚切斯拉夫 Брячеслав（伊贾斯拉夫之子）
- 弗拉季米尔 Владимир Новгородский（雅罗斯拉夫之子）
- 伊贾斯拉夫 Изяслав（-1078）
- 斯维亚托斯拉夫 Святослав II
- 弗谢伏洛德 Всеволод I（-1093）
- 维亚切斯拉夫 Вячеслав Смоленский
- 伊戈尔 Игорь

VI列：
- 弗谢斯拉夫 Всеслав（-1101）
- 罗斯季斯拉夫 Ростислав Тмутороканский
- 斯维亚托波尔克 Святополк II（-1113）
- 罗曼 Роман（-1079）
- 奥列格 Олег（-1115）
- 雅罗斯拉夫 Ярослав
- 弗拉季米尔·莫诺马赫 Владимир II Мономах（-1125）
- 罗斯季斯拉夫 Ростислав（-1093）
- 鲍利斯 Борис（-1078）
- 达维德 Давыд

VII列：
- 斯维亚托斯拉夫 Святослав Георгий
- 伏洛达尔 Володарь
- 弗谢伏洛德 Всеволод II
- 斯维亚托斯拉夫 Святослав
- 罗斯季斯拉夫 Ростислав
- 尤里 Юрий Долгорукий（-1157）
- 穆斯季斯拉夫 Мстислав
- 弗谢伏洛德柯 Всеволодко Городенский

VIII列：
- 华西尔柯 Василько
- 弗拉季米尔柯 Владимирко
- 斯维亚托斯拉夫 Святослав III（-1194）
- 雅罗斯拉夫 Ярослав（-1199）
- 奥列格 Олег
- 伊戈尔 Игорь（1151-1202）
- 弗谢伏洛德 Всеволод（1161-1196）
- 格列布 Глеб（-1176）
- 安德烈 Андрей（-1174）
- 弗谢伏洛德 Всеволод III（-1212）
- 格列布 Глеб
- 伊贾斯拉夫 Изяслав
- 雅罗斯拉夫 Ярослав Луцкий
- 罗斯季斯拉夫 Ростислав
- 穆斯季斯拉夫 Мстислав Городенский

IX列：
- 全斯拉夫 Всеслав 弗谢斯拉夫
- 布里亚切斯拉夫 Брячеслав
- 弗谢伏洛德 Всеволод
- 伊贾斯拉夫 Изяслав
- 雅罗斯拉夫 Ярослав Галицкий（-1187）
- 奥列格 Олег 奥列格
- 弗拉季米尔 Владимир
- 斯维亚托斯拉夫 Святослав Рыльский（-1186）
- 弗拉季米尔 Владимир Путивльский（-1212）
- 奥列格 Олег（1174-）
- 斯维亚托斯拉夫 Святослав（1176-1211）
- 罗曼 Роман
- 伊戈尔 Игорь
- 斯维亚托斯拉夫 Святослав
- 弗谢伏洛德 Всеволод
- 弗拉季米尔 Владимир
- 弗拉季米尔 Владимир（-1187）
- 奥莉加 Ольга
- 穆斯季斯拉夫 Мстислав
- 雅罗斯拉夫 Ярослав
- 留利克 Рюрик（-1212）
- 达维德 Давыд（-1197）

X列：
- 尤弗洛西尼亚·雅罗斯拉夫娜 Евфросиния（1168-）
- 弗拉基米尔 弗拉基米尔
- 奥列格
- 斯维亚托斯拉夫
- 罗曼（-1205）罗曼
- 斯维亚托斯拉夫
- 弗谢伏洛德
- 英格瓦尔 Ингварь（-1214）
- 弗谢伏洛德 Всеволод（-1202）
- 穆斯季斯拉夫 Мстислав Пересопницкий（-1226）

根据斯捷列茨基的《18世纪前大公世系简图》（В.И.Стеллецкий, Краткая поколенная роспись князей до начала XIII века）绘制，稍加变动。横向表辈份，纵向表族房。书中提到者用粗黑体，并注明（生）卒年份。

由于古罗斯公爵中同名者甚多，例如本书中出现"Игорь（伊戈尔）〔Ⅷ,6〕",表示本表第Ⅷ列第6行所列之伊戈尔，以别于其他同名者。

ПОВѢСТЬ ВРЕМЯННЫХЪ ЛѢТЪ

СЕ ПОВѢСТИ ВРЕМЯННЫХЪ ЛѢТЪ, ОТКУДУ ЕСТЬ ПОШЛА РУСКАЯ ЗЕМЛЯ, КТО ВЪ КИЕВѢ НАЧА ПЕРВѢЕ КНЯЖИТИ, И ОТКУДУ РУСКАЯ ЗЕМЛЯ СТАЛА ЕСТЬ

Се начнемъ повѣсть сию.

По потопѣ трие сынове Ноеви раздѣлиша землю, Симъ, Хамъ, Афетъ. И яся въстокъ Симови: Персида, Ватрь, доже и до Индикия в долготу, и в ширину и до Нирокурия, якоже рещи от въстока и до полуденья, и Сурия, и Мидия по Ефратъ рѣку, Вавилонъ, Кордуна, асуряне, Месопотамия, Аравия Старѣйшая, Елмаисъ, Инди, Аравия Силная, Колия, Комагини, Финикия вся.

Хамови же яся полуденьная страна: Еюпетъ, Ефивопья, прилежащия ко Индомъ, другая же Ефивопья, из нея же исходить рѣка ефиопьская Чермна, текущи на въстокъ, Фива, Ливия прилежащи до Куриниа, Маръмарья, Сурьти, Ливия другая, Нумидья, Масурия, Мавританья противу сущи Гадирѣ. Сущимъ же ко востокомъ имать Киликию, Памѣфилию, Писидию, Мисию, Луконию, Фругию, Камалию, Ликию, Карию, Лудью, Мисию другую, Троаду, Еолиду, Вифунию, Старую Фругию; и островы неки имать: Саръдани, Критъ, Купръ и рѣку Гѣону, зовемую Нилъ.

Афету же яшася полунощныя страны и западныя: Мидия, Алъванья, Арменья Малая и Великая, Кападокия, Фефлагони, Галатъ, Колхисъ, Воспории, Меоти, Дереви, Саръмати, Тавриани, Скуфиа, Фраци, Макидонья, Далматия, Малоси, Фесалья, Локрия, Пеления, яже и Полопонисъ наречеся, Аркадъ, Япиронья, Илюрикъ, Словѣне, Лухнитиа, Анъдриокия, Оньдрѣятиньская пучина. Имать же и островы: Вротанию, Сикилию, Явию, Родона, Хиона, Лѣзовона, Кофирана, Закунфа, Кефалинья, Ифакину, Керькуру, часть Асийскыя страны, нарицаемую Онию, и рѣку Тигру, текущую межю Миды и Вавилономъ; до Понетьского моря, на полънощныя страны, Дунай, Дьнѣстръ и Кавкаисинския горы, рекше Угорьски, и оттудѣ доже и до Днѣпра, и прочая рѣки: Десна, Припеть, Двина, Волховъ, Волъга, яже идеть на востокъ, в часть Симову. В Афетовѣ же части сѣдять русь, чюдь и вси языци: меря, мурома, весь, моръдва, заволочьская чюдь, пермь, печера, ямь, угра, литва, зимѣгола, корсь, лѣтьгола, любь. Ляхове же, и пруси, чюдь пресѣдять к морю Варяжьскому. По сему же морю сѣдять варязи сѣмо ко въстоку до предѣла Симова, по тому же морю сѣдять къ западу до землѣ Агнянски и до Волошьски. Афетово бо и то колѣно: варязи, свеи, урмане, готе, русь, агняне, галичане, волъхва, римляне, нѣмци, корлязи, веньдици, фрягове и прочии, ти же присѣдять отъ запада къ полуденью и съсѣдяться съ племянемъ хамовым.

Сим же и Хамъ и Афетъ, раздѣливше землю, жребьи метавше, не преступати никому же въ жребий братень, и живяхо кождо въ своей части. Бысть языкъ единъ. И умножившемъся человѣкомъ на земли, и помыслиша создати столпъ до небесе, въ дни Нектана и Фалека. И собрашася на мѣстѣ Сенаръ поли здати столпъ до небесе и градъ около его Вавилонъ; и созда столпъ то за 40 лѣтъ, и не свершенъ бысть. И сниде господь богъ видѣти градъ и столпъ, и рече господь: „Се родъ единъ и языкъ единъ". И съмѣси богъ языки, и раздѣли на 70 и 2 языка, и расъсѣя по всей земли. По размѣшеньи же языкъ богъ вѣтромъ великимъ разраши столпъ, и есть останокъ его промежю Асюра и Вавилона, и есть въ высоту и въ ширину локоть 5433 локти, и в лѣта многа хранимъ останокъ.

По размѣшеньи же столпа и по раздѣленьи языкъ прияша сынове Симови въсточныя страны, а Хамови сынове полуденьныя страны. Афетови же прияша западъ и полунощныя страны. От сихъ же 70 и 2 языку бысть языкъ словѣнескъ, от племени Афетова, нарци, еже суть словѣне.

По мнозѣхъ же времянѣхъ сѣли суть словѣни по Дунаеви, гдѣ есть ныне Угорьска земля и Болгарьска. И от тѣхъ словѣнъ разидошася по землѣ и прозвашася имены своими, гдѣ сѣдше на которомъ мѣстѣ. Яко пришедше сѣдоша на рѣцѣ имянемъ Марава, и прозвашася морава, а друзии чеси нарекошася. А се ти же словѣни: хровате бѣлии и серебь и хорутане. Волхомъ бо нашедшемъ на словѣни на дунайския, и сѣдшемъ в них и насилящемъ имъ, словѣни же ови пришедше сѣдоша на Вислѣ, и прозвашася ляхове, а от тѣхъ ляховъ прозвашася поляне, ляхове друзии лутичи, ини мазовшане, ини поморяне.

Тако же и ти словѣне пришедше и сѣдоша по Днѣпру и нарекошася поляне, а друзии древляне, зане сѣдоша в лѣсѣх; а друзии сѣдоша межю Припетью и Двиною и нарекошася дреговичи; инии сѣдоша на Двинѣ и нарекошася полочане, рѣчьки ради, яже втечеть въ Двину, имянемъ Полота, от сея прозвашася полочане. Словѣни же сѣдоша около езера Илмеря, и прозвашася своимъ имянемъ, и сдѣлаша градъ и нарекоша й Новъгородъ. А друзии сѣдоша по Деснѣ, и по Семи, по Сулѣ, и нарекошася сѣверъ. И тако разидеся словѣньский языкъ, тѣм же и грамота прозвася словѣньская.

Поляномъ же живщимъ особѣ по горамъ симъ, бѣ путь изъ Варягъ въ Греки и изъ Грекъ по Днѣпру, и верхъ Днѣпра волокъ до Ловоти, и по Ловоти внити в Ылмерь озеро великое, из него же озера потечеть Волховъ и вътечеть в озеро великое Нево, и того озера внидеть устье в море Варяжьское. И по тому морю ити до Рима, а от Рима прити по тому же морю ко Царюгороду, а от Царягорода прити в Понтъ море, в не же втечет Днѣпръ рѣка. Днѣпръ бо потече из Оковьскаго лѣса, и потечеть на полъдне, а Двина ис того же лѣса потечет, а идеть на полунощье и внидеть в море Варяжьское. Ис того же лѣса потече Волга на въстокъ, и вътечеть семьюдесятъ жерелъ в море Хвалисьское. Тѣм же и из Руси можеть ити по Волзѣ в Болгары и въ Хвалисы, и на въстокъ доити въ жребий Симовъ, а по Двинѣ въ Варяги, изъ Варягъ до Рима, от Рима же и до племени Хамова. А Днѣпръ втечеть в Понетьское море жереломъ, еже море словеть Руское, по нему же училъ святый Онъдрѣй, братъ Петровъ, якоже рѣша.

Оньдрѣю учащю въ Синопии и пришедшю ему в Корсунь, увѣдѣ, яко ис Корсуня близь устье Днѣпрьское, и въсхотѣ поити в Римъ, и проиде въ вустье Днѣпрьское, и оттоле поиде по Днѣпру горѣ. И по приключаю приде и ста подъ горами на березѣ. И заутра въставъ и рече к сущимъ с нимъ ученикомъ: „Видите ли горы сия? — яко на сихъ горах восияеть благодать божья; имать градъ великъ быти и церкви многи богъ въздвигнути имать". И вьшедъ на горы сия, благослови я̏, и постави крестъ, и помолився богу, и слѣзъ съ горы сея, иде же послѣже бысть Киевъ, и поиде по Днѣпру горѣ. И приде въ словѣни, идеже нынѣ Новъгородъ, и видѣ ту люди сущая, како есть обычай имъ, и како ся мыють и хвощются, и удивися имъ. И иде въ Варяги, и приде в Римъ, и исповѣда, елико научи и елико видѣ, и рече имъ: „Дивно видѣхъ Словеньскую землю идучи ми сѣмо. Видѣхъ бани древены, и пережьгуть е рамяно, и совлокуться, и будуть нази, и облѣются квасомъ усниянымъ, и возмуть на ся прутье младое, и бьють ся сами, и того ся добьють, едва слѣзуть лѣ живи, и облѣются водою студеною, и тако ожиуть. И то творять по вся дни, не мучими никим же, но сами ся мучать, и то творять мовенье собѣ, а не мученье". Ты слышаще дивляхуся. Оньдрѣй же, бывъ в Римѣ, приде в Синопию.

Полем же жившемъ особѣ и володѣющемъ роды своими, иже и до сее братьѣ бяху поляне, и живяху кождо съ своимъ родомъ и на своихъ мѣстѣхъ, владѣюще кождо родомъ своимъ. И быша 3 братья: единому имя Кий, а другому Щекъ, а третьему Хоривъ, и сестра ихъ Лыбедь. Сѣдяше Кий на горѣ, гдѣ же ныне увозъ Боричевъ, а Щекъ сѣдяше на горѣ, гдѣ же ныне зовется Щековица, а Хоривъ на третьей горѣ, от него же прозвася Хоревица. И створиша градъ во имя брата своего старѣйшаго, и нарекоша имя ему Киевъ. Бяше около града лѣсъ и боръ великъ, и бяху ловяща звѣрь, бяху мужи мудри и смыслени, нарицахуся поляне, от них же есть поляне в Киевѣ и до сего дне.

Ини же, не свѣдуще, рекоша, яко Кий есть перевозникъ былъ, у Киева бо бяше перевозъ тогда с оноя стороны Днѣпра, тѣмь глаголаху: на перевозъ на Киевъ. Аще бо бы перевозникъ Кий, то не бы ходилъ Царюгороду; но се Кий княжаше в родѣ своемъ, приходившю ему ко царю, якоже сказають, яко велику честь приялъ от царя, при которомь приходивъ цари. Идущю же ему вспять, приде къ Дунаеви, и възлюби мѣсто, и сруби градокъ малъ, и хотяше сѣсти с родомъ своимъ, и не даша ему ту близъ живущии; еже и донынѣ наречють дунайци городище Киевець. Киеви же пришедшю въ свой градъ Киевъ, ту животъ свой сконча; и братъ его Щекъ и Хоривъ и сестра их Лыбедь ту скончашася.

И по сихъ братьи держати почаша родъ ихъ княженье в поляхъ, а в деревляхъ свое, а дреговичи свое, а словѣни свое в Новѣгородѣ, а другое на Полотѣ, иже полочане. От нихъ же кривичи, иже сѣдять на верхъ Волги, и на верхъ Двины и на верхъ Днѣпра, их же градъ есть Смоленскъ; туде бо сѣдять кривичи. Таже сѣверъ от нихъ. На Бѣлѣозерѣ сѣдять весь, а на Ростовьскомъ озерѣ меря, а на Клещинѣ озерѣ меря же. А по Оцѣ рѣцѣ, где втечеть в Волгу, мурома языкъ свой, и черемиси свой языкъ, морьдва свой языкъ. Се бо токмо словѣнескъ языкъ в Руси: поляне, деревляне, ноугородьци, полочане, дреговичи, сѣверъ, бужане, зане сѣдоша по Бугу, послѣже же велыняне. А се суть инии языци, иже дань дають Руси: чюдь, меря, весь, мурома, черемись, морьдва, пермь, печера, ямь, литва, зимигола, корсь, норома, либь: си суть свой языкъ имуще, от колена Афетова, иже живуть въ странахъ полунощныхъ.

Словѣньску же языку, яко же рекохомъ, живущю на Дунаи, придоша от скуфъ, рекше от козаръ, рекомии болгаре и сѣдоша по Дунаеви, и населници словѣномъ быша. Посемь придоша угри бѣлии, и наслѣдиша землю словѣньску. Си бо угри почаша быти пр-Ираклии цари, иже находиша на Хоздроя, царя перьскаго. Въ си же времяна быша и обри, иже ходиша на

Ираклия царя и мало его не яша. Си же обри воеваху на словѣнѣх, и примучиша дулѣбы, сущая словѣны, и насилье творяху женамъ дулѣбьскимъ: аще поѣхати будяше обърину, не дадяше выпрячи коня ни вола, но веляше выпрячи 3 ли, 4 ли, 5 ли женъ в телѣгу и повести обърѣна, и тако мучаху дулѣбы. Быша бо обърѣ тѣломъ велици и умомъ горди, и богъ потреби я, и помроша вси, и не остася ни единъ объринъ. И есть притча в Руси и до сего дне: погибоша аки обрѣ; их же нѣсть племени ни наслѣдъка. По сих же придоша печенѣзи; паки идоша угри чернии мимо Киевъ, послѣже при Олзѣ.

Поляномъ же жиущемъ особѣ, яко же рекохомъ, сущимъ от рода словѣньска, и нарекошася поляне, а деревляне от словѣнъ же, и нарекошася древляне; радимичи бо и вятичи от ляховъ. Бяста бо 2 брата в лясѣхъ, — Радим, а другий Вятко, — и пришедъша сѣдоста Радимъ на Съжю, и прозвашася радимичи, а Вятько сѣде съ родомъ своимъ по Оцѣ, от него же прозвашася вятичи. И живяху в мирѣ поляне, и деревляне, и сѣверъ, и радимичи, вятичи и хрвате. Дулѣби живяху по Бугу, гдѣ нынѣ велыняне, а улучи и тиверьци сѣдяху бо по Днѣстру, присѣдяху къ Дунаеви. Бѣ множьство ихъ; сѣдяху бо по Днѣстру оли до моря, и суть гради их и до сего дне, да то ся зваху от Грекъ Великая скуфь.

Имяху бо обычаи свои, и законъ отець своих и преданья, кождо свой нравъ. Поляне бо своих отець обычай имуть кротокъ и тихъ, и стыдѣнье къ снохамъ своимъ и къ сестрамъ, къ матеремъ и к родителемъ своимъ, къ свекровемъ и къ деверемъ велико стыдѣнье имѣху, брачный обычай имяху: не хожаше зять по невѣсту, но приводяху вечеръ, а завътра приношаху по ней что вдадуче. А древляне живяху звѣриньскимъ образомъ, живуще скотьски: убиваху другъ друга, ядяху вся нечисто, и брака у нихъ не бываше, но умыкиваху у воды дѣвиця. И радимичи, и вятичи, и сѣверъ одинъ обычай имяху: живяху в лѣсѣ, яко же и всякий звѣрь, ядуще все нечисто, и срамословье в них предъ отьци и предъ снохами, и браци не бываху въ них, но игрища межю селы, схожахуся на игрища, на плясанье и на вся бѣсовьская пѣсни, и ту умыкаху жены собѣ, с нею же кто съвѣщашеся; имяху же по двѣ и по три жены. И аще кто умряше, творяху тризну надъ нимъ, и по семь творяху кладу велику, и възлагахуть й на кладу, мертвеца сожьжаху, и посемь собравше кости вложаху в судину малу, и поставляху на столпѣ на путех, еже творять вятичи и нынѣ. Си же творяху обычая кривичи и прочии погании, не вѣдуще закона божия, но творяще сами собѣ законъ.

Глаголеть Георгий в лѣтописаньи: „Ибо комуждо языку овѣмъ исписанъ законъ есть, другимъ же обычаи, зане законъ безаконьникомъ отечьствие мнится. От них же первие сирии, живуще на конець земля, законъ имуть отець своих обычаи: не любодѣяти и прелюбодѣяти, ни красти, ни оклеветати, ли убити, ли зло дѣяти весьма. Закон же и у вактриянъ, глаголеми врахмане и островьници, еже от прадѣдъ показаньемъ и благочестьемъ мяс не ядуще, ни вина пьюще, ни блуда творяще, никакоя же злобы творяще, страха ради многа божия. Ибо таче прилежащимъ къ нимъ индиом убийстводѣйици сквернотворяще гнѣвливи и паче естьства; ли внутрьнѣйши странѣ ихъ человѣкъ ядуще и страньствующихъ убиваху, паче же ядять яко пси. Етеръ же законъ халдѣемъ и вавилонямъ: матери поимати, съ братними чады блудъ дѣяти, и убивати. И всякое бо студное дѣянье яко добродѣтелье мнятся дѣюще, любо далече страны своея будуть. Инъ же законъ гилиомь: жены в них орють, зижють храми и мужьская дѣла творять, но любы творять елико хощеть, не въздержаеми от мужий своихъ весьма, ли зазрять, в нихъ же суть храбрыя жены ловити звѣрь крѣпкый. Владѣють же жены мужи своими и добляють ими. Во Врѣтаньи же мнози мужи съ единою женою спять, и многы жены съ единымъ мужемъ похотьствують: безаконьная яко закон отець творять независтьно ни въздержаньно. Амазоне же мужа не имуть, но и аки скот бесловесный единою лѣтомъ къ вешнимъ днемъ оземьствени будуть; и сочтаются с окрестными мужи, яко нѣкоторое имъ торжьство и велико празденьство время то мнять. От них заченшимъ въ чревѣ, паки разбѣгнутся отсюду вси. Во время же хотящимъ родити, аще родится отроча, погубять; аще ли дѣвическъ полъ, то въздоять и прилѣжнѣ въспитають".

Якоже се и при насъ нынѣ половци законъ держать отець своих: кровь проливати, а хвалящеся о сехъ, и ядуще мерьтвечину и всю нечистоту, хомѣки и сусолы, и поимають мачехи своя и ятрови, и ины обычая отець своихъ творять. Мы же хрестиане, елико земль, иже вѣрують въ святую Троицю, и въ едино крещенье, въ едину вѣру, законъ имамъ единъ, елико во Христа крестихомся и во Христа облекохомся.

По сихъ же лѣтѣхъ, по смерти братьѣ сея быша обидимы древлями и инѣми околними. И наидоша я́ козарѣ, сѣдящая на горах сихъ в лѣсѣхъ, и рѣша козари: „Платите намъ дань". Съдумавше же поляне и вдаша от дыма мечь, и несоша козари ко князю своему и къ старѣйшинымъ своимъ, и рѣша имъ: „Се, налѣзохомъ дань нову". Они же рѣша имъ: „Откуду?". Они же рѣша: „Въ лѣсѣ на горахъ надъ рѣкою Днѣпрьскою". Они же рѣша: „Что суть въдали?". Они же показаша мечь. И рѣша старци козарьстии: „Не добра дань, княже! Мы ся доискахомъ оружьемъ одиною стороною, рекше саблями, а сихъ оружье обоюду остро, рекше мечь. Си имуть имати дань на насъ и на инѣхъ странах". Се же сбысться все: не от своея воля рекоша, но отъ божья повелѣнья. Яко и при Фаравонѣ, цари еюпетьстѣмь, егда приведоша Моисѣя предъ Фаравона, и рѣша старѣйшина Фараоня: се хочеть смирити область Еюпетьскую, якоже и бысть: погибоша еюптяне от Моисѣя, а первое быша работающе имъ. Тако и си владѣша, и послѣже самѣми владѣють; яко же и бысть: володѣють бо козары русьскии князи и до днешнего дне.

Въ лѣто 6360 [852], индикта 15 день, наченшю Михаилу царствовати, нача ся прозывати Руска земля. О семь бо увѣдахомъ, яко при семь цари приходиша Русь на Царьгородъ, яко же пишется в лѣтописаньи гречьстѣмъ. Тѣмъ же отселе почнем и числа положимъ яко „От Адама до потопа лѣт 2242; а от потопа до Оврама лѣт 1000 и 82, а от Аврама до исхоженья Моисѣева лѣтъ 430; а от исхожениа Моисѣова до Давида лѣт 600 и 1; а от Давида и от начала царства Соломоня до плѣненья Иерусалимля лѣт 448; а от плѣненья до Олександра лѣт 318; а отъ Олександра до рожества Христова лѣт 333; а от Христова рождества до Коньстянтина лѣт 318; от Костянтина же до Михаила сего лѣт 542". А от перваго лѣта Михаилова до перваго лѣта Олгова, рускаго князя лѣт 29; а от перваго лѣта Олгова, понелиже сѣде в Киевѣ, до перваго лѣта Игорева лѣт 31; а от перваго лѣта Игорева до перваго лѣта Святьславля лѣт 33; а от перваго лѣта Святославля до перваго лѣта Ярополча лѣтъ 28; а Ярополкъ княжи лѣт 8; а Володимеръ княжи лѣт 37; а Ярославъ княжи лѣтъ 40. Тѣм же от смерти Святославля до смерти Ярославли лѣт 85; а от смерти Ярославли до смерти Святополчи лѣтъ 60.

Но мы на прежнее возъвратимся и скажемъ, што ся здѣя в лѣта си, яко же преже почали бяхомъ первое лѣто Михаиломъ, а по ряду положимъ числа.

Въ лѣто 6361 [853].

Въ лѣто 6362 [854].

Въ лѣто 6363 [855].

Въ лѣто 6364 [856].

Въ лѣто 6365 [857].

Въ лѣто 6366 [858]. Михаилъ царь изиде с вои брегомъ и моремъ на болгары. Болгаре же увидѣвше, яко не могоша стати противу, креститися просиша и покоритися грекомъ. Царь же крести князя ихъ и боляры вся, и миръ створи с болгары.

Въ лѣто 6367 [859]. Имаху дань варязи изъ заморья на чюди и на словѣнех, на мери и на всѣхъ, кривичѣхъ. А козари имаху на полянѣхъ, и на сѣверѣх, и на вятичѣхъ, имаху по бѣлѣ и вѣверицѣ от дыма.

Въ лѣто 6368 [860].

Въ лѣто 6369 [861].

Въ лѣто 6370 [862]. Изъгнаша варяги за море, и не даша имъ дани, и почаша сами в собѣ володѣти, и не бѣ в нихъ правды, и въста родъ на родъ, и быша в них усобицѣ, и воевати почаша сами на ся. И рѣша сами в себѣ: „Поищемъ собѣ князя, иже бы володѣлъ нами и судилъ по праву". И идоша за море къ варягомъ, к руси. Сице бо ся зваху тьи варязи русь, яко се друзии зовутся свие, друзии же урмане, анъгляне, друзии гъте, тако и си. Рѣша русь, чюдь, словѣни, и кривичи и вси; „Земля наша велика и обилна, а наряда в ней нѣтъ. Да поидѣте княжитъ и володѣти нами". И изъбрашася 3 братья с роды своими, пояша по собѣ всю русь, и придоша; старѣйший, Рюрикъ, сѣде Новѣгородѣ, а другий, Синеусъ, на Бѣлѣ-озерѣ, а третий Изборьстѣ, Труворъ. И от тѣхъ варягъ прозвася Руская земля, новугородьци, ти суть людье ноугородьци от рода варяжьска, преже бо бѣша словѣни. По двою же лѣту Синеусъ умре и братъ его Труворъ. И прия власть Рюрикъ, и раздая мужемъ своимъ грады, овому Полотескъ, овому Ростовъ, другому Бѣлоозеро. И по тѣмъ городомъ суть находници варязи, а перьвии насельници в Новѣгородѣ словѣне, въ Полотьски кривичи, в Ростовѣ меря, в Бѣлѣ-озерѣ весь, в Муромѣ мурома; и тѣми всѣми обладаше Рюрикъ. И бяста у него 2 мужа, не племени его, но боярина, и та испросистася ко Царюгороду с родомъ своимъ. И поидоста по Днѣпру, и идуче мимо и узрѣста на горѣ градок. И упрошаста и рѣста: „Чий се градокъ?". Они же рѣша: „Была суть 3 братья, Кий, Щекъ, Хоривъ, иже сдѣлаша градоко сь, и изгибоша, и мы сѣдимъ родъ ихъ платяче дань козаромъ". Асколдъ же и Диръ остаста въ градѣ семь, и многи варяги съвокуписта, и начаста владѣти польскою землею, Рюрику же княжащу в Новѣгородѣ.

Въ лѣто 6371 [863].

Въ лѣто 6372 [864].

Въ лѣто 6373 [865].

Въ лѣто 6374 [866]. Иде Асколдъ и Диръ на греки, и прииде въ 14 лѣто Михаила цесаря. Цесарю же отшедшю на огаряны, и дошедшю ему Черные рѣкы, вѣсть епархъ посла к нему, яко русь на Царьгородъ идеть, и вратися царь. Си же внутрь Суду вшедше, много убийство крестьяномъ створиша, и въ двою сотъ корабль Царьградъ оступиша. Цесарь же едва въ градъ вниде, и с патреярхомъ съ Фотьемъ къ сущей церкви святѣй богородицѣ Влахѣрнѣ всю нощь молитву створиша, та же божественую святы богородиця ризу с пѣсними изнесъше в мори скут омочивше. Тишинѣ сущи и морю укротившюся, абье буря въста с вѣтромъ, и волнамъ вельямъ въставшемъ засобь, безбожныхъ Руси корабля смяте, и к берегу приверже, и изби я́, яко мало их от таковыя бѣды избѣгнути и въ свояси возъвратишася.

Въ лѣто 6375 [867].

Въ лѣто 6376 [868]. Поча царствовати Василии.

Въ лѣто 6377 [869]. Крещена бысть вся земля Болъгарьская.

Въ лѣто 6378 [870].

Въ лѣто 6379 [871].

Въ лѣто 6380 [872].

Въ лѣто 6381 [873].

Въ лѣто 6382 [874].

Въ лѣто 6383 [875].

Въ лѣто 6384 [876].

Въ лѣто 6385 [877].

Въ лѣто 6386 [878].

Въ лѣто 6387 [879]. Умершю Рюрикови предасть княженье свое Олгови, от рода ему суща, въдавъ ему сынъ свой на руцѣ, Игоря, бѣ бо дѣтескъ вельми.

Въ лѣто 6388 [880].

Въ лѣто 6389 [881].

Въ лѣто 6390 [882]. Поиде Олегъ, поимъ воя многи, варяги, чюдь, словѣни, мерю, весь, кривичи, и приде къ Смоленьску съ кривичи, и прия градъ, и посади мужь свои, оттуда поиде внизъ, и взя Любець, и посади мужь свои. И придоста къ горамъ хъ киевьскимъ, и увѣда Олегъ, яко Осколдъ и Диръ княжита, и похорони вои в лодьях, а другия назади остави, а самъ приде, нося Игоря дѣтьска. И приплу подъ Угорьское, похоронивъ вои своя, и присла ко Асколду и Дирови, глаголя, яко „Гость есмь, и идемъ въ Греки от Олга и от Игоря княжича. Да придѣта к намъ к родомъ своимъ". Асколдъ же и Диръ придоста, и выскакаша вси прочии изъ лодья, и рече Олегъ Асколду и Дирови: „Вы нѣста князя, ни рода княжа, но азъ есмь роду княжа", и вынесоша Игоря: „А се есть сынъ Рюриковъ". И убиша Асколда и Дира, и несоша на гору, и погребоша и́ на горѣ, еже ся ныне зоветь Угорьское, кде ныне Олъминъ дворъ; на той могилѣ поставилъ Олъма церковь святаго Николу; а Дирова могила за святою Ориною. И сѣде Олегъ княжа въ Киевѣ, и рече Олегъ: „Се буди мати градомъ русьскимъ". И бѣша у него варязи и словѣни и прочи прозвашася русью. Се же Олегъ нача городы ставити, и устави дани словѣномъ, кривичемъ и мери, и устави варягомъ дань даяти от Новагорода гривенъ 300 на лѣто, мира дѣля, еже до смерти Ярославлѣ даяше варягомъ.

Въ лѣто 6391 [883]. Поча Олегъ воевати деревляны, и примучивъ а́, имаше на них дань по чернѣ кунѣ.

Въ лѣто 6392 [884]. Иде Олегъ на сѣверяне, и побѣди сѣверяны, и възложи на нь дань легъку, и не дастъ имъ козаромъ дани платити, рекъ: „Азъ имъ противенъ, а вамъ не чему".

Въ лѣто 6393 [885]. Посла къ радимичемъ, рька: „Кому дань даете?". Они же рѣша: „Козаромъ". И рече имъ Олегъ: „Не дайте козаромъ, но мнѣ дайте". И въдаша Ольгови по щьлягу, яко же и козаромъ даяху. И бѣ обладая Олегъ поляны, и деревляны, и сѣверяны, и радимичи, а съ уличи и тѣверци имяше рать.

Въ лѣто 6394 [886].

Въ лѣто 6395 [887]. Левонъ царствова, сынъ Васильевъ, иже Левъ прозвася, и братъ его Олександръ, иже царствоваста лѣтъ 20 и 6.

Въ лѣто 6396 [888].

Въ лѣто 6397 [889].

Въ лѣто 6398 [890].

Въ лѣто 6399 [891].

Въ лѣто 6400 [892].

Въ лѣто 6401 [893].

Въ лѣто 6402 [894].

Въ лѣто 6403 [895].

Въ лѣто 6404 [896].

Въ лѣто 6405 [897].

Въ лѣто 6406 [898]. Идоша угри мимо Киевъ горою, еже ся зоветь нынѣ Угорьское, и пришедъше къ Днѣпру сташа вежами; бѣша бо ходяще аки се половци. Пришедше от въстока и устремишася чересъ горы великия яже прозвашася горы Угорьскиа, и почаша воевати на живущая ту волохи и словѣни. Сѣдяху бо ту преже словѣни, и волохове прияша землю словеньску. Посемъ же угри прогнаша волъхи, и наслѣдиша землю ту, и сѣдоша съ словѣны, покоривше я подъ ся, и оттоле прозвася земля Угорьска. И начаша воевати угри на греки, и поплѣниша землю Фрачьску и Макидоньску доже и до Селуня. И начаша воевати на мораву и на чехи. Бѣ единъ языкъ словѣнескъ: словѣни, иже сѣдяху по Дунаеви, ихъ же прияша угри, и морава, и чеси, и ляхове, и поляне, яже нынѣ зовомая Русь. Симъ бо первое преложены книги, моравѣ, яже прозвася грамота словѣньская, яже грамота есть в Руси и в болгарѣх дунайскихъ.

Словѣномъ живущимъ крещенымъ и княземъ ихъ, Ростиславъ, и Святополкъ, и Коцелъ послаша ко царю Михаилу, глаголюще: „Земля наша крещена, и нѣсть у насъ учителя, иже бы ны наказалъ, и поучалъ насъ, и протолковалъ святыя книги. Не разумѣемъ бо ни гречьску языку, ни латыньску; о̀ни бо ны онако учать, а о̀ни бо ны и онако. Тѣм же не разумѣемъ книжнаго образа ни силы ихъ. И послѣте ны учителя, иже ны могуть сказати книжная словеса и разумъ ихъ". Се слыша царь Михаилъ, и созва философы вся, и сказа имъ рѣчи вся словеньскихъ князь. И рѣша философи: „Есть мужь в Селуни, именемъ Левъ. Суть у него сынове разумиви языку словеньску, хитра 2 сына у него философа". Се слышавъ царь, посла по ня в Селунь ко Львови, глаголя: „Посли к намъ въскорѣ сына своя, Мефодия и Костянтина". Се слышавъ Левъ, въскорѣ посла я̀, и придоста ко цареви, и рече има: „Се прислалася ко мнѣ Словѣньска земля, просящи учителя собѣ, иже бы могль имъ протолковати святыя книги; сего бо желають". И умолена быста царемъ, и послаша я̀ въ Словѣньскую землю къ Ростиславу, и Святополку и Къцьлови. Сима же пришодъшема, начаста съставливати писмена азъбуковьная словеньски, и преложиста Апостолъ и Еуангелье. И ради быша словѣни, яко слышиша виличья божья своимъ языкомь. Посем же преложиста Псалтырь, и Охтаикъ, и прочая книги. И всташа нѣции на ня, ропщюще и глаголюще, яко „Не достоить ни которому же языку имѣти букъвъ своихъ, развѣ евреи, и грекъ и латинъ, по Пилатову писанью, еже на крестѣ господни написа". Се же слышавъ папежь римьский, похули тѣхъ, иже ропщють на книги словеньския, река: „Да ся исполнить книжное слово, яко „Въсхвалять бога вси языци"; другое же: „Вси възглаголють языки величья божья, яко же дасть имъ святый духъ отвѣщевати". Да аще хто хулить словеньскую грамоту, да будеть отлученъ от церкве, донде ся исправить: ти бо суть волци, а не овца, яже достоить от плода знати я̀ и хранитися ихъ. Вы же, чада, божья послушайте ученья и не отрините наказанья церковного, яко же вы наказалъ Мефодий, учитель вашь". Костянтинъ же възратився въспять, и иде учитъ болгарьскаго языка, а Мефодий оста в Моравѣ. Посем же

Коцелъ князь постави Мефодья епископа въ Пании, на столѣ святого Онъдроника апостола, единого от 70, ученика святого апостола Павла. Мефодий же посади 2 попа скорописца зѣло, и преложи вся книги исполнь от гречьска языка въ словѣнескъ 6-ю мѣсяць, наченъ от марта мѣсяца до двудесяту и 6-ю день октября мѣсяца. Оконьчавъ же, достойну хвалу и славу богу въздасть, дающему таку благодать епископу Мефодью, настольнику Анъдроникову. Тѣм же словѣньску языку учитель есть Анъдроникъ апостолъ. В Моравы бо ходилъ и апостолъ Павелъ училъ ту; ту бо есть Илюрикъ, его же доходилъ апостолъ Павелъ; ту бо бѣша словене первое. Тѣм же и словѣньску языку учитель есть Павелъ, от него же языка и мы есмо Русь, тѣмъ же и нам Руси учитель есть Павелъ, понеже учил есть языкъ словѣнескъ и поставилъ есть епископа и намѣсника по себѣ Андроника словеньску языку. А словеньскый языкъ и рускый одно есть, от варягъ бо прозвашася Русью, а первое бѣша словене; аще и поляне звахуся, но словеньскаа рѣчь бѣ. Полями же прозвани быши, зане в поли сѣдяху, а язык словенски единъ.

В лѣто 6407 [899].

В лѣто 6408 [900].

В лѣто 6409 [901].

В лѣто 6410 [902]. Леон царь ная угры на болгары. Угре же, нашедше, всю землю Болгарьску плѣноваху. Семионъ же увѣдѣвъ, на угры възвратися, и угре противу поидоша и побѣдиша болгары, яко одва Семионъ въ Деръстръ убѣжа.

В лѣто 6411 [903]. Игореви же възрастъшю, и хожаше по Олзѣ и слушаша его, и приведоша ему жену от Пьскова, именемъ Олгу.

В лѣто 6412 [904].

В лѣто 6413 [905].

В лѣто 6414 [906].

В лѣто 6415 [907]. Иде Олегъ на Грекы, Игоря оставив Киевѣ, поя же множество варяг, и словенъ, и чюдь, и словене, и кривичи, и мерю, и деревляны, и радимичи, и поляны, и сѣверо, и вятичи, и хорваты, и дулѣбы, и тиверци, яже суть толковины: си вси звахуться от грекъ Великая скуфь. И съ сими со всѣми поиде Олегъ на конех и на кораблех, и бѣ числомъ кораблей 2000. И прииде къ Царюграду; и греци замкоша Судъ, а градъ затвориша. И выиде Олегъ на брегъ, и воевати нача, и много убийства сотвори около града грекомъ, и разбиша многы полаты, и пожгоша церкви. А их же имаху плѣнники, овѣхъ посекаху, другиа же мучаху, иныя же растреляху, а другыя в море вметаху, и ина многа зла творяху русь грекомъ, елико же ратнии творять.

И повелѣ Олегъ воемъ своимъ колеса издѣлати и воставляти на колеса корабля. И бывшю покосну вѣтру, въспяша парусы съ поля, и идяше къ граду. И видѣвше греци и убояшася, и рѣша выславше ко Олгови: „Не погубляй града, имемъ ся по дань, яко же хощеши". И устави Олегъ воя, и вынесоша ему брашно и вино, и не приа его; бѣ бо устроено со отравою. И убояшася греци, и рѣша: „Нѣсть се Олегъ, но святый Дмитрей, посланъ на ны от бога". И заповѣда Олегъ дань даяти на 2000 корабль, по 12 гривенъ на человѣкъ, а въ корабли по 40 мужь.

И яшася греци по се, и почаша греци мира просити, дабы не воевал Грецкые земли. Олегъ же, мало отступивъ от града, нача миръ творити со царьма грецкима, со Леономъ и Александромъ, посла к нима въ градъ Карла, Фарлофа, Вельмуда, Рулава и Стемида, глаголя: „Имите ми ся по дань". И рѣша греци: „Чего хощеши, дамы ти". И заповѣда Олег дати воем на 2000 корабль по 12 гривен на ключь, и потом даяти уклады на рускыа грады: первое на Киевъ, та же на Чернигов, на Переаславль, на Полтѣскъ, на Ростов, на Любечь и на прочаа городы; по тѣм бо городомъ седяху велиции князи, под Олгом суще. „Да приходячи Русь слюбное емлют, елико хотячи, а иже придутъ гости да емлют мѣсячину на 6 мѣсяць, хлѣбъ, вино, мясо, и рыбы и овощь. И да творят им мовь, елико хотят. Поидучи же домовь, в Русь, да емлют у царя вашего на путь брашно, и якори, и ужища, и парусы, и елико имъ надобе". И яшася греци, и рѣста царя и боярьство все: „Аще приидуть Русь бес купли, да не взимают мѣсячины: да запретить князь словомъ своим приходящимъ Руси здѣ, да не творять пакости в селѣх в странѣ нашей. Приходяще Русь да витают у святого Мамы, и послеть царьство наше, и да испишут имена их, и тогда возмуть мѣсячное свое, — первое от города Киева, и паки ис Чернигова и ис Переаславля, и прочии гради. И да входят в град одними вороты со царевымъ мужемъ, без оружьа, мужь 50, и да творят куплю, яко же имъ надобе, не платяче мыта ни в чем же".

Царь же Леонъ со Олександромъ миръ сотвориста со Олгом, имшеся по дань и ротѣ заходивше межы собою, цѣловавше сами крестъ, а Олга водивше на роту, и мужи его по Рускому закону кляшася оружьемъ своим, и Перуном, богомъ своим, и Волосомъ, скотьемъ богомъ, и утвердиша миръ. И рече Олегъ: „Исшийте парусы паволочиты руси, а словеномъ кропиньныя", и бысть тако. И повѣси щит свой въ вратех, показуа побѣду, и поиде от Царяграда. И воспяша русь парусы паволочиты, а словене кропиньны, и раздра à вѣтръ: и рѣша словени: „Имемся своим толстинам, не даны суть словѣном прѣ паволочиты". И приде Олегъ к Киеву, неся злато, и паволоки, и овощи, и вина, и всякое узорочье. И прозваша Олга — вѣщий: бяху бо людие погани и невѣигласи.

В лѣто 6416 [908].

В лѣто 6417 [909].

В лѣто 6418 [910].

В лѣто 6419 [911]. Явися звѣзда велика на западе копейным образом.

Въ лѣто 6420 [912]. Посла мужи свои Олегъ построити мира и положити ряд межю Русью и Грекы, и посла глаголя:

„Равно другаго свещания, бывшаго при тѣх же царьхъ Лва и Александра. Мы от рода рускаго, Карлы, Инегелдъ, Фарлоф, Веремуд, Рулавъ, Гуды, Руалдъ, Карнъ, Фрелавъ, Руаръ, Актеву, Труанъ, Лидул, Фостъ, Стемид, иже послани от Олга, великого князя рускаго, и от всѣх, иже суть под рукою его, свѣтлых и великих князь, и его великих бояръ, к вам, Львови и Александру и Костянтину, великим о бозѣ самодержьцем, царемъ греческым, на удержание и на извещение от многих лѣт межи хрестианы и Русью бывьшюю любовь, похотѣньем наших великих князь и по повелѣнию от всѣх иже суть под рукою его сущих Руси. Наша свѣтлость болѣ инѣх хотящи еже о бозѣ удержати и извѣстити такую любовь, бывьшую межи хрестьяны и Русью многажды, право судихомъ, не точью просто словесемъ, и писанием и клятвою твердою, кленшеся оружьем своим, такую любовь утвердити и извѣстити по вѣре и по закону нашему.

Суть, яко понеже мы ся имали о божьи вѣре и о любви, главы таковыа: по первому убо слову да умиримся с вами, грекы, да любим друг друга от всеа душа и изволениа, и не вдадим, елико наше изволение, быти от сущих подъ рукою наших князь свѣтлых никакому же соблазну или винѣ; но подщимся, елико по силѣ, на сохранение прочих и всегда лѣт с вами, грекы, исповеданием и написанием со клятвою извещаемую любовь непревратну и непостыжну. Тако же и вы, грекы, да храните тако же любовь ко княземъ нашим свѣтлым рускым и ко всѣм, иже суть под рукою свѣтлаго князя нашего, несоблазну и непреложну всегда и во вся лѣта.

А о главах, аже ся ключит проказа, урядимъ ся сице: да елико явѣ будеть показании явлеными, да имѣють вѣрное о тацѣх явлении; а ему же начнуть не яти вѣры, да кленется часть та, иже ищеть неятью вѣры; да егда кленеться по вѣре своей, и будеть казнь, яко же явиться согрешенье.

О сем, аще кто убьеть или хрестьанина русин, или хрестьянинъ русина, да умрет, идѣ же аще сотворить убийство. Аще ли убежит сотворивый убийство, да аще есть домовит, да часть его, сирѣчь иже его будеть по закону, да возметь ближний убьенаго, а и жена убившаго да имѣеть толицем же пребудеть по закону. Аще ли есть неимовит сотворивый убой и убежавъ, да держить ся тяжи, дондеже обрящеться, и да умреть.

Аще ли ударить мечем, или бьеть кацѣм любо сосудомъ, за то ударение или бьенье да вдасть литръ 5 сребра по закону рускому; аще ли не имовит тако сотворивый, да вдасть елико можеть, и да соиметь с себе и ты самыа порты, в них же ходить, да о процѣ да ротѣ ходить своею вѣрою, яко никако же иному помощи ему, да пребывает тяжа отоле не взыскаема.

О сем, аще украдеть что любо русин у хрестьанина, или паки хрестьанинъ у русина, и ят будеть в том часѣ тать, егда татбу сътворить, от погубившаго что, любо аще приготовить ся тать творяй, и убьенъ будеть, да не взищеться смерть его ни от хрестьанъ, ни от Руси; но паче убо да возметь свое, иже будеть погубил. Аще вдасть руцѣ свои украдый, да ят будеть тѣм же, у него же будеть украдено, и связанъ будеть, и отдасть тое, еже смѣ створити, и сотворить трииичи.

О сем, аще кто от хрестьанъ или от Руси мученьа образом искусъ творити, и насильемъ явѣ возметь что любо дружне, да въспятить троице.

Аще вывержена будеть лодьа вѣтром великим на землю чюжю, и обращуть ся тамо иже от нас Руси, да аще кто иметь снабдѣти лодию с рухлом своим и отослати паки на землю хрестьаньскую, да проводимъ ю сквозѣ всяко страшно мѣсто, дондеже приидеть въ бестрашное мѣсто; аще ли таковая лодьа ли от буря, или боронениа земнаго боронима, не можеть възвратитися въ своа си мѣста, спотружаемся гребцем тоа лодьа мы, Русь, допроводим с куплею их поздорову. Ти аще ключиться близъ земля Грецкаа (аще ли ключиться) тако же проказа лодьи рускои, да проводимъ ю в Рускую землю, да продають рухло тоя лодьи, и аще что может продати от лодьа, во-волочим мы, Русь. Да егда ходим в Грекы или с куплею, или въ солбу ко цареви вашему, да пустим с честью проданное рухло лодьи их. Аще ли лучится кому от лодьи убеену быти от нас Руси, или что взято любо, да повинни будуть то створшии прежереченною епитемьею.

О тѣх, аще полоняникъ обою страну держим есть или от Руси, или от грекъ, проданъ въ ону страну, аще обрящеться ли русинъ ли греченинъ да искупять и възратять искупное лице въ свою сторону, и возмуть цѣну его купящии, или мниться в куплю над нь челядиннаа цѣна. Тако же аще от рати ять будеть от тѣх грекъ, тако же да возратится въ свою страну, и отдана будет цѣна его, яко же речено есть, яко же есть купля.

Егда же требуетъ на войну ити, и сии хотять почтити царя вашего, да аще въ кое время елико их приидеть, и хотять остатися у царя вашего своею волею, да будуть.

О Руси о полонении множайши. От коеа любо страны пришедшим в Русь и продаемым въ хрестьаны, и еще же и о хрестьанех о полоненых от коеа любо страны приходящим в Русь, се продаеми бывають по 20 золота, и да приидуть в Грекы.

О том, аще украден будеть челядинъ рускый, или ускочить, или по нужи продан будеть, и жаловати начнуть Русь, да покажеть ся таковое о челядине и да поимуть й в Русь; но и гостие аще погубиша челядинъ и жалують, да ищуть, обретаемое да поимуть è. Аще ли кто искушеньа сего не дасть створити местникъ, да погубить правду свою.

И о работающих во Грекох Руси у хрестьаньскаго царя. Аще кто умреть, не урядивъ своего именья, ци своих не имать, да възратить имѣние к малым ближикам в Русь. Аще ли сотворить обряжение таковый, возметь уряженое его, кому будеть писал наследити имѣнье его, да наследит è.

О взимающих куплю Руси.

О различных ходящихъ, во Греки и удолжающих… Аще злодѣй не възратиться в Русь, да жалують Русь хрестьаньску царству, и ять будеть таковый, и възвращен будеть, не хотя, в Русь. Си же вся да створять Русь грекомъ, идѣже аще ключиться таково.

На утверженье же и неподвижение быти меже вами, хрестьаны, и Русью, бывший миръ сотворихом Ивановым написанием на двою харатью, царя вашего и своею рукою, предлежащим честнымъ крестомъ и святою единосущною Троицею единого истинаго бога вашего, извѣсти и дасть нашим послом. Мы же кляхомся ко царю вашему, иже от бога суща, яко божие здание, по закону и по покону языка нашего, не преступити нам, ни иному от страны нашея от уставленых главъ мира и любви. И таковое написание дахом царства вашего на утвержение обоему пребывати таковому совещанию, на утвержение и на извещание межи вами бывающаго мира. Мѣсяца сентября 2, индикта 15, в лѣто создания мира 6420".

Царь же Леонъ почти послы Рускые дарми, златомъ, и паволоками и фофудьами, и пристави к ним мужи свои показати им церковную красоту, и полаты златыа и в них сущаа богатество, злата много и паволокы и камьнье драгое, и страсти господня и венець, и гвоздие, и хламиду багряную, и мощи святых, учаще ӑ к вѣре своей и показующе им истиную вѣру. И тако отпусти ӑ во свою землю с честию великою. Посланнии же Олгом посли приидоша ко Олгови, и поведаша вся рѣчи обою царю, како сотвориша миръ, и урядъ положиша межю Грецкою землею и Рускою и клятвы не преступити ни греком, ни руси.

И живяше Олегъ миръ имѣа ко всѣм странамъ, княжа в Киевѣ. И приспѣ осень, и помяну Олегъ конь свой, иже бѣ поставил кормити и не вседати на нь. Бѣ бо въпрашал волъхвовъ и кудесникъ: „От чего ми есть умрети?" И рече ему кудесник один: „Княже! Конь, его же любиши и ѣздиши на нем, от того ти умрети". Олегъ же приим въ умѣ, си рѣче: „Николи же всяду на нь, ни вижю его боле того". И повелѣ кормити ѝ и не водити его к нему, и пребы нѣколико лѣт не видѣ его, дондеже на грекы иде. И пришедшу ему Кыеву и пребывьшю 4 лѣта, на пятое лѣто помяну конь, от него же бяхуть рекли волсви умрети. И призва старейшину конюхом, рече: „Кде есть конь мъй, его же бѣхъ поставил кормити и блюсти его?". Он же рече: „Умерлъ есть". Олег же посмѣяся и укори кудесника, река: „То ти неправо глаголють волъсви, но все то лъжа есть: конь умерлъ есть, а я живъ". И повелѣ оседлати конь: „А то вижю кости его". И прииде на мѣсто, идѣже бѣша лежаще кости его голы и лобъ голъ, и ссѣде с коня, и посмеяся рече: „Отъ сего ли лба смьрть было взяти мнѣ?". И въступи ногою на лобъ; и выникнувши змиа изо лба, и уклюну в ногу. И с того разболѣся и умре. И плакашася людие вси плачем великим, и несоша и погребоша его на горѣ, еже глаголеться Щековица; есть же могила его и до сего дни, словеть могыла Ольгова. И бысть всѣх лѣт княжениа его 33.

Се же не дивно, яко от волхвованиа собывается чародѣйство, яко же бысть во царство Доментианово. Нѣкий волхвъ, именем Аполоний, Тияни- нъ, знаемъ бѣаше, шествуа и творя всюду и въ градѣх и в селех бѣсовьскаа чюдеса. От Рима бо пришед въ Византию, умоленъ бывъ от живущих ту, сотворити сиа: отгнавъ множество змий и скоропий изъ града, яко не врежатися человѣком от них; ярость коньскую обуздавъ, егда ссхожахуся боаре. Тако же и во Антиохию пришед, и умолен бывъ от них, томимомъ бо Антиахияном от скоропий и от комаръ, сотворивъ мѣдянъ скоропий и погребе его в земли, и малъ столпъ мраморен постави надъ ним, и повелѣ трость держати человѣкомъ, и ходити по городу и звати, тростем трясомом: „Бес комара граду". И тако исчезнуша из града скоропиа и комарье. И спросиша же пакы о належащем на градѣ трусѣ, въздохну, списа на дщице сеа: „Увы тобѣ, оканьный граде, яко потрясешися много, и огнем одержимъ будеши, оплачеть же тя и при березѣ сый Оронтии". О нем же и великий Настасий божьа града рече: „Аполонию же даже и донынѣ на нѣцех мѣстех собываються створенаа, стоащаа ова на отвращение животенъ четверног, птица, могущи вредити человѣкы, другыя же на воздержание струамъ, рѣчным, невоздержанно текущим, но ина нѣкаа на тлѣнье и вред человѣкомъ сущаа на побѣжение стоать. Не точью бо за живота его така и таковая сотвориша бѣсове его ради, но и по смерти его пребывающе у гроба его знамениа творяху во имя его на прелщение оканным человѣкомъ, больма крадомымъ на таковаа от дьявола ". Кто убо что речеть о творящих ся волшвеным прелщением дѣлех? Яко таковый гораздъ бысть волшеством, яко выину зазряще ведый Аполоний, яко неистовъ на ся философескую хитрость имуще; подобашеть бо ему, рещи, яко же азъ словом точью творити, их же хотяше, а не свершением творити повелеваемаа от него. Та же и вся ослабленьемъ божьим и творением бѣсовьским бываеть, таковыми вещьми искушатися нашеа православныа вѣры, аще тверда есть и крѣпка, пребывающи господеви и не влекома врагом мечетных ради чюдес и сотонинъ дѣлъ, творимыхъ от врагъ и слугъ злобы. Еще же но именемъ господним и пророчествоваша нѣции, яко Валам, и Саулъ, и Каиафа, и бѣси паки изгнаша, яко Июда и сынове Скевави. Убо и не на достойных благодать дѣйствует многажды, да етеры свидѣтельствуеть, ибо Валам обоих бѣ щюжь, житьа изящна и вѣры, но обаче съдетельствова в нем благодать инѣх ради смотрениа. И Фараонъ таковый бѣ, но и тому будущаа предпоказа. И Навходоновсоръ законопреступный, но и сему паки по мнозѣх сущих последиже родъ откры, тѣмъ авляа, яко мнози, прекостни имуще умъ, пред образомъ Христовымъ знаменають иною кознью на прелесть человѣкомъ не разумѣвающим добраго, яко же бысть Симонъ волхвъ, и Менандръ и ини таковы, ихъ ради, поистѣнѣ, рече: Не чюдесы прелщати...

В лѣто 6421 [913]. Поча княжити Игорь по Олзѣ. В се же время поча царьствовати Костянтинъ, сынъ Леонтовъ. И деревляне затворишася от Игоря по Олговѣ смерти.

В лѣто 6422 [914]. Иде Игорь на деревляны, и побѣдивъ à, и возложи на ня дань болши Олговы. В то же лѣто прииде Семионъ Болгарьски на Царьград, и сотворивъ миръ и прииде во своаси.

В лѣто 6423 [915]. Приидоша печенѣзи первое на Рускую землю, и сотворивше миръ со Игорем, и приидоша к Дунаю. В си же времена прииде Семионъ пленяа Фракию, греки же послаша по печенѣги. Печенѣгом пришедшим и хотящимъ на Семеона, расварившеся греческыа воеводы. Видѣвше печенѣзи, яко сами на ся рѣть имуть, отъидоша въсвоасы, а болгаре со грекы соступишася, и пересѣчени быша грекы. Семионъ же приа град Ондрѣнь, иже первое Арестовъ град нарицашеся, сына Агамемнонъ, иже во 3-хъ реках купався недуга избы, ту, сего ради град во имя свое нарече. Последи же Андрианъ кесарь й обнови, въ свое имя нарече Андрианъ, мы же зовем Ондрѣянемъ градомъ.

В лѣто 6424 [916].

В лѣто 6425 [917].

В лѣто 6426 [918].

В лѣто 6427 [919].

В лѣто 6428 [920]. Поставленъ царь Романъ въ Грекохъ. А Игорь воеваше на печенѣги.

В лѣто 6429 [921].

В лѣто 6430 [922].

В лѣто 6431 [923].

В лѣто 6432 [924].

В лѣто 6433 [925].

В лѣто 6434 [926].

В лѣто 6435 [927].

В лѣто 6436 [928].

В лѣто 6437 [929]. Приде Семевонъ на Царьградъ, и поплѣни Фракию и Макидонью, и приде ко Царюграду въ силѣ въ велицѣ, в гордости, и створи миръ с Романомъ царемъ, и възратися въсвояси.

В лѣто 6438 [930].

В лѣто 6439 [931].

В лѣто 6440 [932].

В лѣто 6441 [933].

В лѣто 6442 [934]. Первое приидоша угре на Царьград, и пленоваху всю Фракию; Романъ сотвори миръ со угры.

В лѣто 6443 [935].

В лѣто 6444 [936].

В лѣто 6445 [937].

В лѣто 6446 [938].

В лѣто 6447 [939].

В лѣто 6448 [940].

В лѣто 6449 [941]. Иде Игорь на Греки. И послаша болгаре вѣсть ко царю, яко идуть Русь на Царьградъ, скѣдий 10 тысящь. Иже придоша, и приплуша и почаша воевати Вифиньскиа страны, и воеваху по Понту до Ираклиа и до Фафлогоньски земли, и всю страну Никомидийскую поплѣнивше, и Судъ весь пожьгоша; их же емше, овѣхъ растинаху, другия аки страň поставляюще и стрѣляху въ ня, изимахуть, опаки руцѣ съвязывахуть, гвозди желѣзныи посреди главы въбивахуть имъ. Много же святыхъ церквий огневи предаша, манастырѣ и села пожьгоша, и именья немало от обою страну взяша. Потомъ же пришедъшемъ воемъ от въстока, Памфиръ деместик съ 40-ми тысящь, Фока же патрекий съ макидоны, Федоръ же стратилатъ съ фраки, с ними же и сановници боярьстии, обидоша Русь около. Съвѣщаша Русь, изидоша, въружившеся, на греки, и брани межю ими бывши зьли одва одолѣша грьци. Русь же възратишася къ дъружинѣ своей къ вечеру, на ночь влѣзоша в лодьи и отбѣгоша. Феофанъ же сустрѣте я въ лядехъ со огнемъ, и пущати нача трубами огнь на лодьѣ руския. И бысть видѣти страшно чюдо. Русь же видящи пламянь, вмѣтахуся въ воду морьскую, хотяще убрести, и тако прочии възъвратишася въ свояси. Тѣм же пришедшимъ въ землю свою, и повѣдаху кождо своимъ о́ бывшемъ и о лядьнѣмъ огни: „Яко же молонья, — рече, — иже на небесѣхъ, грьци имуть у собе, и се пущающе же жагаху насъ, сего ради не одолѣхомъ имъ". Игорь же пришедъ нача совкупляти воѣ многи, и посла по варяги многи за море, вабя ѐ на греки, паки хотя поити на ня.

В лѣто 6450 [942]. Семеонъ иде на храваты, и побѣженъ бысть храваты, и умре, оставивъ Петра князя, сына своего, болъгаромъ.

В лѣто 6451 [943]. Паки придоша угри на Царьградъ, и миръ створивше съ Романомъ, возъвратишася въ свояси.

В лѣто 6452 [944]. Игорь же совкупивъ вои многи, варяги, Русь, и поляны, словѣни, и кривичи, и тѣверьцѣ, и печенѣги наа, и тали у нихъ поя, поиде на Греки в лодьяхъ и на конихъ, хотя мьстити себе. Се слышавше корсунци, послаша къ Раману, глаголюще: „Се идутъ Русь бещисла корабль, покрыли суть море корабли". Тако же и болгаре послаша вѣсть, глаголюще: „Идуть Русь, и наяли суть к собѣ печенѣги". Се слышавъ царь посла к Игорю лучиѣ боляре, моля и глаголя: „Не ходи, но возьми дань, юже ималъ Олегъ, придамь и еще к той дани". Тако же и къ печенѣгомъ посла паволоки и злато много. Игорь же, дошед Дуная, созва дружину, и нача думати, и повѣда имъ рѣчь цареву. Рѣша же дружина Игорева: „Да аще сице глаголеть царь, то что хочемъ боле того, не бившеся имати злато, и сребро, и паволоки? Егда кто вѣсть; кто одолѣеть, мы ли, онѣ ли? Ли с моремъ кто свѣтенъ? Се бо не по земли ходимъ, но по глубинѣ морьстѣй: обьча смерть всѣмъ". Послуша ихъ Игорь, и повелѣ печенѣгомъ воевати Болъгарьску землю; а самъ вземъ у грекъ злато и паволоки и на вся воя, и възратися въспять, и приде къ Киеву въ свояси.

В лѣто 6453 [945]. Присла Романъ, и Костянтинъ и Степанъ слы к Игореви построити мира первого. Игорь же глагола с ними о мирѣ. Посла Игорь мужѣ своя къ Роману. Романъ же созва боляре и сановники. Приведоша руския слы, и велѣша глаголати и псати обоихъ рѣчи на харатьѣ.

„Равно другаго свѣщанья, бывшаго при цари Раманѣ, и Костянтинѣ и Стефанѣ, христолюбивыхъ владыкъ. Мы от рода рускаго сьли и гостье, Иворъ, солъ Игоревъ, великаго князя рускаго, и объчии сли: Вуефастъ Святославль, сына Игорева; Искусеви Ольги княгини; Слуды Игоревъ, нети Игоревъ; Улѣбъ Володиславль; Каницаръ Передъславинъ; Шихъбернъ Сфанъдръ, жены Улѣблѣ; Прасьтѣнъ Туръдуви; Либиаръ Фастовъ; Гримъ Сфирьковъ; Прастѣнъ Акунъ, нети Игоревъ; Кары Тудковъ; Каршевъ Туръдовъ; Егри Евлисковъ; Воистъ Воиковъ; Истръ Аминодовъ; Прастѣнъ Берновъ; Явтягъ Гунаревъ; Шибридъ Алданъ; Колъ Клековъ; Стегги Етоновъ; Сфирька...; Алвадъ Гудовъ; Фудри Туадовъ; Мутуръ Утинъ; купецъ Адунь, Адулбъ, Иггивладъ, Олѣбъ, Фрутанъ, Гомолъ, Куци, Емигъ, Туръбидъ, Фуръстѣнъ, Бруны, Роалдъ, Гунастръ, Фрастѣнъ, Игелъдъ, Туръбернъ, Моны, Руалдъ, Свѣнь, Стиръ, Алданъ, Тилен, Апубьксарь, Вузлѣвъ, Синко, Боричь, послании от Игоря, великого князя рускаго, и от всякоя княжья и от всѣхъ людий Руския земля. И от тѣх заповѣдано обновити ветъхий миръ, ненавидящаго добра и враждолюбьца дьявола разореный от многъ лѣтъ, и утвердити любовь межю Греки и Русью.

И великий князь нашь Игорь, и князи и боляри его, и людье вси рустии послаша ны къ Роману, и Костянтину и къ Стефану, къ великимъ царемъ гречьскимъ, створити любовь съ самѣми цари, со всѣмъ болярьствомъ и со всѣми людьми гречьскими на вся лѣта, донде же съяеть солнце и весь миръ стоит. И еже помыслить от страны руския разрушити таку любовь, и елико ихъ крещенье прияли суть, да приимуть месть от бога вседержителя, осуженье на погибель въ весь вѣкъ в будущий; и елико ихъ есть не хрещено, да не имуть помощи от бога ни от Перуна, да не ущитятся щиты своими, и да посѣчени будуть мечи своими, от стрѣлъ и от иного оружья своего, и да будуть раби въ весь вѣкъ в будущий.

А великий князь руский и боляре его да посылають въ Греки къ великимъ царемъ гречьскимъ корабли, елико хотять, со слы и с гостьми, яко же имъ уставлено есть. Ношаху сли печати злати, а гостье сребрени; ныне же увѣдѣлъ есть князь вашь посылати грамоты ко царству нашему; иже посылаеми бывають от нихъ посли и гостье, да приносять грамоту, пишюче сице: яко послахъ корабль селико, и от тѣхъ да увѣмы и мы, оже съ миромь приходять. Аще ли безъ грамоты придуть, и преданы будуть намъ, да держимъ и хранимъ, донде же възвѣстимъ князю вашему. Аще ли руку не дадять, и противятся, да убьени будуть, да не изищется смерть ихъ от князя вашего. Аще ли убѣжавше в Русь придуть, мы напишемъ ко князю вашему, яко имъ любо, тако створять. Аще придуть Русь без купли, да не взимають мѣсячна. Да запрѣтить князь сломъ своимъ и приходящимъ Руси сде, да не творять бещинья в селѣхъ, ни въ странѣ нашей. И приходящимъ имъ, да витають у святаго Мамы, да послеть царство наше, да испишеть имяна ваша, тогда возмуть мѣсячное свое, сьли слебное, а гостье мѣсячное, первое от города Киева, паки изъ Чернигова и ис Переяславля и исъ прочих городовъ. Да входять в городъ одинѣми вороты со царевымъ мужемъ безъ оружья, мужь 50, и да творять куплю, яко же имъ надобѣ, и паки да исходять; и мужь царства нашего да хранить я̀, да аще кто от Руси или от Грекъ створить криво, да оправляеть то. Входяще же Русь в градъ, да не творять пакости и не имѣють волости купити паволокъ лише по 50 золотникъ; и от тѣхъ паволокъ аще кто крьнеть, да показываеть цареву мужю, и ть я запечатаеть и дасть имъ. И отходящеи Руси отсюда взимають от насъ, еже надобѣ, брашно на путь, и еже надобѣ лодьямъ, яко же уставлено есть преже, и да возвращаются съ спасениемъ въ страну свою; да не имѣють власти зимовати у святаго Мамы.

Аще ускочить челядинъ от Руси, по нь же придуть въ страну царствия нашего, и у святаго Мамы аще будеть, да поимуть ѝ; аще ли не обрящется, да на роту идуть наши хрестеяне Руси по вѣрѣ ихъ, а не хрестеянии по закону своему, ти тогда взимають от насъ цѣну свою, яко же уставлено есть преже, 2 паволоцѣ за чалядинъ.

Аще ли кто от людий царства нашего, ли от города нашего, или от инѣхъ городъ ускочить челядинъ нашь къ вамъ, и принесеть что, да въспятять й опять; а еже что принеслъ будеть, все цѣло, и да возьметь от него золотника два имечнаго.

Аще ли кто покусится от Руси взяти что от людий царства нашего, иже то створить, покажненъ будеть вельми; аще ли взялъ будеть, да заплатить сугубо; и аще створить то же грьчинъ русину, да прииметь ту же казнь, яко же приялъ есть и онъ.

Аще ли ключится украсти русину от грекъ что, или грьчину от руси, достойно есть да возворотить ѐ не точью едино, но и цѣну его; аще украденное обрящеться продаемо, да вдасть и цѣну его сугубо, и тъ показненъ будеть по закону гречьскому, и по уставоу и по закону рускому.

Елико хрестеянъ от власти нашея плѣнена приведуть русь, ту аще будеть уноша, или дѣвица добра, да вдадять златникъ 10 и поимуть й; аще ли есть средовѣчь, да вдасть золотникъ 8 и поимуть й; аще ли будеть старъ, или дѣтещь, да вдасть златникъ 5.

Аще ли обрящутся русь работающе у грекъ, аще суть плѣньници, да искупають ѐ русь по 10 златникъ; аще ли купилъ й будеть грьчинъ, подъ хрестомь достоить ему, да возьметь цѣну свою, елико же далъ будеть на немь.

А о Корсуньстѣй странѣ. Елико же есть городовъ на той части, да не имать волости, князь руский, да воюеть на тѣхъ странахъ, и та страна не покаряется вамъ, и тогда, аще просить вой у насъ князь руский да воюеть, да дамъ ему, елико ему будеть требѣ.

И о томъ, аще обрящуть русь кубару гречьскую въвержену на коемъ любо мѣстѣ, да не преобидять ея. Аще ли от нея возметь кто что, ли человѣка поработить, или убьеть, да будеть повиненъ закону руску и гречьску.

Аще обрящють въ вустьѣ Днѣпрьскомь Русь корсуняны рыбы ловяща, да не творять имъ зла никако же.

И да не имѣють власти Русь зимовати въ вустьи Днѣпра, Бѣлъбережи, ни у святаго Ельферья; но егда придеть осень, да идуть въ домы своя в Русь.

А о сихъ, оже то, приходять чернии болгаре и воюють въ странѣ Корсуньстѣй, и велимъ князю рускому, да ихъ не пущаеть: пакостять странѣ его.

Ци аще ключится проказа нѣкака от грекъ, сущихъ подъ властью царства нашего, да не имать власти казнити я̈, но повелѣньемь царства нашего да прииметь, яко же будеть створилъ.

Аще убьеть хрестеянинъ русина, или русинъ хрестеянина, да держимъ будеть створивый убийство от ближних убьенаго, да убьють ӥ.

Аще ли ускочить створивый убой и убѣжить, аще будеть имовитъ, да возмуть именье его ближьнии убьенаго; аще ли есть неимовитъ створивый убийство и ускочить же, да ищють его, дондеже обрящется, аще ли обрящется, да убьенъ будеть.

Ци аще ударить мечемъ, или копьемъ, или кацѣмъ любо оружьемъ русинъ грьчина, или грьчинъ русина, да того дѣля грѣха заплатить сребра литръ 5 по закону рускому; аще ли есть неимовитъ, да како можеть в только же проданъ будеть, яко да и порты, в нихъ ж ходить, да и то с него сняти, а о процѣ да на роту ходить по своей вѣрѣ, яко не имѣя ничтоже, ти тако пущенъ будеть.

Аще ли хотѣти начнеть наше царство от васъ вои на противящаяся намъ, да пишемъ къ великому князю вашему, и послеть к намъ, елико же хочемъ: и оттоле увѣдять ины страны, каку любовь имѣють грьци съ русью.

Мы же свещание се написахомъ на двою харатью, и едина харатья есть у царства нашего, на ней же есть крестъ и имена наша написана, а на другой послы ваша и гостье ваша. А отходяче послом царства нашего да допроводять къ великому князю рускому Игореви и к людемъ его; и ти приимаюче харатью, на роту идуть хранити истину, яко мы свѣщахомъ, напсахомъ на харатью сию, на ней же суть имяна наша написана.

Мы же, елико насъ хрестилися есмы, кляхомъся церковью святаго Ильѣ въ сборнѣй церкви, и предлежащемъ честнымъ крестомъ, и харатьею сею, хранити все, еже есть написано на ней, не преступити от него ничто же; а иже преступить се от страны нашея, ли князь ли инъ кто, ли крещенъ или некрещенъ, да не имуть помощи от бога, и да будеть рабъ въ весь вѣкъ в будущий, и да заколенъ будеть своимъ оружьемъ.

А некрещеная Русь полагають щиты своя и мечѣ своѣ наги, обручѣ своѣ и прочаа оружья, да кленутся о всемъ, яже суть написана на харатьи сей, хранити от Игоря и от всѣхъ боляръ и от всѣх людий от страны Руския въ прочая лѣта и воину.

Аще ли же кто от князь или от людий руских, ли хрестеянъ, или не хрестеянъ, преступить се, еже есть писано на харатьи сей, будеть достоинъ своимъ оружьемъ умрети, и да будеть клятъ от бога и от Перуна, яко преступи свою клятву.

Да аще будеть добрѣ устроилъ миръ Игорь великий князь, да хранить си любовь правую, да не разрушится, дондеже солнце сьяеть и весь миръ стоить, в нынешния вѣки и в будущая".

Послании же сли Игоремъ придоша к Игореви со слы гречьскими, и повѣдаша вся рѣчи царя Рамана. Игорь же призва слы гречьския, рече имъ: „Глаголите, что вы казалъ царь?". И рѣша сли цареви: „Се посла ны царь, радъ есть миру, хощеть миръ имѣти со княземъ рускимъ и любъве. Твои сли водили суть царѣ наши ротѣ, и насъ послаша ротѣ водитъ тебе и мужъ твоихъ". Обѣщася Игорь сице створити. Заутра призва Игорь слы, и приде на холмъ, кде стояше Перунъ, и покладоша оружье свое, и щиты и золото, и ходи Игорь ротѣ и люди его, елико поганыхъ Русь; а хрестеяную Русь водиша ротѣ в церкви святаго Ильи, яже есть надъ Ручаемъ, конець Пасынъчѣ бесѣды: се бо бѣ сборная церки, мнози бо бѣша варязи хрестеяни и Козарѣ. Игорь же, утвердивъ миръ съ греки, отпусти слы, одаривъ скорою, и чалядью и воскомъ, и отпусти я̀; сли, же придоша ко цареви, и повѣдаша вся рѣчи Игоревы и любовь юже къ грекомъ.

Игорь же нача княжити въ Кыевѣ, миръ имѣя ко всѣмъ странамъ. И приспѣ осень, и нача мыслити на деревляны, хотя примыслити большую дань.

В лѣто 6453 [945]. В се же лѣто рекоша дружина Игореви: „Отроци Свѣньлъжи изодѣлися суть оружьемъ и порты, а мы нази. Поиди, княже, с нами в дань, да и ты добудеши и мы". И послуша ихъ Игорь, иде в Дерева в дань, и примышляше къ первой дани, и насиляше имъ и мужи его. Возьемавъ дань, поиде въ градъ свой. Идущу же ему въспять, размысливъ рече дружинѣ своей: „Идѣте съ данью домови, а я возъвращюся, похожю и еще". Пусти дружину свою домови, съ маломъ же дружины возъвратися, желая больша именья. Слышавше же деревляне, яко опять идеть, сдумавше со княземъ своимъ Маломъ: „Аще ся въвадить волкъ в овцѣ, то выносить все стадо, аще не убьють его; тако и се, аще не убьемъ его, то вся ны погубить". И послаша к нему, глаголюще: „Почто идеши опять? Поималъ еси всю дань". И не послуша ихъ Игорь, и вышедше изъ града Изъкоръстѣня деревлене убиша Игоря и дружину его; бѣ бо ихъ мало. И погребенъ бысть Игорь, и есть могила его у Искоръстѣня града в Деревѣхъ и до сего дне.

Вольга же бяше в Киевѣ съ сыномъ своимъ съ дѣтьскомъ Святославомъ, и кормилець его Асмудъ, и воевода бѣ Свѣнелдъ, — то же отець Мистишинъ. Рѣша же деревляне: „Се князя убихомъ рускаго; поимемъ жену его Вольгу за князь свой Малъ и Святослава, и створимъ ему, яко же хощемъ". И послаша деревляне лучьшие мужи, числомъ 20, въ лодьи к Ользѣ, и присташа подъ Боричевымъ в лодьи. Бѣ бо тогда вода текущи въздолѣ горы Киевьския, и на подольи не сѣдяху людье, но на горѣ. Градъ же бѣ Киевъ, идеже есть нынѣ дворъ Гордятинъ и Никифоровъ, а дворъ княжь бяше в городѣ, идеже есть нынѣ дворъ Воротиславль и Чюдинъ, а перевѣсище бѣ внѣ града, и бѣ внѣ града дворъ другый, идѣже есть дворъ демьстиковъ за святою Богородицею; надъ горою, дворъ теремный, бѣ бо ту теремъ каменъ. И повѣдаша Ользѣ, яко деревляне придоша, и возва я́ Ольга къ собѣ и рече имъ: „Добри гостье придоша". И рѣша деревляне: „Придохомъ, княгине". И рече имъ Ольга: „Да глаголите, что ради придосте сѣмо? ". Рѣша же древляне: „Посла ны Дерьвь-ска земля, рекущи сице: мужа твоего убихомъ, бяше бо мужь твой аки волкъ восхищая и грабя, а наши князи добри суть, иже распасли суть Деревьску землю, да поиди за князь нашь за Малъ"; бѣ бо имя ему Малъ, князю дерьвь-ску. Рече же имъ Ольга: „Люба ми есть рѣчь ваша, уже мнѣ мужа своего не крѣсити; но хочю вы почтити наутрия предъ людьми своими, а нынѣ идѣте в лодью свою, и лязите в лодьи величающеся, и азъ утро послю по вы, вы же рьцѣте: не едемъ на конѣхъ, ни пѣши идемъ, но понесѣте ны въ лодьѣ; и възнесуть вы в лодьи"; и отпусти я́ въ лодью. Ольга же повелѣ ископати яму велику и глубоку на дворѣ теремьстѣмъ, внѣ града. И заутра Волга, сѣдящи в теремѣ, посла по гости, и придоша к нимъ, глаголюще: „Зоветь вы Ольга на честь велику". Они же рѣша: „Не едемъ на конихъ, ни на возѣхъ, ни пѣши идемъ, понесѣте ны в лодьи". Рѣша же кияне: „Намъ неволя; князь нашь убьенъ, а княгини наша хочеть за вашь князь"; и понесоша я́ в лодьи. Они же сѣдяху в перегъбѣхъ въ великихъ сустугахъ гордящеся. И принесоша я́ на дворъ к Ользѣ, и, несуше, вринуша е́ въ яму и с лодьею. Приникъши Ольга и рече имъ: „Добра ли вы честь?". Они же рѣша: „Пуще ны Игоревы смерти". И повелѣ засыпати я́ живы, и посыпаша я́.

И пославши Ольга къ деревляномъ, рече имъ: „Да аще мя просите право, то пришлите мужа нарочиты, да в велицѣ чти приду за вашь князь, еда не пустять мене людье киевьстии". Се слышавше деревляне, избраша лучьшие мужи, иже дерьжаху Деревьску землю, и послаша по ню. Деревляномъ же пришедъшимъ, повелѣ Ольга мовь створити, рькуще сице: „Измывшеся придите ко мнѣ". Они же пережьгоша истопку, и влѣзоша деревляне, нача- ша ся мыти; и запроша о нихъ истобъку, и повелѣ зажечи ю̈ отъ дверий, ту изгорѣша вси.

И посла къ деревляномъ, рькущи сице: „Се уже иду к вамъ, да при- стройте меды многи в градѣ, иде же убисте мужа моего, да поплачюся надъ гробомъ его, и створю трызну мужю своему". Они же, то слышавше, съвезо- ша меды многи зѣло, и възвариша. Ольга же, поимши мало дружины, легько идущи приде къ гробу его, и плакася по мужи своемъ. И повелѣ людемъ своимъ съсути могилу велику, и яко соспоша, и повелѣ трызну творити. Посемь сѣдоша деревляне пити, и повелѣ Ольга отрокомъ своимъ служити пред ними. И рѣша деревляне к Ользѣ: „Кдѣ суть дружина наша, ихъ же послахомъ по тя?". Она же рече: „Идуть по мнѣ съ дружиною мужа моего". И яко упишася деревляне, повелѣ отрокомъ своимъ пити на ня, а сама отъи- де кромѣ, и повелѣ дружинѣ своей сѣчи деревляны; и исѣкоша ихъ 5000. А Ольга возъвратися Киеву, и пристрои вои на прокъ ихъ.

Начало княженья Святославля, сына Игорева.

В лѣто 6454 [946]. Ольга съ сыномъ своимъ Святославомъ собра вои много и храбры, и иде на Деревьску землю. И изидоша деревляне противу. И сънемъшемася обѣма полкома на скупь, суну копьемъ Святославъ на дерев- ляны, и копье летѣ сквозѣ уши коневи, и удари в ноги коневи, бѣ бо дѣтескъ. И рече Свѣнелдъ и Асмолдъ: „Князь уже почалъ; потягнѣте, дружина, по князѣ". И побѣдиша деревляны. Деревляне же побѣгоша и затворишася въ градѣхъ своих. Ольга же устремися съ сыномъ своимъ на Искоростѣнь градъ, яко тѣе бяху убили мужа ея, и ста около града с сыномъ своимъ, а деревляне затворишася въ градѣ, и боряхуся крѣпко изъ града, вѣдѣху бо, яко сами убили князя и на что ся предати. И стоя Ольга лѣто, и не можаше взяти града, и умысли сице: посла ко граду, глаголюще: „Что хочете досѣдѣти? А вси гради ваши предашася мнѣ, и ялися по дань, и дѣлають нивы своя и землѣ своя; а вы хочете изъмерети гладомъ, не имучеся по дань". Деревляне же рекоша: „Ради ся быхомъ яли по дань, но хощеши мьщати мужа своего". Рече же имъ Ольга, яко „Азъ мьстила уже обиду мужа своего, когда придоша Киеву, второе, и третьее, когда творихъ трызну мужеви своему. А уже не хощю мьщати, но хощю дань имати помалу, и смирившися с вами поиду опять". Рекоша же деревляне: „Што хощеши у насъ? Ради даемъ медомь и скорою". Она же рече имъ: „Нынѣ у васъ нѣсть меду, ни скоры, но мало у васъ прошю: дадите ми от двора по 3 голуби да по 3 воробьи. Азъ бо не хощю тяжьки дани възложити, яко же и мужъ мой, сего прошю у васъ мало. Вы бо есте изънемогли в осадѣ, да сего у васъ прошю мала". Деревляне же ради бывше, и собраша от двора по 3 голуби и по 3 воробьи, и послаша к Ользѣ с поклономъ. Вольга же рече имъ: „Се уже есте покорилися мнѣ и моему дѣтяти, а идѣте въ градъ, а я заутра отступлю от града, и поиду въ градо свой". Деревляне же ради бывше внидоша въ градъ, и повѣдаша людемъ, и обрадовашася людье въ градѣ. Волга же раздая воемъ по голуби кому ждо, а другимъ по воробьеви, и повелѣ къ коемуждо голуби и къ воробьеви привязывати цѣрь, обертывающе въ платки малы, нитькою поверзывающе къ коемуждо ихъ. И повелѣ Ольга, яко смерчеся, пустити голуби и воробьи воемъ своимъ. Голуби же и воробьеве полетѣша въ гнѣзда своя, голуби въ голубники, врабьѣве же подъ стрѣхи; и тако възгарахуся голубьници, ово клѣти, ово вежѣ, ово ли одрины, и не бѣ двора, идеже не горяше и не бѣ льзѣ гасити, вси бо двори възгорѣшася. И побѣгоша людье изъ града, и повелѣ Ольга воемъ своимъ имати à, яко взя градъ и пожьже й;

старѣйшины же града изънима, и прочая люди овыхъ изби, а другия работѣ предасть мужемъ своимъ, а прокъ их остави платити дань.

И възложиша на ня дань тяжьку; 2 части дани идета Киеву, а третьяя Вышегороду к Ользѣ; бѣ бо Вышегородъ градъ Вользинъ. И иде Вольга по Дерьвьстѣй земли съ сыномъ своимъ и съ дружиною, уставляющи уставы и уроки; и суть становища еѣ и ловища. И приде въ градъ свой Киевъ съ сыномъ своимъ Святославомъ, и пребывши лѣто едино.

В лѣто 6455 [947]. Иде Вольга Новугороду, и устави по Мьстѣ повосты и дани и по Лузѣ оброки и дани; и ловища ея суть по всей земли, знамянья и мѣста и повосты, и сани ее стоять въ Плесковѣ и до сего дне, и по Днѣпру перевѣсища и по Деснѣ, и есть село ее Ольжичи и доселе. И изрядивши, възратися къ сыну своему Киеву, и пребываше с нимъ въ любъви.

В лѣто 6456 [948].

В лѣто 6457 [949].

В лѣто 6458 [950].

В лѣто 6459 [951].

В лѣто 6460 [952].

В лѣто 6461 [953].

В лѣто 6462 [954].

В лѣто 6463 [955]. Иде Ольга въ Греки, и приде Царюгороду. Бѣ тогда царь Костянтинъ, сынъ Леоновъ; и приде к нему Ольга, и видѣвъ ю добру сущю зѣло лицемъ и смыслену, удивився царь разуму ея, бесѣдова к ней, и рекъ ей: „Подобна еси царствовати въ градѣ с нами". Она же разумѣвши рече ко царю: „Азъ погана есмь, да аще мя хощеши крестити, то крести мя самъ; аще ли, то не крещюся"; и крести ю царь с патреархомъ. Просвѣщена же бывши, радовашеся душею и тѣломъ; и поучи ю патреархъ о вѣрѣ, и рече ей: „Благословена ты в женахъ руских, яко возлюби свѣтъ, а тьму остави. Благословити тя хотять сынове рустии и в послѣдний родъ внукъ твоихъ". И заповѣда ей о церковномъ уставѣ, о молитвѣ и о постѣ, о милостыни и о въздержаньи тѣла чиста. Она же, поклонивши главу, стояше, аки губа напаяема, внимающи ученья; и поклонившися патреарху, глаголющи: "Молитвами твоими, владыко, да схранена буду от сѣти неприязньны". Бѣ же речено имя ей во крещеньи Олена, якоже и древняя царица, мати Великаго Костянтина. И благослови ю патреархъ, и отпусти ю. И по крещеньи возва ю царь, и рече ей: "Хощю тя пояти собѣ женѣ". Она же рече: "Како хочеши мя пояти, крестивъ мя самъ и нарекъ мя дщерею? А въ хрестеянехъ того нѣсть закона, а ты самъ вѣси". И рече царь: "Переклюкала мя еси, Ольга". И дасть ей дары многи, злато и сребро, паволоки и съсуды различныя, и отпусти ю, нарекъ ю дъщерью собѣ. Она же хотящи домови, приде къ патреарху, благословенья просящи на домъ, и рече ему: "Людье мои погани и сынъ мой, дабы мя богъ съблюлъ от всякого зла". И рече патреархъ: "Чадо вѣрное! Во Христа крестилася еси, и во Христа облечеся, Христосъ имать схранити тя: яко же схрани Еноха в первыя роды, и потомъ Ноя в ковчезѣ, Аврама от Авимелеха, Лота от содомлянъ, Моисѣя от Фараона, Давыда от Саула, 3 отроци от пещи, Данила от звѣрий, тако и тя избавить от неприязни и от сѣтий его"; и благослови ю патреархъ, и иде с миромъ въ свою землю, и приде Киеву. Се же бысть, яко же при Соломанѣ приде царица Ефиопьская к Соломану, слышати хотящи премудрости Соломани, и многу мудрость видѣ и знамянья: тако же и си блаженая Ольга искаше доброе мудрости божьа, но она человѣчески, а си божья. "Ищющи бо мудрости обрящють"; "Премудрость на исходищихъ поется, на путехъ же дерзновенье водить, на краихъ же забральныхъ проповѣдаеть, во вратѣхъ же градныхъ дерзающи глаголеть: елико бо лѣтъ незлобивии держатся по правду... ". Си бо от възраста блаженая Ольга искаше мудростью, что есть луче всего въ свѣтѣ семь, налѣзе бисеръ многоцѣненъ, еже есть Христосъ. Рече бо Соломанъ: "Желанье благовѣрныхъ наслажаетъ душю"; и: "Приложиши сердце твое в разумъ"; „Азъ любящая мя люблю, и ищющии мене обрящуть мя". Господь рече: „Приходящаго ко мнѣ не изжену вонъ".

Си же Ольга приде Киеву, и присла к ней царь греческий, глаголя, яко „Много дарихъ тя. Ты бо глаголаше ко мнѣ, яко аще возвращюся в Русь, многи дары прислю ти: челядь, воскъ и скъру, и вои в помощь". Отвѣщавши Ольга, и рече къ сломъ: „Аще ты, рьци, тако же постоиши у мене в Почайнѣ, яко же азъ в Суду, то тогда ти дамь". И отпусти слы, съ рекъши.

Живяше же Ольга съ сыномъ своимъ Святославомъ, и учашеть й мати крестится, и не брежаше того ни во уши приимати; но аще кто хотяше крестится, не браняху, но ругахуся тому. „Невѣрнымъ бо вѣра хрестьяньска уродьство есть"; „Не смыслиша бо, ни разумѣша во тьмѣ ходящии", и не вѣдять славы господня; „Одебелѣша бо сердца ихъ, ушюма тяжько слышати, а очима видѣти". Рече бо Соломанъ: „Дѣла нечестивыхъ далече от разума", „Понеже звахъ вы, и не послушасте мене, прострохъ словеса, и не внимасте, но отмѣтасте моя свѣты, моихъ же обличений не внимасте"; „Възненавидѣша бо премудрость, а страха господня не изволиша, ни хотяху моихъ внимати свѣтъ, подражаху же мои обличенья". Яко же бо Ольга часто глаголашеть: „Азъ, сыну мой, бога познахъ и радуюся; аще ты познаеши, и радоватися почнешь". Онъ же не внимаше того, глаголя: „Како азъ хочю инъ законъ прияти единъ? А дружина моа сему смѣятися начнуть". Она же рече ему: „Аще ты крестишися, вси имуть тоже створити". Он же не послуша матере, творяше норовы поганьския, не вѣдый, аще кто матере не послушаеть, в бѣду впадаеть, яко же рече: „Аще кто отца ли матере не послушаеть, то смерть прииметь". Се же к тому гнѣвашеся на матерь. Соломанъ бо рече: „Кажай злыя приемлеть собѣ досаженье, обличаяй нечестиваго поречеть собѣ; обличенья бо нечестивымъ мозолие суть. Не обличай злыхъ, да не възненавидять тебе". Но обаче любяше Ольга сына своего Святослава, рькущи: „Воля божья да будеть; аще богъ хощеть помиловати рода моего и землѣ рускиѣ, да възложить имъ на сердце обратитися къ богу, яко же и мнѣ богъ дарова". И се рекши, моляшеся за сына и за люди по вся нощи и дни, кормящи сына своего до мужьства его и до взраста его.

В лѣто 6464 [956].

В лѣто 6465 [957].

В лѣто 6466 [958].

В лѣто 6467 [959].

В лѣто 6468 [960].

В лѣто 6469 [961].

В лѣто 6470 [962].

В лѣто 6471 [963].

В лѣто 6472 [964]. Князю Святославу възрастъшю и възмужавшю, нача вои совкупляти многи и храбры, и легъко ходя, аки пардусъ, войны многи творяше. Ходя возъ по собѣ не возяше, ни котъла, ии мясъ варя, но потонку изрѣзавъ конину ли, звѣрину ли или говядину на углех испекъ ядяше, ни шатра имяше, но подъкладъ постлавъ и сѣдло в головахъ; тако же и прочии вои его вси бяху. И посылаше къ странамъ, глаголя: „Хочю на вы ити". И иде на Оку рѣку и на Волгу, и налѣзе вятичи, и рече вятичемъ: „Кому дань даете?". Они же рѣша: „Козаромъ по щьлягу от рала даемъ".

В лѣто 6473 [965]. Иде Святославъ на козары; слышавше же козари, изидоша противу съ княземъ своимъ Каганомъ, и съступишася битися, и бывши брани, одолѣ Святославъ козаромъ и градъ ихъ и Бѣлу Вежю взя. И ясы побѣди и касогы.

В лѣто 6474 [966]. Вятичи побѣди Святославъ, и дань на нихъ възложи.

В лѣто 6475 [967]. Иде Святославъ на Дунай на Болгары. И бившемъся обоимъ, одолѣ Святославъ болгаромъ, и взя городъ 80 по Дунаеви, и сѣде княжа ту въ Переяславци, емля дань на грьцѣх.

В лѣто 6476 [968]. Придоша печенѣзи на Руску землю первое, а Святославъ бяше Переяславци, и затворися Волга въ градѣ со унуки своими, Ярополкомъ и Ольгомъ и Володимеромъ, въ градѣ Киевѣ. И оступиша печенѣзи градъ в силѣ велицѣ, бещислено множьство около града, и не бѣ льзѣ изъ града вылѣсти, ни вѣсти послати; изнемогаху же людье гладомъ и водою. Собравшеся людье оноя страны Днѣпра в лодьяхъ, об ону страну стояху, и не бѣ льзѣ внити в Киевъ ни единому ихъ, ни изъ града к онѣмъ. И въстужиша людье въ градѣ и рѣша: „Нѣсть ли кого, иже бы моглъ на ону страну дойти и рещи имъ: аще не подступите заутра, предатися имамъ печенѣгомъ?" И рече единъ отрокъ: „Азъ преиду". И рѣша: „Иди". Онъ же изиде изъ града с уздою, и ристаше сквозѣ печенѣги, глаголя: „Не видѣ ли коня никтоже?". Бѣ бо умѣя печенѣжьски, и мняхуть й своего. И яко приближися к рѣцѣ, свергъ порты сунуся въ Днѣпръ, и побреде. Видѣвше же печенѣзи, устремишася на нь, стрѣляюще его, и не могоша ему ничто же створити. Они же видѣвше с оноя страны, и приѣхаша в лодьи противу ему, и взяша й в лодью и привезоша й къ дружинѣ. И рече имъ: „Аще не подступите заутра къ городу, предатися хотятъ людье печенѣгомъ". Рече же воевода ихъ, имянемъ Прѣтичь: „Подъступимъ заутра в лодьяхъ, и попадше княгиню и княжичѣ умчимъ на сю страну. Аще ли сего не створимъ, погубити ны имать Святославъ". Яко бысть заутра, всѣдъше в лодьи противу свѣту и въструбиша вельми, и людье въ градѣ кликнуша. Печенѣзи же мнѣша князя пришедша, побѣгоша разно от града. И изиде Ольга со унуки и с людми к лодьямъ. Видѣвъ же се князь печенѣжьский, възратися единъ къ воеводѣ Прѣтичю и рече: „Кто се приде?". И рече ему: „Людье оноя страны". И рече князь печенѣжьский: „А ты князь ли еси?". Онъ же рече: „Азъ есмь мужь его, и пришелъ есмь въ сторожѣхъ, и по мнѣ идеть полкъ со княземъ, бе-щисла множьство". Се же рече, грозя имъ. Рече же князь печенѣжьский къ Прѣтичю: „Буди ми другъ". Онъ же рече: „Тако створю". И подаста руку межю собою, и въдасть печенѣжьский князь Прѣтичю конь, саблю, стрѣлы. Онъ же дасть ему бронѣ, щитъ, мечь. И отступиша печенѣзи от града, и не бяше льзѣ коня напоити: на Лыбеди печенѣзи. И послаша кияне къ Святославу, глаголюще: „Ты, княже, чюжея земли ищеши и блюдеши, а своея ся охабивъ, малы бо насъ не взяша печенѣзи, и матерь твою и дѣти твои. Аще не поидеши, ни обраниши насъ, да паки ны возмуть. Аще ти не жаль очины своея, ни матере, стары суща, и дѣтий своих?" То слышавъ Святославъ вборзѣ всѣде на конѣ съ дружиною своею, и приде Киеву, цѣлова матерь свою и дѣти своя, и съжалися о бывшемъ от печенѣгъ. И собра вои, и прогна печенѣги в поли, и бысть миръ.

В лѣто 6477 [969]. Рече Святославъ къ матери своей и къ бояромъ своимъ: „Не любо ми есть в Киевѣ быти, хочю жити в Переяславци на Дунаи, яко то есть середа земли моей, яко ту вся благая сходятся: от Грекъ злато, паволоки, вина и овощеве разноличныя, изъ Чехъ же, из Угоръ сребро и комони, из Руси же скора и воскъ, медъ и челядь". Рече ему Волга: „Видиши мя болну сущю; камо хощеши отъ мене ити?" Бѣ бо разболѣлася уже; рече же ему: „Погребъ мя иди, ямо же хочеши". По трех днехъ умре Ольга, и плакася по ней сынъ ея, и внуци ея, и людье вси плачемъ великомь, и несоша и погребоша ю на мѣстѣ. И бѣ заповѣдала Ольга не творити трызны над собою, бѣ бо имущи презвутеръ, сей похорони блаженую Ольгу.

Си бысть предътекущия крестьяньстѣй земли аки деньница предъ солнцемь и аки зоря предъ свѣтомъ. Си бо сьяше аки луна в нощи, тако и си в невѣрныхъ человѣцехъ свѣтящеся аки бисеръ в калѣ: кальни бо бѣша грѣхомъ, неомовени крещеньемь святымь. Си бо омыся купѣлью святою, и совлечеся грѣховныя одежа ветхаго человѣка Адама, и въ новый Адамъ облечеся, еже есть Христосъ. Мы же рцѣмъ к ней: радуйся, руское познанье къ богу, начатокъ примиренью быхомъ. Си первое вниде в царство небесное от Руси, сию бо хвалятъ рустие сынове аки началницю: ибо по смерти моляше бога за Русь. Праведныхъ бо душа не умирають, яко же рече Соломанъ:

„Похваляему праведному възвеселятся людье", бесъсмертье бо есть память его, яко от бога познавается и от человѣкъ. Се бо вси человѣци прославляють, видяще лежащю в тѣлѣ на многа лѣта; рече бо пророкъ: „Прославляющая мя прославлю". О сяковыхъ бо Давыдъ глаголаше: „В память вѣчную праведникъ будеть, от слуха зла не убоится; готов сердце его уповати на господа, утвердися сердце его и не подвижется". Соломанъ бо рече: „Праведници въ вѣки живуть, и отъ господа мьзда имъ есть и строенье вышняго. Сего ради приимуть царствие красотѣ и вѣнець добротѣ от руки господня, яко десницею покрыеть я̈ и мышцею защитить я̈". Защитилъ бо есть сию блажену Вольгу от противника и супостата дьявола.

В лѣто 6478 [970]. Святославъ посади Ярополка в Киевѣ, а Ольга в деревѣхъ. В се же время придоша людье ноугородьстии, просяще князя собѣ: „Аще не поидете к намъ, то налѣземъ князя собѣ". И рече к нимъ Святославъ: „А бы пошелъ кто к вамъ". И отпрѣся Ярополкъ и Олегъ. И рече Добрыня: „Просите Володимера". Володимеръ бо бѣ отъ Малуши, ключницѣ Ользины; сестра же бѣ Добрынъ, отець же бѣ има Малъкъ Любечанинъ, и бѣ Добрына уй Володимеру. И рѣша ноугородьци Святославу: „Въдай ны Володимира". Онъ же рече имъ: „Вото вы есть". И пояша ноугородьци Володимера к собѣ, и иде Володимиръ съ Добрынею, уемъ своимь, Ноугороду, а Святославъ Переяславьцю.

В лѣто 6479 [971]. Приде Святославъ в Переяславець, и затворишася болгаре въ градѣ. И излѣзоша болгаре на сѣчю противу Святославу, и бысть сѣча велика, и одоляху болъгаре. И рече Святославъ воемъ своимъ: „Уже намъ сде пасти; потягнемъ мужьски, братья и дружино!". И къ вечеру одолѣ Святославъ, и взя градъ копьемъ, и посла къ грекомъ, глаголя: „Хочю на вы ити и взяти градъ вашь, яко и сей". И рѣша грьци: „Мы недужи противу вамъ стати, но возми дань на насъ, и на дружину свою, и повѣжьте ны, колико васъ, да вдамы по числу на главы". Се же рѣша грьци, льстяче подъ Русью;

суть бо греци лстивы и до сего дни. И рече имъ Святославъ: Есть насъ 20 тысящь, и приречѐ 10 тысящь, бѣ бо Руси 10 тысящь толко. И пристроиша грьци 100 тысящь на Святослава, и не даша дани. И поиде Святославъ на греки, и изидоша противу Руси. Видѣвше же Русь убояшася зѣло множьства вой, и рече Святославъ: „Уже намъ нѣкамо ся дѣти, волею и неволею стати противу; да не посрамимъ землѣ Рускиѣ, но ляжемъ костьми, мертвыи бо срама не имамъ. Аще ли побѣгнемъ, срамъ имамъ. Не имамъ убѣжати, но станемъ крѣпко, азъ же предъ вами поиду: аще моя глава ляжеть, то промыслите собою". И рѣша вои: „Идеже глава твоя, ту и свои главы сло-жимъ". И исполчишася русь, и бысть сѣча велика, и одолѣ Святославъ, и бѣжаша грьци. И поиде Святославъ ко граду, воюя и грады разбивая, яже стоять и до днешняго дне пусты. И созва царь боляре своя в полату, и рече имъ: „Што створимъ, яко не можемъ противу ему стати?". И рѣша ему боляре: „Посли к нему дары, искусимъ й, любьзнивъ ли есть злату, ли паволокамъ?". И посла к нему злато, и паволоки, и мужа мудра, рѣша ему: „Глядай взора и лица его и смысла его". Онъ же, вземъ дары, приде къ Святославу. И повѣдаша Святославу, яко придоша грьци с поклономъ. И рече: „Въведѣте я сѣмо". Придоша, и поклонишася ему, и положиша пред нимъ злато и паволоки. И рече Святославъ, кромѣ зря, отрокомъ своимъ: „Схороните". Они же придоша ко царю, и созва царь боляры. Рѣша же послании, яко „Придохомъ к нему, и вдахомъ дары, и не возрѣ на ня, и повелѣ схоронити". И рече единъ: „Искуси й еще, посли ему оружье". Они же послушаша его, и послаша ему мечь и ино оружье, и принесоша к нему. Онъ же, приимъ, нача хвалити, и любити, и цѣловати царя. Придоша опять ко царю, и повѣдаша ему вся бывшая. И рѣша боляре: „Лютъ се мужь хочеть быти, яко именья не брежеть, а оружье емлеть. Имися по дань". И посла царь, глаголя сице: „Не ходи къ граду, возми дань, еже хощеши"; за маломъ бо бѣ не дошелъ Царяграда. И даша ему дань; имашеть же и за убьеныя, глаголя, яко „Родъ его возметь". Взя же и дары многы, и възратися в Переяславець с похвалою великою. Видѣвъ же мало дружины своея, рече в собѣ: „Еда како прельстивше изъбьють дружину мою и мене", бѣша бо многи погибли на полку. И рече: „Поиду в Русь, приведу боле дружины".

И посла слы ко цареви въ Деревьстръ, бо бѣ ту царь, рька сице: „Хочю имѣти миръ с тобою твердъ и любовь". Се же слышавъ, царь радъ бысть и посла к нему дары больша первых. Святославъ же прия дары, и поча думати съ дружиною своею, рька сице: „Аще не створимъ мира со царемъ, а увѣсть царь, яко мало насъ есть, пришедше оступять ны въ градѣ. А Руска земля далеча, а печенѣзи с нами ратьни, а кто ны поможеть? Но створимъ миръ со царемъ, се бо ны ся по дань яли, и то буди доволно намъ. Аще ли почнеть не управляти дани, да изнова из Руси, совкупивше вои множайша, поидемъ Царюгороду". Люба бысть рѣчь си дружинѣ, и послаша лѣпшиѣ мужи ко цареви, и придоша въ Деревьстръ, и повѣдаша цареви. Царь же наутрия призва я, и рече царь: „Да глаголють сли рустии". Они же рѣша: „Тако глаголеть князь нашь: хочю имѣти любовь со царемъ гречьскимъ свершеную прочая вся лѣта". Царь же радъ бысть и повелѣ писцю писати вся рѣчи Святославля на харатью. Нача глаголати солъ вся рѣчи, и нача писець писати. Глагола сице:

„Равно другаго свѣщанья, бывшаго при Святославѣ, велицѣмъ князи рустѣмъ, и при Свѣналдѣ, писано при Фефелѣ синкелѣ и к Ивану, нарицаемому Цѣмьскию, царю гречьскому, въ Дерестрѣ, мѣсяца июля, индикта въ 14, в лѣто 6479. Азъ Святославъ, князь руский, яко же кляхъся, и утвержаю на свѣщаньѣ семь роту свою: хочю имѣти миръ и свершену любовь со всякимъ великимъ царемъ гречьскимъ, съ Васильемъ и Костянтиномъ, и съ богодохновеными цари, и со всѣми людьми вашими и иже суть подо мною Русь, боляре и прочии, до конца вѣка. Яко николи же помышлю на страну вашю, ни сбираю вой, ни языка иного приведу на страну вашю и елико есть подъ властью гречьскою, ни на власть корсуньскую и елико есть городовъ ихъ, ни на страну болгарьску. Да аще инъ кто помыслить на страну вашю, да и азъ буду противенъ ему и борюся с нимъ. Яко же кляхъся ко царемъ гречьскимъ, и со мною боляре и Русь вся, да схранимъ правая съвѣщанья. Аще ли от тѣхъ самѣхъ прежереченыхъ не съхранимъ, азъ же и со мною и подо мною, да имѣемъ клятву от бога, въ его же вѣруемъ в Перуна и въ Волоса, скотья бога, и да будемъ золоти, яко золото, и своимъ оружьемъ да исѣчени будемъ. Се же имѣйте во истину, яко же сотворихомъ нынѣ къ вамъ, и написахомъ на харатьи сей и своими печатьми запечатахомъ".

Створив же миръ Святославъ съ греки, поиде в лодьяхъ къ порогомъ. И рече ему воевода отень Свѣналдъ: „Поиди, княже, на конихъ около, стоять бо печенѣзи в порозѣхъ". И не послуша его и поиде в лодьяхъ. И послаша переяславци къ печенѣгомъ, глаголюще: „Се идеть вы Святославъ в Русь, вземъ именье много у грекъ и полонъ бещисленъ, съ маломъ дружины". Слышавше же се печенизи заступиша пороги. И приде Святославъ къ порогомъ, и не бѣ льзѣ проити порогъ. И ста зимовати в Бѣлобережьи, и не бѣ у нихъ брашна уже, и бѣ гладъ великъ, яко по полугривнѣ глава коняча, и зимова Святославъ ту.

Веснѣ же приспѣвъши, **в лѣто 6480**, поиде Святославъ в пороги. И нападе на нь Куря, князь печенѣжьский и убиша Святослава, и взяша главу его, и во лбѣ его съдѣлаша чашю, оковавше лобъ его, и пьяху из него. Свѣналдъ же приде Киеву къ Ярополку. И всѣх лѣтъ княженья Святославля лѣтъ 20 и 8.

В лѣто 6481 [973]. Нача княжити Ярополкъ.

В лѣто 6482 [974].

В лѣто 6483 [975]. Ловъ дѣющю Свѣналдичю, именемъ Лютъ; ишедъ бо ис Киева гна по звѣри в лѣсѣ. И узрѣ й Олегъ, и рече: „Кто се есть?". И рѣша ему: „Свѣналдичь". И заѣхавъ, уби й, бѣ бо ловы дѣя Олегъ. И о томъ бысть межю ими ненависть, Ярополку на Ольга, и молвяше всегда Ярополку Свѣналдъ: „Поиди на братъ свой и прими волость его", хотя отмстити сыну своему.

В лѣто 6484 [976].

В лѣто 6485 [977]. Поиде Ярополкъ на Олга, брата своего, на Деревьску землю. И изиде противу его Олегъ, и ополчистася. Ратившемася полкома, побѣди Ярополкъ Ольга. Побѣгъшю же Ольгу с вои своими въ градъ, рекомый Вручий, бяше чересъ гроблю мостъ ко вратомъ граднымъ, тѣснячеся другъ друга пихаху въ гроблю. И спехнуша Ольга с мосту в дебрь. Падаху людье мнози, и удавиша кони человѣци. И въшедъ Ярополкъ въ градъ Ольговъ, перея власть его, и посла искатъ брата своего; и искавъше его не обрѣтоша. И рече единъ деревлянинъ: „Азъ видѣхъ, яко вчера спехнуша с мосту". И посла Ярополкъ искатъ брата, и влачиша трупье изъ гробли от утра и до полудне, и налѣзоша и Ольга выспоdi трупья, вынесоша й, и положиша й на коврѣ. И приде Ярополкъ, надъ немъ плакася, и рече Свеналду: „Вижь, сего ты еси хотѣлъ!". И погребоша Ольга на мѣстѣ у города Вручога, и есть могила его и до сего дне у Вручего. И прия власть его Ярополкъ. У Ярополка же жена грекини бѣ, и бяше была черницею; бѣ бо привелъ ю отець его Святославъ, и вда ю за Ярополка, красоты ради лица ея. Слышавъ же се Володимъръ в Новѣгородѣ, яко Ярополкъ уби Ольга, убоявся бѣжа за море. А Ярополкъ посадники своя посади в Новѣгородѣ, и бѣ володѣя единъ в Руси.

В лѣто 6486 [978].

В лѣто 6487 [979].

В лѣто 6488 [980]. Приде Володимиръ съ варяги Ноугороду, и рече посадникомъ Ярополчимъ: „Идѣте къ брату моему и рцѣте ему: Володимеръ ти идеть на тя, пристраивайся противу биться". И сѣде в Новѣгородѣ.

И посла ко Рогъволоду Полотьску, глаголя: „Хочю пояти дщерь твою собѣ женѣ". Онъ же рече дщери своей: „Хочеши ли за Володимера?". Она же рече: „Не хочю розути робичича, но Ярополка хочю". Бѣ бо Рогъволодъ пришелъ и-заморья, имяше власть свою в Полотьскѣ, а туры Туровѣ, от него же и туровци прозвашася. И придоша отроци Володимерови, и повѣдаша ему всю рѣчь Рогънѣдину, дщери Рогъволожѣ, князя полотьскаго. Володимеръ же собра вои многи, варяги и словѣни, чюдь и кривичи, и поиде на Рогъволода. В се же время хотячу Рогънѣдь вести за Ярополка. И приде Володимеръ на Полотескъ, и уби Рогъволода и сына его два, и дъчерь его поя женѣ.

И поиде на Ярополка. И приде Володимеръ Киеву съ вои многи, и не може Ярополкъ стати противу, и затворися Киевѣ с людми своими и съ Блудомъ; и стояше Володимеръ обрывся на Дорогожичи, межю Дорогожичемъ и Капичемъ, и есть ровъ и до сего дне. Володимеръ же посла къ Блуду, воеводѣ Ярополчю, съ лестью глаголя: „Поприяй ми! Аще убью брата своего, имѣти тя хочю во отца мѣсто, и многу честь возьмешь от мене: не язъ бо почалъ братью бити, но онъ. Азъ же того убоявъся придохъ на нь". И рече Блудъ къ посломъ Володимеримь: „Азъ буду тобѣ в сердце и въ приязньство". О злая лесть человѣческа! Якоже Давыдъ глаголеть: „Ядый хлѣбъ мой възвеличилъ есть на мя лесть". Се бо лукавьствоваше на князя своего лестью. И паки: „Языки своими льстяхуся. Суди имъ, боже, да отпадуть от мыслий своихъ; по множьству нечестья ихъ изрини á, яко прогнѣваша тя, господи". И паки той же рече Давыдъ: „Мужь въ крови льстивъ не прилловить дний своихъ". Се есть совѣтъ золъ, иже свѣщевають на кровопролитье; то суть неистовии, иже приемше от князя или от господина своего честь ли дары, ти мыслять о главѣ князя своего на погубленье, горьше суть бѣсовъ таковии. Якоже Блудъ преда князя своего, и приимъ от него чьти многи, се бо бысть повиненъ крови той. Се бо Блудъ затворися съ Ярополкомъ, льстя ему, слаше къ Володимеру часто, веля ему пристряпати къ граду бранью, а самъ мысля убити Ярополка; гражаны же не бѣ льзѣ убити его. Блудъ же не възмогъ, како бы погубити й, замысли лестью, веля ему ни излазити на брань изъ града. Рече же Блудъ Ярополку: „Кияне слются къ Володимеру, глаголюще: Приступай къ граду, яко предамы ти Ярополка. Побѣгни за градъ". И послуша его Ярополкъ, и изъбѣгъ пред нимъ затворися въ градѣ Родьни на усть Рси рѣки, а Володимеръ вниде в Киевъ, и осѣде Ярополка в Роднѣ. И бѣ гладъ великъ в немъ, и есть притча и до сего дне: бѣда аки в Роднѣ. И рече Блудъ Ярополку: „Видиши, колько войн у брата твоего? Нама ихъ не перебороти. Твори миръ съ братомъ своимъ"; льстя подъ нимъ се рече. И рече Ярополкъ: „Такъ буди". И посла Блудъ къ Володимеру, сице глаголя, яко „Сбысться мысль твоя, яко приведу к тобѣ Ярополка, и пристрой убити й". Володимеръ же, то слышавъ, вшедъ въ дворъ теремный отень, о нем же преже сказахомъ, сѣде ту с вои и съ дружиною своею. И рече Блудъ Ярополку: „Поиди къ брату своему и рьчи ему: что ми ни вдаси, то язъ прииму". Поиде же Ярополкъ, и рече ему Варяжько: „Не ходи, княже, убьють тя; побѣгни в Печенѣги и приведеши вои"; и не послуша его. И приде Ярополкъ къ Володимеру; яко полѣзе въ двери, и подъяста й два варяга мечьми подъ пазусѣ. Блудъ же затвори двери и не да по немъ ити своимъ. И тако убьенъ бысть Ярополкъ. Варяшко же, видѣвъ, яко убьенъ бысть Ярополкъ, бѣжа съ двора в Печенѣги, и много воева Володимера с печенѣгы, одва приваби й, заходивъ к нему ротѣ. Володимеръ же залеже жену братьню грекиню, и бѣ непраздна, от нея же родися Святополкъ. От грѣховьнаго бо корени золъ плодъ бываеть: понеже бѣ была мати его черницею, а второе, Володимеръ залеже ю не по браку, прелюбодѣйчичь бысть убо. Тѣмь и отець его не любяше, бѣ бо от двою отцю, от Ярополка и от Володимера.

Посемь рѣша варязи Володимеру: „Се градъ нашь; мы прияхомъ й, да хочемъ имати окупъ на них, по 2 гривнѣ от человѣка". И рече им Володимеръ: „Пождѣте, даже вы куны сберуть, за мѣсяць". И ждаша за мѣсяць, и не дасть имъ, и рѣша варязи: „Сольстилъ еси нами, да покажи ны путь въ Греки". Онъ же рече имъ: „Идѣте". И избра от нихъ мужи добры, смыслены и храбры, и раздая имъ грады; прочии же идоша Царюграду въ Греки. И посла пред ними слы, глаголя сице царю: „Се идуть к тебѣ варязи, не мози их держати въ градѣ, оли то створять ти зло, яко и сде, но расточи я разно, а сѣмо не пущай ни единого".

И нача княжити Володимеръ въ Киевѣ единъ, и постави кумиры на холму внѣ двора теремнаго: Перуна древяна, а главу его сребрену, а усъ златъ, и Хърса, Дажьбога, и Стрибога и Симарьгла, и Мокошь. И жряху имъ, наричюще я богы, и привожаху сыны своя и дъщери, и жряху бѣсомъ, и оскверняху землю требами своими. И осквернися кровьми земля Руска и холмо-ть. Но преблагий богъ не хотя смерти грѣшникомъ, на томъ холмѣ нынѣ церкви стоить, святаго Василья есть, якоже послѣди скажемъ. Мы же на преднее възратимся.

Володимеръ же посади Добрыну, уя своего, в Новѣгородѣ. И пришедъ Добрына Ноугороду, постави кумира надъ рѣкою Волховомъ, и жряху ему людье ноугородьстии аки богу.

Бѣ же Володимеръ побѣженъ похотью женьскою, и быша ему водимыя: Рогънѣдь, юже посади на Лыбеди, иде же ныне стоить сельце Предъславино, от нея же роди 4 сыны: Изеслава, Мьстислава, Ярослава, Всеволода, а 2 дщери; от грекинѣ — Святополка; от чехинѣ — Вышеслава; а от другоѣ — Святослава и Мьстислава; а от болгарыни — Бориса и Глѣба; а наложьниць бѣ у него 300 Вышегородѣ, а 300 в Бѣлѣгородѣ, а 200 на Берестовѣ в селци, еже зоуть ныне Берестовое. И бѣ несытъ блуда, приводя к собѣ мужьски жены и дѣвицѣ растьлая. Бѣ бо женолюбець, яко же и Соломанъ: бѣ бо, рече, у Соломана женъ 700, а наложниць 300. Мудръ же бѣ, а наконець погибе; се же бѣ невѣголосъ, а наконець обрѣте спасенье. „Велий господь, и велья крѣпость его, и разуму его нѣсть конца!". Зло бо есть женьская прелесть, яко же рече Соломанъ, покаявся, о женах: „Не вънимай злѣ женъ, медъ бо каплеть от устъ ея, жены любодѣици, во время наслажаеть твой гортань, послѣди же горчае золчи обрящеши... Прилѣпляющиися ей вънидутъ съ смертью въ вадъ... На пути животьныя не находить, блудная же теченья ея неблагоразумна". Се же рече Соломанъ о прелюбодѣйцах; а о добрыхъ женах рече: "Дрожайши есть каменья многоцѣньна. Радуется о ней мужь ея. Дѣеть бо мужеви своему благо все житье. Обрѣтши волну и ленъ, творить благопотребная рукама своима. Бысть яко корабль, куплю дѣющи, издалеча сбираеть собѣ богатьство, и въстаеть от нощи, и даеть брашно дому и дѣла рабынямъ. Видѣвши стяжанье куповаше: от дѣл руку своею насадить тяжанье. Препоясавши крѣпко чресла своя, утвердить мышци своа на дѣло. И вкуси, яко добро есть дѣлати, и не угасаеть свѣтилннкъ ея всю нощь. Руцѣ свои простираеть на полезьная, локъти своя устремляеть на вретено. Руцѣ свои простираеть убогому, плодъ же простре нищему. Не печется мужь ея о дому своемь, егда гдѣ будеть, вси свои ея одѣни будуть. Сугуба одѣнья сотворить мужеви своему, очерьвлена и багряна собѣ одѣнья. Взоренъ бываеть во вратѣхъ мужь ея, внегда аще сядеть на сонмищи съ старци и съ жители земли. Опоны створи и отдасть в куплю. Уста же свои отверзе смыслено, в чинъ молвить языкъмь своимъ. Въ крѣпость и в лѣпоту облечеся. Милостини же ея въздвигоша чада ея и обогатиша, и мужъ ея похвали ю̀. Жена бо разумлива благословена есть, боязнь бо господню да похвалить. Дадите ей от плода устьну ея, да хвалять во вратѣх мужа ея".

В лѣто 6489 [981]. Иде Володимеръ к ляхомъ и зая грады их, Перемышль, Червенъ и ины грады, иже суть и до сего дне подъ Русью. В сем же лѣтѣ и вятичи побѣди, и възложи на ня дань от плуга, яко же и отець его имаше.

В лѣто 6490 [982]. Заратишася вятичи, и иде на ня Володимиръ, и побѣди я̀ второе.

В лѣто 6491 [983]. Иде Володимеръ на ятвягы, и побѣди ятвягы, и взя землю их. И иде Киеву и творяше требу кумиромъ с людми своими. И рѣша старци и боляре: „Мечемъ жребий на отрока и дѣвицю; на него же падеть, того зарѣжемъ богомъ". Бяше варягъ единъ, и бѣ дворъ его, идеже есть церкви святая богородица, юже сдѣла Володимеръ. Бѣ же варягъ той пришелъ изъ Грекъ, и держаше вѣру хрестеяньску. И бѣ у него сынъ красенъ лицемъ и душею; на сего паде жребий по зависти дьяволи. Не терпяшеть бо дьяволъ, власть имы надо всѣми, и сей бяшеть ему аки тернъ въ сердци, и тьщашеся потребити оканьный, и наусти люди. И рѣша пришедше послании к нему, яко „Паде жребий на сынъ твой, изволиша бо ѝ бози собѣ; да створимъ требу богомъ". И рече варягъ: „Не суть то бози, но древо; днесь есть, а утро изъгнееть; не ядять бо, ни пьють, ни молвять, но суть дѣлани руками в деревѣ. А богъ есть единъ, ему же служать грьци и кланяются, иже створилъ небо, и землю, и звѣзды, и луну, и солнце, и человѣка, и дал есть ему жити на земли. А си бози что сдѣлаша? Сами дѣлани суть. Не дамъ сына своего бѣсомъ". Они же шедше повѣдаша людемъ. Они же, вземше оружье, поидоша на нь и розъяша дворъ около его. Онъ же стояше на сѣнех съ сыномъ своимъ. Рѣша ему: „Вдай сына своего, да вдамы ѝ богомъ". Онъ же рече: „Аще суть бози, то единого собе послють бога, да имуть сынъ мой. А вы чему претребуете имъ?". И кликнуша, и посѣкоша сѣни под нима, и тако побиша ѝ. И не свѣсть никтоже, гдѣ положиша ѝ. Бяху бо тогда человѣци невѣголоси и погани. Дьяволъ радовашеся сему, не вѣдый, яко близь погибель хотяше быти ему. Тако бо тщашеся погубити родъ хрестьаньский, но прогонимъ бяше хрестомъ честнымъ и в инѣх странахъ; сде же мняшеся оканьный: яко сде ми есть жилище, сде бо не суть апостоли учили, ни пророци прорекли, не вѣдый пророка, глаголяща: „И нареку не люди моя люди моя"; о апостолѣх бо рече: „Во всю землю изидоша вѣщанья их, и в конець вселеныя глаголи ихъ". Аще и тѣломъ апостоли не суть сдѣ были, но ученья ихъ аки трубы гласять по вселенѣй в церквахъ, их же ученьемъ побѣжаемъ противнаго врага, попирающе подъ нози, яко же попраста и си отечника, приемша вѣнець небесный съ святыми мученики и праведники.

В лѣто 6492 [984]. Иде Володимеръ на радимичи. Бѣ у него воевода Волъчий Хвостъ, и посла й Володимеръ передъ собою, Волъчья Хвоста; сърѣте радимичи на рѣцѣ Пищанѣ, и побѣди радимичѣ Волъчий Хвостъ. Тѣмь и Русь корятся радимичемъ, глаголюще: „Пищаньци волъчья хвоста бѣгають". Быша же радимичи от рода ляховъ; прешедьше ту ся вселиша, и платять, дань Руси, повозъ везуть и до сего дне.

В лѣто 6493 [985]. Иде Володимеръ на Болгары съ Добрынею, съ уемъ своимъ, в лодьяхъ, а торъки берегомъ приведе на конихъ: и побѣди болгары. Рече Добрына Володимеру: „Съглядахъ колодникъ, и суть вси в сапозѣх. Сим дани намъ не даяти, поидемъ искатъ лапотниковъ". И створи миръ Володимеръ съ болгары, и ротѣ заходиша межю собѣ, и рѣша болгаре: „Толи не будеть межю нами мира, оли камень начнеть плавати, а хмель почнеть тонути". И приде Володимеръ Киеву.

В лѣто 6494 [986]. Придоша болъгары вѣры бохъмичѣ, глаголюще, яко „Ты князь еси мудръ и смысленъ, не вѣси закона; но вѣруй в законъ нашь и поклонися Бохъмиту". И рече Володимеръ: „Како есть вѣра ваша?". Они же рѣша: „Вѣруемъ богу, а Бохмитъ ны учить, глаголя: обрѣзати уды тайныя, и свинины не ясти, вина не пити, а по смерти же, рече, со женами похоть творити блудную. Дасть Бохмитъ комуждо по семидесят женъ красныхъ, исберетъ едину красну, и всѣх красоту възложить на едину, та будеть ему жена. Здѣ же, рече, достоить блудъ творити всякъ. На семь свѣтѣ аще будеть кто убогъ, то и тамъ", и ина многа лесть, ея же нѣ льзѣ псати срама ради. Володимеръ же слушаше ихъ, бѣ бо самъ любя жены и блуженье многое, послушаше сладко. Но се ему бѣ не любо, обрѣзанье удовъ и о неяденьи мясъ свиныхъ, а о питьи отнудь, рька: „Руси есть веселье питье, не можемъ бес того быти". Потом же придоша нѣмьци от Рима, глаголюще: „Придохомъ послании от папежа"; и рѣша ему: „Реклъ ти тако папежь: земля твоя яко и земля наша, а вѣра ваша не яко вѣра наша; вѣра бо наша свѣтъ есть, кланяемся богу, иже створилъ небо и землю, звѣзды, мѣсяць и всяко дыханье, а бози ваши древо суть". Володимеръ же рече: „Кака заповѣдь ваша?". Они же рѣша: „Пощенье по силѣ; «Аще кто пьеть или ясть, то все въ славу божью», рече учитель нашь Павел". Рече же Володимеръ нѣмцемъ: „Идѣте опять, яко отци наши сего не прияли суть". Се слышавше жидове козарьстии придоша, рекуще: „Слышахомъ, яко приходиша болгаре и хрестеяне, учаще тя кождо вѣрѣ своей. Хрестеяне бо вѣрують, его же мы распяхомъ, а мы вѣруемъ единому богу Аврамову, Исакову, Яковлю". И рече Володимеръ: „Что есть законъ вашь?". Они же рѣша: „Обрѣзатися, свинины не ясти, ни заячины, суботу хранити". Онъ же рече: „То гдѣ есть земля ваша?". Они же рѣша: „Въ Ерусалимѣ". Онъ же рече: „То тамо ли есть?". Они же рѣша: „Разъгнѣвася богъ на отци наши, и расточи ны по странамъ грѣхъ ради нашихъ, и предана бысть земля наша хрестеяномъ". Онъ же рече: „То како вы инѣхъ учите, а сами отвержени от бога и расточени? Аще бы богъ любилъ васъ и законъ вашь, то не бысте расточени по чюжимъ землямъ. Еда и намъ тоже мыслите прияти?".

Посемь же присласа грьци къ Володимеру философа, глаголюще сице: „Слышахомъ, яко приходили суть болгаре, учаще тя прияти вѣру свою, ихъ же вѣра оскверняеть небо и землю, иже суть прокляти паче всѣхъ человѣкъ, уподоблешеся Содому и Гомору, на ня же пусти господь каменье горюще, и потопи я, и погрязоша, яко и сихъ ожидаеть день погибели ихъ, егда придеть богъ судитъ земли и погубити вся творящая безаконья и скверны дѣющия. Си бо омывають оходы своя, в ротъ вливають, и по брадѣ мажются, поминають Бохмита. Тако же и жены ихъ творять ту же скверну и ино пуще: от совкупленья мужьска и женьска вкушають". Си слышавъ Володимеръ плюну на землю, рекъ: „Нечисто есть дѣло". Рече же философъ: „Слышахомъ же и се, яко приходиша от Рима поучитъ васъ к вѣрѣ своей, ихъ же вѣра маломь с нами разъвращена: служать бо опрѣсноки, рекше оплатки, ихъ же богъ не преда, но повелѣ хлѣбомъ служити, и преда апостоломъ приемъ хлѣбъ, рек: «Се есть тѣло мое, ломимое за вы... » тако же и чашю приемъ, рече: «Се есть кровь моя новаго завѣта» си же того не творять, суть не исправили вѣры". Рече же Володимеръ: „Придоша ко мнѣ жидове, глаголюще: яко нѣмци и грьци вѣрують, его же мы распяхомъ". Философъ же рече: „Въистину в того вѣруемъ, тѣхъ бо пророци прорѣцаху, яко богу родитися, а друзии — распяту быти и погребену, а в 3-й день вскреснути и на небеса взити. Они же тыи пророки избиваху, другия претираху. Егда же сбысться прореченье сихъ, съниде на землю, и распятье прия, и въскресъ на небеса взиде, на сихъ же ожидаше покаянья за 40 и за 6 лѣт, и не покаяшася, и посла на ня римляны, грады ихъ разбиша и самы расточиша по странамъ, и работають въ странахъ". Рече же Володимеръ: „То что ради сниде богъ на землю, и страсть такову прия? ". Отвѣщав же философъ, рече: „Аще хощеши послушати, да скажю ти из начала, чьсо ради сниде богъ на землю". Володимеръ же рече: „Послушаю рад". И нача философъ глаголати сице:

„Въ начало створи богъ небо и землю въ первый день. И в 2-й день створи твердь, яже есть посреди воды. Сего же дне раздѣлишася воды, полъ ихъ взиде надъ твердь, а полъ ихъ подъ твердь. А въ 3-й день створи море, и рѣки, и источники, и сѣмяна. Въ 4-й день солнце, и луну, и звѣзды, и украси богъ небо. Видѣв же первый от ангелъ, старѣйшина чину ангелску, помысли въ себе, рекъ: «Сниду на землю, и преиму землю, и буду подобенъ богу, и поставлю престолъ свой на облацѣхъ сѣверьскихъ». И ту абье сверже й с небесе, и по немъ падоша иже бѣша подъ нимъ, чинъ десятый. Бѣ же имя противнику Сотонаиль, в него же мѣсто постави старѣйшину Михаила. Сотона же, грѣшивъ помысла своего и отпадъ славы первыя, наречеся противникъ богу. Посем же въ 5-й день створи богъ киты, и рыбы, гады, и птица пернатыя. Въ 6-й же день створи богъ звѣри, и скоты, и гады земныя; створи же и человѣка. Въ 7-й же день почи богъ от дѣлъ своихъ, иже есть субота. И насади богъ рай на въстоцѣ въ Едемѣ, въведе ту человѣка, его же созда, и заповѣда ему от древа всякого ясти, от древа же единого не ясти, еже есть разумѣти добру и злу. И бѣ Адамъ в раи, видяше бога и славяше, егда ангели славяху. И възложи богъ на Адама сонъ, и успе Адамъ, и взя богъ едино ребро у Адама, и створи ему жену, и въведе ю̀ в рай ко Адаму, и рече Адамъ: «Се кость от кости моея, а плоть от плоти моея, си наречеся жена». И нарече Адамъ скотомъ и птицамъ имяна, звѣремъ и гадомъ, и самѣма ангелъ повѣда имяна. И покори богъ Адаму звѣри и скоты, и обладаше всѣми, и послушаху его. Видѣвъ же дьяволъ, яко почти богъ человѣка, възавидѣвъ ему, преобразися въ змию, и приде къ Еввѣ, и рече ей: «Почто не яста от древа, сущаго посредѣ рая?». И рече жена къ змиѣ: «Рече богъ: не имата ясти, аще ли, да умрета смертью». И рече змия к женѣ: «Смертью не умрета; вѣдяше бо богъ, яко в он же день яста от него, отверзется очи ваю, и будета яко и богъ, разумѣюща добро и зло». И видѣ жена, яко добро древо въ ядь, и вземши снѣсть, и вдасть мужю своему, и яста, и отверзостася очи има, и разумѣста, яко нага еста, и съшиста листвиемь смоковнымъ препоясанье. И рече богъ: «Проклята земля в дѣлѣхъ твоихъ, и в печали яси вся дни живота своего». И рече господь богъ: «Егда како прострета руку, и возмета от древа животьнаго, и живета въ вѣки». И изъгна господь богъ Адама из рая. И сѣде прямо раа, плачася и дѣлая землю, и порадовася сотона о проклятьи земля. Се на ны первое паденье и горький отвѣтъ, отпаденье ангельскаго житья. Роди Адамъ Каина и Авеля; бѣ Каинъ ратай, а Авель пастухъ. И несе Каинъ от плода земли къ богу, и не прия богъ даровъ его. Авель же принесе от агнець первенець, и прия богъ дары Авелевы. Сотона же влѣзе в Каина, и пострѣкаше Каина убити Авеля. И рече Каинъ: «Изидевѣ на поле» Авелю, и послуша его Авель, и яко изыдоста, въста Каинъ, и хотяше убити и̇, и не умяше, како убити и̇. И рече ему сотона: «Возми камень и удари и̇». Вземъ камень и уби и́. И рече богъ Каину: «Кде есть братъ твой?». Онъ же рече: «Еда стражь есмь брату своему?». И рече богъ: «Кровь брата твоего вопьеть ко мнѣ, будеши стеня и трясыйся до живота своего». Адамъ же и Евга плачющася бѣста, и дьяволъ радовашеся, рька: «Се, его же богъ почти, азъ створил ему отпасти бога, и се нынѣ плачь ему налѣзохъ». И плакастася по Авели лѣт 30, и не съгни тѣло его; и не умяста его погрести. И повелѣньем божьимъ птенца 2 прилетѣста, единъ ею умре, единъ же ископа яму, и вложи умершаго, и погребе и́. Видѣвша же се Адамъ и Евга, ископаста яму, и вложиста Авеля, и погребоста и́ съ плачемъ. Бывъ же Адамъ лѣтъ 200 и 30 роди Сифа и 2 дщери, и поя едину Каинъ, а другую Сифъ, и от того человѣци расплодишася и умножишася по земли. И не познаша створьшаго я́, исполнишася блуда, и всякоя нечистоты, и убийства и зависти, живяху скотьски человѣци. Бѣ Ной единъ праведенъ в родѣ семь. И роди 3 сыны: Сима, Хама, Афета. И рече богъ: «Не имать духъ мой пребывати в человѣцѣхъ», и рече: «Да потреблю, его же створихъ, от человѣка до скота». И рече господь богъ Ноеви: «Створи ковчегъ в долготу локоть 300, а в ширину 80, а възвышие 30 локотъ»: египти бо локтемъ сажень зовуть. Дѣлаему же ковчегу за 100 лѣт, и повѣдаше Ной, яко быти потопу, и посмѣхахуся ему. Егда сдѣла ковчегъ, и рече господь Ноеви: «Вълѣзи ты, и жена твоя, и сынове твои, и снохи твои, и въведи к собѣ по двоему от всѣх скотъ, и от всѣх птиць и от всѣх гадъ". И въведе Ной, яже заповѣда ему богъ. Наведе богъ потопъ на землю, потопе всяка плоть, и ковчегъ плаваше на водѣ. Егда же посяче вода, изълѣзе Ной, и сынове его и жена его. От сихъ расплодися земля. И быша человѣци мнози и единогласни, и рѣша другъ къ другу: «Съзижемъ столпъ до небесе». Начаша здати, и бѣ старешина Невродъ, и рече богъ: «Се умножишася человѣци и помысли их суетьни». И сниде богъ, и размѣси языки на 70 и 2 языка. Адамовъ же бысть языкъ не отъятъ у Авера: той бо единъ не приложися къ безумью их, рекъ сице: «Аще бы человѣкомъ богъ реклъ на небо столпъ дѣлати, то повелѣлъ бы самъ богъ словомъ, яко же створи небеса, землю, море, вся видимая и невидимая». Сего ради того языкъ не пременися; от сего суть еврѣи. На 70 и единъ языкъ раздѣлишася, и разидошася по странамъ, и кождо своя норовы прияша. По дьяволю научению ови рощениемъ, кладеземъ и рѣкамъ жряху, и не познаша бога. От Адама же и до потопа лѣт 2242, а от потопа до раздѣленья языкъ лѣт 529. Посемь же дьяволъ в болшее прельщенье вверже человѣки, и начаша кумиры творити, ови древяны, ови мѣдяны, а друзии мрамаряны, а иные златы и сребрены; и кланяхуся имъ, и привожаху сыны своя и дъщери, и закалаху предъ ними, и бѣ вся земля осквернена. Начальникъ бо бяше кумиротворенью Серухъ, творяшеть бо кумиры во имяна мертвыхъ человѣкъ, овѣмъ бывшимъ царемъ, другомъ храбрымъ, и волъхвомъ, и женамъ прелюбодѣицамъ. Се же Серухъ роди Фару, Фара же роди 3 сыны: Аврама, и Нахора, и Арона. Фара же творяше кумиры, навыкъ у отца своего. Аврамъ же, пришедъ въ умъ, возрѣ на небо, и видѣ звѣзды и небо, и рече: воистину той есть богъ; иже сотворилъ небо и землю, а отець мой прельщаеть человѣки. И рече Аврамъ: «Искушю бога отца своего»; и рече: «Отче! Что прельщаеши человѣки, творя кумиры древяны? Той есть богъ, иже створи небо и землю». Приимъ Аврамъ огнь, зажьже идолы въ храминѣ. Видѣвъ же Аронъ, брат Аврамовъ, ревнуя по идолѣхъ, хотѣ вымчати идолы, а самъ съгорѣ ту Аронъ, и умре пред отцемъ. Предъ симъ бо не бѣ умиралъ сынъ предъ отцемь, но отець предъ сыномъ, от сего начаша умирати сынове предъ отци. Возлюби богъ Аврама, и рече богъ Авраму: «Изиди из дому отца своего в землю, и ню же ти покажю, и створю тя въ языкъ великъ, благословять тя колѣна земьная». И створи Аврамъ, якоже заповѣда ему богъ. И поя Аврамъ сыновца своего Лота, — бѣ бо ему Лотъ шюринъ и сыновець, бѣ бо Аврамъ поялъ братьню дщерь Аронюю, Сару. И приде в землю Хананѣйску къ дубу высоку, и рече богъ ко Авраму: «Сѣмени твоему дамь землю сию». И поклонися Аврамъ богу. Аврамъ же бяше лѣтъ 70 и 5, егда изиде от Хараона.

Бѣ же Сара неплоды, болящи неплодскимь. Рече Сара Авраму: «Влѣзи къ рабѣ моей». И поемши Сара Агарь, въдасть ю мужу своему, и влѣзе Аврамъ к Огари. Зачатъ и роди сына Агарь, и прозва й Аврамъ Измаиломь; Аврамъ бѣ лѣт 80 и 6, егда родися Измаилъ. Посем же заченши Сара роди сына, и нарече имя ему Исакъ. И повелѣ бог Авраму обрѣзати отроча, и обрѣза й въ 8 день. Возлюби бог Аврама и племя его, и нарече я в люди себе, и отлучи я от языкъ, нарекъ я люди своя. Сему же Исаку възмогъшю, Авраму же жившю, лѣт 100 и 70 и 5, и умре и погребенъ бысть. Исаку же бывшю лѣт 60, и роди 2 сына, Исава и Якова. Исавъ же бысть лукавъ, а Яковъ праведенъ. Сей же Яковъ работа у уя своего изо дщери его изъ меньшеѣ лѣтъ 7, и не дасть ему ея Лаванъ, уй его, рекъ: «Старейшюю поими». И вдасть ему Лию, старѣйшюю, а изъ другоѣ реклъ ему: «Работай другую 7 лѣт». Онъ же работа другую 7 лѣт изъ Рахили. И поя собѣ 2 сестреници, от нею же роди 8 сыновъ: Рувима, Семевона, Львгию, Июду, Изахара, и Заулона, Иосифа и Веньямина, и от робу двою: Дана, Нефталима, Гада и Асира. И от сихъ расплодишася жидове. Ияковъ же сниде въ Еюпетъ, сый лѣт 100 и 30, с родомъ своимъ, числомъ 60 и 5 душь. Поживе же въ Еюптѣ лѣт 17, и успе, и поработиша племя его за 400 лѣт. По сихъ же лѣтехъ възмогоша людье жидовьстии, и умножишася, и насиляху имъ еюптяне работою. В си же времяна родися Моисѣй въ жидѣхъ, и рѣша волъсви египетьстии царю: «Родился есть дѣтищъ въ жидѣхъ, иже хощеть погубити Еюпетъ». Ту абье повелѣ царь ражающаяся дѣти жидовьския въметати в рѣку. Мати же Моисѣева, убоявшися сего губленья, вземши младенець, вложи й в карабьицю и несъши постави в лузѣ. В се же время сниде дьщи фараонова Ферьмуфи купатся, видѣ отроча плачюще, взя ѣ, и пощадѣ ѣ, и нарече имя ему Моисѣй, и вскорми ѣ. Бысть отроча красно, и бысть лѣт 4, и приведе й дъщи фараоня ко отцю своему. Видѣвъ же Моисѣя фараонъ, нача любити отроча. Моисий же, хапаяся за шию, срони вѣнець съ главы царевы, и попра й. Видѣвъ же волъхвъ, и рече цареви: «О царю! Погуби отроча се; аще ли не погубишь, имать погубити всего Еюпта». И не послуша его царь, но паче повелѣ не погубити дѣтий жидовьских. Моисѣеви же възмогъшю, бысть великъ в дому фараони. Бывшю цареви иному, взавидѣша ему боляре. Моисий же, убивъ еюптянина, обидящаго евреянина, бѣжа изъ Еюпта, и приде в землю Мадьямьску, и ходя по пустыни и научися от ангела Гаврила о бытьи всего мира, и о первѣмь человѣцѣ, и яже суть была по немъ и по потопѣ, и о смѣшеньи языкъ, аще кто колико лѣтъ былъ, звѣздное хоженье и число, землену мѣру и всѣку мудрость. Посемь же явися ему богъ в купинѣ огнемь, и рече ему: «Видѣхъ бѣду людий моихъ въ Еюптѣ, и низълѣзохъ изяти ѧ от руки еюпетьски, извести ѧ от земля тоя. Ты же иди к фараону, царю еюпетьску, и речеши ему: испусти Израиля, да три дни положать требу богу. Аще не послушаеть тебе царь еюпетьский, побью ѧ всѣми чюдесы моими». Пришедшю Моисѣеви, не послуша его фараонъ, и попусти богъ 10 казний на фараона: 1. рѣки въ кровь; 2. жабы; 3. мышьцѣ; 4. песья мухи; 5. смерть на скотъ; 6. прыщьеве горющи; 7. градъ; 8. прузи; 9. тьма 3 дни; 10. моръ в человѣцѣхъ. Сего же ради 10 казний бысть на нихъ, яко 10 мѣсяць топиша дѣти жидовьски. Егда же бысть моръ въ Еюптѣ, рече фараонъ Моисѣеви и брату его Арону: «Отъидѣта въскорѣ». Моисий же, събравъ люди жидовьския, поиде от землѣ Еюпетьски. И ведяше ѧ господь путемъ по пустыни къ Черьмному морю, и предъидяше предъ ними нощью столпъ огненъ, а въ день — облаченъ. Слышавъ же фараонъ, яко бѣжать людье, погна по них, и притисну ѧ к морю. Видѣвъше же людье жидовьстии, воспиша на Моисѣя, ркуще: «Почто изведе ны на смерть?». И възопи Моисѣй къ богу, и рече господь: «Что вопьеши ко мнѣ? Удари жезломъ в море». Створи Моисѣй тако, и раступисѧ вода надвое, и вънидоша сынове Израилеви в море. Видѣвъ же фараонъ, погна по них, сынове же Израилеви преидоша по суху. Яко излѣзоша на брегъ, и сступися море о фараонѣ и о воихъ его. И возлюби богъ Израиля, и идоша от моря 3 дни по пустыни, и придоша в Меренъ. Бѣ ту вода горка, и возъропташа людье на бога, и показа имъ господь древо, и вложи Моисѣй в воду, и усладишася воды. Посем же паки возропташа на Моисѣя и на Арона, рькуще: «Луче ны бяше въ Еюптѣ, идеже ядяхомъ мяса, лукъ и хлѣбы до сыти». И рече господь къ Моисѣеви: «Слышахъ гугнанье сыновъ Израилевъ», и вдасть имъ манну ясти. Посемь же дасть имъ законъ на горѣ Синайстѣй. Моисѣеви въшедшю на гору къ богу, они же, сольявше телчю главу, поклонишася аки богу, ихъ же Моисий иссѣче 3 тысячи. И посемъ паки возропташа на Моисѣя и Арона, еже не бысть воды. И рече господь къ Моисѣеви: «Удари жезломъ в камень», рекъ: «Егда и-сего не испустивѣ воды?». И разъгнѣвася господь на Моисѣя, яко не възвеличи господа, и не вниде в землю обѣтованую сего ради, роптанья онѣхъ ради, но възведе й на гору Вамьску, и показа ему землю обѣтованую. И умре Моисий ту на горѣ. И прия власть Иисусъ Навгинъ; се проиде и приде в землю обѣтованую, и изби Хананѣйско племя, и всели в нихъ мѣсто сыны Израилевы. Умершю же Иисусу, бысть судья в него мѣсто Июда; и инѣхъ судий бысть 14, при нихъ же, забывше бога, изъведшаго я изъ Еюпта, начаша служити бѣсомъ. И разъгнѣвася богъ, предаяшеть я иноплеменьникомъ на расхищенье. Егда ся начинаху каяти, и помиловашеть их; егда избавяшеть ихъ, паки укланяхуться на бѣсослуженье. По сих же судяше Илий жрець, и по семь Самоилъ пророкъ. И рѣша людье Самоилу: «Постави намъ царя». И разъгнѣвася господь на Израиля, и постави над нимъ царя Саула. Таче Саулъ не изволи ходити в законѣ господни, и избра господь Давыда, и постави царя надъ Израилемъ, и угоди Давыдъ богу. Сему Давыду клятся богъ, яко от племене его родитися богу. Первое нача пророчествовати о воплощеньи божьѣ, рекъ: «И-щрева преже денница родих тя». Се же пророчествова лѣт 40, и умре. И по немъ пророчествова сынъ его Соломанъ, иже возъгради церковь богу, и нарече ю Святая Святыхъ. И бысть мудръ, но наконець поползеся; царьствовавъ лѣт 40 и умре. По Соломанѣ же царствова сынъ его Ровамъ. При семь раздѣлися царство надвое жидовьско: въ Ерусалимѣ едино, а другое в Самарии. В Самарии же царьствова Иеровамъ, холопъ Соломань, иже створи двѣ коровѣ златѣ, постави едину въ Вефилѣ на холмѣ, а другую въ Еньданѣ, рекъ: «Се бога твоя, Израилю». И кланяхуся людье, а бога забыша. Таче и въ Ерусалимѣ начаша забывати бога и покланятися Валу, рекъше ратьну богу, еже есть Орѣй, и забыша бога отець своих. И нача богъ посылати к нимъ пророки. Пророци же начаша обличати я о безаконьи их и служеньи кумиромъ. Они же начаша пророки избивати, обличаеми от них. Разъгнѣвася богъ на Израиля, и рече: «Отрину от себе, призову ины люди, иже мене послушають. Аще согрѣшать, и не помяну безаконья их». И нача посылати пророки, глаголя имъ: «Прорицайте о отверженьи жидовьстѣ и о призваньи странъ».

Первое же нача пророчествовати Осѣй, глаголя: «Преставлю царство дому Израилева ... Съкрушу лукъ Израилевъ ... И не приложу помиловати паки дому Израилева, но отмѣтая, отвергуся их», глаголеть господь, «И будуть блудяще въ языцѣх». Иеремѣя же рече: «Аще станеть Самоилъ и Моисѣй ... не помилую ихъ». Паки той же Иеремия рече: «Тако глаголеть господь: Се, кляхся имянемь моимь великомь ... аще будеть имя мое имянуемо отселе гдѣ в вустѣхъ июдейских». Иезикииля же рече: «Тако глаголеть господь Аданай ...: Расъсѣю вы, вся останки ваша во вся вѣтры ... Зане святая моя осквернисте всѣми негодованьи твоими; азъ же тя отрину ... и не имамъ тя помиловати паки». Малахѣя же рече: «Тако глаголеть господь: Уже нѣсть ми хотѣнья у васъ ... Понеже от въстока и до запада имя мое прославися въ языцѣх, на всякомь мѣстѣ приноситься кадила имяни моему и жертва чиста, зане велье имя мое въ языцѣхъ». «Сего ради дамъ вас на поносъ и на пришествие во вся языки». Исая же великий рече: «Тако глаголеть господь: Простру руку свою на тя, истлю тя, и расѣю тя, паки не приведу тя». И паки той же рече: «Возненавидѣх праздники ваша и начатки мѣсяць ваших, суботъ вашихъ не приемлю». Амосъ же пророкъ рече: «Слышите слово господне: Азъ приемлю на вы плачь, домъ Израилевъ падеся, и не приложи въстати». Малахия же рече: «Тако глаголеть господь: Послю на вы клятву, и проклену благословенье ваше ... разорю, и не будеть в васъ». И много пророчествоваша о отверженьи их.

Сим же пророкомъ повелѣ богъ пророчествовати о призваньи инѣх странъ въ нихъ мѣсто. Нача звати Исаия, тако глаголя: «Яко законъ от мене изидеть, и судъ мой свѣтъ странамъ. Приближается скоро правда моя, изидеть ..., и на мышцю мою страны уповають». Иеремия же рече: «Тако глаголеть господь: Положю дому Июдину завѣт новъ ... Дая законы в разумѣния их, и на сердца ихъ напишю, и буду имъ богъ, и ти будуть мнѣ в люди». Исаия же рече: «Ветхая мимо идоша, а новая възвѣщаю, — преже възвѣщанья явлено бысть вамъ. Пойте богу пѣснь нову». «Работающимъ ми прозовется имя ново, еже благословится по всей земли». «Домъ мой домъ молитвѣ прозовется всѣмъ языкомъ». Той же Исаия глаголеть: «Открыеть господь мышцю свою святую предо всѣми языки, и узрять вси конци земля спасенье от бога нашего». Давыдъ же: «Хвалите господа вси языци, и похвалите его вси людье».

Тако богу возлюбившю новыя люди, рекъ имъ снити к нимъ самъ, явитися человѣкомъ плотью и пострадати за Адамово преступленье. И начаша прорицати о воплощеньи божьи, первое Давыдъ, глаголя: «Рече господь господеви моему: Сяди одесную мене, дондеже положю враги твои подъножью ногама твоима». И паки: «Рече господь ко мнѣ: Сынъ мой еси ты, азъ днесь родихъ тя». Исая же рече: «Ни солъ, ни вѣстникъ, но самъ богъ пришедъ спасет ны». И паки: «Яко дѣтищь родится намъ, ему же бысть начало на рамѣ его, и прозовется имя его велика свѣта ангелъ ... Велика власть его, и миру его нѣсть конца». И паки: «Се дѣвица въ утробѣ зачнеть, и прозовуть имя ему Еммануилъ». Михѣя же рече: «Ты Вифлевоме, дома Ефрантовъ, еда не мъногъ еси быти в тысящахъ Июдовахъ? ис тебе бо изидеть старѣйшина быти въ князехъ во Израили, исходъ его от дний вѣка. Сего ради дасться до времяне ражающая родить, и прочии от братья его обратятся на сыны Израилевы". Иеремия же рече: «Сь богъ нашь, и не вмѣнится инъ к нему. Изобрѣте всякъ путь художьства, и дасть Иякову отроку своему ... По сих же явися на земли, и съ человѣки поживе». И паки: «Человѣкъ есть: кто увѣсть, яко богъ есть? яко человѣкъ умираеть». Захарья же рече: «Не послушаша сына моего, и не услышю их, глаголеть господь». И Осѣй рече: «Тако глаголеть господь: плоть моя от них».

Прорекоша же и страсти его, рекуще, яко же рече Исая: «У лютѣ души ихъ! понеже свѣтъ золъ свѣщаша, рькуще: свяжемъ праведника». И паки той же рече: «Тако глаголеть господь ... Азъ не супротивлюся, ни глаголю противу. Хребетъ мой дахъ на раны, а ланитѣ мои на заушенье, и лица своего не отвратих отъ стыдѣнья заплеваниа». Иеремия же рече: «Придѣте, вложимъ древо въ хлѣбъ его, истребимъ от земля животъ его». Моисѣй же рече о распятьи его: «Узрите жизнь вашю висящю предъ очима вашима». И Давыдъ рече: «Въскую шаташася языци». Исая же рече: «Яко овца на заколенье веденъ бысть». Ездра же рече: «Благословенъ богъ, руцѣ распростеръ свои, спасъ Ярусалима».

И о воскресеньи рекъша, Давыдъ: «Въстани, боже, суди земли, яко ты наслѣдиши во всѣх странахъ». И паки: «Въста, яко спяй, господь». И паки: «Да воскреснеть богъ, и да разидутся врази его». И паки: «Воскресни, господи боже мой, да възнесется рука твоя». Исая же рече: «Сходящеи въ страну и сѣнь смертную, свѣтъ восияеть на вы». Захарья же: «И ты въ крови завѣта твоего испустилъ еси ужники своя ото ръва, не имуща воды».

Много пророчествоваша о немь, еже сбысться все".

Рече же Володимеръ: „То в кое время сбысться? И было ли се есть? Еда ли топерво хощеть быти се?" Онъ же отвѣщавъ рече ему, яко „Уже преже сбыстьсе все, егда богъ воплотися. Яко же бо преже рекохъ, жидомъ пророки избивающимъ, царемъ ихъ законы преступающимъ, предасть я̀ в расхищенье, и въ плѣнь ведени быша во Осурию, грѣхъ ихъ ради, и работаша тамо лѣт 70. И посемь възратишася в землю свою, и не бѣ у нихъ царя, но архиерѣи обладаху ими до Ирода иноплеменьника, иже облада ими.

В сего же власть, в лѣто 5500, посланъ бысть Гаврилъ в Назарефъ къ дѣвицѣ Марьи, от колѣна Давыдова, рещи ей: «Радуйся, обрадованая, господь с тобою!» И отъ слова сего зачатъ слово божье в вутробѣ, и породи сына, и нарече имя ему Иисусъ. И се волъсви придоша от въстока, глаголюще: «Кде есть рожийся царь жидовескъ? Видѣхомъ бо звѣзду его на въстоцѣ, и придохомъ поклонитися ему». Услышавъ же се царь Иродъ, смятеся, и весь Ерусалимъ с нимъ, призвавъ книжники и старци людьския, и въпраша ихъ: «Кде Христосъ ражается?». Они же рѣша ему: «Въ Вифлевомѣ жидовьстѣмь». Иродъ же, се слышавъ, посла, рекъ: «Избийте младенца сущая 2 лѣт». Они же, шедше, избиша младенца. Марья же, убоявшися, съкры отроча. Иосифъ же съ Марьею, поимъ отроча, бѣжа въ Еюпетъ, и бысть ту до умертвия Иродова. Въ Еюпте же явися ангелъ Иосифу, глаголя: «Въставъ пойми отроча и матерь его, иди в землю Израилеву». Пришедъшю же ему, вселися в Назарефъ. Възрастъшю же ему и бывшю лѣт 30, нача чюдеса творити и проповѣдати царство небесное. И избра 12, яже ученики собѣ нарече, и нача чюдеса велика творити, мертвыя въскрешати, прокаженыя очищати, хромыя ходити, слѣпымъ прозрѣнье творити, и ина многа чюдеса велья, яко же быша пророци прорекли о нѣмь, глаголюще: «То недуги наша ицѣли, и болѣзни подъя». И крестися въ Ерданѣ от Иоана, показа новымъ людемъ обновленье. Крестившю же ся ему, и се отверзошася небеса, и духъ сходящь зракомъ голубинымъ на нь, и гласъ глагола: «Се есть сынъ мой възлюбленый, о немъ же благоизволихъ». И посылаше ученики своя проповѣдати царство небесное, покаянье в оставленье грѣховъ. Хотя исполнити пророчество, и нача проповѣдати, яко подобаеть сыну человѣчьскому пострадати, распяту быти и въ третий день воскреснути. Учащю же ему в церкви, архиерѣи и книжници исполнишася зависти, искаху убити й, и имъше й, ведоша къ гѣмону Пилату. Пилатъ же, испытавъ, яко без вины приведоша й, хотѣ испустити й. Они же рѣша ему: «Аще сего пустиши, не имаши быти другъ кесареви». Пилатъ же повелѣ, да и распнуть. Они же, поимше Иисуса, ведоша на мѣсто краньево, и распяша й ту. Бысть тьма по всей земли от 6-го часа до 9-го, и при девятом часѣ испусти духъ Иисусъ. Церковная запона раздрася надвое, мертвии всташа мнози, имъ же повелѣ в рай ити. Сънемше й со креста, положиша й въ гробѣ, и печатьми запечатлѣша гробъ люди жидовьстии, стражи поставиша, рькуще: «Еда украдуть й ученици его». Онъ же въ 3-й день воскресе. Явися ученикомъ воскресъ из мертвыхъ, рекъ имъ: «Идѣте во вся языки, и научите вся страны крестяще во имя отца и сына и святаго духа». Пребысть с ними 40 дний, являяся имъ по воскресеньи. Егда исполнися 40 дний, повелѣ имъ ити в гору Елевоньскую. И ту явися имъ, благословивъ я, и рече имъ: «Сядѣте въ градѣ Ерусалимѣ, дондеже послю обѣтованье отца моего». И се рекъ, възношашеся на небо. Они же поклонишася ему. И възъвратишася въ Ерусалимъ, и бяху воину в церкви. Егда кончашася дние 5-десятьнии, сниде духъ святый на апостолы. Приимше обѣтованье святаго духа, и разидошася по вселенѣй, учаще и крестяще водою".

Рече же Володимеръ: „Что ради от жены родися, и на древѣ распятся, и водою крестися?". Онъ же рече ему: „Сего ради, понеже исперва родъ человеческий женою съгрѣши, дьяволъ прельсти Евгою Адама, и отпаде рая; тако же и богъ, отместье дая дьяволу, женою первое побѣженье бысть дьяволу, женою бо первое испаде Адамъ из рая; от жены же воплотився богъ повелѣ в рай внити вѣрнымъ. А еже на древѣ распяту быти, сего ради, яко от древа вкушь и испаде породы; богъ же на древѣ страсть прия, да древомъ дьяволъ побѣженъ будеть, и от древа животьнаго приимуть праведнии. А еже водою обновленье, понеже при Нои умножившемъся грѣхомъ в человѣцѣхъ, наведе богъ потопъ на землю, и потопи человѣки водою, сего ради рече богъ: понеже погубих водою человѣки грѣх ихъ ради, ныне же паки водою очищю грѣхи человѣкомъ, обновленьемь водою; ибо жидовьский род в мори очистишася от еюпетьскаго злаго нрава, понеже вода изначала бысть первое; рече бо: духъ божий ношашеся верху воды; еже бо и нынѣ крестятсья водою и духомь. Преображение бысть первое водою, яко же Гедивонъ преобрази посемь. Егда приде к нему ангелъ, веля ему ити на мадимьянъ, он же искушая рече къ богу, положю руно на гумнѣ, рекъ: аще будеть по всей земли роса, а на рунѣ суша..., и бысть тако. Се же преобрази, яко иностраньни бѣша преже суша, а жидове руно, послѣже на странахъ роса, еже есть святое крещенье, а на жидѣх суша. И пророци проповѣдаша, яко водою обновленье будеть.

Апостоломъ же учащем по вселенѣй вѣровати богу, их же ученье мы, грьци, прияхомъ, вселеная вѣруеть ученью их. Поставилъ же есть богъ единъ день, в не же хощеть судити, пришедъ с небесе, живымъ и мертвымъ, и въздати комуждо по дѣломъ его: праведнымъ царство небесное, и красоту неизреченьну, веселье бес конца, и не умирати въ вѣки; грѣшникомъ мука огнена, и червь неусыпаяй, и муцѣ не будет конца. Сица же будуть мученья, иже не вѣруеть къ богу нашему Иисусу Христу: мучими будуть в огни, иже ся не креститъ". И се рекъ, показа Володимеру запону, на ней же бѣ написано судище господне, показываше ему о десну праведныя в весельи предъидуща въ рай, а о шююю грѣшники идуща в муку. Володимеръ же вздохнувъ рече: „Добро симъ о десную, горе же симъ о шююю". Онъ же рече: „Аще хощеши о десную съ праведными стати то крестися". Володимеръ же положи на сердци своем, рекъ: „Пожду и еще мало", хотя испытати о всѣх вѣрахъ. Володимеръ же сему дары многи вдавъ, отпусти й с честью великою.

Въ лѣто 6495 [987]. Созва Володимеръ боляры своя и старци градскиѣ, и рече имъ: „Се приходиша ко мнѣ болгаре, рькуще: приими законъ нашь. Посемь же приходиша нѣмци, и ти хваляху законъ свой. По сихъ придоша жидове. Се же послѣже придоша грьци, хуляще вси законы, свой же хваляще, и много глаголаша, сказающе от начала миру, о бытьи всего мира. Суть же хитро сказающе, и чюдно слышати их, любо комуждо слушати их, и другий свѣтъ повѣдають быти: да аще кто, дѣть, в нашю вѣру ступить, то паки, умеръ, въстанеть, и не умрети ему в вѣки; аще ли в-ынъ законъ ступить, то на ономъ свѣтѣ в огнѣ горѣти. Да что ума придасте? что отвѣщаете? „И рѣша бояре и старци: „Вѣси, княже, яко своего никто же не хулить, но хвалить. Аще хощеши испытати гораздо, то имаши у собе мужи: пославъ испытай когождо их службу, и кто како служить богу". И бысть люба рѣчь князю и всѣмъ людемъ; избраша мужи добры и смыслены, числом 10, и рѣша имъ: „Идѣте первое в болгары и испытайте вѣру их". Они же идоша, и пришедше видѣша сквернъная дѣла и кланянье в ропати; придоша в землю свою. И рече имъ Володимеръ: „Идѣте паки в нѣмци, съглядайте такоже, и оттудѣ идѣте въ греки". Они же придоша в нѣмци, и съглядавше церковную службу их, придоша Царюгороду, и внидоша ко царю. Царь же испыта, коея ради вины придоша. Они же сповѣдаша ему вся бывшая. Се слышавъ царь, радъ бывъ, и честь велику створи имъ въ той же день. Наутрия посла къ патреарху, глаголя сице: „Придоша Русь, пытающе вѣры нашея, да пристрой церковь и крилос, и самъ причинися в святительския ризы, да видять славу бога нашего". Си слышавъ патреархъ, повелѣ созвати крилосъ, по обычаю створиша праздникъ, и кадила вожьгоша, пѣнья и лики съставиша. И иде с ними в церковь, и поставиша я на пространьнѣ мѣстѣ, показующе красоту церковную, пѣнья и службы архиерѣйски, престоянье дьяконъ, сказающе имъ служенье бога своего. Они же во изумѣньи бывше, удивившеся, похвалиша службу ихъ. И призваша я царя Василий и Костянтинъ, рѣста имъ: „Идѣте в землю вашю", и отпустиша я с дары велики и съ честью. Они же придоша в землю свою. И созва князь боляры своя и старца, рече Володимеръ: „Се придоша послании нами мужи, да слышимъ от нихъ бывшее", и рече: „Скажите пред дружиною". Они же рѣша яко „Ходихом въ болгары, смотрихомъ, како ся покланяють въ храмѣ, рекше в ропати, стояще бес пояса; поклонився сядеть, и глядить сѣмо и онамо, яко бѣшенъ, и нѣсть веселья в них, но печаль и смрадъ великъ. Нѣсть добръ законъ ихъ. И придохомъ в Нѣмци, и видѣхомъ въ храмѣх многи службы творяща, а красоты не видѣхомъ никоеяже. И придохомъ же въ Греки, и ведоша ны, идеже служать богу своему, и не свѣмы, на небѣ ли есмы были, ли на земли: нѣсть бо на земли такаго вида ли красоты такоя, и не доумѣемъ бо сказати; токмо то вѣмы, яко онъдѣ богъ с человѣки пребываеть, и есть служба их паче всѣхъ странъ. Мы убо не можемъ забыти красоты тоя, всякъ бо человѣкъ, аще вкусить сладка, послѣди горести не приимаеть, тако и мы не имамъ сде быти". Отвѣщавше же боляре рекоша: „Аще бы лихъ законъ гречьский, то не бы баба твоя прияла, Ольга, яже бѣ мудрѣйши всѣх человѣкъ". Отвѣщавъ же Володимеръ, рече: „Гдѣ крещенье приимемъ?" Они же рекоша: „Гдѣ ти любо". И минувшю лѣту,

в лѣто 6496 [988], иде Володимеръ съ вои на Корсунь, град гречьский, и затворишася корсуняне въ градѣ. И ста Володимеръ об онъ полъ города в лимени, дали града стрѣлище едино, и боряхуся крѣпко изъ града. Володимеръ же обьстоя градъ. Изнемогаху въ градѣ людье, и рече Володимеръ къ гражаномъ: „Аще ся не вдасте, имамъ стояти и за 3 лѣта". Они же не послушаша того. Володимеръ же изряди воа своа, и повелѣ приспу сыпати къ граду. Симъ же спущимъ, корсуняне, подъкопавше стѣну градьскую, крадуще сыплемую перьсть, и ношаху к собѣ въ градъ, сыплюще посредѣ града. Воини же присыпаху боле, а Володимеръ стояше. И се мужь корсунянинъ стрѣли, имянемъ Настасъ, напсавъ сице на стрѣлѣ: „Кладязи, яже суть за тобою от въстока, ис того вода идеть по трубѣ, копавъ переими". Володимеръ же, се слышавъ, возрѣвъ на небо, рече: „Аще се ся сбудеть, и самъ ся крещю". И ту абье повелѣ копати преки трубамъ, и преяша воду. Людье изнемогоша водною жажею и предашася. Вниде Володимеръ въ град и дружина его, и посла Володимеръ ко царема, Василью и Костянтину, глаголя сице: „Се град ваю славный взяхъ; слышю же се, яко сестру имата дѣвою, да аще еѣ не вдаста за мя, створю граду вашему, якоже и сему створихъ". И слышавша царя, быста печальна, и въздаста вѣсть, сице глаголюща: „Не достоить хрестеяномъ за поганыя даяти. Аще ся крестиши, то и се получишь, и царство небесное приимеши, и с нами единовѣрникъ будеши. Аще ли сего не хощеши створити, не можемъ дати сестры своее за тя". Си слышавъ Володимеръ, рече посланымъ от царю: „Глаголите царема тако: Яко азъ крещюся, яко испытахъ преже сихъ дний законъ вашь, и есть ми люба вѣра ваша и служенье, еже бо ми сповѣдаша послании нами мужи". И си слышавша царя рада быста, и умолиста сестру свою, имянемъ Аньну, и посласта къ Володимеру, глаголюща: „Крестися, и тогда послевѣ сестру свою к тобѣ". Рече же Володимеръ: „Да пришедъше съ сестрою вашею крестять мя". И послушаста царя и посласта сестру свою, сановники нѣкия и прозвутеръ. Она же не хотяше ити: „Яко в полонъ, — рече, — иду, луче бы ми сде умрети". И рѣста ей брата: „Еда како обратить богъ тобою Рускую землю в покаянье, а Гречьскую землю избавишь от лютыя рати. Видиши ли, колько зла створиша Русь грекомъ? И нынѣ аще не идеши, то же имуть створити намъ". И одва ю принудиша. Она же, сѣдъши в кубару, цѣловавши ужики своя съ плачемъ, поиде чресъ море. И приде къ Корсуню, и изидоша корсуняне с поклономъ, и въведоша ю въ градъ, и посадиша ю въ полатѣ. По божью же устрою в се время разболѣся Володимеръ очима, и не видяше ничтоже, и тужаше велми, и не домышляшеться, что створити. И посла к нему царица, рекущи: „Аще хощеши избыти болѣзни сея, то въскорѣ крестися, аще ли, то не имаши избыти недуга сего". Си слышавъ Володимеръ, рече: „Да аще истина будеть, то поистинѣ великъ богъ будеть хрестеянескъ". И повелѣ хрестити ся. Епископъ же корсуньский с попы царицины, огласивъ, крести Володимира. Яко възложи руку на нь, абье прозрѣ. Видивъ же се Володимеръ напрасное ицѣленье, и прослави бога, рекъ: „Топерво увѣдѣхъ бога истиньнаго". Се же видѣвше дружина его, мнози крестишася. Крести же ся в церкви святаго Василья, и есть церки та стоящи въ Корсунѣ градѣ, на мѣстѣ посреди града, идѣже торгъ дѣють корсуняне; полата же Володимеря съ края церкве стоить и до сего дне, а царицина полата за олтаремъ. По крещеньи же приведе царицю на браченье. Се же не свѣдуще право, глаголють, яко крестилъся есть в Киевѣ, инии же рѣша: в Василеве; друзии же инако скажють. Крещену же Володимеру, предаша ему вѣру крестеяньску, рекуще сице: „Да не прельстять тебе нѣции от еретикъ, но вѣруй, сице глаголя:

«Вѣрую во единого бога отца, вседержителя, творца небу и земли», до конца вѣру сию. И паки: «Вѣрую въ единого бога отца нерожена, и въ единого сына рожена, въ единъ святый духъ исходящь: три собьства свершена, мыслена, раздѣляема числомъ и собьствьнымъ собьствомь, а не божествомъ, раздѣляеть бо ся не раздѣлно, и совокупляется неразмѣсно. Отець, богъ отець, присно сый пребываеть во отчьствѣ нероженъ, безначаленъ, начало и вина всѣмъ, единѣмъ нероженьемь старѣй сый сыну и духови; от него же рожается сынъ преже всѣхъ вѣкъ, исходить же духъ святый безъ времене и бес тѣла; вкупѣ отець, вкупѣ сынъ, вкупѣ духъ святый есть. Сынъ подобесущенъ отцю, роженьемь точью разньствуя отцю и духу. Духъ есть пресвятый, отцю и сыну подобносущенъ и соприсносущенъ. Отцю бо отецьство, сыну же сыновьство, святому же духу исхоженье. Ни отець бо въ сынъ ли въ духъ преступаеть, ни сынъ во отца и в духа, ни духъ въ сынъ ли во отець; неподвижена бо свойствия ... Не трее бози, единъ богъ, понеже едино божество въ трехъ лицахъ. Хотѣньемь же отца и духа, свою спасти тварь, отческихъ ядръ, ихъ же не отступи, сшедъ и въ дѣвичьское ложе пречистое, аки божье сѣмя, вшедъ, плоть съдушну, словесну же и умну, не преже бывшю, приимъ, изиде богъ воплощенъ, родися неизречьннѣ и дѣвство мати схрани нетлѣньно, не смятенье, ни размѣшенье, ни измѣненья пострадавъ, но пребывъ еже бѣ, бысть, еже не бѣ, приимъ рабий зракъ истиною, а не мечтаньемъ, всячьски, развѣ грѣха, намъ подобенъ бывъ ... Волею бо родися, волею взалка, волею вжада, волею трудися, волею устрашися, волею умре, истиною, а не мечтаньемъ; вся естьственаа, неоклеветаны страсти человѣчьства. Распятъ же ся, смерти вкуси безъгрѣшный, въскресъ въ своей плоти, не видѣвши истлѣнья на небеса взиде, и сѣде о десную отца, придеть же паки съ славою судити живымъ и мертвымъ; якоже взиде съ своею и плотью, тако снидеть ... К симъ едино крещенье исповѣдаю водою и духомь, приступаю къ пречистымъ таинамъ, вѣрую во истину тѣло и кровь ... приемлю церковная преданья, и кланяюся честнымъ иконамъ, кланяюся древу честному, и всякому кресту, святымъ мощемъ, и святымъ съсудомъ. Вѣрую же и седму сборъ святыхъ отець, иже есть первый въ Никии 300 и 18, иже прокляша Арья, и проповѣдаша вѣру непорочну и праву. Вторый сборъ в Констянтинѣградѣ святыхъ отець 100 и 50, иже прокляша Македонья духоборьца и проповѣдаша троицю единосущну. Третий же сборъ въ Ефесѣ святыхъ отець 200 на Несторья, его же прокленше, проповѣдаша святую богородицю. Четвертый сборъ въ Халкидонѣ святыхъ отець 600 и 30 на Евтуха и Диоскора, ею же прокляша святии отци, исъгласивше свершена бога и свершена человѣка господа нашего Иисуса Христа. 5-й сборъ во Царѣградѣ святыхъ отець 100 и 60 и 5 на Оригенова преданья и на Евагрия, их же прокляша святи отци. 6-й сборъ во Цариградѣ святыхъ отець 100 и 70 на Сергия и Кура, ихъ же прокляша святии отци. 7-й сборъ в Никии святыхъ отець 300 и 50, прокляша, иже ся не поклонять иконамъ».

Не преимай же ученья от латынъ, ихъ же ученье разъвращено: влѣзъше бо въ церковь, не поклонятся иконамъ, но стоя поклонится, и, поклонився, напишеть крестъ на земли и цѣлуеть, въставъ простъ, станеть на немь ногами; да легъ цѣлуеть, а вставъ попираеть. Сего бо апостоли не предаша; предали бо суть апостоли крестъ поставленъ цѣловать и иконы предаша. Лука бо еуангелистъ, первое напсавъ, посла в Римъ. «Яко же глаголеть Василий: икона на первый образъ приходить». Паки же и землю глаголють материю. Да аще имъ есть земля мати, то отець имъ есть небо, искони бо створи богъ небо, таже землю. Тако глаголють: Отче нашъ, иже еси на небеси. Аще ли по сих разуму земля есть мати, то почто плюете на матерь свою? Да сѣмо ю лобъзаете, и паки оскверняете? Сего же преже римляне не творяху, но исправляху на всѣх сборѣхъ, сходящеся от Рима и от всѣх престолъ. На первомь бо сборѣ, иже на Арья в Никѣи, от Рима Силевестръ посла епископы и презвутеры, от Олесаньдрѣя Офонасий, от Царягорода Митрофанъ посла епископы от себе; тако исправляху вѣру. На второмь же зборѣ от Рима Дамасъ, а от Олесанъдрия Тимофѣй, от Антиохия Мелетий, Курилъ Ярусалимский, Григорий Богословець. На третьем же сборѣ Келестинъ Римьский, Курилъ Олесандрьский, Увеналий Ерусалимский. На четвертомь же сборѣ Левонтий Римьский, Анаталий Царягорода, Увеналий Ерусалимский. На пятомь сборѣ Римьский Вилигий, Евтухий Царягорода, Аполинарий Олесандрьский, Домнинъ Антиохийскый. На 6-мь сборѣ от Рима Агафонъ, Георгий Царягорода, Феофанъ Антиохийский, от Александриа Петръ мнихъ. На 7-мь сборѣ Оньдреянъ от Рима, Тарасий Царяграда, Политианъ Олесаньдрьский, Федоритъ Антиохийский, Илья Ерусалимский. И си вси со своими епископы сходящеся исправляху вѣру. По семь же сборѣ Петръ Гугнивый со инѣми шедъ в Римъ и престолъ въсхвативъ, и разъврати вѣру, отвергъся от престола Ярусалимска, и Олесаньдрьскаго, и Царяграда и Онтиахийскаго. Възмутиша Италию всю, сѣюще ученье свое разно. Ови бо попове диною женою оженивъся служать, а друзии до 7-ми женъ поимаюче служать, их же блюстися ученья. Пращають же грѣхи на дару, еже есть злѣе всего. Богъ да схранить тя от сего".

Володимеръ же посемъ поемъ царицю, и Настаса, и попы корсуньски, с мощми святаго Климента и Фифа, ученика его, поима съсуды церковныя и иконы на благословенье себѣ. Постави же церковь в Корсуни на горѣ, идѣ же съсыпаша средѣ града, крадуще, приспу, яже церки стоить и до сего дне. Взя же ида мѣдянѣ двѣ капищи, и 4 кони мѣдяны, иже и нынѣ стоять за святою Богородицею, якоже невѣдуще мнять я мрамаряны суща. Вдасть же за вѣно грекомъ Корсунь опять царицѣ дѣля, а самъ приде Киеву. Яко приде, повелѣ кумиры испроврещи, овы исѣщи, а другия огневи предати. Перуна же повелѣ привязати коневи къ хвосту и влещи с горы по Боричеву на Ручай, 12 мужа простави тети жезльемъ. Се же не яко древу чюющю, но на поруганье бѣсу, иже прелщаше симь образом человѣкы, да възмездье прииметь от человѣкъ. „Велий еси, господи, чюдна дѣла твоя!". Вчера чтимъ от человѣкъ, а днесь поругаемъ. Влекому же ему по Ручаю къ Днѣпру, плакахуся его невѣрнии людье, еще бо не бяху прияли святаго крещенья. И привлекше, вринуша й въ Днѣпръ. И пристави Володимеръ, рекъ: „Аще кде пристанеть, вы отрѣвайте его от берега; дондеже порогы проидеть, то тогда охабится его". Они же повелѣная створиша. Яко пустиша и проиде сквозѣ порогы, изверже й вѣтръ на рѣнь, и оттолѣ прослу Перуня Рѣнь, якоже и до сего дне словеть. Посемь же Володимеръ посла по всему граду, глаголя: „Аще не обрящеться кто заутра на рѣцѣ, богатъ ли, ли убогъ, или нищь, ли работникъ, противенъ мнѣ да будеть". Се слышавше людье, с радостью идяху, радующеся и глаголюще: „Аще бы се не добро было, не бы сего князь и боляре прияли". Наутрия же изиде Володимеръ с попы царицины и с корсуньскыми на Дънѣпръ, и снидеся бе-щисла людий. Влѣзоша в воду, и стаяху овы до шие, а друзии до персий, младии же по перси от берега, друзии же младенци держаще, свершении же бродяху, попове же стояще молитвы творяху. И бяше си видѣти радость на небеси и на земли, толико душь спасаемыхъ; а дьяволъ стеня глаголаше: „Увы мнѣ, яко отсюда прогоним есмь! сде бо мняхъ жилище имѣти, яко сде не суть ученья апостольска, ни суть вѣдуще бога, но веселяхъся о службѣ ихъ, еже служаху мнѣ. И се уже побѣженъ есмь от невѣгласа, а не от апостолъ, ни от мученикъ, не имам уже царствовати въ странах сихъ". Крестившим же ся людемъ, идоша кождо в домы своя. Володимеръ же радъ бывъ, яко позна бога самъ и людье его, възрѣвъ на небо рече. „Христе боже, створивый небо и землю! призри на новыя люди сия, и дажь имъ, господи, увѣдѣти тобе, истиньнаго бога, яко же увѣдѣша страны хрестьяньскыя. Утверди и вѣру в них праву и несовратьну, и мнѣ помози, господи, на супротивнаго врага, да, надѣяся на тя и на твою державу, побѣжю козни его". И се рекъ, повелѣ рубити церкви и поставляти по мѣстомъ, иде же стояху кумири. И постави церковь святаго Василья на холмѣ, иде же стояше кумиръ Перунъ и прочии, иде же творяху потребы князь и людье. И нача ставити по градомъ церкви и попы, и люди на крещенье приводити по всѣмъ градом и селомъ. Пославъ нача поимати у нарочитые чади дѣти, и даяти нача на ученье книжное. Матере же чадъ сихъ плакахуся по нихъ, еще бо не бяху ся утвердили вѣрою, но акы по мертвеци плакахся.

Сим же раздаяномъ на ученье книгамъ, събыстьсья пророчество на Русьстѣй земли, глаголющее: „Во оны днии услышать глусии словеса книжная, и яснъ будеть языкъ гугнивыхъ". Си бо не бѣша преди слышали словесе книжного, но по божью строю и по милости своей помилова богъ, яко же рече пророкъ: „Помилую, его же аще хощю". Помилова бо ны „Пакы банею бытья и обновленьем духа", по изволенью божью, а не по нашим дѣлом. Благословенъ господь Иисус Христос, иже възлюби новыя люди, Русьскую землю, и просвѣти ю крещеньем святымь. Тѣмь же и мы припадаем к нему, глаголюще: „Господи Иисусе Христе! Что ти въздамы о всѣх, яже въздаси нам, грѣшником намъ сущемъ? Недоумѣем противу даромъ твоим въздаянья въздати. «Велий бо еси и чюдна дѣла твоя, величью твоему нѣсть конца. В родъ и родъ въсхвалить дѣла твоя». Реку же съ Давыдомь: «Придѣте, възрадуемъся господеви, въскликнѣмъ богу и спасу нашему. Варимъ лице его въ исповѣданьемь». «Исповѣдающеся ему, яко благъ, яко в вѣкы милость его», яко «избавил ны есть от врагъ нашихъ», рекъше от идолъ суетных. И пакы рцѣмъ съ Давыдомь: «Въспойте господеви пѣснь нову, воспойте господеви вся земля. Воспойте господеви, благословите имя его. Благовестите день от дне спасение его. Възвѣстите во языцѣх славу его, въ всѣх людехъ чюдеса его, яко велий господь и хваленъ зѣло», «И величью его нѣсть конца». Колика ти радость! не единъ ни два спасаетася. Рече бо господь: «Яко радость бываеть на небеси о единомь грѣшницѣ кающемься». Се же ни единъ, ни два, но бещисленое множьство к богу приступиша, святымь крещеньемь просвѣщени. Якоже и пророкъ рече: «Въскроплю на вы воду чисту, и очиститеся и от идолъ вашихъ и от грѣхъ ваших». Пакы другий пророкъ рече: «Кто яко богъ отъемля грѣхы и преступая неправды? Яко хотяй милостивъ есть. Той обратить и ущедрит ны, и погрузить грѣхы наша въ глубинѣ». Ибо апостолъ Павелъ глаголеть: «Братья! елико насъ крестися въ Иисус Христа, въ смерть его крестихомъся; и погребохомся убо с нимь крещеньемь въ смерть; да якоже въста Христосъ от мертвых съ славою отчею, якоже и мы въ обновленьи житья поидемъ». И пакы: «Ветхая мимоидоша, и се быша новая». «Нынѣ приближися нам спасенье... нощь успѣ, а день приближися». «Им же приведенье обрѣтохом вѣрою въ благодать сию, им же хвалимъся и стоимъ». «Нынѣ же свободившеся от грѣха, поработившеся господеви, имате плодъ вашь въ священье». Тѣм же долъжни есмы работати господеви, радующеся ему. Рече бо Давыдъ: «Работайте господеви съ страхомь, и радуйтеся ему с трепетомь». Мы же възопьемъ к господу богу нашему, глаголюще: «Благословенъ господь, иже не дасть нас в ловитву зубомъ ихъ! ... Сѣть скрушися, и мы избавлени быхом» от прельсти дьяволя. «И погибе память его с шюмом, и господь в вѣкы пребываеть», хвалимъ от русьскых сыновъ, пѣваем въ троици, а дѣмони проклинаеми от благовѣрных мужь и от вѣрных женъ, иже прияли суть крещенье и покаянье въ отпущенье грѣховъ, новии людье хрестьяньстии, избрании богомь".

Володимеръ же просвѣщенъ самъ, и сынове его, и земля его. Бѣ бо у него сыновъ 12: Вышеславъ, Изяславъ, Ярославъ, Святополкъ, Всеволодъ, Святославъ, Мьстиславъ, Борисъ, Глѣбъ, Станиславъ, Позвиздъ, Судиславъ. И посади Вышеслава в Новѣгородѣ, а Изяслава Полотьскѣ, а Святополка Туровѣ, а Ярослава Ростовѣ. Умершю же старѣйшему Вышеславу Новѣгородѣ, посадиша Ярослава Новѣгородѣ, а Бориса Ростовѣ, а Глѣба Муромѣ, Святослава Деревѣхъ, Всеволода Володимери, Мстислава Тмуторокани. И рече Володимеръ: „Се не добро, еже малъ городъ около Киева". И нача ставити городы по Деснѣ, и по Востри, и по Трубежеви, и по Сулѣ, и по Стугнѣ. И поча нарубати мужѣ лучшиѣ от словень, и от кривичь, и от чюди, и от вятичь, и от сихъ насели грады; бѣ бо рать от печенѣгъ. И бѣ воюяся с ними и одолая имъ.

Въ лѣто 6497 [989]. Посемь же Володимеръ живяше въ законѣ хрестьяньстѣ, помысли создати церковь пресвятыя богородица, и пославъ приведе мастеры от Грекъ. И наченшю же здати, и яко сконча зижа, украси ю иконами, и поручи ю Настасу Корсунянину, и попы корсуньскыя пристави служити в ней, вдавъ ту все, еже бѣ взялъ в Корсуни: иконы, и съсуды, и кресты.

Въ лѣто 6499 [991]. Володимеръ заложи градъ Бѣлгородъ, и наруби въ нь от инѣхъ городовъ, и много людий сведе во нь; бѣ бо любя градъ сь.

Въ лѣто 6500 [992]. Иде Володимиръ на Хорваты. Пришедшю бо ему с войны хорватьскыя, и се печенѣзи придоша по оной сторонѣ от Сулы; Володимеръ же поиде противу имъ, и срете ѣ на Трубежи на бродѣ, кде нынѣ Переяславль. И ста Володимеръ на сей сторонѣ, а печенѣзи на оной, и не смяху си на ону страну, ни они на сю страну. И приѣха князь печенѣжьскый к рѣкѣ, возва Володимера и рече ему: „Выпусти ты свой мужь, а я свой, да ся борета. Да аще твой мужь ударить моимъ, да не воюемъ за три лѣта; аще ли нашь мужь ударить, да воюемъ за три лѣта". И разидостася разно. Володимеръ же приде въ товары, и посла биричи по товаромъ, глаголя: „Нѣту ли такого мужа, иже бы ся ялъ с печенѣжиномь?". И не обрѣтеся никдѣже. Заутра приѣхаша печенѣзи и свой мужь приведоша, а у наших не бысть. И поча тужити Володимеръ, сля по всѣмъ воемъ, и приде единъ старъ мужь ко князю и рече ему: „Княже! есть у мене единъ сынъ меншей дома, а с четырми есмь вышелъ, а онъ дома. От дѣтьства бо его нѣсть кто имъ ударилъ. Единою бо ми й сварящю, и оному мьнущю усние, разгнѣвавъся на мя, преторже череви рукама". Князь же се слышавъ радъ бысть, и посла по нь, и приведоша й ко князю, и князь повѣда ему вся. Сей же рече: „Княже! Не вѣдѣ, могу ли со нь, и да искусите мя: нѣту ли быка велика и силна?". И налѣзоша быкъ великъ и силенъ, и повелѣ раздраждити быка; возложиша на нь желѣза горяча, и быка пустиша. И побѣже быкъ мимо и, похвати быка рукою за бокъ, и выня кожу с мясы, елико ему рука зая. И рече ему Володимеръ: „Можеши ся с нимъ боротти". И наутрия придоша печенѣзи, почаша звати: „Нѣ ли мужа? Се нашь доспѣлъ". Володимеръ же повелѣ той нощи облещися въ оружие, и приступиша ту обои. Выпустиша печенѣзи мужь свой, бѣ бо превеликъ зѣло и страшенъ. И выступи мужь Володимерь, и узрѣ й печенѣзинъ и посмѣяся, — бѣ бо середний тѣломь. И размѣривше межи обѣма полкома, пустиша й к собѣ. И ястася, и почаста ся крѣпко держати, и удави печенѣзина в руку до смерти. И удари имь о землю. И кликнуша, и печенѣзи побѣгоша, и Русь погнаша по них сѣкуще, и прогнаша й. Володимеръ же радъ бывъ, заложи городъ на бродѣ томь, и нарече й Переяславль, зане перея славу отроко тъ. Володимеръ же великимь мужемь створи того и отца его. Володимеръ же възвратися въ Кыевъ с побѣдою и съ славою великою.

В лѣто 6502 [994].

В лѣто 6503 [995].

Въ лѣто 6504 [996]. Володимеръ видѣвъ церковь свершену, вшедъ в ню и помолися богу, глаголя: „Господи боже! «Призри с небесе, и вижь. И посѣти винограда своего. И сверши, яже насади десница твоя», новыя люди си, им же обратилъ еси сердце в разум, познати тебе, бога истинного. И призри на церковь твою си, юже создах, недостойный рабъ твой, въ имя рожьшая тя матере приснодѣвыя богородица. Аже кто помолиться въ церкви сей, то услыши молитву его молитвы ради пречистыя богородица". И помолившюся ему, рекъ сице: „Даю церкви сей святѣй Богородици от именья моего и от градъ моихъ десятую часть". И положи написавъ клятву въ церкви сей, рек: „Аще кто сего посудить, да будеть проклятъ". И вдасть десятину Настасу Корсунянину. И створи праздникъ великъ въ тъ день бояромъ и старцемъ градским, и убогим раздая именье много.

По сих же придоша печенѣзи к Василеву, и Володимиръ с малою дружиною изыде противу. И съступившимся, и не мог стерпѣти противу, подъбѣгъ ста подъ мостом, одва укрыся противных. И тогда обѣщася Володимеръ поставити церковь Василевѣ святаго Преображенья, бѣ бо въ тъ день Преображенье господне, егда си бысть сѣча. Избывъ же Володимеръ сего, постави церковь, и створи праздник великъ, варя 300 проваръ меду. И съзываше боляры своя, и посадники, старѣйшины по всѣм градомъ, и люди многы, и раздая убогымъ 300 гривенъ. Праздновавъ князь дний 8, и възвращашеться Кыеву на Успенье святыя богородица, и ту пакы сотворяше праздник великъ, сзывая бещисленое множество народа. Видя же люди хрестьяны суща, радовашеся душею и тѣлом. И тако по вся лѣта творяше. Бѣ бо любя словеса книжная, слыша бо единою, еуангелье чтомо: „Блажени милостивии, яко ти помиловани будуть"; и пакы: „Продайте именья ваша и дадите ныщим"; и пакы: „Не скрывайте собѣ скровищь на земли, идеже тля тлить и татье подъкоповають, но скрывайте собѣ скровище на небесѣх, идеже ни тля тлить, ни татье крадуть"; и Давыда глаголюща: „Блаженъ мужь милуя и дая"; Соломона же слыша глаголюща: „Вдаяй нищему, богу в заимъ даеть". Си слышавъ, повелѣ всякому нищему и убогому приходити на дворъ княжь и взимати всяку потребу, питье и яденье, и от скотьницъ кунами. Устрои же и се, рек яко „Немощнии и болнии не могуть долѣсти двора моего", повелѣ пристроити кола, и въскладше хлѣбы, мяса, рыбы, овощь розноличный, медъ въ бчелкахъ, а въ других квасъ, возити по городу, въпрашающим: „Кде болнии и нищь, не могы ходити?". Тѣмъ раздаваху на потребу. Се же пакы творяше людем своимъ: по вся недѣля устави на дворѣ въ гридьницѣ пиръ творити и приходити боляром, и гридем, и съцьскымъ, и десяцьскымъ, и нарочитымъ мужемъ, при князи и безъ князя. Бываше множество от мясъ, от скота и от звѣрины, бяше по изобилью от всего. Егда же подъпьяхуться, начьняхуть роптати на князь, глаголюще: „Зло есть нашим головамъ: да намъ ясти деревяными лъжицами, а не сребряными". Се слышавъ Володимеръ, повелѣ исковати лжицѣ сребрены ясти дружинѣ, рек сице, яко „Сребромь и златом не имам налѣсти дружины, а дружиною налѣзу сребро и злато, яко же дѣдъ мой и отець мой доискася дружиною злата и сребра". Бѣ бо Володимерь любя дружину, и с ними думая о строи земленѣм, и о ратехъ, и о уставѣ земленѣм, и бѣ живя съ князи околними миромь, съ Болеславомъ Лядьскымь, и съ Стефаномъ Угрьскымь, и съ Андрихомь Чешьскымь. И бѣ миръ межю ими и любы. Живяше же Володимеръ в страсѣ божьи. И умножишася зело разбоеве, и рѣша епископи Володимеру: „Се умножишася разбойници; почто не казниши ихъ?". Он же рече имъ: „Боюся грѣха". Они же рѣша ему: „Ты поставленъ еси от бога на казнь злымъ, а добрымъ на милованье. Достоить ти казнити разбойника, но со испытомъ". Володимеръ же отвергъ виры, нача казнити разбойникы, и рѣша епископи и старци: „Рать многа; оже вира, то на оружьи и на конихъ буди". И рече Володимеръ: „Тако буди". И живяше Володимеръ по устроенью отьню и дѣдню.

В лѣто 6505 [997]. Володимеру же шедшю Новугороду по верховниѣ воѣ на Печенѣгы, бѣ бо рать велика бес перестани, в се же время увѣдѣша печенѣзи, яко князя нѣту, и придоша и сташа около Бѣлагорода. И не дадяху вылѣсти из города, и бысть гладъ великъ в городѣ, и не бѣ лзѣ Володимеру помочи, не бѣ бо вой у него, печенѣгъ же множьство много. И удолжися остоя в городѣ, и бѣ гладъ великъ. И створиша вѣче в городѣ и рѣша: „Се уже хочемъ померети от глада, а от князя помочи нѣту. Да луче ли ны померети? Въдадимся печенѣгомъ, да кого живять, кого ли умертвять; уже помираем от глада". И тако совѣтъ створиша. Бѣ же единъ старець не былъ на вѣчи томь, и въпрашаше: „Что ради вѣче было?". И людье повѣдаша ему, яко утро хотят ся людье передати печенѣгом. Се слышавъ, посла по старѣйшины градьскыя, и рече им: „Слышахъ, яко хочете ся передати печенѣгом". Они же рѣша: „Не стерпять людье глада". И рече имъ: „Послушайте мене, не передайтеся за 3 дни, и я вы что велю, створите". Они же, ради обѣщашася послушати. И рече имъ: „Сберѣте аче и по горсти овса, или пшеницѣ, ли отрубъ". Они же шедше ради снискаша. И повелѣ женамъ створити цѣжь, в немь же варять кисель, и повелѣ ископати колодязь, и вставити тамо кадь, и нальяти цѣжа кадь. И повелѣ другый колодязь ископати, и вставити тамо кадь, и повелѣ искати меду. Они же шедше, взяша меду лукно, бѣ бо погребено в княжи медуши. И повелѣ росытити велми и вьльяти в кадь в друзѣмь колодязи. Утро же повелѣ послати по печенѣгы. И горожане же рѣша, шедше к печенѣгомъ: „Поимѣте к собѣ таль нашь, а вы поидѣте до 10 мужь в градъ, да видите, что ся дѣеть в градѣ нашем". Печенѣзи же ради бывше, мняще, яко предатися хотять, пояша у них тали, а сами избраша лучьшиѣ мужи в родѣхъ и послаша в градъ, да розглядають в городѣ, что ся дѣеть. И придоша в городъ, и рекоша имъ людье: „Почто губите себе? Коли можете престояти нас? Аще стоите за 10 лѣт, что можете створити нам? Имѣемъ бо кормлю от землѣ. Аще ли не вѣруете, да узрите своима очима". И приведоша я къ кладязю, идѣже цѣжь, и почерпоша вѣдромь и льяша в латки. И яко свариша кисель, и поимше придоша с ними к другому кладязю, и почерпоша сыты, и почаша ясти сами первое, потомь же печенѣзи. И удивишася, и рекоша: „Не имуть вѣры наши князи, аще не ядять сами". Людье же нальяша корчагу цѣжа и сыты от колодязя, и вдаша печенѣгом. Они же пришедше повѣдаша вся бывшая. И варивше яша князи печенѣзьстии, и подивишася. И поимше тали своя и онѣхъ пустивше, въсташа от града, въсвояси идоша.

В лѣто 6506 [998].

В лѣто 6507 [999].

В лѣто 6508 [1000]. Преставися Малъфрѣдь. В се же лѣто преставися и Рогънѣдь, мати Ярославля.

В лѣто 6509 [1001]. Преставися Изяславъ, отець Брячиславль, сынъ Володимерь.

В лѣто 6510 [1002].

В лѣто 6511 [1003]. Преставися Всеславъ, сынъ Изяславль, внукъ Володимерь.

В лѣто 6512 [1004].

В лѣто 6513 [1005].

В лѣто 6514 [1006].

В лѣто 6515 [1007]. Пренесени святии въ святую Богородицю.

В лѣто 6516 [1008].

В лѣто 6517 [1009].

В лѣто 6518 [1010].

В лѣто 6519 [1011]. Преставися царица Володимеряя Анна.

В лѣто 6520 [1012].

В лѣто 6521 [1013].

В лѣто 6522 [1014]. Ярославу же сущю Новѣгородѣ, и урокомъ дающю Кыеву двѣ тысячѣ гривенъ от года до года, а тысячю Новѣгородѣ гридем раздаваху. И тако даяху вси посадници новъгородьстии, а Ярославъ сего не даяше к Кыеву отцю своему. И рече Володимеръ: „Требите путь и мостите мостъ", — хотяшеть бо на Ярослава ити, на сына своего, но разболѣся.

В лѣто 6523 [1015]. Хотящю Володимеру ити на Ярослава, Ярославъ же, пославъ за море, приведе варягы, бояся отца своего; но богъ не вдасть дьяволу радости. Володимеру бо разболѣвшюся, в се же время бяше у него Борисъ. Печенѣгом идущемъ на Русь, посла противу имъ Бориса, самъ бо боляше велми, в ней же болести и скончася мѣсяца иуля въ 15 день. Умре же на Берестовѣмъ, и потаиша й, бѣ бо Святополкъ Кыевѣ. Ночью же межю двѣма клѣтми проимавше помостъ, обертѣвше в коверъ й, ужи съвѣсиша на землю; възложьше й на сани, везъше поставиша й въ святѣй Богородици, юже бѣ създалъ самъ. Се же увѣдѣвъше людье, бе-щисла снидошася и плакашася по немь, боляре аки заступника ихъ земли, убозии акы заступника и кормителя. И вложиша й в корсту мороморяну, схраниша тѣло его с плачемь, блаженаго князя.

Се есть новый Костянтинъ великого Рима, иже крестивъся самъ и люди своя: тако и сь створи подобно ему. Аще бо преже на сквернньную похоть желая, но послѣ же прилежа к покаянью, яко же апостолъ вѣщеваеть: „Идеже умножиться грѣхъ, ту изобильствуеть благодать". Дивно же есть се, колико добра створилъ Русьстѣй земли, крестивъ ю. Мы же, хрестьяне суще, не въздаем почестья противу оного възданью. Аще бо онъ не крестилъ бы насъ, то нынѣ были быхомъ в прельсти дьяволи, яко же и прародители наши погынуша. Да аще быхом имѣли потщанье и мольбы приносили богу за нь, в день преставленья его, и видя бы богъ тщанье наше к нему, прославилъ бы й: намъ бо достоить за нь бога молити, понеже тѣмъ бога познахом. Но дажь ти господь по сердцю твоему, и вся прошенья твоя исполни, его же желаше царства небеснаго. Дажь ти господь вѣнець с праведными, в пищи райстѣй веселье и ликъствованье съ Аврамомь и с прочими патриархы, яко же Соломонъ рече: „Умершю мужю праведну, не погыбаеть упованье".

Сего бо в память держать русьстии людье, поминающе святое крещенье, и прославляють бога въ молитвахъ и в пѣснехъ и въ псалмѣхъ, поюще господеви, новии людье, просвѣщени святымь духомь, чающе надежи великаго бога и спаса нашего Иисуса Христа въздати комуждо противу трудомъ неизреченьную радость, юже буди улучити всѣмъ хрестьяномъ.

О убьеньи Борисовѣ. Святополкъ же сѣде Кыевѣ по отци своемь, и съзва кыяны, и нача даяти имъ именье. Они же приимаху, и не бѣ сердце ихъ с нимь, яко братья ихъ бѣша с Борисомь. Борису же възъвратившюся съ вои, не обрѣтшю печенѣгъ, вѣсть приде к нему: „Отець ти умерлъ". И плакася по отци велми, любимъ бо бѣ отцемь своимь паче всѣхъ, и ста на Льтѣ пришедъ. Рѣша же ему дружина отня: „Се дружина у тобе отьня и вои. Поиди, сяди Кыевѣ на столѣ отни". Он же рече: „Не буди мнѣ възняти рукы на брата своего старѣйшаго: аще и отець ми умре, то сь ми буди въ отца мѣсто". И се слышавше вои, разидошася от него. Борисъ же стояше съ отрокы своими. Святополкъ же, исполнивъся безаконья, Каиновъ смыслъ приимъ, посылая к Борису, глаголаше, яко „С тобою хочю любовь имѣти, и къ отню придамь ти"; а льстя под нимь, како бы й погубити. Святополкъ же приде ночью Вышегороду, отай призва Путшю и вышегородьскыѣ болярьцѣ, и рече имъ: „Прияете ли ми всѣмъ сердцемь?". Рече же Путьша с вышегородьци: „Можемъ главы своя сложити за тя". Онъ же рече имъ: „Не повѣдуче никому же, шедше убийте брата моего Бориса". Они же вскорѣ обѣщашася ему се створити. О сяковыхъ бо Соломонъ рече: „Скори суть пролити кровь... бес правды. Ти бо обѣщаются крови, сбирають собѣ злая. Сихъ путье суть скончавающих безаконье, нечестьемь бо свою душю емлють". Послании же придоша на Льто ночью, и подъступиша ближе, и слышаша блаженаго Бориса поюща заутреню: бѣ бо ему вѣсть уже, яко хотять погубити й. И вставъ нача пѣти, глаголя: „Господи! Что ся умножиша стужающии мнѣ. Мнози въстають на мя"; и пакы: „Яко стрѣлы твоя уньзоша во мнѣ, яко азъ на раны готовъ, и болѣзнь моя предо мною есть"; и пакы глаголаше: „Господи! Услыши молитву мою, и не вниди в судъ с рабомъ своимъ, яко не оправдится предъ тобою всякъ живый, яко погна врагъ душу мою". И кончавъ ексапсалма, увидѣвъ, яко послани суть губитъ его, нача пѣти псалтырю, глаголя, яко „Обидоша мя унци тучни... И соборъ злобивыхъ осѣде мя; Господи, боже мой, на тя уповахъ, и спаси мя, и от всѣхъ гонящих мя избави мя". Посемь же нача канунъ пѣти; таче, кончавъ заутреню, помолися, глаголя, зря на икону, на образъ владычень, глаголя сице: „Господи Иисусе Христе! Иже симь образомь явися на земли спасенья ради нашего, изволивъ своею волею пригвоздити на крестѣ руцѣ свои, и приимъ страсть грѣхъ ради наших, тако и мене сподоби прияти страсть. Се же не от противныхъ приимаю, но от брата своего, и не створи ему, Господи, в семь грѣха". И помолившюся ему, възлеже на одрѣ своем. И се нападоша акы звѣрье дивии около шатра, и насунуша й копьи, и прободоша Бориса, и слугу его, падша на нем, прободоша с нимь. Бѣ бо сей любимъ Борисомь. Бяше отрокъ съ родомь сынъ угрескъ, именемь Георги, его же любляше повелику Борисъ; бѣ бо възложилъ на нь гривну злату велику, в ней же предъстояше пред нимь. Избиша же и ины отрокы Борисовы многы. Георгиеви же сему не могуще вборзѣ сняти гривны съ шиѣ, усѣкнуша главу его, и тако сняша гривну, а главу отвергоша прочь; тѣм же послѣ же не обрѣтоша тѣла сего въ трупии. Бориса же убивше, оканьнии, увертѣвше в шатеръ, възложивше на кола, повезоша й, и еще дышющю ему. Увѣдѣвъ же се, оканьный Святополкъ, яко еще дышеть, посла два варяга прикончатъ его. Онѣма же пришедшема и видѣвшема, яко и еще живъ есть, единъ е ю извлекъ мечь, пронзе й къ сердцю. И тако скончася блаженый Борисъ, вѣнець приимъ от Христа бога съ праведными, причетъся съ пророкы и апостолы, с ликы мученичьскыми водваряяся, Авраму на лонѣ почивая, видя неиздреченьную радость, воспѣвая съ ангелы и веселяся с ликы святыхъ. И положиша тѣло его, принесше отай Вышегороду, у церкве святаго Василья. Оканьнии же си убийцѣ придоша къ Святополку, аки хвалу имуще, безаконьници. Суть же имена симъ законопреступником: Путьша, и Талець, Еловить, Ляшько, отець же ихъ сотона. Сици бо слугы бѣси бывають, бѣси бо на злое посылаеми бывають, ангели на благое посылаеми. Ангели бо человѣку зла не творять, но благое мыслять ему всегда, паче же хрестьяномъ помагають и заступають от супротивнаго дьявола; а бѣси на злое всегда ловять, завидяще ему, понеже видять человѣка богомь почтена, и завидяще ему, на зло слеми скори суть. Золъ бо человѣкъ, тщася на злое, не хужи есть бѣса; бѣси бо бога боятся, а золъ человѣкъ ни бога боится, ни человѣкъ ся стыдить; бѣси бо креста ся боять господня, а человѣкъ золъ ни креста ся боить.

Святополкъ же оканьный помысли въ собѣ, рекъ: „Се убихъ Бориса; како бы убити Глѣба?". И приимъ помыслъ Каиновъ, с лестью посла къ Глѣбу, глаголя сице: „Поиди вборзѣ, отець тя зоветь, не сдравить бо велми". Глѣбъ же вборзѣ всѣдъ на конѣ, с малою дружиною поиде, бѣ бо послушливъ отцю. И пришедшю ему на Волгу, на поли потчеся конь въ рвѣ, и наломи ему ногу мало. И приде Смоленьску, и поиде от Смоленьска, яко зрѣемо, и ста на Смядинѣ в насадѣ. В се же время пришла бѣ вѣсть къ Ярославу от Передъславы о отни смерти, и посла Ярославъ къ Глѣбу, глаголя: „Не ходи, отець ти умерлъ, а братъ ти убьенъ от Святополка". Се слышавъ, Глѣбъ възпи велми съ слезами, плачася по отци, паче же по братѣ, и нача молитися съ слезами, глаголя: „Увы мнѣ, господи! Луче бы ми умрети съ братомъ, нежели жити на свѣтѣ семь. Аще бо быхъ, брате мой, видѣлъ лице твое ангелское, умерлъ быхъ с тобою: нынѣ же что ради остахъ азъ единъ? Кдѣ суть словеса твоя, яже глагола къ мнѣ, брате мой любимый? Нынѣ уже не услышю тихаго твоего наказанья. Да аще еси получилъ дерзновенье у бога, молися о мнѣ, да и азъ быхъ ту же страсть приялъ. Луче бы ми было с тобою умрети, неже въ свѣтѣ семь прелестнѣмь жити". И сице ему молящюся съ слезами, се внезапу придоша послании от Святополка на погубленье Глѣбу. И ту абье послании яша корабль Глѣбовъ, и обнажиша оружье. Отроци Глѣбови уныша. Оканьный же посланый Горясѣръ повелѣ вборзѣ зарѣзати Глѣба. Поваръ же Глѣбовъ, именемь Торчинъ, вынезъ ножь, зарѣза Глѣба, акы агня непорочно. Принесеся на жертву богови, в воню благоуханья, жертва словесная, и прия вѣнець, вшедъ въ небесныя обители, и узрѣ желаемаго брата своего, и радовашеся с нимь неиздреченьною радостью, юже улучиста братолюбьем своимь. „Се коль добро и коль красно еже жити братома вкупѣ!". Оканьнии же възвратишася въспять, яко же рече Давыдъ: „Да възвратятся грѣшници въ адъ". Онѣм же пришедшимъ, и повѣдаша Святополку, яко „Створихом повелѣная тобою". Онъ же, се слышавъ, вънесеся сердце его болма, не вѣдый Давыда глаголюща: „Что ся хвалиши о злобѣ, силный? безаконье весь день... умысли языкъ твой".

Глѣбу же убьену бывшю и повержену на брезѣ межи двѣма колодама, посемь же вземше везоша й, и положиша й у брата своего Бориса у церкве святаго Василья.

„И съвкуплена тѣлома, паче же душама, у въладыки всецесаря пребывающа в радости бесконечнѣй, во свѣтѣ неиздреченьнѣмь, подающа ицѣлебныя дары Русьстѣй земли, и инѣмъ приходящим странным с вѣрою даета ицѣленье: хромым ходити, слѣпым прозрѣнье, болящим цѣлбы, окованым разрѣшенье, темницам отверзенье, печалным утѣху, напастным избавленье. И еста заступника Русьстѣй земли, и свѣтилника сияюща и молящася воину къ владыцѣ о своихъ людех. Тѣм же и мы должни есмы хвалити достойно страстотерпца христова, молящеся прилѣжно к нима, рекуще: Радуйтася, страстотерпца Христова, заступника Русьскыя земля, яже ицѣленье подаета приходящим к вама вѣрою и любовью. Радуйтася, небесная жителя, въ плоти ангела быста, единомысленая служителя, верста единообразна, святым единодушьна; тѣмь стражющимъ всѣм ицѣленье подаета. Радуйтася,

Борисе и Глѣбе богомудрая, яко потока точита от кладязя воды живоносныя ицѣленья, истѣкають вѣрным людемъ на ицѣленье. Радуйтася, лукаваго змия поправша, луча свѣтозарна явистася, яко свѣтилѣ озаряюща всю землю Руськую, всегда тму отгоняща, являющася вѣрою неуклоньною. Радуйтася, недрѣманьное око стяжавша, душа на свершенье божьихъ святыхъ заповедей приимша в сердци своемь, блаженая. Радуйтася, брата, вкупѣ в мѣстѣхъ златозарныхъ, в селѣхъ небесныхъ, в славѣ неувядающей, ея же по достоянью сподобистася. Радуйтася, божьими свѣтлостьми явѣ облистаема, всего мира обиходита, бѣсы отгоняюща, недугы ицѣляюща, свѣтилника предобрая, заступника теплая, суща съ богомь, божественами лучами ражи заема воину, добляя страстьника, душа просвѣщающа вѣрнымъ людем. Възвысила бо есть ваю свѣтоносная любы небесная; тѣмь красных всѣхъ наслѣдоваста въ небеснѣмь житьи, славу, и райскую пищю, и свѣтъ разумный, красныя радости. Радуйтася, яко вся напаяюща сердца, горести и болѣзни отгоняща, страсти злыя ицѣляюща, каплями кровными, святыми очервивша багряницю, славная, ту же красно носяща съ Христомь царствуета всегда, молящася за новыя люди хрестьяньскыя и сродникы своя. Земля бо Руска благословися ваю кровью, и мощьми лежаща въ церкви духомь божественѣ просвѣщаета, в ней же съ мученикы яко мученика за люди своя молитася. Радуйтася, свѣтлѣи звѣздѣ, заутра въсходящии. Но христолюбивая страстотерпця и заступника наша! покорита поганыя подѣ нозѣ княземъ нашим, молящася къ владыцѣ богу нашему мирно пребывати в совокуплении и въ сдравии, избавляюща от усобныя рати и от пронырьства дьяволя, сподобита же и нас, поющих и почитающих ваю честное торжьство, въ вся вѣкы до скончанья".

Святополкъ же съ оканьный и злый уби Святослава, пославъ ко горѣ Угорьстѣй, бѣжащю ему въ Угры. И нача помышляти, яко „Избью всю братью свою, и прииму власть руськую единъ". Помысливъ высокоумьемь своимь, не вѣдый яко „Богъ даеть власть, ему же хощеть; поставляеть бо цесаря и князя вышний, ему же хощеть, дасть". Аще бо кая земля управится пред богомъ, поставляеть ей цесаря или князя праведна, любяща судъ и правду, и властеля устраяеть, и судью, правяшаго судъ. Аще бо князи правьдиви бывають в земли, то многа отдаются согрѣшенья земли, аще ли зли и лукави бывають, то болше зло наводить богъ на землю, понеже то глава есть земли. Тако бо Исаия рече: „Согрѣшиша от главы и до ногу, еже есть от цесаря и до простыхъ людий". „Лютѣ бо граду тому, в немъ же князь унъ", любяй вино пити съ гусльми и съ младыми свѣтники. Сяковыя бо богъ даеть за грѣхы, а старыя и мудрыя отъиметь, яко же Исаия глаголеть: „Отъиметь господь от Иерусалима крѣпкаго исполина, и человѣка храбра, и судью, и пророка, и смѣрена старца, и дивна свѣтника, и мудра хитреца, и разумна, послушлива. Поставлю уношю князя имъ, и ругателя обладающа ими".

Святополкъ же оканный нача княжити Кыевѣ. Созвавъ люди, нача даяти овѣмъ корзна, а другымъ кунами, и раздая множьство. Ярославу же не вѣдущу отьнѣ смерти, варязи бяху мнози у Ярослава, и насилье творяху новгородцемъ и женамъ ихъ. Вставше новгородци, избиша варягы во дворѣ Поромони. И разгнѣвася Ярославъ, и шедъ на Рокомъ, сѣде въ дворѣ. Пославъ к новгородцемъ, рече: „Уже мнѣ сихъ не крѣсити". И позва к собѣ нарочитыѣ мужи, иже бяху иссѣкли варягы, и обльстивъ я̈ исѣче. В ту же нощь приде ему вѣсть ис Кыева от сестры его Передъславы си: „Отець ти умерлъ, а Святополкъ сѣдить ти Кыевѣ, убивъ Бориса, а на Глѣба посла, а блюдися его повелику". Се слышавъ, печаленъ бысть о отци, и о братьи, и о дружинѣ. Заутра же собравъ избытокъ новгородець, Ярославъ рече: „О, люба моя, дружина, юже вчера избихъ, а нынѣ быша надобе". Утерлъ слезъ, и рече имъ на вѣчи: „Отець мой умерлъ, а Святополкъ седить Кыевѣ, избивая братью свою". И рѣша новгородци: „Аще, княже, братья наша исѣчена суть, можемъ по тобѣ боротись". И събра Ярославъ варягъ тысячю, а прочих вой 40000, и поиде на Святополка, нарекъ бога, рекъ: „Не я почахъ избивати братью, но онъ; да будеть отместьникъ богъ крове братья моея, зане без вины пролья кровь Борисову и Глѣбову праведную. Егда и мнѣ сице же створить? Но суди ми, господи, по правдѣ, да скончается злоба грѣшнаго". И поиде на Святополъка. Слышавъ же Святополкъ, идуща Ярослава, пристрои бе-щисла вой, Руси и печенѣгъ, и изыде противу ему к Любичю об онъ полъ Днѣпра, а Ярославъ объ сю.

Начало княженья Ярославля Кыевѣ. В лѣто 6524 [1016]. Приде Ярославъ на Святополка, и сташа противу обаполъ Днѣпра, и не смяху ни си онѣхъ, ни они сихъ начати, и стояша мѣсяцѣ 3 противу собѣ. И воевода нача Святополчь, ѣздя възлѣ берегъ, укаряти новгородцѣ, глаголя: „Что придосте с хромьцемь симь, а вы плотници суще? А приставимъ вы хоромовѣ рубити нашихъ". Се слышавше новгородци, рѣша Ярославу, яко „Заутра переве-земъся на ня; аще кто не поидеть с нами, сами потнемъ его". Бѣ бо уже в заморозъ. Святополкъ стояше межи двѣма озерома, и всю нощь пилъ бѣ с дружиною своею. Ярославъ же заутра, исполчивъ дружину свою, противу свѣту перевезеся. И выседше на брегъ, отринуша лодьѣ от берега, и поидоша противу собѣ, и сступишася на мѣстѣ. Быстъ сѣча зла, и не бѣ лзѣ озеромь печенѣгомъ помагати, и притиснуша Святополка с дружиною ко озеру, и въступиша на ледъ, и обломися с ними ледъ, и одалати нача Ярославъ, видѣв же Святополкъ и побеже, и одолѣ Ярослав. Святополкъ же бѣжа в ляхы, Ярославъ же сѣде Кыевѣ на столѣ отьни и дѣдни. И бы тогда Ярославъ лѣтъ 28.

В лѣто 6525 [1017]. Ярославъ иде в Киевъ, и погорѣ церкви.

В лѣто 6526 [1018]. Приде Болеславъ съ Святополкомь на Ярослава с ляхы. Ярославъ же, совокупивъ Русь, и варягы и словѣнѣ, поиде противу Болеславу и Святополку, и приде Волыню, и сташа оба полъ рѣкы Буга. И бѣ у Ярослава кормилець и воевода, именемь Буды, нача укаряти Болеслава, глаголя: „Да то ти прободемъ трѣскою черево твое толъстое". Бѣ бо Болеславъ великъ и тяжекъ, яко и на кони не могы сѣдѣти, но бяше смыслень. И рече Болеславъ къ дружинѣ своей: „Аще вы сего укора не жаль, азъ единъ погыну". Всѣдъ на конь, вбреде в рѣку и по немь вои его. Ярослав же не утягну исполчитися, и побѣди Болеславъ Ярослава. Ярославъ же убѣжа съ 4-ми мужи Новугороду. Болеславъ же вниде в Кыевъ съ Святополкомь. И рече Болеславъ: „Разведѣте дружину мою по городомъ на покорьмъ", и бысть тако. Ярославу же прибѣгшю Новугороду, и хотяше бѣжати за море, и посадникъ Коснятинъ, сынъ Добрынь, с новгородьци расѣкоша лодьѣ Ярославлѣ, рекуще: „Хочемъ ся и еще бити съ Болеславомъ и съ Святополкомъ". Начаша скотъ събирати от мужа по 4 куны, а от старостъ по 10 гривен, а от бояръ по 18 гривен. И приведоша варягы, и вдаша имъ скотъ, и совокупи Ярославъ воя многы. Болеславъ же бѣ Кыевѣ сѣдя, оканьный же Святополкъ рече: „Елико же ляховъ по городомъ, избивайте я". И избиша ляхы. Болеславъ же побѣже ис Кыева, възма именье и бояры Ярославлѣ и сестрѣ его, и Настаса пристави Десятиньнаго ко именью, бѣ бо ся ему ввѣрилъ лестью. И людий множьство веде с собою, и городы червеньскыя зая собѣ, и приде в свою землю. Святополкъ же нача княжити Кыевѣ. И поиде Ярославъ на Святополка, и бѣжа Святополкъ в Печенѣгы.

В лѣто 6527 [1019]. Приде Святополкъ с печенѣгы в силѣ тяжьцѣ, и Ярославъ собра множьство вой, и изыде противу ему на Льто. Ярославъ ста на мѣстѣ, идеже убиша Бориса, въздѣвъ руцѣ на небо, рече: „Кровь брата моего вопьеть к тобѣ, владыко! Мьсти от крове праведнаго сего, якоже мьстилъ еси крове Авелевы, положивъ на Каинѣ стенанье и трясенье; — тако положи и на семь". Помоливъся, и рекъ: „Брата моя! Аще еста и тѣломь отошла отсюда, но молитвою помозѣта ми на противнаго сего убийцю и гордаго". И се ему рекшю, поидоша противу собѣ, и покрыша поле Летьское обои от множьства вой. Бѣ же пятокъ тогда, въсходящю солнцю, и сступишася обои, бысть сѣча зла, яка же не была в Руси, и за рукы емлюче сечахуся, и сступашася трижды, яко по удольемь крови тещи́. К вечеру же одолѣ Ярославъ, а Святополкъ бѣжа. И бѣжащю ему, нападе на нь бѣсъ, и раслабѣша кости его, не можаше сѣдѣти на кони, и несяхуть й на носилѣхъ. Принесоша й къ Берестью, бѣгающе с нимь. Онъ же глаголаше: „Побѣгнѣте со мною, женуть по насъ!". Отроци же его всылаху противу: „Еда кто женеть по насъ?". И не бѣ никого же вслѣдъ гонящаго, и бѣжаху с нимь. Он же в немощи лежа, и въсхопивъся глаголаше: „Осе женуть, о женуть, побѣгнѣте". Не можаше терпѣти на единомь мѣстѣ, и пробѣжа Лядьскую землю, гонимъ божьимъ гнѣвомъ, прибѣжа в пустыню межю Ляхы и Чехы, испроверже злѣ животъ свой в томъ мѣсте. „Его же по правдѣ, яко неправедна, суду нашедшю на нь, по отшествии сего свѣта прияша мукы, оканьнаго". Показоваше явѣ... посланая пагубная рана, въ смерть немилостивно въгна, и по смерти вѣчно мучимъ есть связанъ. Есть же могыла его в пустыни и до сего дне. Исходить же от нея смрадъ золъ. Се же богъ показа на наказанье княземъ русьскымъ, да аще сии еще сице же створять, се слышавше, ту же казнь приимуть; но и больши сее, понеже, вѣдая се, сътворять такоже зло убийство. 7 бо мьстий прия Каинъ, убивъ Авеля, а Ламехъ 70; понеже бѣ Каинъ не вѣдый мьщенья прияти от бога, а Ламехъ, вѣдый казнь, бывшюю на прародителю его, створи убийство. „Рече бо Ламехъ къ своима женама: мужа убихъ въ вредъ мнѣ и уношю въ язву мнѣ, тѣмь же, рече, 70 мьстий на мнѣ, понеже, рече, вѣдая створихъ се". Ламехъ уби два брата Енохова, и поя собѣ женѣ ею; сей же Святополкъ, новый Авимелехъ, иже ся бѣ родилъ от прелюбодѣянья, иже изби братью свою, сыны Гедеоны; тако и сь бысть.

Ярославъ же сѣде Кыевѣ, утеръ пота с дружиною своею, показавъ побѣду и трудъ великъ.

В лѣто 6528 [1020]. Родился у Ярослава сынъ, и нарече имя ему Володимеръ.

В лѣто 6529 [1021]. Приде Брячиславъ, сынъ Изяславль, внукъ Володимѣрь, на Новъгородъ, и зая Новъгородъ, и поимъ новгородцѣ и имѣнье ихъ, поиде Полотьску опять. И пришедшю ему к Судомири рѣцѣ, и Ярославъ ис Кыева въ 7 день постиже й ту. И побѣди Ярославъ Брячислава, и новгородцѣ вороти Новугороду, а Брячиславъ бѣжа Полотьску.

В лѣто 6530 [1022]. Приде Ярославъ къ Берестию. Въ си же времена Мьстиславу сущю Тмуторокани поиде на касогы. Слышавъ же се, князь касожьскый Редедя изиде противу тому. И ставшема обѣма полкома противу собѣ, и рече Редедя къ Мьстиславу: „Что ради губивѣ дружину межи собою? Но снидевѣ ся сама бороть. Да аще одолѣеши ты, то возмеши имѣнье мое, и жену мою, и дѣти моѣ, и землю мою. Аще ли азъ одолѣю, то възму твое все". И рече Мьстиславъ: „Тако буди". И рече Редедя ко Мьстиславу: „Не оружьемь ся бьевѣ, но борьбою". И яста ся бороти крѣпко, и надолзѣ борющемася има, нача изнемагати Мьстиславъ: бѣ бо великъ и силенъ Редедя. И рече Мьстиславъ: „О пречистая богородице помози ми. Аще бо одолѣю сему, съзижю церковь во имя твое". И се рекъ удари имь о землю. И вынзе ножъ, и зарѣза Редедю. И шедъ в землю его, взя все имѣнье его, и жену его и дѣти его, и дань възложи на касогы. И пришедъ Тьмутороканю, заложи церковь святыя Богородица, и созда ю, яже стоить и до сего дне Тьмуторокани.

В лѣто 6531 [1023]. Поиде Мьстиславъ на Ярослава с козары и съ касогы.

В лѣто 6532 [1024]. Ярославу сущю Новѣгородѣ, приде Мьстиславъ ис Тьмутороканя Кыеву, и не прияша его кыяне. Онъ же шедъ сѣде на столѣ Черниговѣ, Ярославу сущю Новѣгородѣ тогда. В се же лѣто въсташа волъсви в Суждали, избиваху старую чадь по дьяволю наущенью и бѣсованью, глаголюще, яко си держать гобино. Бѣ мятежъ великъ и голодъ по всей той странѣ; идоша по Волзѣ вси людье в болгары, и привезоша жито, и тако ожиша. Слышав же Ярославъ волхвы, приде Суздалю; изъимавъ волхвы, расточи, а другыя показни, рекъ сице: „Богъ наводить по грѣхомъ на куюждо землю гладомъ, или моромъ, ли ведромь, ли иною казнью, а человѣкъ не вѣсть ничтоже". И възвративъся Ярославъ, приде Новугороду, и посла за море по варягы. И приде Якунъ с варягы, и бѣ Якунъ сь лѣпъ, и луда бѣ у него золотомь истъкана. И приде къ Ярославу; и иде Ярославъ съ Якуномъ на Мьстислава. Мьстиславъ же слышавъ взиде противу има к Листвену. Мьстиславъ же с вечера исполчивъ дружину, и постави сѣверъ в чело противу варягомъ, а самъ ста с дружиною своею по крилома. И бывши нощи, бысть тма, молонья, и громъ, и дождь. И рече Мьстиславъ дружинѣ своей: „Поидемъ на ня". И поиде Мьстиславъ, и Ярославъ противу ему, и сступися чело сѣверъ съ варягы, и трудишася варязи секуще сѣверъ, и посемъ наступи Мстиславъ со дружиною своею и нача сѣчи варягы. И бысть сѣча силна, яко посвѣтяше молонья, блещашеться оружье, и бѣ гроза велика и сѣча силна и страшна. Видѣвъ же Ярославъ, яко побѣжаемъ есть, побѣже съ Якуномъ, княземь варяжьскымъ, и Якунъ ту отбѣже луды златоѣ. Ярославъ же приде Новугороду, а Якунъ иде за море. Мьстиславъ же, о свѣтъ заутра, видѣвъ лежачиѣ сѣчены от своихъ сѣверъ и варягы Ярославлѣ, и рече: „Кто сему не радъ? Се лежить сѣверянинъ, а се варягъ, а дружина своя цѣла". И посла Мьстиславъ по Ярослава, глаголя: „сяди в своемь Кыевѣ: ты еси старѣйшей братъ, а мнѣ буди си сторона". И не смяше Ярославъ ити в Кыевъ, дондеже смиристася. И сѣдяше Мьстиславъ Черниговѣ, а Ярославъ Новѣгородѣ, и бѣяху Кыевѣ мужи Ярославли. В семъ же лѣтѣ родися у Ярослава другый сынъ, и нарече имя ему Изяславъ.

В лѣто 6534 [1026]. Ярославъ совокупи воя многы, и приде Кыеву, и створи миръ с братомъ своимъ Мьстиславомь у Городьця. И раздѣлиста по Днѣпръ Русьскую землю: Ярославъ прия сю сторону, а Мьстиславъ ону. И начаста жити мирно и в братолюбьствѣ, и уста усобица и мятежь, и бысть тишина велика в земли.

В лѣто 6535 [1027]. Родися 3-й сынъ Ярославу, и нарече имя ему Святославъ.

В лѣто 6536 [1028]. Знаменье змиево явися на небеси, яко видѣти всей земли.

В лѣто 6537 [1029]. Мирно бысть.

В лѣто 6538 [1030]. Ярославъ Белзы взялъ. И родися Ярославу 4-й сынъ, и нарече имя ему Всеволодъ. Семь же лѣтѣ иде Ярославъ на чюдь, и побѣди я̀, и постави градъ Юрьевъ. В се же время умре Болеславъ Великый в Лясѣхъ, и бысть мятежь в земли Лядьскѣ: вставше людье избиша епископы, и попы, и бояры своя, и бысть в нихъ мятежь.

В лѣто 6539 [1031]. Ярославъ и Мьстиславъ собраста вой многъ, идоста на Ляхы, и заяста грады червеньскыя опять, и повоеваста Лядьскую землю, и многы ляхы приведоста, и раздѣливша я̀. Ярославъ посади своя по Рьси, и суть до сего дне.

В лѣто 6540 [1032]. Ярославъ поча ставити городы по Рьси.

В лѣто 6541 [1033]. Мьстиславичь Еустафий умре.

В лѣто 6542 [1034].

В лѣто 6543 [1035].

В лѣто 6544 [1036]. Мьстиславъ изиде на ловы, разболѣся и умре. И положиша ѝ в церкви у святаго Спаса, юже бѣ самъ заложилъ бѣ бо въздано ея при немь възвыше, яко на кони стояще рукою досящи. Бѣ же Мьстиславъ дебелъ тѣломь, черменъ лицем, великыма очима, храборъ на рати, милостивъ, любяше дружину по велику, кмѣнья на щадяше, ни питья, ни ѣденья браняше. Посемь же перея власть его всю Ярославъ, и бысть самовластець Русьстѣй земли. Иде Ярославъ Новугороду, и посади сына своего Володимера Новѣгородѣ, епископа постави Жидяту. И в се время родися Ярославу сынъ, нарекоша имя ему Вячеславъ. Ярославу же сущю Новѣгородѣ вѣсть приде ему, яко печенѣзи остоять Кыевъ. Ярославъ събра вои многы, варягы и словени, приде Кыеву, и вниде в городъ свой. И бѣ печенѣгъ бе-щисла. Ярославъ выступи из града, и исполчи дружину, и постави варяги по средѣ, а на правѣй сторонѣ кыяне, а на лѣвѣмь крилѣ новгородци; и сташа пред градомь. Печенѣзи приступати почаша, и сступишася на мѣсте, иде же стоить нынѣ святая Софья, митрополья русьская: бѣ бо тогда поле внѣ града. И бысть сѣча зла, и одва одолѣ к вечеру Ярославъ. И побѣгоша печенѣзи разно, и не вѣдяхуся, камо бѣжати, и овии бѣгающе тоняху въ Сѣтомли, инѣ же въ инѣхъ рѣкахъ, а прокъ ихъ пробѣгоша и до сего дне. В се же лѣто всади Ярославъ Судислава в порубъ, брата своего, Плесковѣ, оклеветанъ к нему.

В лѣто 6545 [1037]. Заложи Ярославъ городъ великый, у него же града суть Златая врата; заложи же и церковь святыя Софья, митрополью, и посемь церковь на Золотыхъ воротѣхъ святыя Богородца благовѣщенье, посемь святаго Георгия манастырь и святыя Ирины. И при семь нача вѣра хрестьяньска плодитися и раширяти, и черноризьци почаша множитися, и манастыреве починаху быти. И бѣ Ярославъ любя церковныя уставы, попы любяше по велику, излиха же черноризьцѣ, и книгамъ прилежа, и почитая ѐ часто в нощи и въ дне. И собра писцѣ многы и прекладаше от грекъ на словѣньское писмо. И списаша книги многы, ими же поучащеся вѣрнии людье наслажаются ученья божественаго. Яко же бо се нѣкто землю разореть, другый же насѣеть, ини же пожинають и ядять пищю бескудну, — тако и сь. Отець бо сего Володимеръ землю взоралъ и умягчи, рекше крещеньемь просвѣтивъ. Сь же насѣя книжными словесы сердца вѣрных людий; а мы пожинаемъ, ученье приемлюще книжное.

Велика бо бываеть полза от ученья книжного; книгами бо кажеми и учими есмы пути покаянью, мудрость бо обрѣтаемъ и въздержанье от словесъ книжныхъ. Се бо суть рѣкы, напаяюще вселеную, се суть исходища мудрости; книгамъ бо есть неищетная глубина; сими бо в печали утѣшаеми есмы; си суть узда въздержанью. Мудрость бо велика есть, якоже и Соломонъ похваляа глаголаше: „Азъ, премудрость, вселих свѣтъ и разумъ и смыслъ азъ призвах. Страхъ господень... Мои свѣти, моя мудрость, мое утверженье, моя крѣпость. Мною цесареве царствують, а силнии пишють правду. Мною вельможа величаются и мучители держать землю. Азъ любящая мя люблю, ищющи мене обрящють благодать". Аще бо поищеши въ книгахъ мудрости прилѣжно, то обрящеши велику ползу души своей. Иже бо книги часто чтеть, то бесѣдуеть с богомь, или святыми мужи. Почитая пророческыя бесѣды, и еуангельская ученья и апостольская, и житья святыхъ отець, въсприемлеть души велику ползу.

Ярославъ же сей, якоже рекохом, любимъ бѣ книгамъ, и многы написавъ положи в святѣй Софьи церкви, юже созда самъ. Украси ю златомь и сребромь и сосуды церковными, в ней же обычныя пѣсни богу въздають в годы обычныя. И ины церкви ставляше по градомъ и по мѣстомъ, поставляя попы и дая имъ от именья своего урокъ, веля имъ учити люди, понеже тѣмъ есть поручено богомъ, и приходити часто къ церквамъ. И умножишася прозвутери и людье хрестьяньстии. Радовашеся Ярославъ, видя множьство церквий и люди хрестьяны, зѣло, а врагъ сѣтовашеться, побѣжаемъ новыми людьми хрестьяньскыми.

В лѣто 6546 [1038]. Ярославъ иде на ятвягы.

В лѣто 6547 [1039]. Священа бысть церкы святыя Богородиця, юже созда Володимеръ, отець Ярославль, митрополитомь Феопемптомъ.

В лѣто 6548 [1040]. Ярославъ иде на Литву.

В лѣто 6549 [1041]. Иде Ярославъ на мазовъшаны, въ лодьяхъ.

В лѣто 6550 [1042]. Иде Володимеръ, сынъ Ярославль, на Ямь, и побѣди я. И помроша кони у вой Володимеръ, яко и еще дышющимъ конемъ съдираху хзы с нихъ: толикъ бо бѣ моръ в коних.

В лѣто 6551 [1043]. Посла Ярославъ сына своего Володимера на Грькы, и вда ему вои многы, а воеводство поручи Вышатѣ, отцю Яневу. И поиде

Володимеръ в лодьях, и придоша в Дунай, и поидоша к Цесарюграду. И бысть буря велика, и разби корабли Руси, и княжь корабль разби вѣтръ, и взя князя в корабль Иванъ Творимиричь, воевода Ярославль. Прочии же вои Володимери вывержени быша на брегъ, числомь 6000, и хотящемъ поити в Русь, и не идяше с ними никто же от дружины княжее. И рече Вышата: „Азъ поиду с ними". И высѣде ис корабля к нимъ, и рече: „Аще живъ буду, то с ними, аще погыну, то с дружиною". И поидоша, хотяще в Русь. И бысть вѣсть грькомъ, яко избило море Русь, и посла царь, именемь Мо́номахъ, по Руси олядий 14. Володимеръ же, видѣвъ с дружиною, яко идуть по немь, въспятивъся, изби оляди гречьскыя, и възвратися в Русь, всѣдъше в кораблѣ своѣ. Вышату же яша съ извержеными на брегъ, и приведоша я̀ Цесарюграду, и слѣпиша Руси много. По трехъ же лѣтѣхъ миру бывшю, пущенъ бысть Вышата в Русь къ Ярославу. В си же времена вдасть Ярославъ сестру свою за Казимира, и вдасть Казимиръ за вѣно людий 8 сотъ, яже бѣ полонилъ Болеславъ, победив Ярослава.

В лѣто 6552 [1044]. Выгребоша 2 князя, Ярополка и Ольга, сына Святославля, и крестиша кости ею, и положиша я̀ въ церкви святыя Богородица. В се же лѣто умре Брячиславъ, сынъ Изяславль, внукъ Володимерь, отець Всеславль, и Всеславъ, сынъ его, сѣде на столѣ его, его же роди мати от вълхвованья. Матери бо родивши его, бысть ему язвено на главѣ его, рекоша бо волсви матери его: „Се язвено навяжи на нь, да носить е до живота своего", еже носить Всеславъ и до сего дне на собѣ; сего ради немилостивъ есть на кровьпролитье.

В лѣто 6553 [1045]. Заложи Володимеръ святую Софью Новѣгородѣ.

В лѣто 6554 [1046].

В лѣто 6555 [1047]. Ярославъ иде на мазовшаны, и побѣди я̀, и князя ихъ уби Моислава, и покори я̀ Казимиру.

В лѣто 6556 [1048].

В лѣто 6557 [1049].

В лѣто 6558 [1050]. Преставися жена Ярославля княгыни.

В лѣто 6559 [1051]. Постави Ярославъ Лариона митрополитомь русина въ святѣй Софьи, собравъ епископы.

И се да скажемъ, чего ради прозвася Печерьскый манастырь. Боголюбивому князю Ярославу любящу Берестовое и церковь ту сущюю святыхъ Апостолъ, и попы многы набдящю, в них же бѣ презвутеръ, именемь Ларионъ, мужь благъ, книженъ и постникъ. И хожаше с Берестоваго на Днѣпръ, на холмъ, кдѣ нынѣ ветхый манастырь Печерьскый, и ту молитву творяше, бѣ бо ту лѣсъ великъ. Ископа печерку малу, двусажену, и приходя с Берестового, отпѣваше часы и моляшеся ту богу втайнѣ. Посемь же богъ князю вложи въ сердце, и постави й митрополитомь в святѣй Софьи, а си печерка тако ста. И не по мнозѣхъ днехъ бѣ нѣкый человѣкъ, именемь мирьскымъ, от града Любча; и възложи сему богъ в сердце въ страну ити. Онъ же устремися в Святую Гору, и видѣ ту монастыря сущая, и обиходивъ, възлюбивъ чернечьскый образ, приде в манастырь ту, и умоли игумена того, дабы на нь възложилъ образ мнишьскый. Онъ же послушавъ его, постриже й, нарекъ имя ему Антоний, наказавъ его и научивъ чернечьскому образу, и рече ему: „Иди в Русь опять, и буди благословленье от Святыя Горы, яко от тебе мнози черньци быти имуть". Благослови й, и отпусти его, рекъ ему: „Иди с миромь". Антоний же приде Кыеву, и мысляше, кдѣ бы жити; и ходи по манастыремъ, и не възлюби, богу не хотящю. И поча ходити по дебремъ и по горамъ, ища, кдѣ бы ему богъ показалъ. И приде на холмъ, идѣже бѣ Ларионъ ископалъ печерку, и възлюби мѣсто се, и вселися в не, и нача молитися богу со слезами, глаголя: „Господи! Утверди мя в мѣстѣ семь, и да будеть на мѣстѣ семь благословенье Святыя Горы и моего игумена, иже мя постриглъ". И поча жити ту, моля бога, ядый хлѣбъ сухъ, и то же чересъ день, и воды в мѣру вкушая, копая печеру, и не да собѣ упокоя день и нощь, в трудѣхъ пребывая, въ бдѣньи и в молитвахъ. Посемь же увѣдѣша добрии человѣци, и приходяху к нему, приносяще же ему, еже на потребу бѣ. И прослу яко же великый Антоний: приходяще к нему прошаху у него благословенья. Посемь же преставльшюся великому князю Ярославу, прия власть сынъ его Изяславъ, и сѣде Кыевѣ. Антоний же прославленъ бысть в Русьскѣй земли; Изяславъ же, увѣдѣвъ житье его, приде с дружиною своею, прося у него благословенья и молитвы. И увѣданъ бысть всѣми великый Антоний и чтимъ, и начаша приходити к нему братья, и нача приимати и постригати я́, и собрася братьи к нему числомь 12, и ископаша печеру велику, и церковь, и кѣльи, яже суть и до сего дне в печерѣ подъ ветхымъ манастыремъ. Совъкупленѣ же братьи, рече имъ Антоний: „Се богъ васъ, братья, совокупи, и от благословенья есте Святыя Горы, имь же мене постриже игуменъ Святыя Горы, а язъ васъ постригалъ; да буди благословенье на васъ первое от бога, а второе от Святыя Горы". И се рекъ имъ: „Живѣте же о собѣ, и поставлю вы игумена, а самъ хочю въ ону гору ити единъ, якоже и преже бяхъ обыклъ, уединивъся, жити". И постави имъ игуменомь Варлама, а самъ иде в гору, и ископа печеру, яже есть подъ новымъ манастырем, в ней же сконча животъ свой, живъ в добродѣтели, не выходя ис печеры лѣт 40 нигда же, в ней же лежать мощѣ его и до сего дне. Братья же съ игуменомь живяху в печере. И умножившимся братьи в печерѣ и не имущим ся вмѣстити, и помыслиша поставити внѣ печеры манастырь. И приде игуменъ и братья ко Антонью, и рекоша ему: „Отче! Умножилося братьѣ, а не можемъ ся вмѣстити в печеру; да бы богъ повелѣлъ и твоя молитва, да быхомъ поставили церковьцю внѣ печеры". И повелѣ имъ Антоний. Они же поклонишася ему, и поставиша церковьцю малу надъ пещерою во имя святыя богородица Успенье. И нача богъ умножати черноризцѣ молитвами святыя богородица, и съвѣтъ створиша братья со игуменомь поставити манастырь. И идоша братья ко Антонью, и рѣша: „Отче! Братья умножаются, а хотѣли быхомъ поставити манастырь".

Антоний же, радъ бывъ, рече: „Благословенъ богъ о всемь, и молитва святыя богородица и сущихъ отець иже в Святѣй Горѣ да будеть с вами". И се рекъ, посла единого от братьѣ ко Изяславу князю, река тако: „Княже мой! Се богъ умножаеть братью, а мѣстьце мало; да бы ны далъ гору ту, яже есть надъ печерою". Изяславъ же слышавъ и радъ бысть, посла мужь свой, и вда имъ гору ту. Игуменъ же и братья заложиша церковь велику, и манастырь огородиша столпеемь, кельѣ поставиша многы, церковь свершиша и иконами украсиша. И оттолѣ почася Печерскый манастырь, имь же бѣша жили черньци преже в печерѣ, а от того прозвася Печерскый манастырь. Есть же манастырь Печерскый от благословенья Святыя Горы пошелъ. Манастыреви же свершену, игуменьство держащю Варламови, Изяславъ же постави манастырь святаго Дмитрия, и выведе Варлама на игуменьство к святому Дмитрию, хотя створити вышний сего манастыря, надѣяся богатьству. Мнози бо манастыри от цесарь и от бояръ и от богатьства поставлени, но не суть таци, каци суть поставлени слезами, пощеньемь, молитвою, бдѣньемь. Антоний бо не имѣ злата, ни сребра, но стяжа слезами и пощеньем, яко же глаголахъ. Варламу же шедъшю к святому Дмитрию, совѣтъ створше братья, идоша к старцю Антонью и рекоша: „Постави намъ игумена". Онъ же рече имъ: „Кого хощете?". Они же рѣша: „Кого хощеть богъ и ты". И рече имъ: „Кто болий въ васъ, акъ же Федосий, послушьливый, кроткый, смѣреный, да съ будеть вамъ игуменъ". Братья же ради бывше, поклонишася старцю, и поставиша Федосья игуменом братьѣ числомь 20. Феодосиеви же приемшю манастырь, поча имѣти въздержанье, и велико пощенье, и молитвы съ слезами, и совокупляти нача многы чернорѣзьци, и совокупи братьѣ числомь 100. И нача искати правила чернечьскаго, и обрѣтеся тогда Михаилъ чернець манастыря Студийскаго, иже бѣ пришелъ изъ Грекъ с митрополитомь Георгиемь, и нача у него искати устава чернець студийскыхъ. И обрѣтъ у него, и списа, и устави въ манастыри своемь, како пѣти пѣнья манастырьская, и поклонъ какъ держати, и чтенья почитати, и стоянье в церкви, и весь рядъ церковный и на тряпезѣ сѣданье, и что ясти в кыя дни, все съ уставленьем. Феодосий все то изъобрѣтъ, предасть манастырю своему. От того же манастыря переяша вси манастыреве уставъ: тѣмь же почтенъ есть манастырь Печерьскый старей всѣхъ. Феодосьеви же живущю в манастыри, и правящю добродѣтелное житье и чернечьское правило, и приимающю всякого приходящаго к нему, к нему же и азъ придохъ худый и недостойный рабъ, и приятъ мя лѣт ми сущю 17 от роженья моего. Се же написахъ и положихъ, в кое лѣто почалъ быти манастырь, и что ради зоветься Печерьскый. А о Феодосьевѣ житьи паки скажемъ.

В лѣто 6560 [1052]. Преставися Володимеръ, сынъ Ярославль старей, Новѣгородѣ, и положенъ бысть в святѣй Софьи, юже бѣ самъ создалъ.

В лѣто 6561 [1053]. У Всеволода родися сынъ, и нарече имя ему Володимеръ, от царицѣ грькынѣ.

В лѣто 6562 [1054]. Преставися великый князь русьскый Ярославъ. И еще бо живущю ему, наряди сыны своя, рекъ имъ: „Се азъ отхожю свѣта сего, сынове мои; имѣйте в собѣ любовь, понеже вы есте братья единого отца и матере. Да аще будете в любви межю собою, богъ будеть в васъ, и покорить вы противныя подъ вы. И будете мирно живуще. Аще ли будете ненавидно живуще, в распряхъ и которающеся, то погыбнете сами, и погубите землю отець своихъ и дѣдъ своихъ, юже налѣзоша трудомь своимь великымъ; но пребывайте мирно, послушающе брат брата. Се же поручаю в собе мѣсто столъ старѣйшему сыну моему и брату вашему Изяславу Кыевъ; сего послушайте, якоже послушасте мене, да той вы будеть в мене мѣсто; а Святославу даю Черниговъ, а Всеволоду Переяславль, а Игорю Володимерь, а Вячеславу Смолинескъ". И тако раздѣли имъ грады, заповѣдавъ имъ не преступати предѣла братня, ни сгонити, рекъ Изяславу: „Аще кто хощеть обидѣти брата своего, то ты помагай, его же обидять". И тако уряди сыны своя пребывати в любви. Самому же болну сущю и пришедшю Вышегороду, разболѣся велми, Изяславу тогда сущю..., а Святославу Володимери, Всеволоду же тогда сущю у отця, бѣ бо любимъ отцемь паче всея братьи, его же имяше присно у собе. Ярославу же приспѣ конець житья, и предасть душю свою богу, в суботу 1 поста святаго Феодора. Всеволодъ же спрята тѣло отца своего, възложьше на сани везоша и́ Кыеву, попове поюще обычныя пѣсни. Плакашася по немь людье; и принесше положиша и́, в рацѣ мороморянѣ, в церкви святое Софьѣ. И плакася по немь Всеволодъ и людье вси. Живе же всѣхъ лѣт 70 и 6.

Начало княженья Изяславля Кыевѣ. Пришедъ Изяславъ сѣде Кыевѣ, Святославъ Черниговѣ, Всеволодъ Переяславли, Игорь Володимери, Вячеславъ Смолиньскѣ. В се же лѣто иде Всеволодъ на торкы зимѣ к Воиню, и побѣди торкы. В семь же лѣтѣ приходи Болушь с половьци, и створи Всеволодъ миръ с ними, и возвратишася половци вспять, отнюду же пришли.

В лѣто 6564 [1056].

В лѣто 6565 [1057]. Преставися Вячеславъ, сынъ Ярославль, Смолиньскѣ, и посадиша Игоря Смолиньскѣ, из Володимеря выведше.

В лѣто 6566 [1058]. Побѣди Изяславъ голяди.

В лѣто 6567 [1059]. Изяславъ, Святославъ и Всеволодъ высадиша стрыя своего Судислава ис поруба, сидѣ бо лѣт 20 и 4, заводивъше кресту, и бысть чернцемь.

В лѣто 6568 [1060]. Преставися Игорь, сынъ Ярославль. В семь же лѣтѣ Изяславъ, и Святославъ, и Всеволодъ, и Всеславъ совокупиша вои бещислены, и поидоша на конихъ и в лодьяхъ, бещислено множьство, на торкы. Се слышавше торци, убояшася, пробѣгоша и до сего дне, и помроша бѣгаючи, божьимь гнѣвомь гоними, ови от зимы, друзии же гладомь, ини же моромь и судомь божьимъ. Тако богъ избави хрестьяны от поганыхъ.

В лѣто 6569 [1061]. Придоша половци первое на Русьскую землю воеватъ; Всеволодъ же изиде противу имъ, мѣсяца февраля въ 2 день. И бившимъся имъ, побѣдиша Всеволода, и воевавше отъидоша. Се бысть первое зло от поганыхъ и безбожныхъ врагъ. Бысть же князь ихъ Искалъ.

В лѣто 6570 [1062].

В лѣто 6571 [1063]. Судиславъ преставися, Ярославль братъ, и погребоша й въ церкви святаго Георгия. В се же лѣто Новѣгородѣ иде Волховъ вспять дний 5. Се же знаменье не добро бысть, на 4-е бо лѣто пожже Всеславъ градъ.

В лѣто 6572 [1064]. Бѣжа Ростиславъ Тмутороканю, сынъ Володимерь, внукъ Ярославль, и с нимъ бѣжа Порѣй и Вышата, сынъ Остромирь воеводы Новгородьского. И, пришедъ выгна Глѣба изъ Тмуторокана, а самъ сѣде в него мѣсто.

В лѣто 6573 [1065]. Иде Святославъ на Ростислава къ Тмутороканю. Ростиславъ же отступи кромѣ изъ града, не убоявъся его, но не хотя противу стрыеви своему оружья взяти. Святославъ же пришедъ Тмутороканю, посади сына своего пакы Глѣба, и възвратися опять. Ростиславъ же пришедъ, пакы выгна Глѣба, и приде Глѣбъ къ отцю своему, Ростиславъ же сѣде Тмутороканi. В се же лѣто Всеславъ рать почалъ.

В си же времена бысть знаменье на западѣ, звѣзда превелика, лучѣ имущи акы кровавы, въсходящи с вечера по заходѣ солнечнѣмь, и пребысть за 7 дний. Се же проявляше не на добро, посемь бо быша усобицѣ многы и нашествие поганыхъ на Русьскую землю, си бо звѣзда бѣ акы кровава, проявляющи крови пролитье. В си же времена бысть дѣтищь вверьженъ в Сѣтомль; сего же дѣтища выволокоша рыболове въ неводѣ, его же позоровахомъ до вечера, и пакы ввергоша й в воду. Бяшеть бо сиць: на лици ему срамнии удове, иного нелзѣ казати срама ради. Пред симъ же временемь и солнце премѣнися, и не бысть свѣтло, но акы мѣсяць бысть, его же невѣгласи глаголють снѣдаему сущю. Се же бывають сица знаменья не на добро, мы бо по сему разумѣемъ. Яко же древле, при Антиосѣ, въ Иерусалимѣ случися внезапу по всему граду за 40 дний являтися на вздусѣ на конихъ рищющимъ, въ оружьи, златы имущемъ одежа, и полкы обоя являемы, и оружьемъ двизающимся; се же проявляше нахоженье Антиохово на Иерусалимъ. Посемь же при Неронѣ цесари в том же Иерусалимѣ восия звѣзда, на образъ копийный, надъ градомь: се же проявляше нахоженье рати от римлянъ. И паки сице же бысть при Устиньянѣ цесари, звѣзда восия на западѣ, испущающи луча, юже прозываху блистаницю, и бысть блистающи дний 20; посем же бысть звѣздамъ теченье, с вечера до заутрья, яко мнѣти всѣмъ, яко падають звѣзды, и пакы солнце без лучь сьяше: се же проявляше крамолы, недузи человѣкомъ умертвие бяше. Пакы же при Маврикии цесари бысть сице: жена дѣтищь роди безъ очью и без руку, в чересла бѣ ему рыбий хвостъ приросль; и песъ родися шестоногъ; въ Африкии же 2 дѣтища родистася, единъ о 4-хъ ногахъ, а другый о двою главу. Посемь же бысть при Костянтинѣ иконоборци цари, сына Леонова: теченье звѣздное бысть на небѣ, отторваху бо ся на землю, яко видящим мнѣти кончину; тогда же въздухъ възлияся повелику; в Сурии же бысть трусъ великъ, земли расѣдшися трий поприщь, изиде дивно и-землѣ мъска, человѣчьскымь гласомь глаголющи и проповѣдающи наитье языка, еже и бысть: наидоша бо срацини на Палестиньскую землю. Знаменья бо въ небеси, или звѣздах, ли солнци, ли птицами, ли етеромь чимъ, не на благо бывають; но знаменья сиця на зло бывають, ли проявленье рати, ли гладу, ли смерть проявляють.

В лѣто 6574 [1066]. Ростиславу сущю Тмуторокани и емлющю дань у касогъ и у инѣхъ странъ, сего же убоявшеся грьци, послаша с лестью котопана. Оному же пришедшю к Ростиславу и ввѣрившюся ему, чтяшеть й Ростиславъ. Единою же пьющю Ростиславу с дружиною своею, рече котопанъ: „Княже! Хочю на тя пити". Оному же рекшю: „Пий". Онъ же испивъ половину, а половину дасть князю пити, дотиснувъся палцемь в чашу, бѣ бо имѣя под ногтем растворенье смертное, и вдасть князю, урекъ смерть до дне семаго. Оному же испившю, котопан же пришедъ Корсуню повѣдаше, яко в сий день умреть Ростиславъ, яко же и бысть. Сего же котопана побиша каменьемь корсуньстии людье. Бѣ же Ростиславъ мужь добль, ратенъ, взрастомь же лѣпъ и красенъ лицемь, и милостивъ убогымъ. И умре мѣсяца февраля въ 3 день, и тамо положенъ бысть в церкви святыя Богородица.

В лѣто 6575 [1067]. Заратися Всеславъ, сынъ Брячиславль, Полочьскѣ, и зая Новъгородъ. Ярославичи же трие, — Изяславъ, Святославъ, Всеволодъ, — совокупивше вои, идоша на Всеслава, зимѣ сущи велицѣ. И придоша ко Мѣньску, и мѣняне затворишася в градѣ. Си же братья взяша Мѣнескъ, и исѣкоша мужѣ, а жены и дѣти вдаша на щиты, и поидоша к Немизѣ, и Всеславъ поиде противу. И совокупишася обои на Немизѣ, мѣсяца марта въ 3 день; и бяше снѣгъ великъ, и поидоша противу собѣ. И бысть сѣча зла, и мнози падоша, и одолѣша Изяславъ, Святославъ, Всеволодъ, Всеславъ же бѣжа. По семь же, мѣсяца иуля въ 10 день, Изяславъ, Святославъ и Всеволодъ, цѣловавше крестъ честный къ Всеславу, рекше ему: „Приди к намъ, яко не створимъ ти зла". Он же, надѣявъся цѣлованью креста, перѣха в лодьи чересъ Днѣпръ. Изяславу же в шатеръ предъидущю, и тако яша Всеслава на Рши у Смолиньска, преступивше крестъ. Изяславъ же приведъ Всеслава Кыеву, всади и в порубъ съ двѣма сынома.

В лѣто 6576 [1068]. Придоша иноплеменьници на Русьску землю, половци мнози. Изяславъ же, и Святославъ и Всеволодъ изидоша противу имъ на Льто. И бывши нощи, подъидоша противу собѣ. Грѣхъ же ради нашихъ пусти богъ на ны поганыя, и побѣгоша русьскыи князи, и побѣдиша половци.

Наводить бо богъ по гнѣву своему иноплеменьникы на землю, и тако скрушенымъ имъ въспомянутся къ богу; усобная же рать бываеть от соблажненья дьяволя. Богъ бо не хощеть зла человѣкомъ, но блага; а дьяволъ радуется злому убийству и крови пролитью, подвизая свары и зависти, братоненавидѣнье, клеветы. Земли же согрѣшивши которѣй любо, „казнить богъ смертью, ли гладомъ, ли наведеньемъ поганыхъ, ли ведромъ, ли гусѣницею, ли инѣми казньми, аще ли покаявшеся будемъ, в нем же ны богъ велить жити, глаголеть бо пророкомъ намъ: „Обратитеся ко мнѣ всѣмъ сердцемъ вашимъ, постомъ и плачемъ". Да аще сице створимъ, всѣхъ грѣхъ прощени будемъ: но мы на злое възращаемся, акы свинья в калѣ грѣховнѣмь присно каляющеся, и тако пребываемъ. Тѣм же пророкомъ нам глаголеть: „Разумѣхъ, — рече, — яко жестокъ еси, и шия желѣзная твоя", того ради „Удержахъ от васъ дождь, предѣл единъ одождихъ, а другаго не одождихъ, исше"; „И поразихъ вы зноемь и различными казньми; то и тако не обратистеся ко мнѣ". Сего ради винограды вашѣ, и смоковье ваше, нивы и дубравы ваша истрохъ, глаголеть господь, а злобъ вашихъ не могохъ истерти. „Послахъ на вы различныя болѣзни и смерти тяжкыя", и на скоты казнь свою послахъ, „то и ту не обратистеся", но рѣсте: „Мужаемъся". Доколѣ не наситистеся злобъ вашихъ? Вы бо уклонистеся от пути моего, глаголеть господь, и соблазнисте многы; сего ради „Буду свѣдѣтель скоръ на противьныя, и на прелюбодѣица, и на кленущаяся именемь моимъ во лжю, и на лишающая мзды наимника, насильствующая сиротѣ и вдовици, и на уклоняющая судъ кривѣ. Почто не сдерзастеся о грѣсѣхъ вашихъ? Но уклонисте законы моя и не схранисте ихъ. Обратитеся ко мьнѣ, — и обращюся к вамъ, глаголеть господь, и азъ отверзу вамъ хляби небесныя и отвращю от васъ гнѣвъ мой, дондеже все обилуеть вамъ, и не имуть изнемощи виногради ваши, ни нивы. Но вы отяжасте на мя словеса ваша, глаголюще: суетенъ работаяй богу". Тѣм же „Усты чтуть мя, а сердце ихъ далече отстоить мене". Сего ради, их же просимъ, не приемлемъ; „Будеть бо, рече, егда призовете мя, азъ же не послушаю васъ". Взищете мене зли, и не обрящете; не всхотѣша бо ходити по, путемъ моимъ; да того ради затворяется небо, ово ли злѣ отверзается, градъ въ дожда мѣсто пуская, ово ли мразомь плоды узнабляя и землю зноемь томя, наших ради злобъ. Аще ли ся покаемъ от злобъ нашихъ, то „Акы чадомъ своимъ дасть нам вся прошенья, и одождить намъ дождь ранъ и позденъ. И наполнятся гумна ваша пшеницѣ. Пролѣются точила винная и масльная. И въздам вамъ за лѣта, яже пояша прузи, и хрустове и гусѣниця; сила моя великая, юже послахъ на вы", глаголеть господь вседержитель. Си слышаще, въстягнѣмъся на добро, взищѣте суда, избавите обидимаго, на покаянье придем, не въздающе зла за зло, ни клеветы за клевету, но любовью прилѣпимся господи бозѣ нашемь, постомъ, и рыданьем и слезами омывающе вся прегрѣшенья наша, не словомь нарицающеся хрестьяни, а поганьскы живуще. Се бо не погански ли живемъ, аще усрѣсти вѣрующе? Аще бо кто усрящеть черноризца, то възвращается, ли единець, ли свинью; то не поганьскы ли се есть? Се бо по дьяволю наученью кобь сию держать; друзии же и закыханью вѣрують, еже бываеть на здравье главѣ. Но сими дьяволъ льстить и другыми нравы, всячьскыми лестьми преваблая ны от бога, трубами и скоморохы, гусльми и русальи. Видим бо игрища утолочена, и людий много множьство на них, яко упихати начнуть другъ друга, позоры дѣюще от бѣса замышленаго дѣла, а церкви стоять; егда же бываеть годъ молитвы, мало ихъ обрѣтается в церкви. Да сего ради казни приемлемъ от бога всячьскыя, и нахоженье ратных, по божью повелѣнью приемлем казнь грѣхъ ради нашихъ".

Мы же на предълежащее паки възвратимся. Изяславу же со Всеволодомъ Кыеву побѣгшю, а Святославу Чернигову, и людье кыевстии прибѣгоша Кыеву, и створиша вѣче на торговищи, и рѣша, пославшеся ко князю: „Се половци росулися по земли; дай, княже, оружье и кони, и еще бьемся с ними". Изяслав же сего не послуша. И начаша людие говорити на воеводу на Коснячька; идоша на гору, съ вѣча, и придоша на дворъ Коснячковъ, и не обрѣтше его, сташа у двора Брячиславля и рѣша: „Поидем, высадим дружину свою ис погреба". И раздѣлишася надвое: половина ихъ иде к погребу, а половина ихъ иде по Мосту; си же придоша на княжь дворъ. Изяславу же сѣдящю на сѣнехъ с дружиною своею, начаша прѣтися со княземъ, стояще долѣ. Князю же из оконця зрящю и дружинѣ стоящи у князя, рече Тукы, братъ Чюдинь, Изяславу: „Видиши, княже, людье възвыли; посли, атъ Всеслава блюдуть". И се ему глаголющю, другая половина людий приде от погреба, отворивше погребъ. И рекоша дружина князю: „Се зло есть; посли ко Всеславу, атъ призвавше лестью ко оконцю, пронзуть ѝ мечемь". И не послуша сего князь. Людье же кликнуша, и идоша к порубу Всеславлю. Изяслав же се видѣвъ, со Всеволодомъ побѣгоста з двора, людье же высѣкоша Всеслава ис поруба, въ 15 день семтября, и прославиша ѝ средѣ двора кънжа. Дворъ жь княжь разграбиша, бещисленое множьство злата и сребра, кунами и бѣлью. Изяслав же бѣжа в Ляхы.

Посемь же половцемъ воюющим по землѣ Русьстѣ, Святославу сущю Черниговѣ, и половцем воюющим около Чернигова, Святослав же собравъ дружины нѣколико, изиде на ня ко Сновьску. И узрѣша половци идущь полкъ, пристроишася противу. И видѣвъ Святославъ множьство ихъ, и рече дружинѣ своей: „Потягнѣмъ, уже нам не лзѣ камо ся дѣти". И удариша в конѣ, и одолѣ Святославъ в трех тысячахъ, а половець бѣ 12 тысячѣ; и тако бьеми, а друзии потопоша въ Снови, а князя ихъ яша рукама, въ 1 день ноября. И възвратишася с побѣдою в градъ свой Святославъ.

Всеславъ же сѣде Кыевѣ. Се же богъ яви силу крестную, понеже Изяславъ цѣловавъ крестъ, и я ѝ; тѣм же наведе богъ поганыя, сего же явѣ избави крестъ честный. В день бо Въздвиженья Всеславъ, вздохнувъ, рече: „О кресте честный! Понеже к тобѣ вѣровах, избави мя от рва сего". Богъ же показа силу крестную на показанье землѣ Русьстѣй, да не преступають честнаго креста, цѣловавше его; аще ли преступить кто, то и здѣ прииметь казнь и на придущемь вѣцѣ казнь вѣчную. Понеже велика есть сила крестная: крестомь бо побѣжени бывають силы бѣсовьскыя, крестъ бо князем в бранех пособить, въ бранех крестомъ сограждаеми вѣрнии людье побѣжають супостаты противныя, крестъ бо вскорѣ избавляеть от напастий призывающим его с вѣрою. Ничего же ся боять бѣси, токмо креста. Аще бо бывають от бѣсъ мечтанья, знаменавше лице крестомъ, прогоними бывають. Всеслав же сѣде Кыевѣ мѣсяць 7.

В лѣто 6577 [1069]. Поиде Изяславъ с Болеславомь на Всеслава; Всеславъ же поиде противу. И приде Бѣлугороду Всеславъ, и бывши нощи, утаивъся кыянъ бѣжа из Бѣлагорода Полотьску. Заутра же видѣвше людье князя бѣжавша, възвратишася Кыеву, и створиша вѣче, и послашася къ Святославу и къ Всеволоду, глаголюще: „Мы уже зло створили есмы, князя своего прогнавше, а се ведеть на ны Лядьскую землю, а поидѣта в градъ отца своего; аще ли не хочета, то нам неволя: зажегше град свой, ступим въ Гречьску землю". И рече имъ Святославъ: „Вѣ послевѣ к брату своему; аще поидеть на вы с ляхы губити васъ, то вѣ противу ему ратью, не давѣ бо погубити града отца своего; аще ли хощеть с миромь, то в малѣ придеть дружинѣ". И утѣшиста кыяны. Святослав же и Всеволодъ посласта к Изяславу, глаголюща: „Всеславъ ти бѣжалъ, а не води ляховъ Кыеву, противна бо ти нѣту; аще ли хощеши гнѣвъ имѣти и погубити град, то вѣси, яко нама жаль отня стола". То слышавъ Изяславъ, остави ляхы и поиде с Болеславом, мало ляховъ поимъ; посла же пред собою сына своего Мьстислава Кыеву. И пришед Мьстиславъ, исѣче кияны, иже бѣша высѣкли Всеслава, числом 70 чади, а другыя слѣпиша, другыя же без вины погуби, не испытавъ. Изяславу же идущю къ граду, изидоша людье противу с поклоном, и прияща князь свой кыяне; и сѣде Изяславъ на столѣ своемь, мѣсяца мая въ 2 день. И распуща ляхы на покормъ, и избиваху ляхы отай; и възвратися в ляхы Болеславъ, в землю свою. Изяславъ же възгна торгъ на гору, и прогна Всеслава ис Полотьска, посади сына своего Мьстислава Полотьскѣ; он же вскорѣ умре ту. И посади в него мѣсто брата его Святополка, Всеславу же бѣжавшю.

В лѣто 6578 [1070]. Родися у Всеволода сынъ, и нарекоша именем Ростиславъ. В се же лѣто заложена бысть церкы святаго Михаила в монастырѣ

Всеволожи.

В лѣто 6579 [1071]. Воеваша половци у Растовьця и у Неятина. В се же лѣто выгна Всеславъ Святополка ис Полотьска. В се же лѣто побѣди Ярополкъ Всеслава у Голотичьска. В си же времена приде волхвъ, прелщенъ бѣсомъ; пришедъ бо Кыеву глаголаше, сице повѣдая людемъ, яко на пятое лѣто Днѣпру потещи вспять и землямъ преступати на ина мѣста, яко стати Гречьскы земли на Руской, а Русьскѣй на Гречьской, и прочимъ землямъ изменитися. Его же невѣгласи послушаху, вѣрнии же смеяхуться, глаголюще ему: „Бѣсъ тобою играеть на пагубу тобѣ". Се же и бысть ему: въ едину бо нощь бысть без вѣсти.

Бѣси бо подътокше на зло вводять; посем же насмисаются ввергъше и в пропасть смертную, научивше глаголати. Яко же се скажемъ бѣсовьское наущенье и дѣйство.

Бывши бо единою скудости в Ростовьстѣй области, встаста два волъхва от Ярославля, глаголюща, яко „Вѣ свѣвѣ, кто обилье держить". И поидоста по Волзѣ, кдѣ приидуча в погостъ, ту же нарекаста лучьшиѣ жены, глаголюща, яко си жито держить, а си медъ, а си рыбы, а си скору. И привожаху к нима сестры своя, матере и жены своя. Она же в мечтѣ прорѣзавше за плечемь, вынимаста любо жито, любо рыбу, и убивашета многы жены, и именье ихъ отъимашета собѣ. И придоста на Бѣлоозеро, и бѣ у нею людий инѣхъ 300. В се же время приключися прити от Святослава дань емлющу Яневи, сыну Вышатину; повѣдаша ему бѣлозерци, яко два кудесника избила уже многы жены по Волъзѣ и по Шекснѣ, и пришла еста сѣмо. Ян же, испытавъ, чья еста смерда, и увѣдѣвъ, яко своего князя, пославъ к нимъ, иже около ею суть, рече имъ: „Выдайте волхва та сѣмо, яко смерда еста моя и моего князя". Они же сего не послушаша. Янь же поиде самъ безъ оружья, и рѣша ему отроци его: „Не ходи безъ оружья, осоромять тя". Он же повелѣ взяти оружья отрокомъ, и бѣста 12 отрока с нимь, и поиде к ним к лѣсу. Они же сташа исполчившеся противу. Яневи же идущю с топорцем, выступиша от них 3 мужи, придоша къ Яневи, рекуще ему: „Вида идеши на смерть, не ходи". Оному повелѣвшю бити ꙗ, к прочимъ же поиде. Они же сунушася на Яня, единъ грѣшися Яня топором. Янь же оборотя топоръ удари и тыльемь, повелѣ отроком сѣчи ꙗ. Они же бѣжаша в лѣсъ, убиша же ту попина Янева. Янь же, вшедъ в град к бѣлозерцем, рече имъ, „Аще не имете волхву сею, не иду от васъ и за лѣто". Бѣлозерци же шедше яша ꙗ, и приведоша ꙗ къ Яневи. И рече има: „Что ради погубиста толико человѣкъ?" Онѣма же рекшема, яко „Ти держать обилье, да аще истребивѣ сихъ, будеть гобино; аще ли хощеши, то предъ тобою вынемѣвѣ жито, ли рыбу, ли ино что". Янь же рече: „По истинѣ лжа то; створилъ богъ человѣка от землѣ, сставленъ костьми и жылами от крове; нѣсть в немь ничто же и не вѣсть ничто же, но токъмо единъ богъ вѣсть". Она же рекоста: „Вѣ вѣвѣ, како есть человѣкъ створенъ". Он же рече: „Како?". Она же рекоста: „Богъ мывъся в мовници и вспотивъся, отерся вѣхтемь, и верже с небесе на землю. И распрѣся сотона с богомь, кому в немь створити человѣка. И створи дьяволъ человѣка, а богъ душю во нь вложи. Тѣм же, аще умреть человѣкъ, в землю идеть тѣло, а душа к богу". Рече има Янь: „Поистинѣ прельстилъ вас есть бѣсъ; коему богу вѣруета?". Она же рекоста: „Антихресту". Он же рече има: „То кдѣ есть?". Она же рекоста: „Сѣдить в безднѣ". Рече има Янь: „Какый то богъ, сѣдя в безднѣ? То есть бѣсъ, а богъ есть на небеси, сѣдяй на престолѣ, славим от ангелъ, иже предстоять ему со страхом, не могуще на нь зрѣти. Сих бо ангелъ сверженъ бысть, его же вы глаголета антихрест, за величанье его низъверженъ бысть с небесе, и есть в безднѣ яко же то вы глаголета, жда, егда придеть богъ с небесе. Сего им антихреста свяжеть узами и посадить и, емъ его, с слугами его и иже к нему вѣрують. Вама же и сде муку прияти от мене, и по смерти тамо". Онѣма же рекшема: „Нама бози повѣдають, не можеши нама створити ничтоже". Он же рече и ма: „Лжють вама бози". Она же рекоста: „Нама стати пред Святославомь, а ты не можеши створити ничтоже". Янь же повелѣ бити я̀ и поторгати брадѣ ею. Сима же тепенома и брадѣ ею поторганѣ проскѣпомъ, рече има Янь: „Что вама бози молвять?" Онѣма же рекшема: „Стати нама пред Святославом". И повелѣ Янь вложити рубль въ уста има и привязати я̀ къ упругу, и пусти пред собою въ лодьѣ, и самъ по них иде. Сташа на устьи Шексны, и рече има Янь: „Что вам бози молвять?" Она же рѣста: „Сице нама бози молвять, не быти нама живымъ от тобе". И рече има Янь: „То ти вама право повѣдали". Она же рекоста: „Но аще на пустиши, много ти добра будеть; аще ли наю погубиши, многу печаль приимеши и зло". Он же рече има: „Аще ваю пущю, то зло ми будеть от бога; аще ль вас погублю, то мзда ми будеть". И рече Янь повозником: „Ци кому вас кто родинъ убьенъ от сею?". Они же рѣша: „Мнѣ мати, другому сестра, иному роженье". Онъ же рече имъ: „Мьстите своихъ". Они же поимше, убиша я и повѣсиша я на дубѣ: отмьстье приимша от бога по правдѣ. Яневи же идущю домови, в другую нощь медвѣдь възлѣзъ, угрызъ ею и снѣсть. И тако погыбнуста наущеньемь бѣсовьскымъ, инѣмъ ведуща, а своеа пагубы на вѣдуче. Аще ли быста вѣдала, то не быста пришла на мѣсто се; иде же ятома има быти; аще ли и ята быста, то почто глаголаста: „Не умрети нама", оному мыслящю убити я̀? Но се есть бѣсовьское наученье; бѣси бо не вѣдять мысли человѣчьскыя, но влагають помыслъ въ человѣка, тайны не свѣдуще. Богъ единъ свѣсть помышленья человѣчьская, бѣси же не свѣдають ничтоже; суть бо немощни и худи взоромъ.

Яко и се скажемъ о взорѣ ихъ и о омраченьи ихъ. В си бо времена, в лѣта си, приключися нѣкоему новгородцю прити в Чюдь, и приде к кудеснику, хотя волхвованья от него. Онъ же по обычаю своему нача призывати бѣсы в храмину свою. Новгородцю же сѣдящю на порозѣ тоя же храмины, кудесникъ же лежаше оцепѣвъ, и шибе имъ бѣсъ. Кудесникъ же вставъ рече новгородцю: „Бози не смѣють прити, нѣчто имаши на собѣ, его же боятся". Он же помянувъ на собѣ крестъ, и отшедъ постави кромѣ храмины тое. Он же нача опять призывати бѣсы. Бѣси же метавше имъ, повѣдаша, что ради пришелъ есть. Посемь же поча прашати его: „Что ради боятся его, его же се носимъ на собѣ креста?". Онъ же рече: „То есть знаменье небеснаго бога, его же наши бози боятся". Он же рече: „То каци суть бози ваши, кде живуть?", Онъ же рече: „В безднахъ. Суть же образом черни, крилаты, хвосты имуще; всходять же и подъ небо, слушающе ваших боговъ. Ваши бо бози на небеси суть. Аще кто умреть от ваших людий, то възносимъ есть на небо; аще ли от наших умираеть, то носимъ к нашимъ богомъ в бездну". Яко же и есть: грѣшници бо въ адѣ суть, ждуще мукы вѣчныя, а праведници въ небеснѣмъ жилищѣ водваряются со ангелы.

Сиця ти есть бѣсовьская сила, и лѣпота, и немощь, Тѣм же прелщають человѣкы, веляще имъ глаголати видѣнья, являющеся имъ, несвершенымъ вѣрою, являющеся во снѣ, инѣмъ в мечтѣ, и тако волхвують наученьемъ бѣсовьскым. Паче же женами бѣсовьская волъшвенья бывають; искони бо бѣсъ жену прелсти, си же мужа, тако в си роди много волхвують жены чародѣйством, и отравою, и инѣми бѣсовьскыми кознями. Но и мужи прелщени бывають от бѣсовъ невѣрнии, яко се въ первыя роды, при апостолѣхъ бо бысть Симонъ волхвъ, иже творяше волшьствомь псомъ глаголати человѣчьски, и сам премѣняшется, ово старъ, ово молодъ, ово ли и иного премѣняше во иного образ, в мечтаньи. Сице творяше Аньний и Мамъврий, волъшвеньемь чюдеса творяшета противу Моисиови, но вскорѣ не възмогоста противу Моисиови, но и Кунопъ творяше мечтанье бѣсовьско, яко и по водам ходити, и ина мечтанья творяше, бѣсомь лстим, на пагубу собѣ и инѣм.

Сиць бѣ волхвъ всталъ при Глѣбѣ Новѣгородѣ; глаголеть бо людемъ, творяся акы богъ, и многы прельсти, мало не всего града, глаголашеть бо, яко провѣде вся и хуля вѣру хрестьянскую, глаголашеть бо, яко „Переиду по

Волхову предъ всѣми". И бысть мятежь в градѣ, и вси яша ему вѣру, и хотяху погубити епископа. Епископъ же, вземъ крестъ и облекъся в ризы, ста, рек: „Иже хощеть вѣру яти волхву, то да идеть за нь; аще ли вѣруеть кто, то ко кресту да идеть". И раздѣлишася надвое: князь бо Глѣбъ и дружина его идоша и сташа у епископа, а людье вси идоша за волхва. И бысть мятежь великъ межи ими. Глѣбъ же возма топоръ подъ скутом, приде к волхву и рече ему: „То вѣси ли, что утро хощеть быти, и что ли до вечера?". Онъ же рече: „Провѣде вся". И рече Глѣбъ: „То вѣси ли, что ти хощеть быти днесь?". „Чюдеса велика створю", рече. Глѣбъ же, вынемь топоръ, ростя й, и паде мертвъ, и людье разидошася. Онъ же погыбе тѣломъ, и душею предавъся дьяволу.

В лѣто 6580 [1072]. Пренесоша святая страстотерпця Бориса и Глѣба. Совокупившеся Ярославичи, Изяславъ, Святославъ, Всеволодъ, митрополитъ же тогда бѣ Георги, епископъ Петръ Переяславьскый, Михаилъ Гургевьский, Феодосий же игуменъ Печерьскый, Софроний святаго Михаила игуменъ, Германъ игуменъ святаго Спаса, Никола игуменъ Переяславьскый, и вси игумени, и створше праздникъ, праздноваша свѣтло, и преложиша й в новую церковь, юже сдѣла Изяславъ, яже стоить и нынѣ. И вземше первое Бориса въ древянѣ рацѣ Изяславъ, Святославъ, Всеволодъ, вземше на рама своя понесоша, предъидущем черноризцем, свеща держаще в рукахъ, и по них дьякони с кадилы, и посемь презвитери, и по них епископи с митрополитом; по сих с ракою идяху. И принесше в новую церковь, отверзоша раку, исполнися благоуханья церкы, воня благы; видѣвше же се, прославиша бога. И митрополита ужасть обиде, бѣ бо нетвердъ вѣрою к нима; и падъ ниць, просяше прощенья. Цѣловавше мощи его, вложиша й в раку камену. Посем же вземше Глѣба в рацѣ каменѣ, вставиша на сани, и емше за ужа везоша и. Яко быша въ дверех, ста рака, и не иде. И повелѣша народу възвати: „Господи помилуй", и повезоша й. И положиша й, мѣсяца мая 2 день. И отпѣвше литургию, обѣдаша братья на скупь, кождо с бояры своими, с любовью великою. И бѣ тогда держа Вышегородъ Чюдинъ, а церковь Лазорь. Посем же разидошася всвояси.

В лѣто 6581 [1073]. Въздвиже дьяволъ котору въ братьи сей Ярославичихъ. Бывши распри межи ими, быста съ собе Святославъ со Всеволодомъ на Изяслава. Изиде Изяславъ ис Кыева, Святослав же и Всеволодъ внидоста в Кыевъ, мѣсяца марта 22, и сѣдоста на столѣ на Берестовомь, преступивша заповѣдь отню. Святослав же бѣ начало выгнанью братню, желая болшее власти; Всеволода бо прелсти, глаголя, яко „Изяславъ сватится со Всеславомъ, мысля на наю; да аще его не варивѣ, имать насъ прогнати". И тако взостри Всеволода на Изяслава. Изяславъ же иде в ляхы со имѣньемъ многым, глаголя, яко „Симь налѣзу вои". Еже все взяша ляхове у него, показавше ему путь от себе. А Святославъ сѣде Кыевѣ, прогнавъ брата своего, преступивъ заповѣдь отню, паче же божью. Велий бо есть грѣх преступати заповѣдь отца своего: ибо исперва преступиша сынове Хамови на землю Сифову, и по 400 лѣт отмщенье прияша от бога, от племене бо Сифова суть еврѣи, иже избивше Хананѣйско племя, вспрняша свой жребий и свою землю. Пакы преступи Исавъ заповѣдь отца своего, и прия убийство; не добро бо есть преступати предѣла чюжего. В се же лѣто основана бысть церкы Печерьская игуменомь Феодосьемь и епископомь Михаиломь, митрополиту Георгию тогда сущю въ Грьцѣхъ, Святославу Кыевѣ сѣдящю.

В лѣто 6582 [1074]. Феодосий, игуменъ печерьскый, преставися. Скажемъ же о успеньи его мало. Феодосий бо обычай имяше приходящю постному времени, в недѣлю Масленую, вечеръ, по обычаю цѣловавъ братью всю и поучивъ ихъ, како проводити постное время, в молитвахъ нощных и дневных, блюстися от помыслъ скверньных, от бѣсовьскаго насѣянья. „Бѣси бо, — рече, — насѣвають черноризцем помышленья, похотѣнья лукава, вжагающе имъ помыслы, и тѣми врежаеми бывають имъ молитвы;

да приходящая таковыя мысли възбраняти знаменьем крестнымъ, глаголюще сице: Господи Иисусе Христе, боже нашь, помилуй насъ, аминь. И к симъ воздержанье имѣти от многаго брашна; въ яденьи бо мнозѣ и питьи безмѣрнѣ въздрастають помыслы лукавии, помыслом же въздрастъшим стваряется грѣхъ". „Тѣм же, — рече, — противится бѣсовьскому дѣйству и пронырьству ихъ, блюстися от лѣности и от многаго сна, бодру быти на пѣньи церковное, и на преданья отечьская и почитанья книжная; паче же имѣти въ устѣхъ Псалтырь Давыдовъ подобаеть черноризцем, — симь прогонити бѣсовьское унынье, паче же имѣти в собѣ любовь всѣм меншим и к старѣйшим покоренье и послушанье, старѣйшимъ же к меншимъ любовь и наказанье, и образ бывати собою въздержаньем и бдѣньемь, хоженьем и смѣреньем; тако наказывати меншая, и утѣшати я̇ и тако проводити постъ". Глаголеть бо сице, яко „Богъ далъ есть намъ 40 дний сию на очищенье души; се бо есть десятина, даема от лѣта богу: дний бо есть от года до года 300 и 60 и 5, а от сихъ дний десятый день въздаяти богови десятину, еже есть постъ 40-тный, в ня же дни очистившися душа, празднуеть свѣтло на Вскресенье господне, веселящися о бозѣ. Постное бо время очищаеть умъ человѣку. Пощенье бо исперва прооображено бысть: Адаму первое не вкушати от древа единого; поставивъ бо ся Моиси дний 40, сподобися прияти законъ на горѣ Синайстѣй, и видѣ славу божью; постомъ Самоила мати роди; постившеся ниневгитяне гнѣва божья избыша; постивъся Данилъ видѣнья велика сподобися; поствъся Илья акы на небо взятъ бысть в пищу породную; постившеся 3 отроци угасиша силу огньную; постивъся и господь 40 дний, намъ показа постное время; постомъ апостоли искорениша бѣсовьское ученье; постомъ явившася отци наши акы свѣтила в мирѣ, иже сияють и по смерти, показавше труды великыя и въздержанье, яко сей великый Антоний, и Еуфимий, и Сава и прочии отци, их же мы поревнуемъ, братья". И сице поучивъ братью, цѣлова вься по имени, и тако изидяше из монастыря, взимая мало коврижекъ; и вшедъ в печеру, и затворяше двери печерѣ и засыпаше перстью, и не глаголаше никому же; аще ли будяше нужьное орудье, то оконцемъ маломъ бесѣдоваше в суботу ли в недѣлю, а во ины дни пребываше в постѣ и в молитвах, вздержася крѣпко. И приходяше в манастырь в пятокъ на канунъ Лазаревъ; в сей бо день кончается постъ 40 дний, начинаем от перваго понедѣлника наставши Феодоровы недѣли, кончаваеть же ся в пятокъ Лазаревъ; а страстьная недѣля уставлена есть поститися страстий ради господень. Феодосьеви же пришедшю по обычаю братью цѣлова, и празднова с ними недѣлю Цвѣтную, и дошедъ велика дне Вскресенья, по обычаю празднова свѣтло, впаде в болѣзнь. Разболѣвшю бо ся ему и болѣвшю дний 5, посемь, бывшю вечеру, повелѣ изнести ся на дворъ; братья же, вземше й на сани, поставиша й прямо церкви. Он же повелѣ звати братью всю, братья же ударивше в било, и собрашася вси. Он же рече имъ: „Братья моя, и отци мои, и чада моя! Се азъ отхожю от васъ, яко же яви ми господь в постное время, в печерѣ сущю ми, изити от свѣта сего. Вы же кого хощете игуменом имѣти собѣ, да и азъ благословленье подалъ быхъ ему?". Они же рекоша ему: „Ты еси намъ всѣмь отець, да его же изволиши самъ, то намъ буди отець и игуменъ, и послушаемъ его, яко и тобе". Отець же нашь Феодоси рече: „Шедше кромѣ мене нарьцѣте, его же хощете, кромѣ двою брату, Николы и Игната; в прочих кого хощете, от старѣйших и до меншихъ". Они послушавше его, отступиша мало къ церкви, сдумавше, послаша брата два, глаголюще сице: „Его же изволить богъ и твоя честная молитва, его же тобѣ любо, того нарци". Феодосий же рече имъ: „Да аще от мене хощете игумена прияти, то азъ створю вам не по своему изволенью, но по божью строенью"; и нарече имъ Иякова презвитера. Братьи же нелюбо бысть, глаголюще яко „Не здѣ есть постриганъ". Бѣ бо Ияковъ пришелъ с Летьца с братом своимъ Пауломъ. И начаша братья просити Стефана деместника, суща тогда ученика Феодосьева, глаголюще, яко „Сесь взрослъ есть подъ рукою твоею, и у тобе послужилъ есть; сего ны вдай". Рече же имъ Феодосий: „Се азъ, по божью повелѣнью, нареклъ бяхъ Иякова; се же вы свою волю створити хощете". И послушавъ ихъ, предасть имъ Стефана, да будеть имъ игуменъ. И благослови Стефана, и рече ему: „Чадо! Се предаю ти манастырь, блюди со опасеньемь его, и яже устроихъ въ службахъ, то держи. Преданья манастырьская и устава не измѣняй, но твори вся по закону и по чину манастырьску". И посемь, вземше й братья, несоша в кѣлью и положиша на одрѣ. И шестому дни наставшу, болну сущю велми, приде к нему Святославъ с сыномъ своимъ Глѣбомъ; и сѣдящема има у него, рече ему Феодосий: „Се отхожю свѣта сего, и се предаю ти манастырь на сблюденье, еда будеть что смятенье в немь. И се поручаю игуменьство Стефану, не дай его въ обиду". Князь же цѣловавъ его, и обѣщася пещися манастыремъ, и иде от него. Семому же дни пришедшю, призва Стефана и братью, уже изнемагающю, и нача имъ глаголати сице: „Аще по моемь ошествии свѣта сего, аще буду богу угодилъ и приялъ мя будеть богъ, то по моемь ошествии манастырь ся начнеть строити и прибывати в нем: то вѣжьте, яко приялъ мя есть богъ. Аще ли, по моей смерти, оскудѣвати начнеть манастырь черноризци и потребами манастырьсками, то вѣдуще будете, яко не угодилъ есмъ богу". И се ему глаголющу, плакахуся братья, глаголюще: „Отче! Молися за ны к богу; вѣмы бо, яко богъ труда твоего не презрить". И пресѣдящи братьѣ нощь ту у него, и наставшю дни осмому, въ 2-ю суботу по Пасцѣ, въ час 2 дне, предасть душю в руцѣ божии, мѣсяця мая въ 3 день, индикта в 11 лѣто. Плакашася по немь братья. Бѣ же Феодосий заповѣдалъ положити ся в печерѣ, идѣ же показа труды многы, рек сице: „В ночь похороните тѣло мое", яко же и створиша. Вечеру бо приспѣвшю, братья вземше тѣло его, и положиша й в печерѣ, проводивше с пѣсньми, с свѣщами, честно, на хвалу богу нашему Иисусу Христу.

Стефану же предержащю манастырь и блаженое стадо, еже бѣ совокупилъ Феодосий... такы чернъцѣ, яко свѣтила в Руси сьяють: ови бо бяху постници крѣпци, ови же на бдѣнье, ови на кланянье колѣньное, ови на пощенье чресъ день и чресъ два дни, ини же ядуще хлѣбъ с водою, ини зелье варено, друзии сыро. Въ любви пребывающе, меншии покаряющеся старѣйшимъ и не смѣюще пред ними глаголати, но все с покореньемъ и с послушаньем великымъ. Тако же и старѣйшии имяху любовь к меншимъ, наказаху, утѣшающе, яко чада възълюбленая. Аще который братъ въ етеро прегрѣшенье впадаше, утѣшаху, и епитемью единого брата раздѣляху 3 ли, 4, за великую любовь: тако бо бяше любы в братьи той и вздержанье велико. Аще братъ етеръ выидяше из манастыря, вся братья имяху о томъ печаль велику, посылаючи по нь, призываху брата к монастырю, шедше вси кланяхуся игумену, и моляху игумена, и приимаху брата в манастырь с радостью. Таци бо бѣша любовници, и въздержньници, и постници, от них же намѣню нѣколико мужь чюдных.

Яко се первый Демьянъ презвутеръ бяше тако постникъ и въздержник, яко развѣ хлѣба ти воды ясти ему до смерти своея. Аще кто коли принесяше дѣтищь боленъ, кацѣмь любо недугом одержим, принесяху в манастырь, ли свершенъ человѣкъ, кацѣм любо недугомь одержим, приходяше в манастыръ къ блаженому Феодосью, повелѣваше сему Дамьяну молитву створити болящему; и абье створяше молитву, и масломь помазаше, и приимаху ицѣленье приходящии к нему. Разболѣвшю же ся и конець прияти лежащу ему в немощи, приде ангелъ к нему въ образѣ Феодосьевѣ, даруя ему царство небесное за труды его. Посем же приде Феодосий с братьею, и присѣдяху у него, оному же изнемагающю, възрѣвъ на игумена, рече: „Не забывай, игумене, еже ми еси обѣщалъ". И разумѣ великый Феодосий, яко видѣнье видѣлъ, и рече ему: „Брате Дамьяне! Еже есмь обѣщалъ, то ти буди". Он же сожаривъ очи, предасть духъ в руцѣ божии. Игумен же и братья похориша тѣло его.

Такъ же бѣ и другый брат, именемь Еремия, иже помняше крещенье земле Русьскыя. Сему бе даръ дарованъ от бога: проповедаше предибудущая, и аще кого видяше в помышленьи, обличаше й втаине, и наказаше блюстися от дьявола. Аще который братъ умышляше ити из манастыря, и узряше и, пришедъ к нему, обличаше мысль его и утешаше брата. Аще кому что речаше, ли добро, ли зло, сбудяшется старче слово.

Бе же и другый старець, именемь Матфей: бе прозорливъ. Единою бо ему стоящю в церкви на месте своемь, възведъ очи свои, позре по братьи, иже стоять поюще по обема странама на крилосе, и виде обиходяща беса, въ образе ляха, в луде, и носяща в приполе цветъкъ, иже глаголется лепокъ. И обиходя подле братью, взимая из лона лепокъ, вержаше на кого любо: аще прилняше кому цветокъ в поющихъ от братья, мало постоявъ и раслабленъ умомъ, внну створь каку любо, изидяше ис церкви, шедъ в келью, и усняше, и не възвратящется в церковь до отпетья; аще ли вержаше на другаго, и не прилняше к нему цветокъ, стояше крепок в пеньи, донде же отпояху утренюю, и тогда изидяше в келью свою. Се же вида старець, поведаше братьи своей. Пакы же виде старець се: по обычаю бо сему старцю отстоявшю утренюю, предъ зорями идоша по кельямъ своимъ, сь же старець после исхожаше ис церкви. Идущю же ему единою, седе опочивая подъ биломъ, бе бо келья его подале церкве, виде се, яко толпа поиде, от воротъ, възведъ очи свои, виде единого седяща на свиньи, а другыя текуща около его. И рече имъ старець: „Камо идете?". И рече седя на свинья бесъ: „По Михаля по Тольбековича". Старець же знаменася крестнымъ знаменьем, и приде в келью свою. Яко бысть светъ, и разуме старець, рече келейнику: „Иди, впрашай, е ли Михаль в кельи?". И реша ему, яко „Даве скочилъ есть со столпья по заутрени". И поведа старець виденье се игумену и братьи. При сем бо старци Феодосий преставися, и бысть Стефанъ игуменъ, и по Стефане Никонъ, сему и еще сущю старцю. Единою ему стоящю на утрени, возведъ очи свои, хотя видети игумена Никона, и виде осла, стояща на игумени месте, и разумѣ, яко не всталъ есть игуменъ. Тако же и ина многа видѣнья провидѣ старець, и почи в старости добрѣ в манастыри семь.

Яко се бысть другый черноризець, именемь Исакий, яко же и еще сущю ему в мирѣ, в житьи мирьстѣмь, и богату сущю ему, бѣ бо купець, родом торопечанинь, и помысли быти мнихъ, и раздая именье свое требующим и манастыремъ, и иде к великому Антонью в печеру, моляся ему, дабы й створилъ черноризцемъ. И приять й Антоний, и взложи на нь порты чернецьскыя, нарекъ имя ему Исакий, бѣ бо имя ему Чернь. Сей же Исакий всприятъ житье крѣпко: облече бо ся во власяницю, и повелѣ купити собѣ козелъ, и одра мѣхомъ козелъ, и възвлече на власяницю, и осше около его кожа сыра. И затворися в печерѣ, въ единой улици, въ кѣльици малѣ, яко четырь лакотъ, и ту моляше бога со слезами. Бѣ же ядь его проскура едина, и та же чересъ день, воды в мѣру пьяше. Приносяшеть же ему великый Антоний, и подаваше ему оконцемъ, яко ся вьѣстяше рука, тако приимаше пищю. И того створи лѣт 7, на свѣт не вылазя, ни на ребрѣхъ не лѣгавъ, но сѣдя мало приимаше сна. И единою, по обычаю, наставшю вечеру, поча кланятися, поя псалмы, оли и до полунощья; яко трудяшется, сѣдяше на сѣдалѣ своем. Единою же ему сѣдящю, по обычаю, и свѣщю угасившю, внезапу свѣт восья, яко от солнца, в печерѣ, яко зракъ вынимая человѣку. И поидоста 2 уноши к нему красна, и блистаста лице ею, акы солнце, и глаголаста к нему: „Исакие! Вѣ есвѣ ангела, а се идеть к тобѣ Христос, падъ, поклонися ему". Он же не разумѣ бѣсовьскаго дѣйства, ни памяти прекреститися, выступивъ поклонися, акы Христу, бѣсовьску дѣйству. Бѣси же кликнуша и рѣша: „Нашь еси, Исакие, уже"; и введше й в кѣльицю, и посадиша й и начаша садитися около его, и бысть полна келья ихъ и улица печерская. И рече единъ от бѣсовъ, глаголемый Христосъ: „Възмѣте сопѣли, бубны и гусли, и ударяйте ат ны Исакий спляшеть". И удариша в сопѣли и в гусли, и в бубны, и начаша имъ играти. И утомивше й, оставиша й оле жыва, и отъидоша, поругавшеся ему. Заутра же бывшю свѣту и приспѣвшю вкушенью хлѣба, приде Антоний по обычаю ко оконцю, и глагола: „Господи, благослови, отче Исакие!". И не бысть отвѣта; и рече Антоний: „Се уже преставился есть". И посла в манастырь по Феодосья и по братью. И откопавше, кде бѣ заграждено устье, пришедше взяша й, мертва мняще и вынесше положиша й пред пещерою. И узрѣша, яко живъ есть. И рече игуменъ Феодосий, яко „Се имать быти от бѣсовьскаго дѣйства". И положиша й на одрѣ и служаше около его Антоний. В си же времена приключися прити Изяславу из Ляхов, и нача гнѣватися Изяславъ на Антонья изъ Всеслава. И приславъ Святославъ, в ночь поя Антонья Чернигову. Антоний же пришед к Чернигову възлюби Болдины горы; ископавъ печеру, ту ся всели. И есть ту манастырь святое Богородици, на Болдиныхъ горахъ, и до сего дни. Феодосий же, увѣдавъ, яко Антоний шелъ Чернигову, шедъ с братьею взя Исакия и принесе й к собѣ в кѣлью, и служаше около его, бѣ бо раслабленъ тѣломь, яко не мощи ему обратитися на другую страну, ни встати, ни сѣдѣти, но лежаше на единой сторонѣ, подъ ся поливаше, многажды и червье въкыняхуся подъ бедру ему с моченья и с полѣванья. Феодосий же сам своима рукама омываше и спряташеть й, за 2 лѣта се сотвори около его. Се же бысть дивно чюдно; яко за 2 лѣта лежа си ни хлѣба не вкуси, ни воды, ни овоща, ни от какаго брашна, ни языкомъ проглагола, но нѣмъ и глух лежа за 2 лѣта. Феодосий же моляше бога за нь, и молитву творяше над нимь день и нощь, донде же на 3-ее лѣто проглагола, и слышати и на ногы нача встаяти акы младенець, и нача ходити. И не брежаше в церковь ходити, нужею привлечахуть й к церкви; и тако по малу научиша й. И посем научи й на тряпезницю ходити, и посажаху й кромѣ братьи, и положаху пред ним хлѣбъ, и не възмяше его, но ли вложити в руцѣ ему. Феодосий же рече: „Положите хлѣбъ пред ним, а не вкладайте в рукы ему, атъ сам ѣсть", и не бреже за недѣлю ясти, и помалу оглядавъся кусаше хлѣба, тако научися ясти и тако избави й Феодосий от козни дьяволя. Исакий же всприятъ въздержанье пакы жестоко. Феодосью же преставльшюся, и Стефану в него мѣсто бывшю, Исакий же рече: Се уже прелстил мя еси былъ дьяволе, сѣдяща на единомъ мѣстѣ; а уже не имам ся затворити в печерѣ, но имам тя побѣдити, ходя в манастырѣ. И облечеся въ власяницю и на власяницю свиту вотоляну, и нача уродство творити, и помагати поча поваромъ, варя на братью. И на заутреню ходя преже всѣхъ, стояше крѣпко и неподвижимо. Егда же приспѣяше зима и мрази лютии, стояше в прабошнях в черевьяхъ в протоптаныхъ, яко примерзняшета нозѣ его к камени, и не движаше ногама, дондеже отпояху заутреню. И по заутрени идяше в поварьницю, и приготоваше огнь, воду, дрова, и придяху прочии повари от братьѣ. Един же поваръ тако же бѣ именем тѣм же, Исакий, и рече посмихаяся Исакию: „Оно ти сѣдить вранъ черный, иди, ими й". Он же, поклонивься ему до землѣ, шедъ я ворона и принесе ему предо всѣми повары, и ужасошася, и повѣдаша игумену и братьи, и начаша братья чтити й. Онъ же, не хотя славы человѣчскыя, нача уродство творити, и пакостити нача ово игумену, ово братьи, ово мирьскым человѣкомъ, да друзии раны ему даяху. И поча по миру ходити, тако же уродом ся творя. Вселися в печеру, в ней же преже былъ, уже бо бѣ Антоний преставился, и совъкупи к собѣ уныхъ, и вскладаше на нь порты чернечьскыя, да ово от игумена Никона приимаше раны, ово от родитель тѣхъ дѣтьскых. Сей же то все терпяше, приимаше раны и наготу, и студень день и нощь. Въ едину бо нощь вжегъ пещь в ыстобцѣ у пещеры, яко разгорѣся пещь, бѣ бо утла, и нача палати пламень утлизнами. Оному же нѣчим заложити, вступль ногама босыма, ста на пламени, дондѣ же изгорѣ пещь, и излѣзе. И ина многа повѣдаху о немь, а другое и самовидець быхъ. И тако взя побѣду на бѣсы, яко и мухы ни во что же имяше страшенья ихъ и мечтанья ихъ, глаголашеть бо к нимъ: „Аще мя бѣсте прелстили в печерѣ первое, понеже не вѣдяхъ козний ваших, и лукавьства; нонѣ же имамъ господа Иисуса Христа и бога моего и молитву отца моего Феодосья, надѣюся на Христа, имам побѣдити васъ". Многажды бо бѣси пакости дѣяху ему, и глаголаху: „Нашь еси, и поклонился еси нашему старѣйшинѣ и намъ". Он же глаголаше: „Вашь старѣйшина антихрестъ есть, а вы бѣсы есте". И знаменаше лице свое крестнымъ образом, и тако ищезняху. Овогда же пакы в нощи прихожаху к нему, страхъ ему творяче в мечтѣ, яко се многъ народъ, с мотыками, и лыскарѣ, глаголюще: „Раскопаемъ печеру сию, и сего загребем здѣ". Ини же глаголаху: „Бѣжи, Исакие, хотять тя загрести". Он же глаголаше к нимъ: „Аще бысте человѣци были, то въ дне бы есте пришли, а вы есте тма, и во тмѣ ходите, и тма вы ятъ". И знамена я̀ крестомъ и ищезнуша. Другоици бо страшахуть ѝ въ образѣ медвѣжи; овогда же лютым звѣрьмь, ово вълом, ово змиѣ полозяху к нему, ово ли жабы, и мыши и всякъ гадъ. И не могоша ему ничто же створити, и рѣша ему: „Исакие! Побѣдил еси нас". Онъ же рече: „Якоже бѣсте мене вы первое побѣдили въ образѣ Иисусу Христовѣ и въ ангельстѣмь, недостойни суще того видѣнья; но се поистенѣ являетеся топерво въ образѣ звѣринѣмь и скотьемь, и змеями, и гадом, аци же и сами есте скверни и зли в видѣнии". И абие погибоша бѣси от него, и оттолѣ не бысть ему пакости от бѣсовъ, яко же самъ повѣдаше се яко „Се бысть ми за 3 лѣта брань си". Потомь поча жити крѣплѣ и въздержанье имѣти пощенье и бдѣнье. И тако живущу ему, сконча житье свое. И разболѣся в печерѣ, и несоша ѝ болна в манастырь, и до осмаго дне о господѣ скончася. Игумен же Иоанъ и братья спрятавше тѣло его, и погребоша ѝ.

Таци ти быша черноризци Феодосьева манастыря, иже сияють и по смерти, яко свѣтила, и молять бога за сдѣ сущюю братью, и за мирьскую братью, и за приносящая въ манастырь, в нем же и донынѣ добродѣтелное житье живуть, обще вси вкупѣ, в пѣньи и в молитвахъ и послушаньи, на славу богу всемогущему, и Феодосьевами молитвами сблюдаеми, ему же слава в вѣки, аминь.

В лѣто 6583 [1075]. Почата бысть церкы Печерьская надъ основаньемь

Стефаномъ игуменомъ; изъ основанья бо Феодосий почалъ, а на основании Стефанъ поча; и кончана бысть на третьее лѣто, мѣсяца иуля 11 день. В се же лѣто придоша сли из нѣмець къ Святославу; Святославъ же, величаяся, показа имъ богатьство свое. Они же видѣвше бещисленое множьство, злато, и сребро, и паволокы, и рѣша: „Се ни въ что же есть, се бо лежить мертво. Сего суть кметье луче. Мужи бо ся доищють и болше сего". Сице ся похвали Иезекий, царь июдѣйскъ, к посломъ цесаря асурийска, его же вся взята быша в Вавилонъ; тако и по сего смерти все имѣнье расыпася разно.

В лѣто 6584 [1076]. Ходи Володимеръ, сынъ Всеволожь, и Олегъ, сынъ Святославль, ляхомъ в помочь на чехы. Сего же лѣта преставися Святославъ, сынъ Ярославль, мѣсяца декабря 27, от рѣзанья желве, и положенъ Черниговѣ у святаго Спаса. И сѣде по немь Всеволодъ на столѣ, мѣсяца генваря, в 1 день.

В лѣто 6585 [1077]. Поиде Изяславъ с ляхы, Всеволодъ же поиде противу ему. Сѣде Борисъ Черниговѣ мѣсяца мая 4 день, и бысть княженья его 8 дний, и бѣжа Тмутороканю к Романови. Всеволодъ же иде противу брату Изяславу на Волынь, и створиста миръ, и пришедъ Изяславъ сѣде Кыевѣ, мѣсяца иуля 15 день, Олегъ же, сынъ Святославль, бѣ у Всеволода Черниговѣ.

В лѣто 6586 [1078]. Бѣжа Олегъ, сынъ Святославль, Тмутороканю от Всеволода, мѣсяца априля 10. В се же лѣто убьенъ бысть Глѣбъ, сынъ Святославль, в Заволочии. Бѣ же Глѣбъ милостивъ убогымъ и страннолюбивъ, тщанье имѣя к церквамъ, теплъ на вѣру и кротокъ, взоромъ красенъ. Его же тѣло положено бысть Черниговѣ за Спасомъ, мѣсяца иуля 23 день. Сѣдящю Святополку в него мѣсто Новѣгородѣ, сыну Изяславлю, Ярополку сѣдящю Вышегородѣ, а Володимеру сѣдящю Смолиньскѣ, приведе Олегъ и Борисъ поганыя на Русьскую землю, и поидоста на Всеволода с половци. Всеволодъ же изиде противу има на Съжицѣ и побѣдиша половци Русь, и мнози убьени быша ту: убьенъ бысть Иванъ Жирославичь, и Тукы, Чюдинь братъ, и Порѣй, и ини мнози, мѣсяца августа въ 25. Олегъ же и Борисъ придоста Чернигову, мняще одолѣвше, а землѣ Русьскѣй много зло створше, проливше кровь хрестьяньску, ея же крове взищеть богъ от руку ею, и отвѣтъ дати има за погубленыя душа хрестьяньскы. Всеволодъ же приде к брату своему Изяславу Киеву, цѣловавшася и сѣдоста. Всеволодъ же исповѣда вся бывшая. И рече ему Изяславъ: „Брате! Не тужи. Видиши ли, колико ся мнѣ сключи: первое, не выгнаша ли мене и имѣнье мое разграбиша? И пакы, кую вину вторую створилъ бѣхъ? Не изгнанъ ли бѣхъ от ваю, брату своею? Не блудилъ ли бѣх по чюжимъ землям, имѣнья лишенъ, не створих зла ничто же? И нынѣ, брате, не туживѣ. Аще будеть нама причастье в Русскѣй земли, то обѣма; аще лишена будевѣ, то оба. Азъ сложю главу свою за тя". И се рек, утѣши Всеволода, и повелѣ сбирати вои от мала до велика. И поиде Изяславъ съ Ярополькомъ, сыномъ своим, и Всеволодъ с Володимеромъ, сыномъ своимъ. И поидоша к Чернигову, и черниговци затворишася в градѣ. Олег же и Борисъ не бяста. Черниговцемъ же не отворившимся, приступиша ко граду. Володимеръ же приступи ко вратомъ восточнымъ, от Стрежени, и отя врата, и взяша градъ околний, и пожгоша й, людемъ же вбѣгшим въ дънѣшний градъ. Изяслав же и Всеволодъ слышаста, яко идеть Олегъ и Борисъ противу, Изяславъ же и Всеволодъ уранивше, поидоста от града противу Олгови. Рече же Олегъ к Борисови: „Не ходивѣ противу, не можевѣ стати противу четыремъ княземъ, но посливѣ с молбою къ стрыема своима". И рече ему Борисъ: „Ты готова зри, азъ имъ противенъ всѣмъ"; похвалився велми, не вѣдый, яко богъ гордымъ противится, смѣренымъ даеть благодать, да не хвалиться силный силою своею. И поидоста противу, и бывшимъ имъ на мѣстѣ у села на Нежатинѣ ниве, и сступившимся обоимъ, бысть сѣча зла. Первое убиша Бориса, сына Вячеславля, похвалившагося велми. Изяславу же стоящю въ пѣшцихъ, и внезапу приѣхавъ единъ, удари й копьемъ за плече. Тако убьенъ бысть Изяславъ, сынъ Ярославль. Продолжене бывъши сѣчи, побѣже Олегъ в малѣ дружинѣ, и одва утече, бѣжа Тмутороканю. Убьенъ бысть князь Изяславъ мѣсяца октямбря въ 3 день. И вземше тѣло его, привезоша и́ в лодьи, и поставиша противу Городьцю, изиде противу ему весь городъ Кыевъ, и възложивше тѣло его на сани повезоша и́, съ пѣсньми попове и черноризци понесоша и́ в град. И не бѣ лзѣ слышати пѣнья во плачи велицѣ и вопли; плака бо ся по немь весь град Киевъ, Ярополкъ же идяше по немь, плачася с дружиною своею: „Отче, отче мой! Что еси пожилъ бес печали на свѣтѣ семь, многы напасти приимъ от людий и от братья своея? Се же погыбе не от брата, но за брата своего положи главу свою". И принесше положиша тѣло его в церкви святыя Богородица, вложивъше и́ в раку мраморяну. Бѣ же Изяславъ мужь взоромъ красенъ и тѣломъ великъ, незлобивъ нравомъ, криваго ненавидѣ, любя правду. Не бѣ бо в немь лсти, но простъ мужь умом, не воздая зла за зло. Колико бо ему створиша кияне: самого выгнаша, а дом его разграбиша, и не възда противу тому зла. Аще ли кто дѣеть вы: сѣчець исѣче, то не съ то створи, но сынъ его. Пакы же брата его прогнаста и́, и ходи по чюжей земли, блудя. И сѣдящю ему пакы на столѣ своемъ, Всеволоду пришедшю побѣжену к нему, не рече ему: „Колико от ваю прияхъ?", не вдасть зла за зло, но утѣши, рек: „Елма же ты, брате мой, показа ко мнѣ любовь, введе мя на столъ мой и нарек мя старѣйшину собѣ, се азъ не помяну злобы первыя, ты ми еси братъ, а я тобѣ, и положю главу свою за тя", еже и бысть. Не рече бо ему: „Колико зла створиста мнѣ, и се нонѣ тобѣ ся сключи", не рече: „Се кромѣ мене"; но на ся перея печаль братню, показая любовь велику, свершая апостола, глаголюща: „Утѣшайте печалныя". По истинѣ, аще что створилъ есть в свѣтѣ семь, етеро согрѣшенье, отдастся ему, занеже положи главу свою за брата своего, не желая болшее волости, ни именья хотя болша, но за братню обиду. О сяковыхъ бо господь рече: „Да кто положить душю свою за другы своя". Соломонъ же рече: „Братья, в бѣдахъ пособива бывають". Любы бо есть выше всего. Яко же Иоан глаголеть: „Богъ любы есть, пребываяй в любви, в бозѣ пребываеть, и богъ в немь пребываеть". О семь свершается любы, да достоянье имам в день судный, да яко же онъ есть, и мы есмы в мирѣ семь. Боязни нѣсть в любви, но свершена любы вонъ измещеть боязнь, яко боязнь мученье имать. „Бояй же ся нѣсть свершенъ в любви. Аще кто речеть: любью бога, а брата своего ненавижю, ложь есть. Не любяй бо брата своего, его же видить, бога, его же не видить, како можеть любити? Сию заповѣдь имам от него, да любяй бога любить брата своего". В любви бо все свершается. Любве ради и грѣси расыпаются. Любве бо ради сниде господь на землю и распяться за ны грѣшныя, вземъ грѣхы наша, пригвозди на крестѣ, давъ намъ крестъ свой на прогнанье ненависти бѣсовьское. Любве ради мученици прольяша крови своя. Любве же ради сий князь прольа кровь свою за брата своего, свершая заповѣдь господню.

Начало княжениа Всеволожа в Киеве. Всеволодъ же сѣде Кыевѣ на столѣ отца своего и брата своего, приимъ власть русьскую всю. И посади сына своего Володимера Черниговѣ, а Ярополка Володимери, придавъ ему Туровъ.

В лѣто 6587 [1079]. Приде Романъ с половци къ Воину. Всеволодъ же ста у Переяславля, и створи миръ с половци. И възвратися Романь с половци въспять, и убиша й половци, мѣсяца августа 2 день. Суть кости его и доселѣ лежаче тамо, сына Святославля, внука Ярославля. А Олга емше козаре поточиша й за море Цесарюграду. Всеволодъ же посади посадника Ратибора Тмуторокани.

В лѣто 6588 [1080]. Заратишася торци переяславьстии на Русь, Всеволодъ же посла на ня сына своего Володимера. Володимеръ же шедъ побѣди търкы.

В лѣто 6589 [1081]. Бѣжа Игоревичь Давыдъ с Володаремь Ростиславичемь, мѣсяца мая 18 день. И придоста Тмутороканю, и яста Ратибора, и сѣдоста Тмуторокани.

В лѣто 6590 [1082]. Осень умре, половечьскый князь.

В лѣто 6591 [1083]. Приде Олегъ из Грекъ Тмутороконю; и я Давыда и Володаря Ростиславича, и сѣде Тмуторокани. И исѣче козары, иже бѣша свѣтници на убьенье брата его и на самого, а Давыда и Володаря пусти.

В лѣто 6592 [1084]. Приходи Ярополкъ ко Всеволоду на Великъ день. В се же время выбѣгоста Ростиславича 2 от Ярополка, и пришедша прогнаста Ярополка, и посла Всеволодъ Володимера, сына своего, и выгна Ростиславича, и посади Ярополка Володимери. В се же лѣто Давыдъ зая грькы въ Олешьи, и зая у них именье. Всеволодъ же, пославъ, приведе й, и вда ему Дорогобужь.

В лѣто 6593 [1085]. Ярополкъ же хотяше ити на Всеволода, послушавъ злых свѣтникъ. Се увѣдавъ, Всеволодъ посла противу ему сына своего Володимера. Ярополкъ же, оставивъ матерь свою и дружину Лучьскѣ, бѣжа в Ляхы. Володимеру же пришедшю Лучьску, и вдашася лучане. Володимеръ же посади Давыда Володимери, въ Ярополка мѣсто, а матерь Ярополчю, и жену его и дружину его приведе Кыеву, и именье вземъ его.

В лѣто 6594 [1086]. Приде Ярополкъ из Ляховъ, и створи миръ с Володимеромь, и иде Володимеръ вспять Чернигову. Ярополкъ же сѣде Володимери. И пересѣдев мало дний, иде Звенигороду. И не дошедшю ему града, и прободенъ бысть от проклятаго Нерадьця, от дьяволя наученъ и от злыхъ человѣкъ. Лежащю ему ту на возѣ, саблею с коня прободе й, мѣсяца ноября въ 22 день. И тогда въздвигнувъся Ярополкъ, выторгну изъ себе саблю, и возпи великым гласомь: „Охъ, тот мя враже улови". Бѣжа Нерадець треклятый Перемышлю к Рюрикови, и Ярополка вземше отроци на конь передъ ся, Радько, Вънкина и инии мнози, несоша й Володимерю, а оттуду Кыеву.

И изиде противу ему благовѣрный князь Всеволодъ с своима сынъма, — с Володимеромь и Ростиславомь, — и вси боляре, и блаженый митрополитъ Иоан с черноризци и с прозвутеры. И вси кияне великъ плачь створиша над нимь, со псалмы и пѣснми проводиша й до святаго Дмитрея, спрятавше тѣло его, с честью положиша й в рацѣ мраморянѣ в церкви святаго апостола Петра, юже бѣ самъ началъ здати преже, мѣсяца декабря въ 5 день. Многы бѣды приимъ, без вины изгонимъ от братья своея, обидимъ, разграбленъ, прочее и смерть горкую приятъ, но вѣчнѣй жизни и покою сподобися. Такъ бяше блаженый сь князь тихъ, кротъкъ, смѣренъ и братолюбивъ, десятину дая святѣй Богородици от всего своего именья по вся лѣта, и моляше бога всегда, глаголя: „Господи боже мой! Приими молитву мою, и дажь ми смерть, яко же двѣма братома моима, Борису и Глѣбу, от чюжею руку, да омыю грѣхы вся своею кровью, и избуду суетнаго сего свѣта и мятежа, сѣти вражии". Его же прошенья не лиши его благый богъ: въсприя благая она, их же око не видѣ, ни ухо слыша, ни на сердце человѣку не взиде, еже уготова богъ любящимъ его.

В лѣто 6595 [1087].

В лѣто 6596 [1088]. Священа бысть церкы святаго Михаила манастыря Всеволожа митролитомь Иваномь и епископы Лукою, Исаиемь, Иваномъ, а игуменьство тогда держащю того манастыря Лазъреви. Того же лѣта иде Святополкъ из Новагорода к Турову жити. В се же лѣто умре Никонъ игуменъ Печерскый. В се же лѣто възяша болгаре Муром.

В лѣто 6597 [1089]. Священа бысть церкви Печерская святыя Богородица манастыря Феодосьева Иоаномь митрополитомъ, и Лукою Бѣлогородьскымъ епископомь, Исаиемь, Черниговьскымъ епископомь, при благородьнѣмь князи Всеволодѣ, державнемь Русьскыя земля, и чаду его, Володимере и Ростиславе, воеводство держащю Кыевьскыя тысяща Яневи, игуменьство держащю Иоану. В се же лѣто преставися Иоанъ митрополитъ. Бысть же Иоанъ мужь хытръ книгамъ и ученью, милостивъ убогымъ и вдовицямъ, ласковъ же ко всякому, богату и убогу, смѣренъ же и кротокъ, молчаливъ, рѣчистъ же, книгами святыми утѣшая печалныя, и сякого не бысть преже в Руси, ни по немь не будеть сякъ. В се лѣто иде Янъка в Грекы, дщи Всеволожа, реченая преже. И приведе Янка митрополита Иоана скопьчину, его же видѣвше людье вси рекоша: „Се навье пришелъ". От года бо до года пребывъ умре. Бѣ же сей мужь не книженъ, но умомъ простъ и просторѣкъ. В се же лѣто священа бысть церкы святаго Михаила Переяславьская Ефрѣмомъ, митрополитомь тоя церкы, юже бѣ создалъ велику сущу, бѣ бо преже в Переяславли митрополья, и пристрои ю великою пристроею, украсивъ ю всякою красотою, церковными сосуды. Сий бо Ефрѣмъ бѣ скопець, высокъ тѣломъ. Бѣ бо тогда многа зданья въздвиже: докончавъ церковь святаго Михаила, заложи церковь на воротѣхъ городныхъ во имя святаго мученика Феодора, и посемь святаго Андрѣя у церкве от воротъ и строенье баньное камено, сего же не бысть преже в Руси. И град бѣ заложилъ камен, от церкве святаго мученика Феодора, и украси город Переяславьский здании церковными и прочими зданьи.

В лѣто 6599 [1091]. Игуменъ и черноризци съвѣтъ створше, рѣша: „Не добро есть лежати отцю нашему Феодосьеви кромѣ манастыря и церкве своея, понеже той есть основалъ церковь и черноризци совокупилъ". Совѣтъ створше, повелѣша устроити мѣсто, идѣ же положити мощѣ его. И приспѣвшю празднику Успенья Богородицѣ треми деньми, повелѣ игуменъ рушити кдѣ лежать мощѣ его, отца нашего Феодосья, его же повелѣнью быхъ азъ грѣшный первое самовидець, еже скажю, не слухомъ бо слышавъ, но самъ о семь началникъ. Пришедшю же игумену ко мнѣ и рекшю ми: „Поидевѣ в печеру к Феодосьеви". Азъ же пришедъ и со игуменомъ, не свѣдущю никому же, разглядавша, кудѣ копати, и знаменавша мѣсто, кдѣ копати кромѣ устья. Рече же ко мнѣ игуменъ: „Не мози повѣдати никому же от братьи, да не увѣдаеть никто же; но поими, его же хощеши, да ти поможеть". Азъ же пристроихъ семь дний рогалие, ими же копати. И въ вторьникъ, вечер в суморок, поях с собою 2 брата, не вѣдущю никому же, придох в печеру, и отпѣвъ псалмы, почах копати. И утрудився вдахъ другому брату, копахомъ до полуночья, трудихомся, и не могуче ся докопати, начах тужити, еда како на страну копаемъ. Азъ же взем рогалью начах копати рамено, и другу моему опочивающю передъ пещерою, и рече ми: „Удариша в било". И азъ в тъ чинъ прокопах на мощѣ Феодосьевы. Оному глаголющю ко мнѣ: „Удариша в било"; мнѣ же рекущю: „Прокопахъ уже". Егда же прокопахъ, обдержашеть мя ужасть, и начах звати: „Господи помилуй!". О се чинь же сѣдяста 2 брата в манастыри, еда игуменъ, утаивъся, нѣ с кымъ пренесеть его отай, к печерѣ зряща. Егда удариша в било, видѣста 3 столпы, ако дугы зарны, и стоявше придоша надъ верхъ церкве, иде же положенъ бысть Феодосий. В се же время видѣ Стефанъ, иже бысть в него мѣсто игуменъ, — в се же время бысть епископъ, — видѣ въ своемъ манастыри чрес поле зарю велику надъ печерою; мнѣвъ, яко несуть Феодосья, бѣ бо ему възвѣщено преже днемъ единѣмъ, и сжаливъси, яко без него преносять и, всѣдъ на конь, вборзѣ поѣха, поимъ с собою Климента его же игумена постави в свое мѣсто. И идяста, видуче зарю велику. И яко придоста близь, видѣста свѣщѣ многы надъ печерою, и придоста к печерѣ, и не видѣста ничто же, и придоста дну в печеру нам сѣдящему у мощий его. Егда бо прокопахъ, послах къ игумену: „Приди да вынемемъ и̋". Игумен же приде з двѣма братома; и прокопах велми, и влѣзохом, и видѣхом лежащь мощьми, но состави не распалися бѣша, и власи главнии притяскли бяху. И взложьше и̋ на вариманътью и вземше на рамо вынесоша и̋ предъ пещеру. На другый же день собрашася епископи: Ефрѣмъ Переяславьский, Стефанъ Володимерьский, Иоан Черниговьский, Маринъ Гурьгевьский, игумени от всѣхъ манастыревъ с черноризци; придоша и людье благовѣрнии, и взяша мощѣ Феодосьевы с тѣмьяном и съ свѣщами. И принесше положиша ӥ в церкви своей ему, в притворѣ на деснѣй странѣ, мѣсяца августа въ 14 день, в день четвертъкъ, въ час 1 дне, индикта 14, лѣта... И праздноваша свѣтло въ тъ день.

Се же повѣмь мало нѣчто, еже ся събысть прореченье Феодосьево: игуменьство бо Феодосью держащю в животѣ своем, правящю стадо, порученое ему богомь, черноризци, не токмо же си едины, но и мирьскыми печашеся о душахъ ихъ, како быша спаслися, паче же о духовныхъ сынѣхъ своихъ, утѣшая и наказая приходящая к нему, другоици в домы ихъ приходя и благословенье имъ подавая. Единою бо ему пришедшю в домъ Яневъ къ Яневи и к подружью его Марьи, — Феодосий бо бѣ любя ӓ, зане же живяста по заповѣди господни и в любви межи собою пребываста, — единою же ему пришедшю к нима, и учашеть ӓ о милостыни къ убогымъ, о цесарьствии небеснѣмь, еже прияти праведником, а грѣшником муку, и о смертнѣмь часѣ. И се ему глаголющю и о положении тѣла в гробѣ има, рече ему Яневая: „Кто вѣсть, кдѣ си мя положать?". Рече же ей Феодосий: „Поистинѣ идѣ же лягу азъ, ту и ты положена будеши". Се же сбысться. Игумену же бо преставльшюся преже, о 18 лѣто се сбысться: в се бо лѣто престави Яневая, именемь Марья, мѣсяца августа 16 день, и пришедше черноризьци, пѣвше обычныя пѣсни, и принесше положиша ю в церкви святыя Богородиця, противу гробу Феодосьеву, на шюей странѣ. Феодосий бо положенъ бысть въ 14, а сия въ 16.

Се же сбысться прореченье блаженаго отца нашего Феодосья, добраго пастуха, иже пасяше словесныя овця нелицемѣрно, с кротостью и с расмотреньемь, блюда ихъ и бдя за ня, моляся за порученое ему стадо и за люди хрестьяньскыя, за землю Русьскую, иже и по отшествии твоемь от сея жизни молишися за люди вѣрныя и за своя ученикы, иже, взирающе на раку твою, поминають ученье твое и въздержанье твое, и прославляють бога. Азъ же грѣшный твой рабъ и ученикъ недоумѣю, чимь похвалити добраго твоего житья и въздержанья. Но се реку мало нѣчто: „Радуйся, отче нашь и наставниче, мирьскыя плища отринувъ, молчанье възлюбивъ, богу послужилъ еси в тишиыѣ, въ мнишьскомь житьи, всяко собѣ принесенье божественое принеслъ еси, пощеньемь превозвышься, плотьскых страстий и сласти възненавидѣвъ, красоту и желанье свѣта сего отринувъ, вслѣдуя стопама высокомысленымъ отцемь, ревнуя им, молчаньем възвышаяся, смѣреньем и украшаяся, в словесѣхъ книжных веселуяся. Радуйся, укрѣплься надежею вѣчныхъ благъ, их же приимъ, умертвивъ плотьскую похоть, источникъ безаконья и мятежь, преподобне, бѣсовьскых козней избѣгъ и от сѣти его с праведными, отче, почилъ еси, въсприимъ противу трудомъ своимъ възмездье, отцемь наслѣдникъ бывъ, послѣдовавъ ученью ихъ и нраву ихъ, въздержанью ихъ, и правило ихъ правя". Паче же ревноваше великому Феодосью нравомь и житьемь, подобяся житью его и въздеръжанью ревнуя, послѣдствуя обычаю его, и преходя от дѣла в дѣло уньшее, и обычныя молбы богу въздая, в воню благоуханья принося кадило молитвеное, темьянъ благовоньный. Побѣдивъ мирьскую похоть и миродержьця князя вѣка сего, супротивника поправъ дьявола и его козни, побѣдникъ явися, противным его стрѣлам и гордым помысъломъ ставъ супротивно, укрѣпивъся оружьемь крестным и вѣрою непобѣдимою, божьею помощью. Молися за мя, отче честный, избавлену быти от сѣти неприязнины, и от противника врага сблюди мя твоими молитвами.

В се же лѣто бысть знаменье в солнци, яко погыбнути ему, и мало ся его оста, акы мѣсяць бысть, в час 2 дне, мѣсяца маия 21 день. В се же лѣто бысть, Всеволоду ловы дѣющю звѣриныя за Вышегородомъ, заметавшим тенета и кличаномъ кликнувшим, спаде превеликъ змий от небесе, и ужасошася вси людье. В се же время земля стукну, яко мнози слышаша. В се же лѣто волхвъ явися Ростовѣ, иже вскорѣ погыбе.

В лѣто 6600 [1092]. Предивно бысть чюдо Полотьскѣ въ мечтѣ: бываше в нощи тутънъ, станяше по улици, яко человѣци рищюще бѣси. Аще кто вылѣзяше ис хоромины, хотя видѣти, абье уязвенъ будяше невидимо от бѣсовъ язвою, и с того умираху, и не смяху излазити ис хоромъ. По семь же начаша в дне являтися на конихъ, и не бѣ ихъ видѣти самѣхъ, но конь ихъ видѣти копыта; и тако уязвляху люди полотьскыя и его область. Тѣмъ и человѣци глаголаху: яко навье бьють полочаны. Се же знаменье поча быти отъ Дрьютьска. В си же времена бысть знаменье въ небеси, яко кругъ бысть посредѣ неба превеликъ. В се же лѣто ведро бяше, яко изгараше земля, и мнози борове възгарахуся сами и болота; и многа знаменья бываху по мѣстомь; и рать велика бяше от половець и отвсюду; взяша 3 грады: Пѣсоченъ, Переволоку, Прилукъ, и многа села воеваша по объма страномa. В се же лѣто воеваша половци ляхы с Василькомь Ростиславичемь. В се же лѣто умре Рюрикъ, сынъ Ростиславль. В си же времена мнози человѣци умираху различными недугы, яко же глаголаху продающе и корсты, яко „Продахомъ корсты от Филипова дне до мясопуста 7 тысячь". Се же бысть за грѣхы наша, яко умножишася грѣси наши и неправды. Се же наведе на ны богъ, веля нам имѣти покаянье и въстягнутися от грѣха, и от зависти и от прочихъ злыхъ дѣлъ непризнинъ.

В лѣто 6601 [1093], индикта 1 лѣто, преставися великый князь Всеволодъ, сынъ Ярославль, внукъ Володимерь, мѣсяца априля въ 13 день, а погребенъ бысть 14 день, недѣли сущи тогда страстнѣй и дни сущю четвертку, в онь же положенъ бысть въ гробѣ в велицѣй церькви святыя Софья. Сий бо благовѣрный князь Всеволодъ бѣ издѣтьска боголюбивъ, любя правду, набдя убогыя, въздая честь епископомъ и презвутеромъ, излиха же любяше черноризци, и, подаяше требованье имъ. Бѣ же и самъ въздержася от пьяньства и от похоти, тѣмъ любимъ бѣ отцемь своимъ, яко глаголати отцю к нему: „Сыну мой! Благо тобѣ, яко слышю о тобѣ кротость, и радуюся, яко ты покоиши старость мою. Аще ти подасть богъ прияти власть стола моего, по братьи своей, с правдою, а не с насильемь, то егда богъ отведеть тя от житья сего, да ляжеши, иде же азъ лягу, у гроба моего, понеже люблю тя паче братьи твоее". Се же сбысться глаголъ отца его, яко же глаголалъ бѣ. Сему приимшю послѣже всея братья столъ отца своего, по смерти брата своего. Сь же Кыевѣ княжа, быша ему печали болши паче, неже сѣдящю ему в Переяславли. Сѣдящю бо ему Кыевѣ, печаль бысть ему от сыновець своихъ, яко начаша ему стужати, хотя власти ов сея, ово же другие; сей же, омиряя их, раздаваше власти имъ. В сихъ печали всташа и недузи ему, и приспѣваше старость к симъ. И нача любити смыслъ уных, свѣт творя с ними; си же начаша заводити и̇, негодовати дружины своея первыя и людем не доходити княже правды, начаша ти унии грабити, людий продавати, сему не вѣдущу в болѣзнех своихъ. Разболѣвшюся ему велми, посла по сына своего Володимера Чернигову. Пришедшю Володимеру, видѣвъ и̇ велми болна суща, и плакася. Пресѣдящю Володимеру и Ростиславу, сыну его меншему, прешедшю же часу, преставися тихо и кротко и приложися ко отцемъ своимъ, княживъ лѣт 15 Кыевѣ, а в Переяславли лѣто, а в Черниговѣ лѣто. Володимеръ же плакавься с Ростиславомъ, братом своимъ, спрятаста тѣло его. И собрашася епископи, и игумени, и черноризьци, и попове, и бояре, и простии людье, и вземше тѣло его, со обычными пѣсми положиша и̇ въ святѣй Софьи, яко же рекохом преже.

Володимеръ нача размышляти, река: „Аще сяду на столѣ отца своего, то имам рать съ Святополком взяти, яко есть столъ преже отца его былъ". И размысливъ посла по Святополка Турову, а самъ иде Чернигову, а Ростиславъ Переяславлю. И минувшую велику дни, прешедши Празднѣй недѣли, в день антипаски, мѣсяца априля въ 24 день, приде Святополкъ Кыеву. И изидоша противу ему кияне с поклоном, и прияша и̇ с радостью, и сѣде на столѣ отца своего и стрыя своего. В се время поидоша половци на Русьскую землю; слышавше яко умерлъ есть Всеволодъ, послаша слы къ Святополку о мирѣ. Святополкъ же, не здумавъ с болшею дружиною отнею и стрыя своего, совѣтъ створи с пришедшими с нимъ, и изъимавъ слы, всажа й в-истобъку. Слышавше же се половци, почаша воевати. И придоша половци мнози, и оступиша Торцийскый град. Святополкъ же пусти слы половецьскыѣ, хотя мира. И не всхотѣша половци мира, и ступиша половци воюючи. Святополкъ же поча сбирати вое, хотя на ня. И рѣша ему мужи смыслении: „Не кушайся противу имъ, яко мало имаши вой". Он же рече: „Имѣю отрокъ своих 700, иже могуть противу имъ стати". Начаша же друзии несмыслении глаголати: „Поиди, княже". Смыслении же глаголаху: „Аще бы ихъ пристроилъ и 8 тысячь, не лихо ти есть: наша земля оскудѣла есть от рати и от продажь. Но послися к брату своему Володимеру, да бы ти помоглъ". Святополкъ же, послушавъ ихъ, посла к Володимеру, да бы помоглъ ему. Володимерь же собра вои свои и посла по Ростислава, брата своего, Переяславлю, веля ему помагати Святополку. Володимеру же пришедшю Киеву, совокупистася у святаго Михаила, и взяста межи собою распря и которы, и уладившася, цѣловаста крестъ межи собою, половцемъ воюющим по земли, и рѣша има мужи смыслении: „Почто вы распря имата межи собою? А погании губять землю Русьскую. Послѣди ся уладита, а нонѣ поидита противу поганым любо с миромъ, любо ратью". Володимеръ хотяше мира, Святополкъ же хотяше рати. И поиде Святополкъ, и Володимерь, и Ростиславъ къ Треполю, и придоша къ Стугиѣ. Святополкъ же, и Володимерь и Ростиславъ созваша дружину свою на совѣтъ, хотяче поступити чересъ рѣку, и начаша думати. И глаголаше Володимеръ, яко „Сдѣ стояче чересъ рѣку, в грозѣ сей, створимъ миръ с ними". И пристояху совѣту сему смыслении мужи, Янь и прочии. Кияне же не всхотѣша совѣта сего, но рекоша: „Хочемъ ся бити; поступимъ на ону сторону рѣки". И възлюбиша съвѣтъ сь, и преидоша Стугну рѣку. Бѣ бо наводнилася велми тогда. Святополкъ же, и Володимерь и Ростиславъ, исполчивше дружину, поидоша. И идяше на деснѣй сторонѣ

Святополкъ, на шюей Володимеръ, посредѣ же бѣ Ростиславъ. И минувше Треполь, проидоша валъ. И се половци идяху противу, и стрѣлци противу предъ ними; нашимь же ставшимъ межи валома, поставиша стяги свои, и поидоша стрѣлци из валу. И половци, пришедше к валови, поставиша стягы своѣ, и налегоша первое на Святополка, и взломиша полкъ его. Святополкъ же стояше крѣпко, и побѣгоша людье, не стерпяче ратных противленья и послеже побѣже Святополкъ. Потомь наступиша на Володимера, и бысть брань люта; побѣже и Володимеръ с Ростиславомъ и вои его. И прибѣгоша к рѣцѣ Стугнѣ, и вбреде Володимеръ с Ростиславомъ, и нача утапати Ростиславъ пред очима Володимерима. И хотѣ похватити брата своего и мало не утопе самъ. И утопе Ростиславъ, сынъ Всеволожь. Володимеръ же пребредъ рѣку с малою дружиною, — мнози бо падоша от полка его, и боляре его ту падоша, — и перешедъ на ону сторону Днѣпра, плакася по братѣ своемъ и по дружинѣ своей, и иде Чернигову печаленъ зѣло. Святополкъ же вбѣже в Треполь, и затворися ту, и бѣ ту до вечера, и на ту ночь приде Киеву. Половци же видѣвше одолѣвше пустиша по земли воююче, а друзии възвратишася к Торцьскому. Си же ся злоба сключи въ день Възнесенья господа нашего Иисуса Христа, мѣсяца мая въ 26. Ростислава же искавше обрѣтоша в рѣцѣ; и вземше принесоша й Киеву, и плакася по немь мати его, и вси людье пожалиша си по немь повелику, уности его ради. И собрашася епископи и попове и черноризци, пѣсни обычныя пѣвше, положиша й у церкви святыя Софьи у отца своего. Половцемъ же осѣдящемъ Торцьскый, противящимъ же ся торкомъ и крѣпко борющимъся из града, убиваху многы от противных. Половци же начаша налѣгати, и отъимаху воду, и изнемагати начаша людье в градѣ водною жажею и голодомъ. И присласа торци къ Святополку, глаголюще: „Аще не пришлеши брашна, предатися имамы". Святополкъ же посла имъ, и не бѣ лзѣ вкрастися в градъ множествомь вой ратных. И стояша около града недѣль 9, и раздѣлишася надвое: едини сташа у града, рать борюще, а друзии поидоша Кыеву, и пустиша на воропъ межи Кыевъ и Вышегородъ. Святополкъ же выиде на Желаню, и поидоша противу собѣ обои, и съступишася, и укрѣпися брань. И побѣгоша наши пред иноплеменьникы, и падаху язвени предъ врагы нашими, и мнози погыбоша, и быша мертви, паче неже у Трьполя. Святополкъ же приде Киеву самъ третий, а половци возвратишася к Торцьскому. Быша си злая мѣсяца иуля въ 23. Наутрия же въ 24, въ святую мученику Бориса и Глѣба, бысть плачь великъ в градѣ, а не радость, грѣхъ ради наших великихъ и неправды, за умноженье беззаконий наших.

Се бо на ны богъ попусти поганыя, не яко милуя ихъ, но насъ кажа, да быхомъ ся востягнули от злых дѣлъ. Симь казнить ны нахоженьемь поганых; се бо есть батогъ его, да негли встягнувшеся вспомянемъся от злаго пути своего. Сего ради в праздникы богъ нам наводить сѣтованье, яко же ся створи в се лѣто первое зло на Възнесенье господне, еже у Трьполя, второе же въ праздникъ Бориса и Глѣба, еже есть праздникъ новый Русьскыя земли. Сего ради пророкъ глаголаше: „Преложю праздникы ваша в плачь и пѣсни ваша в рыданье". Сотвори бо ся плачь великъ в земли нашей, опустѣша села наша и городи наши, быхом бѣгаючи пред врагы нашими. Яко же пророкъ глаголаше: „Падете пред врагы вашими, поженуть вы ненавидящии вас, и побѣгнете, никому женущу вас. Скрушю руганье гордыни вашея, и будеть в тщету крѣпость ваша, убьеть вы приходяй мечь, и будеть земля ваша пуста, и двори ваши пусти будуть. Яко вы худи есте и лукави, и азъ поиду к вамъ яростью лукавою". Тако глаголеть господь богъ израилевъ. Ибо лукавии сынове измаилеви пожигаху села и гумна, и многы церкви запалиша огнемь, да не чюдится никто же о семь: „Идеже множство грѣховъ, ту видѣнья всякого показанье". Сего ради вселеная предасться, сего ради гнѣвъ простреся, сего ради земля мучена бысть: ови ведуться полонени, друзии посѣкаеми бывають, друзии на месть даеми бывають, горкую смерть приемлюще, друзии трепечють, зряще убиваемых, друзии гладомъ умаряеми и водною жажею. Едино прѣщенье, едина казнь, многовещныя имуще раны, различныя печали и страшны мукы, овы вяжемы и пятами пхаеми, и на зимѣ держими иураняеми. И се притранѣе и страшнѣе, яко на хрестьяньствѣ родѣ страхъ, и колѣбанье и бѣда упространися. Праведно и достойно есть, тако да накажемься, тако вѣру имем, кажеми есмы: подобаше нам „Преданымъ быти в рукы языку странну и безаконьнѣйшю всея земля". Рцѣмъ велегласно: „Праведенъ еси, господи, и прави суди твои". Рцѣмъ по оному разбойнику: „Мы достойная, яже сдѣяхомъ, прияхом". Рцѣмъ и со Иовомъ: „Яко господеви любо бысть, тако и бысть; буди имя господне благословено в вѣкы". Да нахожениемъ поганых и мучими ими владыку познаемъ, его же мы прогнѣвахом; прославлени бывше, не прославихом; почтени бывше, не почтохом; освятившеся, не разумѣхом; куплени бывше, не поработахом; породивъшеся, не яко отца постыдѣхомся. Согрѣшихомъ, и казними есмы; яко же створихом, тако и стражем: городи вси опустѣша, села опустѣша; прейдемъ поля, иде же пасома бѣша стада конь, овця и волове, все тъще нонѣ видимъ, нивы поростъше звѣремъ жилища быша. Но обаче надѣемъся на милость божью; кажеть бо ны добрѣ благый владыка, „Не по безаконью нашему створи нам и по грѣхомъ нашим въздасть нам"; тако подобаеть благому владыцѣ казати не по множьству грѣховъ. Тако господь створи нам: созда, падшая въстави, Адамле преступленье прости, баню нетлѣнья дарова и свою кровь за ны излья. Яко же ны видѣ не право пребывающа, нанесе нам сущую рать и скорбь, да и не хотяще всяко в будущий вѣкъ обрящем милость; душа бо, сдѣ казнима, всяко милость в будущий вѣкъ обрящеть и лготу от мукъ, не мьстить бо господь дважды о томь. О неиздреченьному человѣколюбью! яко же видѣ ны неволею к нему обращающася. О тмами любве, еже к намъ! понеже хотяще уклонихомся от заповѣдий его. Се уже не хотяще терпим, се с нужею, и понеже неволею, се уже волею. Гдѣ бо бѣ у насъ умиленье? Ноне же вся полна суть слезъ. Гдѣ бѣ в насъ въздыханье? Нонѣ же плачь по всѣмъ улицам упространися избьеных ради, иже избиша безаконьнии.

Половци воеваша много, и възвратишася к Торцьскому, и изнемогоша людье в градѣ гладомь, и предашася ратнымъ. Половци же, приимше град, запалиша ѝ огнем, и люди раздѣлиша, и ведоша в вежѣ к сердоболем своимъ и сродником своимъ; мъного роду хрестьяньска: стражюще, печални, мучими, зимою оцѣпляеми, въ алчи и в жажи и в бѣдѣ, опустнѣвше лици, почернѣвше телесы; незнаемою страною, языкомъ испаленым, нази ходяще и боси, ногы имуще сбодены терньем; со слезами отвѣщеваху другъ къ другу, глаголюще: „Азъ бѣхъ сего города", и други: „Язъ сея вси"; тако съупрашаются со слезами, родъ свой повѣдающе и въздышюче, очи возводяще на небо к вышнему, свѣдущему тайная.

Да никто же дерзнеть рещи, яко ненавидими богомь есмы! Да не будеть. Кого бо тако богъ любить, яко же ны взлюбилъ есть? Кого тако почелъ есть, яко же ны прославилъ есть и вознеслъ? Никого же! Им же паче ярость свою въздвиже на ны, яко паче всѣх почтени бывше, горѣе всѣх сдѣяхом грѣхы. Якоже паче всѣхъ просвѣщени бывше, владычню волю ведуще, и презрѣвше, в лѣпоту паче инѣхъ казними есмы. Се бо азъ грѣшный и много и часто бога прогнѣваю, и часто согрѣшаю по вся дни.

В се же лѣто преставися Ростиславъ, сынъ Мьстиславль, внукъ Изяславль, мѣсяца октября въ 1 день; а погребенъ бысть ноября въ 16, в церкви святыя Богородиця Десятиньныя.

В лѣто 6602 [1094]. Сотвори миръ Святополкъ с половци, и поя собѣ жену дщерь Тугорканю, князя половецкаго. Том же лѣтѣ приде Олегъ с половци ис Тъмутороконя, и приде Чернигову, Володимеръ же затворися в градѣ. Олегъ же приде к граду и пожже около града, и манастырѣ пожже. Володимеръ же створи миръ съ Олгомъ, и иде из града на столъ отень Переяславлю; а Олегъ вниде в град отца своего. Половци же начаша воевати около Чернигова, Олгови не възбраняющу, бѣ бо самъ повелѣлъ имъ воевати. Се уже третьее наведе поганыя на землю Русьскую, его же грѣха дабы й богъ простилъ, зане же много хрестьянъ изгублено бысть, а друзии полонени и расточени по землям. В се же лѣто придоша прузи на Русьскую землю, мѣсяца августа въ 26, и поѣдоша всяку траву и многа жита. И не бѣ сего слышано в днехъ первых в земли Русьстѣ, яже видѣста очи наши, за грѣхы наша. В се же лѣто преставися епископ Володимерский Стефан, мѣсяца априля въ 27 день, въ часъ 6 нощи, бывъ преже игуменъ Печерьскому манастырю.

В лѣто 6603 [1095]. Идоша половци на Грькы с Девгеневичемъ, воеваша по Гречьстѣй земли; и цесарь я Девгенича, и повелѣ й слѣпити. В то же лѣто придоша половци, Итларь и Кытанъ, к Володимеру на миръ. Приде Итларь в градъ Переяславль, а Кытанъ ста межи валома с вои; и вда Володимеръ Кытанови сына своего Святослава въ тали, а Итларь бысть в градѣ с лѣпшею дружиною. В то же время бяше пришелъ Славята ис Кыева к Володимеру от Святополка на нѣкое орудие; и начаша думати дружина Ратиборя со княземъ Володимером о погубленьи Итларевы чади. Володимеру же не хотящу сего створити, отвѣща бо: „Како се могу створити, ротѣ с ними ходивъ". Отвѣщавше же дружина, рекоша Володимеру: „Княже! Нѣту ти в томъ грѣха; да они всегда к тобѣ ходяче ротѣ, губять землю Русьскую, и кровь хрестьяньску проливають бесперестани". И послуша ихъ Володимеръ, и в ту нощь посла Володимеръ Славяту с нѣколикою дружиною и с торкы межи валы. И выкрадше первое Святослава, потомъ убиша Кытана и дружину его избиша. Вечеру сущю тогда суботному, а Итлареви въ ту нощь лежащу у Ратибора на дворѣ с дружиною своею и не вѣдущу, что ся надъ Кытаномь створи. Наутрия же, в недѣлю, заутрени сущи годинѣ, пристрои Ратиборъ отрокы в оружьи, и истоку пристави истопити имъ. И присла Володимеръ отрока своего Бяндюка по Итлареву чадь, и рече Бяндюкъ Итлареви: „Зовет вы князь Володимеръ, реклъ тако: обувшеся в теплѣ избѣ и заутрокавше у Ратибора, приѣдите ко мнѣ". И рече Итларь: „Тако буди". И яко влѣзоша въ истобку, тако запрени быша. Възлѣзше на истобку, прокопаша верхъ, и тако Ольбегъ Ратиборичь приимъ лукъ свой и наложивъ стрѣлу, удари Итларя в сердце, и дружину его всю избиша. И тако злѣ испроверже животъ свой Итларь, в недѣлю сыропустную, въ часъ 1 дне, мѣсяца февраля въ 24 день. Святополкъ же и Володимеръ посласта къ Ольгови, веляща ему поити на половци с собою. Олегъ же обѣщавъся с нима, и пощедъ, не иде с нима в путь единъ. Святополкъ же и Володимеръ идоста на вежѣ, и взяста вежѣ, и полониша скоты и конѣ, вельблуды и челядь, и приведоста я в землю свою. И начаста гнѣвъ имѣти на Олга, яко не шедшю ему с нима на поганыя. И посласта Святополкъ и Володимеръ къ Олгови, глаголюща сице: „Се ты не шелъ еси с нама на поганыя, иже погубили суть землю Русьскую, а се у тобе есть Итларевичь: любо убий, любо й дай нама. Тъ есть ворогъ нама и Русьстѣй земли". Олегъ же сего не послуша, и бысть межи ими ненависть.

В се же лѣто приидоша половци к Гургеву, и стояша около его лѣто все, и мало не взяша его. Святополкъ же омири ѧ̈. Половци же приидоша за Рось, гюргевци же выбѣгоша и идоша Кыеву. Святополкъ же повелѣ рубити городъ на Вытечевѣ холму, в свое имя нарекъ Святополчь городъ, и повелѣ епископу Марину съ юргевци сѣсти ту, и Засаковцемъ, и прочимъ от инѣхъ градъ; а Гюргевъ зажгоша половци тощь. Сего же лѣта исходяща, иде Давыдъ Святославичь из Новагорода Смолиньску; новгородци же идоша Ростову по Мьстислава Володимерича. И поемше ведоша й̈ Новугороду, а Давыдови рекоша: „Не ходи к нам". И пошедъ Давыдъ, воротися Смолиньску, и сѣде Смолиньскѣ, а Мьстиславъ Новѣгородѣ сѣде. В се же время приде Изяславъ, сынъ Володимерь, ис Курска к Мурому. И прияша й̈ муромци, и посадника ѧ̈ Олгова. В се же лѣто придоша прузи, мѣсяца августа въ 28, и покрыша землю, и бѣ видѣти страшно, идяху к полунощнымъ странамъ, ядуще траву и проса.

В лѣто 6000 и 604 [1096]. Святополкъ и Володимеръ посласта къ Олгови, глаголюща сице: „Поиди Кыеву, да порядъ положимъ о Русьстѣй земли пред епископы, и пред игумены, и пред мужи отець нашихъ, и пред людми градьскыми, да быхом оборонили Русьскую землю от поганых". Олег же въсприимъ смыслъ буй и словеса величава, рече сице: „Нѣсть мене лѣпо судити епископу, ли игуменом, ли смердом". И не въсхотѣ ити к братома своима, послушавъ злых совѣтникъ. Святополкъ же и Володимер рекоста к нему: „Да се ты ни на поганыя идеши, ни на совѣтъ к нама, то ты мыслиши на наю и поганым помагати хочеши, а богъ промежи нами будеть". Святополкъ же и Володимеръ поидоста на Олга Чернигову; Олег же выбѣже изъ Чернигова, мѣсяца мая въ 3 день, в суботу. Святополкъ же и Володимеръ гнаста по нем, Олегъ же вбѣже въ Стародубъ и затворися ту; Святополкъ же и Володимеръ оступиста и в градѣ, и бьяхутся из города крѣпко, а си приступаху къ граду, и язвени бываху мнози от обоихъ. И бысть межю ими брань люта, и стояше около града дний 30 и 3, и изнемагаху людье в градѣ. И вылѣзе Олегъ из града, хотя мира, и вдаста ему миръ, рекуща сице: „Иди к брату своему Давыдови, и придѣта Киеву на столъ отець наших и дѣдъ наших, яко то есть старѣйшей град въ земли во всей, Кыевъ; ту достойно снятися и порядъ положити". Олег же обѣщася се створити, и на семь цѣловаша крестъ.

В се же время приде Бонякъ с половци къ Кыеву, в недѣлю от вечера, и повоева около Кыева, и пожже на Берестовѣмь дворъ княжь. В се же время воева Куря с половци у Переяславля, и Устье пожже, мѣсяца мая 24 день. Олег же выйде и-Стародуба, и приде Смолиньску, и не прияша его смолняне, и иде к Рязаню. Святополкъ же и Володимеръ поидоста в свояси. Сего же мѣсяца приде Тугорканъ, тесть Святополчь, к Переяславлю, мѣсяца мая 30 и ста около града, а переяславьци затворишася в градѣ. Святополкъ же и Володимеръ поидоста на нь по сей сторонѣ Днѣпра, и придоста къ Зарубу, и ту перебродистася, и не очютиша ихъ половци, богу схраншю ихъ, и, исполчившася поидоста к граду; гражане же узрѣвше, ради быша, и поидоша к нима, а половци стояху на оной сторонѣ Трубежа, исполчившеся. Святополкъ же и Володимеръ вбредоста в Трубежь к половцемъ, Володимеръ же хотѣ нарядити полкъ, они же не послушаша, но удариша в конѣ к противнымъ. Се видѣвше половци и побѣгоша, а наши погнаша въ слѣдъ ратных, сѣкуще противьныя. И сдѣя господь въ тъ день спасенье велико: мѣсяца иулия въ 19 день побѣжени быша иноплеменници, и князя ихъ, убиша Тугоркана и сына его и ини князя; мнози врази наши ту падоша. На заутрье же налѣзоша Тугоркана мертва, и взя й Святополкъ, акы тьстя своего и врага; и привезше й к Кыеву погребоша й на Берестовѣмь, межю путемъ, идущимъ на Берестово, и другымь, в манастырь идущимъ. И въ 20 того же мѣсяца, в пятокъ, 1 час дне, приде второе Бонякъ безбожный, шелудивый, отай, хыщникъ, к Кыеву внезапу, и мало в градъ не въѣхаша половци, и зажгоша болонье около града, и възвратишася на манастырь, и въжгоша Стефановъ манастырь, и деревнѣ, и Герьманы. И придоша на манастырь Печерьскый, намъ сущим по кѣльямъ почивающим по заутрени, и кликнуша около манастыря, и поставиша стяга два пред враты манастырьскыми, намъ же бѣжащим задомъ манастыря, а другимъ възбѣгшим на полати. Безбожныѣ же сынове Измаилеви высѣкоша врата манастырю, и поидоша по кельямъ, высѣкающе двери, и изношаху аще что обрѣтаху в кельи; посемь въжгоша домъ святыя владычицѣ нашея Богородицѣ, и придоша к церкви, и зажгоща двери, яже къ угу устроении, и вторыя же к сѣверу, и влѣзше в притворъ у гроба Феодосьева, емлюще иконы, зажигаху двери и укаряху бога и законъ нашь. Богъ же терпяше, еще бо не скончалися бяху грѣси ихъ и безаконья ихъ, тѣмь глаголаху: „«Кдѣ есть богъ ихъ», да поможеть имъ и избавить я?". И ина словеса хулная глаголаху на святыя иконы, насмихающеся, не вѣдуще, яко богъ кажеть рабы своя напастми ратными, да явятся яко злато искушено в горну: хрестьяномъ бо многыми скорбьми и напастьми внити в царство небесное, а симъ поганым и ругателем на семь свѣтѣ приимшим веселье и пространьство, а на ономъ свѣтѣ приимуть муку, дьяволом уготовании огню вѣчному. Тогда же зажгоша дворъ Красный, его же поставилъ благовѣрный князь Всеволодъ на холму, нарѣцаемѣмъ Выдобычи: то все оканнии половци запалиша огнемъ. Тѣм же и мы, послѣдующе пророку Давыду, вопьемъ: „Господи боже мой! положи ѭ яко коло, яко огнь пред лицемъ вѣтру, иже попаляеть дубравы, тако поженеши ѭ бурею твоею, исполни лица ихъ досаженья". Се бо оскверниша и пожгоша святый дом твой, и манастырь матере твоея, и трупье рабъ твоихъ. Убиша бо нѣколико от братья нашея оружьем безбожнии сынове измаилеви, пущени бо на казнь хрестьяномъ.

Ищьли бо суть си от пустыня Етривьскыя, межю встокомь и сѣвером; ищьли же суть ихъ колѣнъ 4: торкмене, и печенѣзи, торци, половци. Мефодий же свѣдѣтельствуеть о нихъ, яко 8 коленъ пробѣгли суть, егда исѣче Гедеонъ, да 8 ихъ бѣжа в пустыню, а 4 исѣче. Друзии же глаголють: сыны Амоновы; се же нѣсть тако: сынове бо Моавли хвалиси, а сынове Аммонови болгаре, а срацини от Измаиля творятся Сарини, и прозваша имя собѣ саракыне, рекше: сарини есмы. Тѣм же хвалиси и болгаре суть от дочерю Лотову, иже зачаста от отца своего, тѣмь же нечисто есть племя ихъ. А Измаиль роди 12 сына, от них же суть торкмени, и печенѣзи, и торци и кумани, рекше половци, иже исходять от пустынѣ. И по сихъ 8 колѣнъ к кончинѣ вѣка изидуть заклѣпении в горѣ Александромъ Македоньскымъ нечистыя человѣкы.

Поученье

Азъ худый дѣдомъ своимъ Ярославомъ, благословленымъ, слав-нымъ, наречный въ крещении Василий, русьскымь именемь Володимиръ, отцемь

взълюбленымь и матерью своею Мьномахы ....
.... и хрестьяных людий дѣля, колико бо сблюдъ по милости своей и по отни молитвѣ от всѣх бѣдъ! Сѣдя на санех, помыслих в души своей и похвалих бога, иже мя сихъ дневъ грѣшнаго допровади. Да дѣти мои, или инъ кто, слышавъ сю грамотицю, не посмѣйтеся, но ему же любо дѣтий моихъ, а приметь ѐ в сердце свое, и не лѣнитися начнеть тако же и тружатися.

Первое, бога дѣля и душа своея, страх имѣйте божий в сердци своемь и милостыню творя неоскудну, то бо есть начатокъ всякому добру. Аще ли кому не люба грамотиця си, а не поохритаються, но тако се рекуть: на далечи пути, да на санех сѣдя, безлѣпицю си молвилъ.

Усретоша бо мя слы от братя моея на Волзѣ, рѣша: „Потъснися к нам, да выженемъ Ростиславича и волость ихъ отъимемъ; иже ли не поидеши с нами, то мы собѣ будем, а ты собѣ". И рѣхъ: „Аще вы ся и гнѣваете, не могу вы я ити, ни креста переступити".

И отрядивъ я, вземъ Псалтырю, в печали разгнухъ я, и то ми ся выня: „Вскую печалуеши, душе? Вскую смущаеши мя?" и прочая. И потомъ собрах словца си любая, и складохъ по ряду, и написах: Аще вы послѣдняя не люба, а передняя приимайте.

„Вскую печална еси, душе моя? Вскую смущаеши мя? Уповаи на бога, яко исповѣмся ему". „Не ревнуй лукавнующимъ, ни завиди творящимъ безаконье, зане лукавнующии потребятся, терпящии же господа, — ти обладають землею. — И еще мало, — и не будеть грѣшника; взищеть мѣста своего, и не обрящеть. Кротции же наслѣдять землю, насладяться на множьствѣ мира. Назираеть грѣшный праведнаго, и поскрегчеть на нь зубы своими; господь же посмѣется ему и прозрить, яко придеть день его. Оружья извлекоша грѣшьници, напряже лукъ свой истрѣляти нища и убога, заклати правыя сердцемь. Оружье ихъ внидеть в сердця ихъ, и луци ихъ скрушатся.

Луче есть праведнику малое, паче богатства грѣшных многа. Яко мышца грѣшных скрутится, утвержаеть же праведныя господь. Яко се грѣшници погыбнуть; праведныя же милуя и даеть. Яко благословящии его наслѣдять землю, кленущии же его потребятся. От господа стопы человѣку исправятся. Егда ся падеть, и не разбьеться, яко господь подъемлеть руку его. Унъ бѣх, и сстарѣхся, и не видѣхъ праведника оставлена, ни сѣмени его просяще хлѣба. Весь день милуеть и в заимъ даеть праведный, и племя его благословено будеть. Уклонися от зла, створи добро, взищи мира и пожени, и живи в вѣкы вѣка".

"Внегда стати человѣкомъ, убо живы пожерли ны быша; внегда прогнѣватися ярости его на ны, убо вода бы ны потопила".

"Помилуй мя, боже, яко попра мя человѣкъ, весь день боряся, стужи ми. Попраша мя врази мои, яко мнози борющиися со мною с выше". "Возвеселится праведник, и егда видить месть; руцѣ свои умыеть в крови грѣшника. И рече убо человѣкъ: аще есть плодъ праведника, и есть убо богъ судяй земли". "Измий мя от врагъ моихъ, боже, и от встающих на мя отьими мя. Избави мя от творящих безаконье, и от мужа крови спаси мя; яко се уловиша душу мою". "И яко гнѣвъ въ ярости его, и животъ в воли его; вечеръ водворится плачь, а заутра радость". "Яко лучьши милость твоя, паче живота моего, и устнѣ мои похвалита тя. Тако благословлю тя в животѣ моемь, и о имене твоемь въздѣю руцѣ мои". "Покры мя от сонма лукаваго и от множьства дѣлающих неправду". "Възвеселитеся вси праведнии сердцемь. Благословлю господа на всяко время, воину хвала его", и прочая.

Якоже бо Василий учаше, собрав ту уноша, душа чисты, нескверньни, тѣлеси худу, кротку бесѣду и в мѣру слово господне: "Яди и питью бесъ плища велика быти, при старых молчати, премудрыхъ слушати, старейшимъ покарятися, с точными и меншиими любовь имѣти; без луки бесѣдующе, а много разумѣти; не сверѣповати словомь, ни хулити беседою, не обило смеятися, срамлятися старейших, к женам нелепымъ не беседовати, долу очи имети, а душу горе, пребегати; не стрекати учить легких власти, ни в кую же имети, еже от всех честь. Аще ли кто васъ можеть инемъ услети, от бога мьзды да чаеть и вечных благъ насладится". „О Владычице богородице! Отъими от убогаго сердца моего гордость и буесть, да не възношюся суетою мира сего"; в пустошнемъ семь житьи.

Научися, верный человече, быти благочестию делатель, научися, по евангельскому словеси, „очима управленье, языку удержанье, уму смеренье, телу порабощенье, гневу погубленье, помыслъ чистъ имети, понужаяся на добрая дела, господа ради; лишаемъ — не мьсти, ненавидимъ — люби, гонимъ — терпи, хулимъ — моли, умертви грехъ". „Избавите обидима, судите сироте, оправдайте вдовицю. Придете, да сожжемься, глаголеть господь. Аще будуть греси ваши яко брощени, яко снегъ обелю я", и прочее. „Восияеть весна постная и цветъ покаянья, очистимъ собе, братья, от всякоя крови плотьскыя и душевныя. Светодавцю вопьюще рцемъ: „Слава тобе, человеколюбче!"

Поистине, дети моя, разумейте, како ти есть человеколюбець богъ милостивъ и премилостивъ. Мы человеци, грешни суще и смьртни, то оже ны зло створить, то хощемъ й пожрети и кровь его прольяти вскоре; а господь нашъ, владея и животомъ и смертью, согрешенья наша выше главы нашея терпить, и пакы и до живота нашего. Яко отець, чадо свое любя, бья, и пакы привлачить е к собе, тако же и господь нашъ показал ны есть на врагы победу, 3-ми делы добрыми избыти его и победити его: покаяньемъ, слезами и милостынею. Да то вы, дети мои, не тяжька заповедь божья, оже теми делы 3-ми избыти греховъ своихъ и царствия не лишитися.

А бога деля не ленитеся, молю вы ся, не забывайте 3-х делъ техъ: не бо суть тяжка; ни одиночьство, ни чернечьство, ни голодъ, яко инии добрии терпять, но малым дѣломь улучити милость божью.

„Что есть человѣкъ, яко помниши й?". „Велий еси, господи, и чюдна дѣла твоя, никак же разумъ человѣческъ не можеть исповѣдати чюдес твоихъ; — и пакы речемъ: велий еси, господи, и чюдна дѣла твоя, и благословено и хвално имя твое в вѣкы по всей земли". Иже кто не похвалить, ни прославляеть силы твоея и твоих великых чюдес и добрoт, устроеных на семь свѣтѣ: како небо устроено, како ли солнце, како ли луна, како ли звѣзды, и тма и свѣт, и земля на водах положена, господи, твоимъ промыслом! Звѣрье разноличнии, и птица и рыбы украшено твоимъ промыслом, господи! И сему чюду дивуемься, како от персти создавъ человѣка, како образи разноличнии въ человѣчьскыхъ лицих, — аще и весь миръ совокупить, не вси въ одинъ образ, но кый же своимъ лиць образом, по божии мудрости. И сему ся подивуемы, како птица небесныя изъ ирья идуть, и первѣе, въ наши руцѣ, и не ставятся на одиной земли, но и сильныя и худыя идуть по всѣмъ землямъ, божиимъ повелѣньемъ, да наполнятся лѣси и поля. Все же то далъ богъ на угодье человѣкомъ, на снѣдь, на веселье. Велика, господи, милость твоя на нас, иже та угодья створилъ еси человѣка дѣля грѣшна. И ты же птицѣ небесныя умудрены тобою, господи; егда повелиши, то вспоють, и человѣкы веселять тобе; и егда же не повелиши имъ, языкъ же имѣюще онемѣють. „А благословенъ еси, господи, и хваленъ зѣло!" всяка чюдеса и ты доброты створивъ и здѣлавъ. „Да иже не хвалить тебе, господи, и не вѣруеть всѣм сердцемъ и всею душею во имя отца и сына и святаго духа, да будеть проклять".

Си словца прочитаюче, дѣти моя, божствная, похвалите бога, давшаго нам милость свою: а се от худаго моего безумья наказанье. Послушайте мене: еще не всего приймете, то половину.

Аще вы богъ умякчить сердце, и слезы своя испустите о грѣсѣх своих, рекуще: яко же блудницю и разбойника и мытаря помиловалъ еси, тако и нас грѣшных помилуй! И в церкви то дѣйте и ложася. Не грѣшите ни одину же ночь, аще можете, поклонитися до земли; а ли вы ся начнеть не мочи́, а трижды. А того не забывайте, не лѣнитеся, тѣмь бо ночным поклоном и пѣньем человѣкъ побѣжаеть дьявола, и что въ день согрѣшить, а тѣмь человѣкъ избываеть. Аще и на кони ѣздяче не будеть ни с кым орудья, аще инѣх молитвъ не умѣете молвити, а „Господи помилуй" зовѣте беспрестани, втайнѣ: та бо есть молитва всѣх лѣпши, нежели мыслити безлѣпицю ѣздя.

Всего же паче убогых не забывайте, но елико могуще по силѣ кормите, и придайте сиротѣ, и вдовицю оправдите сами, а не вдавайте сильным погубити человѣка. Ни права, ни крива не убивайте, ни повелѣвайте убити его? Аще будеть повиненъ смерти, а душа не погубляйте никакоя же хрестьяны. Рѣчь молвяче, и лихо и добро, не кленитеся богомь, ни хреститеся, нѣту бо ти нужа никоея же. Аще ли вы будете крестъ цѣловати к братьи или г кому, а ли управивъше сердце свое, на нем же можете устояти, тоже цѣлуйте, и цѣловавше блюдѣте, да не, приступни, погубите душѣ своеѣ. Епископы, и попы и игумены... с любовью взимайте от них благословленье, и не устраняйтеся от них, и по силѣ любите и набдите, да приимете от них молитву... от бога. Паче всего гордости не имѣйте в сердци и въ умѣ, но рцѣм: смертни есмы, днесь живи, а заутра в гробъ; се все, что ны еси вдалъ, не наше, но твое, поручил ны еси на мало дний. И в земли не хороните, то ны есть великъ грѣхъ. Старыя чти яко отца, а молодыя яко братью. В дому своемь не лѣнитеся, но все видите; не зрите на тивуна, ни на отрока, да не посмѣются приходящии к вам ни дому вашему, ни обѣду вашему. На войну вышедъ, не лѣнитеся, не зрите на воеводы; ни питью, ни ѣденью не лагодите, ни спанью; и сторожѣ сами наряживайте, и ночь, отсюду нарядивше около вои тоже лязите, а рано встанѣте; а оружья не снимайте с себе вборзѣ, не розглядавше лѣнощами, внезапу бо человѣкъ погыбаеть. Лжѣ блюдися и пьяньства и блуда, в томъ бо душа погыбаеть и тѣло. Куда же ходяще путемъ по своимъ землямъ, не дайте пакости дѣяти отрокомъ, ни своимъ, ни чюжимъ, ни в селѣх, ни в житѣх, да не кляти вас начнуть. Куда же поидите, иде же станете, напойте, накормите унеина; и боле же чтите гость, откуду же к вам придеть, или простъ, или добръ, или солъ, аще не можете даромъ, брашном и питьемь: ти бо мимоходячи прославять человѣка по всѣм землямъ, любо добрым, любо злымъ. Болнаго присѣтите; надъ мертвеця идѣте, яко вси мертвени есмы. И человѣка не минѣте, не привѣчавше, добро слово ему дадите. Жену свою любите, но не дайте имъ надъ собою власти. Се же вы конець всему: страхъ божий имѣйте выше всего.

Аще забываете сего, а часто прочитайте: и мне будеть бе-сорома, и вамъ будеть добро.

Его же умѣючи, того не забывайте доброго, а его же не умѣючи, а тому ся учите, яко же бо отець мой, дома сѣдя, изумѣяше 5 языкъ, в томъ бо честь есть от инѣхъ земль. Лѣность бо всему мати: еже умѣеть, то забудеть, а его же не умѣеть, а тому ся не учить. Добрѣ же творяще, не мозите ся лѣнити ни на что же доброе, первое к церкви: да не застанеть вас солнце на постели; тако бо отець мой дѣяшеть блаженый и вси добрии мужи свершении. Заутренюю отдавше богови хвалу, и потомъ солнцю въсходящю, и узрѣвше солнце, и прославити бога с радостью и рече: „Просвѣти очи мои, Христе боже, иже далъ ми еси свѣтъ твой красный! И еще: господи, приложи ми лѣто къ лѣту, да прокъ, грѣховъ своихъ покаявъся, оправдивъ животъ", тако похвалю бога! И сѣдше думати с дружиною, или люди оправливати, или на ловъ ѣхати, или поѣздити, или лечи спати: спанье есть от бога присужено полудне. О тъ чина бо почиваеть и звѣрь, и птици и человѣци.

А се вы повѣдаю, дѣти моя, трудъ свой, оже ся есмь тружалъ, пути дѣя и ловы с 13 лѣт. Первое к Ростову идохъ, сквозѣ вятичѣ, посла мя отець, а самъ иде Курьску; и пакы 2-е к Смолиньску со Ставкомь с Гордятичемъ, той пакы и отъиде к Берестию со Изяславомь, а мене посла Смолиньску, то и-Смолиньска идохъ Володимерю. Тое же зимы тои посласта Берестию брата на головнѣ, иде бяху ляхове пожгли, той ту блюдъ городъ тихъ. Та идохъ Переяславлю отцю, а по Велицѣ дни ис Переяславля та Володимерю — на Сутейску мира творитъ с ляхы. Оттуда пакы на лѣто Володимерю опять.

Та посла мя Святославъ в Ляхы; ходивъ за Глоговы до Чешьскаго лѣса, ходивъ в земли ихъ 4 мѣсяци. И в то же лѣто и дѣтя ся роди старѣйшее новгородьское. Та оттуда Турову, а на весну та Переяславлю, таже Турову.

И Святославъ умре, и язъ пакы Смолиньску, а и-Смоленьска той же зимѣ та к Новугороду; на весну Глѣбови в помочь. А на лѣто со отцемь подъ Полтескъ, а на другую зиму с Святополкомъ подъ Полтескъ, — ожьгше Полтескъ; онъ иде Новугороду, а я с половци на Одрьскъ, воюя, та Чернигову. И пакы, и-Смолиньска къ отцю придох Чернигову. И Олегъ приде, из Володимеря выведенъ, и возвахъ й к собѣ на обѣдъ со отцемь в Черниговѣ, на Краснѣмь дворѣ, и вдахъ отцю 300 гривен золота. И пакы и-Смолиньска же пришедъ, и проидохъ сквозѣ половечьскыи вои, бьяся, до Переяславля, и отца налѣзохъ с полку пришедше. То и пакы ходихомъ, том же лѣтѣ, со отцемь и со Изяславомь битъся Чернигову с Борисомь, и побѣдихомъ Бориса и Олга. И пакы идохом Переяславлю, и стахом во Обровѣ.

И Всеславъ Смолнескъ ожьже, и азъ вслѣдъ с черниговци о двою коню, и не застахом... въ Смолиньскѣ. Тѣм же путем по Всеславѣ пожегъ землю и повоевавъ до Лукамля и до Логожьска, та на Дрьютскъ воюя, та Чернигову.

А на ту зиму повоеваша половци Стародубъ весь, и азъ шедъ с черниговци и с половци, на Деснѣ изьимахом князи Асадука и Саука, и дружину ихъ избиша. И на заутрѣѣ за Новымъ Городом разгнахомъ силны вои Белкатгина, а семечи и полонъ весь отяхом.

А въ вятичи ходихом по двѣ зимѣ на Ходоту и на сына его, и ко Корьдну, ходихъ 1-ю зиму. И пакы по Изяславичихъ за Микулинъ, и не постигохом ихъ. И на ту весну къ Ярополку совкуплятъся на Броды.

Том же лѣтѣ гонихом по половьцихъ за Хоролъ, иже Горошинъ взята.

И на ту осень идохом с черниговци и с половци, с читѣевичи, к Мѣньску: изъѣхахом городъ, и не оставихом у него ни челядина, ни скотины.

На ту зиму идохом къ Ярополку совокуплятися на Броды, и любовь велику створихом.

И на весну посади мя отець в Переяславли передъ братьею, и ходихом за Супой. И ѣдучи к Прилуку городу, и срѣтоша ны впезапу половечьскыѣ князи, 8 тысячь, и хотѣхом с ними ради битися, но оружье бяхомъ услали напередъ на повозѣхъ, и внидохом в городъ; только семцю яша одиного живого, ти смердъ нѣколико, а наши онѣхъ боле избиша и изъимаша, и не смѣша ни коня пояти в руцѣ, и бѣжаша на Сулу тое ночи. И заутра, на Госпожинъ день, идохом к Бѣлѣ Вежи, и богъ ны поможе и святая Богородица: избихом 900 половець, и два князя яхом, Багубарсова брата, Асиня и Сакзя, а два мужа толко утекоста.

И потомь на Святославль гонихом по половцих, и потомь на Торческый городъ, и потомь на Гюргевъ по половцих. И пакы на той же сторонѣ у Красна половци побѣдихом; и потомь с Ростиславомъ же у Варина вежѣ взяхом. И потомь ходивъ Володимерю, паки Ярополка посадих, и Ярополкъ умре.

И пакы по отни смерти и при Святополцѣ, на Стугнѣ бившеся съ половци до вечера, бихом — у Халѣпа, и потомь миръ створихом с Тугорканомъ и со инѣми князи половечьскыми; и у Глѣбовы чади пояхом дружину свою всю.

И потомь Олегъ на мя приде с Половечьскою землею к Чернигову, и бишася дружина моя с нимь 8 дний о малу греблю, и не вдадуче внити имъ въ острогъ; съжаливьси хрестьяных душь и селъ горящих и манастырь, и рѣхъ: „Не хвалитися поганым!" И вдахъ брату отца его мѣсто, а самъ идох на отця своего мѣсто Переяславлю. И выидохом на святаго Бориса день ис Чернигова, и ѣхахом сквозѣ полкы половьчскиѣ, не въ 100 дружинѣ, и с дѣтми и с женами. И облизахутся на нас акы волци стояще, и от перевоза и з горъ, богъ и святый Борись не да имъ мене в користь, — неврежени доидохом Переяславлю.

И сѣдѣхъ в Переяславли 3 лѣта и 3 зимы, и с дружиною своею, и многы бѣды прияхом от рати и от голода. И идохом на вои ихъ за Римовъ, и богъ ны поможе — избихом я̀, а другия поимахом.

И пакы Итлареву чадь избиша, и вежи ихъ взяхом, шедше за Голтавомь.

И Стародубу иходом на Олга, зане ся бяше приложилъ к половцем. И на богъ идохом, с Святополком на Боняка за Рось.

И Смолиньску идохом, с Давыдомь смиривъшеся. Паки, идохом другое с Вороницѣ.

Тогда же и торци придоша ко мнѣ, и с половець Читѣевичи, идохом противу имъ на Сулу.

И потомь паки идохом к Ростову на зиму, и по 3 зимы ходихом Смолинску. И-Смолиньска идох Ростову.

И пакы, с Святополком гонихом по Боняцѣ, но ли оли... убиша, и не постигохом ихъ. И потомь по Боняцѣ же гонихом за Рось, и не постигохом его.

И на зиму Смолинску идохъ, и-Смоленска по Велицѣ дни выидох; и Гюргева мати умре.

Переяславлю пришедъ на лѣто, собрах братью.

И Бонякъ приде со всѣми половци къ Кснятиню, идохом за не ис Переяславля за Сулу, и богъ ны поможе, и полькы ихъ побѣдихом, и князи изьимахом лѣпшии, и по Рожествѣ створихом миръ съ Аепою, и поимъ у него дчерь, идохом Смоленьску. И потомь идох Ростову.

Пришед из Ростова, паки идох на половци на Урубу с Святополком, и богъ ны поможе.

И потомь паки на Боняка к Лубьну, и богъ ны поможе.

И потомь ходихом к Воиню с Святополком; и потомь пакы на Донъ идохом с Святополком и с Давыдомъ, и богъ ны поможе.

И к Выреви бяху пришли Аепа и Бонякъ, хотѣша взяти й, ко Ромну идох со Ольгомь и з дѣтми на нь, и они очутивше бѣжаша.

И потомь к Мѣньску ходихом на Глѣба, оже ны бяше люди заялъ, и богъ ны поможе, и створихом свое мышленое.

И потомь ходихом къ Володимерю на Ярославця, не терпяче злобъ его.

А и-Щернигова до Кыева нестишьды ѣздих ко отцю, днемъ есмъ перевъздилъ до вечерни. А всѣх путий 80 и 3 великих, а прока не испомню меньших. И мировъ есмь створилъ с половечьскыми князи безъ одиного 20, и при отци и кромѣ отца, а дая скота много и многы порты своѣ. И пустилъ есмъ половечскых князь лѣпших изъ оковъ толико: Шаруканя 2 брата, Багубарсовы 3, Осеня братьѣ 4, а всѣх лѣпшихъ князий инѣхъ 100. А самы князи богъ живы в руцѣ дава: Коксусь с сыномь, Акланъ, Бурчевичь, Таревьскый князь Азгулуй, инѣхъ кметий молодых 15, то тѣхъ живы ведъ, исѣкъ, вметахъ в ту рѣчку въ Салню. По чередам избьено не съ 200 в то время лѣпших.

А се тружахъся ловы дѣя: понеже сѣдох в Черниговѣ, а и-Щернигова вышед, и до сего лѣта по сту уганивал и имь даром всею силою кромѣ иного лова, кромѣ Турова, иже со отцемь ловилъ есмъ всякъ звѣрь.

А се в Черниговѣ дѣялъ есмь: конь диких своима рукама связалъ есмь въ пушах 10 и 20 живых конь, а кромѣ того же по ровни ѣздяималъ есмъ своима рукама тѣ же кони дикиѣ. Тура мя 2 метала на розѣх и с конемъ, олень мя одинъ болъ, а 2 лоси, одинъ ногами топталъ, а другый рогома болъ, вепрь ми на бедрѣ мечь оттял, медвѣдъ ми у колѣна подъклада укусилъ, лютый звѣрь скочилъ ко мнѣ на бедры и конь со мною поверже. И богъ неврежена мя съблюде. И с коня много падах, голову си розбих дважды, и руцѣ и нозѣ свои вередих, въ уности своей вередих, не блюда живота своего, ни щадя головы своея.

Еже было творити отроку моему, то сам есмъ створилъ, дѣла на войнѣ и на ловѣхъ, ночь и день, на зною и на зимѣ, не дая собѣ упокоя. На посадники не зря, ни на биричи, сам творилъ, что было надобѣ, весь нарядъ, и в дому своемь то, я творилъ есмь. И в ловчих ловчий нарядъ сам есмъ держалъ, и в конюсѣхъ, и о соколѣхъ и о ястрябѣх.

Тоже и худаго смерда и убогыѣ вдовицѣ не далъ есмъ силным обидѣти, и церковнаго наряда и службы сам есмъ призиралъ.

Да не зазрите ми, дѣти мои, ни инъ кто, прочетъ, не хвалю бо ся ни дерзости своея, но хвалю бога и прославьляю милость его, иже мя грѣшнаго и худаго селико лѣт сблюд от тѣхъ часъ смертныхъ, и не лѣнива мя былъ створилъ, худаго, на вся дѣла человѣчьская потребна. Да сю грамотицю прочитаючи, потъснѣтеся на вся дѣла добрая, славяще бога с святыми его. Смерти бо ся, дѣти, не боячи ни рати, ни от звѣри, но мужьское дѣло творите, како вы богъ подасть. Оже бо язъ от рати, и от звѣри и от воды, от коня спадаяся, то никто же вас не можеть вредитися и убити, понеже не будет от бога повѣлено. А иже от бога будеть смерть, то ни отець, ни мати, ни братья не могуть отъяти, но аче добро есть блюсти, божие блюденье лѣплѣе есть человѣчьскаго.

О многострастный и печальны азъ! Много борешися сердцемь, и одолѣвши, душе, сердцю моему, зане, тлѣньнѣ сущи, помышляю, како стати пред страшным судьею, каянья и смѣренья не приимшим межю собою.

Молвить бо иже: „Бога люблю, а брата своего не люблю, ложь есть". И пакы: „Аще не отпустите прегрѣшений брату, ни вам отпустить отець вашь небесный". Пророкъ глаголеть: „Не ревнуй лукавнующим, не завиди творящимъ безаконье". „Что есть добро и красно, но еже жити братья вкупѣ! Но все дьяволе наученье! то бо были рати при умных дѣдѣх наших, при добрых и при блаженыхъ отцихъ наших. Дьяволъ бо не хочет добра роду человѣчскому, сваживаеть ны. Да се ти написахъ, зане принуди мя сынъ мой, его же еси хрстилъ, иже то сѣдить близь тобе, прислалъ ко мнѣ мужь свой и грамоту, река: „Ладимься и смѣримся, а братцю моему судъ пришелъ. А вѣ ему не будевѣ местника, но възложивѣ на бога, а станутъ си пред богомь; а Русьскы земли не погубим. И азъ видѣх смѣренье сына своего, схалихси, и бога устрашихся, рекохъ: онъ въ уности своей и в безумьи сице смѣряеться — на бога укладаеть; азъ человѣкъ грѣшенъ есмь паче всѣх человѣкъ.

Послушах сына своего, написах ти грамоту: аще ю приимеши с добромь, ли с поруганьемъ, свое же узрю на твоемь писаньи. Сими бо словесы варих тя переди, его же почаяхъ от тебе, смѣреньем и покаяньем, хотя от бога ветхыхъ своихъ грѣховъ оставления. Господь бо нашь не человѣкъ есть, но богъ всей вселенѣ, иже хощеть, в мегновеньи ока вся створити хощеть, то сам претерпѣ хуленье, и оплеванье, и ударенье, и на смерть вдася, животом владѣя и смертью. А мы что есмы, человѣци грѣшни и лиси? — днесь живи, а утро мертви, днесь в славѣ и въ чти, а заутра в гробѣ и бес памяти, ини собранье наше раздѣлять.

Зри, брат, отца наю: что взяста, или чим има порты? но токмо оже еста створила души своей. Но да сими словесы, пославше бяше переди, брат, ко мнѣ варити мене. Егда же убиша дѣтя мое и твое пред тобою, и бяше тебѣ, узрѣвше кровь его и тѣло увянувшю, яко цвѣту нову процвѣтшю, яко же агньцю заколену, и рещи бяше, стояще над ним, вникнущи въ помыслы души своей: „Увы мнѣ! что створихъ? И пождавъ его безумья, свѣта сего мечетнаго кривости ради налѣзох грѣх собѣ, отцю и матери слезы".

И рещи бяше Давыдскы: „Азъ знаю, грѣх мой предо мною есть воину". Не крове дѣля пролитья, — помазаникъ божий Давыдъ, прелюбодѣянье створивъ посыпа главу свою и плакася горко; во тъ час, отда ему согрѣшенья его богъ. А к богу бяше покаятися, а ко мнѣ бяше грамоту утѣшеную, а сноху мою послати ко мнѣ, зане нѣсть в ней ни зла, ни добра, да бых обуимъ оплакалъ мужа ея и оны сватбы ею, въ пѣсний мѣсто: не видѣхъ бо ею первѣе радости, ни вѣнчанья ею, за грѣхы своя! А бога дѣля пусти ю ко мнѣ вборзѣ с первым сломь, да с нею кончавъ слезы, посажю на мѣстѣ, и сядеть акы горлица на сусѣ древѣ желѣючи, а язъ утѣшюся о бозѣ.

Тѣм бо путем шли дѣди и отци наши: судъ от бога ему пришелъ, а не от тебе. Аще бы тогда свою волю створилъ, и Муромъ налѣзлъ, а Ростова бы не заималъ, а послалъ ко мнѣ, отсюда ся быхом уладили. Но сам разумѣй, мнѣ ли бы послати к тебѣ достойно, ци ли тобѣ ко мнѣ? Да же еси велѣлъ дѣтяти: „Слися къ отцю", десятью я есмъ послалъ.

Дивно ли, оже мужь умерлъ в полку ти? Лѣпше суть измерли и роди наши. Да не выискывати было чюжего, — ни мене в соромъ, ни в печаль ввести. Научиша бо и паропци, да быша собѣ налѣзли, но оному налѣзоша зло. Да еже начнеши каятися богу, и мнѣ добро сердце створиши, пославъ солъ свой, или пископа, и грамоту напиши с правдою, той волость възмешь с добромъ, и наю сердце обратиши к собѣ, и лѣпше будем яко и преже; нѣсмъ ти ворожбитъ, ни мѣстникъ. Не хотѣхъ бо крови твоея видѣти у Стародуба: но не дай ми богъ крови от руку твоею видѣти, ни от повелѣнья твоего, ни котораго же брата. Аще ли лжю, а богъ мя вѣдаеть и крестъ честный. Оли то буду грѣх створилъ, оже на тя шедъ к Чернигову, поганых дѣля, а того ся каю; да то языком братьи пожаловахъ, и пакы ѐ повѣдах, зане человѣкъ есмь.

Аще ти добро, да с тѣмь... али ти лихо е, да то ти седить сынъ твой хрестьный с малым братомъ своимъ, хлѣбъ ѣдучи дѣдень, а ты сѣдиши в своемъ — а о се ся ряди; али хочеши тою убити, а то ти еста, понеже не хочю я лиха, но добра хочю братьи и Русьскѣй земли. А его же то и хощеши насильем, тако вѣ даяла и у Стародуба и милосердуюча по тебѣ, очину твою. Али богъ послух тому, с братом твоимъ рядилися есвѣ, а не поможеть рядитися бес тебе. И не створила есвѣ лиха ничтоже, ни рекла есвѣ: сли к брату, дондеже уладимся. Оже ли кто вас не хочеть добра, ни мира хрестьяном, а не буди ему от бога мира узрѣти на ономъ свѣтѣ души его!

Не по нужи ти молвлю, ни бѣда ми которая по бозѣ, сам услышишь; но душа ми своя лутши всего свѣта сего.

На страшнѣй при бе-суперник обличаюся, и прочее.

„Премудрости наставниче и смыслу давче, несмысленым казателю и нищим заступниче! Утверди в разумѣ мое сердце, владыко! Ты дажь ми слово, отче, се бо устнама моима не възбрани въпити ти: милостиве, помилуй падшаго!". „Упованье мое богъ, прибѣжище мое Христосъ, покровъ мой святый духъ". Надеже и покрове мой, не презри мене, благая! Тебе бо имуще, помощницю в печали и в болѣзни и от злых всѣх, и тебе славлю, препѣтая! И разумѣйте и видите, яко азъ есмь богъ, испытаяй сердця и свѣдый мысли, обличаяй дѣла, опаляяй грѣхы, судяй сиротѣ, и убогу и нищю. „Всклонися, душе моя, и дѣла своя помысли, яже здѣя, пред очи свои принеси, и капля испусти слезъ своих, и повѣжь явѣ дѣянья и вся мысли Христу, и очистися". Андрѣа честный, отче треблаженый, пастуше Критьскый! Не престай моляся за ны чтущая тя, да избудем вси гнѣва, и печали, и тля, и грѣха и бѣдъ же, чтуще память твою вѣрно. Град свой схрани, дѣвице, мати чистая, иже о тебѣ вѣрно царствуеть, да тобою крѣпиться и тобѣ ся надѣеть, побѣжать вся брани, испромѣтает противныя и творить послушанье. „О препѣтая мати, рожьшия всѣх святыхъ пресвятаго слова! Приимши нынешнее послушанье, от всякия напасти заступи и грядущия мукы к тебѣ вопьющих. Молим ти ся, раби твои, и преклоняем си колѣни сердця нашего: приклони ухо твое, чистая, и спаси ны в скорбех погружающаяся присно, и сблюди от всякого плѣненья вражья твой град, богородице! Пощади, боже, наслѣдья твоего, прегрѣшенья наша вся презри, нынѣ нас имѣя молящих тя, на земли рожьшюю тя бе-сѣмене, земную милость, изволивъ обратитися, Христе, в человѣчьство". Пощади мя, спасе, рожься и схрань рожьшюю тя нетлѣнну по рожествѣ, и егда сядеши судити дѣла моя, яко безгрѣшенъ и милостивъ, яко богъ и человѣколюбець.

Дѣво пречистая, неискусна браку, богообрадованая, вѣрным направленье! Спаси мя погыбшаго, к Сыну си вопьющи: Помилуй мя, господи, помилуй; егда хощеши судити, не осуди мя въ огнь, ни обличи мене яростью си; молит тя дѣва чистая, рожшая тя, Христе, и множество ангелъ и мученикъ зборъ.

О Христѣ Исусѣ господѣ нашемъ, ему же подобаеть честь и слава, отцю и сыну и святому духу, всегда и нынѣ, присно, вѣкъ.

Се же хощю сказати, яже слышах преже сих 4 лѣтъ, яже сказа ми Гюрятя Роговичь новгородець, глаголя сице, яко „Послах отрокъ свой в Печеру, люди, иже суть дань дающе Новугороду. И пришедшю отроку моему к ним, и оттуду иде въ Югру. Югра же людье есть языкъ нѣмъ, и сосѣдять с Самоядью на полунощных странах". Югра же рекоша отроку моему: „Дивьно мы находихом чюдо, его же вѣсмы слышали преже сих лѣт, се же третьее лѣто поча быти: суть горы заидуче в луку моря, им же высота ако до небесе, и в горах тѣх кличь великъ и говоръ, и сѣкуть гору, хотяще высѣчися; и в горѣ той просѣчено оконце мало, и тудѣ молвять, и есть не разумѣти языку ихъ, но кажють на желѣзо, и помавають рукою, просяще желѣза; и аще кто дасть имъ ножь ли, ли секиру, и они дають скорою противу. Есть же путь до горъ тѣхъ непроходим пропастьми, снѣгом и лѣсом, тѣм же не доходим ихъ всегда; есть же и подаль на полунощии". Мнѣ же рекшю к Гюрятѣ: „Си суть людье заклепении Александром, Македоньскым царемь", яко же сказаеть о них Мефодий Патарийскый, глаголя: „Александръ, царь Макидоньский, взиде на въсточныя страны до моря, наричемое Солнче мѣсто, и видѣ ту человѣкы нечистыя от племене Афетова, их же нечистоту видѣвъ: ядяху скверну всяку, комары, и мухи, котки, змиѣ, и мертвець не погрѣбаху, но ядяху, и женьскыя извороги и скоты вся нечистыя. То видѣвъ Александръ убояся, еда како умножаться и осквернять землю, и загна их на полунощныя страны в горы высокия; и богу повелѣвшю, сступишася о них горы великия, токмо не ступишася о них горы на 12 локотъ, и ту створишася врата мѣдяна, и помазашася сунклитом; и аще хотять взяти, не възмогуть, ни огнем могуть ижещи; вещь бо сунклитова сица есть: ни огнь можеть вжещи его, ни желѣзо его приметъ. В послѣдняя же дни по сих изидуть 8 колѣнъ от пустыня Етривьския, изидуть и си сквернии языки, иже суть в горах полунощных, по повелѣнью божию.

Но мы на предняя взвратимся, яко же бяхом преже глаголали. Олгови обѣщавшюся ити к брату своему Давыдови Смолиньску, и прити з братом своим Кыеву и обрядъ положити, и не всхотѣ сего Олег створити, но пришедъ Смолинску и поим вои, поиде к Мурому, в Муромѣ тогда сущю Изяславу Володимеричю. Бысть же вѣсть Изяславу, яко Олегъ идеть к Мурому, посла Изяславъ по воѣ Суздалю, и Ростову, и по бѣлоозерци, и собра вои многы. И посла Олегъ слы своѣ к Изяславу, глаголя: „Иди в волость отца своего Ростову, а то есть волость отца моего. Да хочю ту сѣдя порядъ створити со отцемь твоим. Се бо мя выгналъ из города отца моего. А ты ли ми здѣ хлѣба моего же не хощеши дати?". И не послуша Изяславъ словес сих, надѣяся на множство вой. Олег же надѣяся на правду свою, яко правъ бѣ в семь, и поиде к граду с вои. Изяслав же исполчися пред градом на поли. Олег же поиде к нему полком, и сступишася обои, и бысть брань люта. И убиша Изяслава, сына Володимеря, внука Всеволожа, мѣсяця семтября въ 6 день; прочии же вои побѣгоша, ови чересъ лѣс, друзии в городъ. Олег же вниде в городъ, и прияша й горожане. Изяслава же вземше, положиша й в манастыри святаго Спаса, и оттуда перенесоша й Новугороду, и положиша й у святыѣ Софьѣ, на лѣвѣй сторонѣ. Олег же, по приятьи града, изъима ростовци, и бѣлоозерци и суздалцѣ и покова, и устремися на Суждаль. И пришедъ Суждалю, и суждалци дашася ему. Олег же омиривъ городъ, овы изъима, а другыя расточи, и именья ихъ отъя. Иде Ростову, и ростовци вдашася ему. И перея всю землю Муромску и Ростовьску, и посажа посадники по городом, и дани поча брати. И посла к нему Мьстиславъ солъ свой из Новагорода, глаголя: „Иди ис Суждаля Мурому, а в чюжей волости не сѣди. И азъ пошлю молится з дружиною своею къ отцю своему, и смирю тя со отцемь моим. Аще и брата моего убилъ еси, то есть недивьно, в ратехъ бо и цари и мужи погыбають". Олег же не всхотѣ сего послушати, но паче помышляше и Новъгородъ переяти. И посла Олегъ Ярослава, брата своего, в сторожѣ, а сам стояше на поли у Ростова. Мьстислав же сдума с новъгородци, и послаша Добрыню Рагуиловича передъ собою въ сторожѣ; Добрыня же первое изъима даньники. Увѣдав же Ярославъ се, яко изъимани данници, Ярослав же стояше на Медвѣдици в сторожих, и побѣже той нощи, и прибѣже къ Олгови и повѣда ему, яко идеть Мстиславъ, а сторожѣ изъимани, и поиде к Ростову. Мстислав же приде на Волгу и повѣдаша ему, яко Олегъ вспятился к Ростову, и Мстиславъ поиде по нем. Олегъ же приде к Суждалю, и слышавъ, яко идеть по нем Мстиславъ, Олегъ же повелѣ зажещи Суждаль город, токмо остася дворъ манастырьскый Печерьскаго манастыря и церкы, яже тамо есть святаго Дмитрея, юже бѣ далъ Ефрѣмъ и с селы. Олег же побѣже к Мурому, а Мстиславъ приде Суждалю, и сѣдя ту посылаше к Олгови, мира прося, глаголя: „Азъ есмъ мний тебе, слися к отцю моему, а дружину, юже еси заялъ, вороти; а язъ тебе во всем послушаю". Олег же посла к нему, с лестью хотя мира; Мстиславъ же, имы лсти вѣры, и распусти дружину по селом. И наста Феодорова недѣля поста, и приспѣ Феодорава субота, а Мстиславу сѣдящю на обѣдѣ, приде ему вѣсть, яко Олегъ на Клязмѣ, близь бо бѣ пришелъ без вѣсти. Мстислав же ему имъ вѣру, не постави сторожовъ; но богъ вѣсть избавляти благочестивыя своя от льсти. Олег же установися на Клязмѣ, мня, яко, бояся его, Мстиславъ побѣгнеть. Къ Мстиславу же собрашася дружина въ тъ день и в другый, новгородци, и ростовци, и бѣлозерци. Мстислав же ста пред градомъ, исполчивъ дружину, и не поступи ни Олегъ на Мстислава, ни Мстиславъ на Олга, и стояста противу собѣ 4 дни. И приде Мстиславу вѣсть, яко „Послал ти отець брата Вячеслава с половци". И приде Вячеславъ в четвергъ по Феодоровы недѣли, в постъ. И в пяток приде Олегъ, исполчивъся, к городу, а Мстиславъ поиде противу ему с новгородци и с ростовци. И вдасть Мстиславъ стягъ Володимерь половчину, именем Кунуи, и вдавъ ему пѣшьцѣ, и постави й на правѣмь крилѣ. И заведъ Кунуй пѣшьцѣ напя стягъ Володимерь, и узрѣ Олегъ стягъ Володимерь, и убояся, и ужасъ нападе на нь и на воѣ его. И поидоша к боеви противу собѣ, и поиде Олегъ противу Мстиславу, а Ярославъ поиде противу Вячеславу. Мстислав же перешедъ пожаръ с новгородци, и сседоша с коней новгородци, и сступишася на Кулачьцѣ, и бысть брань крѣпка, и нача одалати Мстиславъ. И видѣ Олегъ, яко поиде стягъ Володимерь, нача заходити в тылъ его, и убоявъся побѣже Олегъ, и одолѣ Мстиславъ. Олег же прибѣже к Мурому, и затвори Ярослава Муромѣ, а самъ иде Рязаню. Мстислав же приде Мурому, и створи миръ с муромци, и поя своя люди, ростовци и суждалци, и поиде к Рязаню по Олзѣ. Олег же выбѣже из Рязаня, а Мстиславъ, пришед, створи миръ с рязанци, и поя люди своя, яже бѣ заточилъ Олегъ. И посла къ Олгови, глаголя: „Не бѣгай никамо же, но пошлися к братьи своей с молбою не лишать тя Русьскыѣ земли. И азъ пошлю къ отцю молится о тобѣ". Олег же обѣщася тако створити. Мстиславъ же възвративъся вспять Суждалю, оттуду поиде Новугороду в свой град, молитвами преподобнаго епископа Никыты. Се же бысть исходящю **лѣту 6604**, индикта 4 на полы.

В лѣто 6605 [1097]. Придоша Святополкъ и Володимерь, и Давыдъ Игоревичь, и Василко Ростиславичь, и Давыдъ Святославичь, и брат его Олегъ, и сняшася Любячи на устроенье мира, и глаголаша к собѣ, рекуще: „Почто губим Русьскую землю, сами на ся котору дѣюще? А половци землю нашю несуть розно, и ради суть, оже межю нами рати. Да нонѣ отселѣ имемся въ едино сердце, и блюдем Рускыѣ земли; кождо да держить отчину свою:

Святополкъ Кыевъ Изяславлю, Володимерь Всеволожю, Давыдъ и Олегъ и Ярославъ Святославлю, а им же роздаялъ Всеволодъ городы: Давыду Володимерь, Ростиславичема Перемышль Володареви, Теребовль Василкови". И на том цѣловаша крьсть: „Да аще кто отселѣ на кого будеть, то на того будем вси и крестъ честный". Рекоша вси: „Да будеть на нь хрестъ честный и вся земля Русьская". И цѣловавшеся поидоша в свояси.

И приде Святополкъ с Давыдомь Кыеву, и ради быша людье вси: но токмо дьяволъ печаленъ бяше о любви сей. И влѣзе сотона в сердце нѣкоторым мужем, и почаша глаголати к Давыдови Игоревичю, рекуще сице, яко „Володимерь сложился есть с Василком на Святополка и на тя". Давыдъ же, емъ вѣру лживым словесомь, нача молвити на Василка, глаголя: „Кто есть убилъ брата твоего Ярополка, а нынѣ мыслить на мя и на тя, и сложился есть с Володимером? Да промышляй о своей головѣ". Святополкъ же смятеся умом, река: „Еда се право будеть, или лжа, не вѣдѣ". И рече Святополкъ к Давыдови: „Да аще право глаголеши, богъ ти буди послух; да аще ли завистью молвишь, богъ будеть за тѣмъ". Святополкъ же сжалиси по братѣ своем, и о собѣ нача помышляти, еда се право будеть? И я вѣру Давыдови, и прелсти Давыдъ Святополка, и начаста думати о Василькѣ; а Василко сего не вѣдяше ни Володимеръ. И нача Давыдъ глаголати: „Аще не имевѣ Василка, то ни тобѣ княженья Кыевѣ, ни мнѣ в Володимери". И послуша его Святополкъ. И приде Василко въ 4 ноямьбря, и перевезеся на Выдобычь, и иде поклонится къ святому Михаилу в манастырь, и ужина ту, а товары своя постави на Рудици; вечеру же бывшю приде в товаръ свой. И наутрия же бывшю, присла Святополкъ, река: „Не ходи от именинъ моихъ". Василко же отпрѣся, река: „Не могу ждати: еда будеть рать дома". И присла к нему Давыдъ: „Не ходи, брате, не ослушайся брата старѣйшаго". И не всхотѣ Василко послушати. И рече Давыдъ Святополку: „Видиши ли, не помнить тебе, ходя в твоею руку. Аще ти отъидеть в свою волость, самъ узриши, аще ти не займеть град твоихъ Турова, и Пиньска, и прочих град твоих. Да помянешь мене. Но призвавъ нынѣ й, емъ и дажь мнѣ". И послуша его Святополкъ, и посла по Василка, глаголя; "Да аще не хощешь остати до именинъ моихъ, да приди нынѣ, цѣлуеши мя, и посѣдим вси с Давыдомъ". Василко же обѣщася прити, не вѣдый лсти, юже имяше на нь Давыдъ. Василко же всѣдъ на конь поѣха, и устрѣте й дѣтьскый его, и повѣда ему, глаголя: "Не ходи, княже, хотять тя яти". И не послуша его, помышляя: "Како мя хотять яти? Оногды целовали крестъ, рекуще: аще кто на кого будеть, то на того будеть крестъ и мы вси". И помысливъ си прекрестися, рекъ: "Воля господня да будеть". И приѣха въ малѣ дружинѣ на княжь дворъ, и вылѣзе противу его Святополкъ, и идоша в-ыстобку, и приде Давыдъ, и сѣдоша. И нача глаголати Святополкъ: "Останися на святокъ". И рече Василко: "Не могу остати, брате; уже есмъ повелѣлъ товаромъ поити переди". Давыдъ же сѣдяше акы нѣмъ. И рече Святополкъ: "Да заутрокай, брате!" И обѣщася Василко заутрокати. И рече Святополкъ: "Посѣдита вы сдѣ, а язъ лѣзу, наряжю". И лѣзе вонъ, а Давыдъ с Василком сѣдоста. И нача Василко глаголати к Давыдови, и не бѣ в Давыдѣ гласа, ни послушанья: бѣ бо ужаслъся, и лесть имѣя въ сердци. И посѣдѣвъ Давыдъ мало, рече: "Кде есть брат?" Они же рѣша ему: "Стоить на сѣнех". И вставъ Давыдъ, рече: "Азъ иду по нь; а ты, брате, посѣди". И, вставъ, иде вонъ. И яко выступи Давыдъ, и запроша Василка, въ 5-й ноямьбря; и окована й въ двои оковы, и приставиша к нему сторожѣ на ночь. Наутрия же Святополкъ созва болярь и кыянъ, и повѣда имъ, еже бѣ ему повѣдалъ Давыдъ, яко "Брата ти убилъ, а на тя свѣчался с Володимеромъ, и хощеть тя убити и грады твоя заяти". И рѣша боляре и людье: "Тобѣ, княже, достоить блюсти головы своее. Да аще есть право молвилъ Давыдъ, да прииметь Василко казнь; аще ли неправо глагола Давыдъ, да прииметь месть от бога и отвѣчаеть пред богомь". И увѣдѣша игумени, и начаша молитися о Василкѣ Святополку; и рече имъ Святополкъ: "Ото Давыдъ". Увѣдѣв же се Давыдъ, нача поущати на ослѣпленье: „Аще ли сего не створишь, а пустишь и́, то ни тобѣ княжити, ни мнѣ". Святополкъ же хотяше пустити и́, но Давыдъ не хотяше, блюдася его. И на ту ночь ведоша и́, Бѣлугороду, иже град малъ у Киева яко 10 верстъ в дале, и привезоша и́ на колѣх, окована суща, ссадиша и́ с колъ, и ведоша и́ в-ыстобку малу. И сѣдящю ему, узрѣ Василко торчина остряща ножь, и разумѣ, яко хотят и́ слѣпити, възпи к богу плачем великим и стеньем. И се влѣзоша послании Святополком и Давыдомь, Сновидъ Изечевичь, конюх Святополчь, и Дьмитръ, конюх Давыдовъ, и почаста простирати коверъ, и простерша яста Василка и хотяща и́ поврещи; и боряшется с нима крѣпко, и не можаста его поврещи. И се влѣзше друзии повергоша и́, и связаша и́, и снемше доску с печи, и възложиша на перси его. И сѣдоста обаполы Сновидъ Изечевичь и Дмитръ, и не можаста удержати. И приступиста ина два, и сняста другую дску с печи, и сѣдоста, и удавиша и́ рамяно, яко персем троскотати. И приступи торчинъ, именем Беренди, овчюхъ Святополчь, держа ножь и хотя ударити в око, и грѣшися ока и перерѣза ему лице, и есть рана та на Василкѣ и нынѣ. И посем удари и́ в око, и изя зѣницю, и посем в другое око, и изя другую зѣницю. И томъ часѣ бысть яко и мертвъ. И вземше и́ на коврѣ взложиша на кола яко мертва, повезоша и́ Володимерю. И бысть везому ему, сташа с ним, перешедше мостъ Звиженьскый, на торговищи, и сволокоша с него сорочку, крываву сущю, и вдаша попадьи опрати. Попадья же оправши взложи на нь, онѣм обѣдующим, и плакатися нача попадья, яко мертву сущю оному. И очюти плачь, и рече: „Кдѣ се есмъ?" Они же рекоша ему: „Въ Звиждени городѣ". И впроси воды, они же даша ему, и испи воды, и вступи во нь душа, и упомянуся, и пощюпа сорочки и рече: „Чему есте сняли с мене? Да бых в той сорочкѣ кровавѣ смерть приялъ и сталъ пред богомь". Онѣм же обѣдавшим, поидоша с ним вскорѣ на колѣхъ, а по грудну пути, бѣ бо тогда мѣсяць груденъ, рекше ноябрь. И придоша с ним Володимерю въ 6 день. Приде же и Давыдъ с ним, акы нѣкакъ уловъ уловивъ.

И посадиша и въ дворѣ Вакѣевѣ, и приставиша 30 мужь стеречи и 2 отрока княжа, Уланъ и Колчко.

Володимеръ же слышавъ, яко ятъ бысть Василко и слѣпленъ, ужасеся, и всплакавъ и рече: „Сего не бывало есть в Руськѣй земли ни при дѣдѣх наших, ни при отцихъ наших, сякого зла". И ту абье посла к Давыду и к Олгови Святославичема, глаголя: „Поидѣта к Городцю, да поправим сего зла, еже ся створи се в Руськѣй земли и в насъ, и братьи, оже вверженъ в ны ножь. Да аще сего не правимь, то болшее зло встанеть в нас, и начнеть брат брата закалати, и погыбнеть земля Руская, и врази наши, половци, пришедше возмуть землю Руськую". Се слышавъ Давыдъ и Олегъ, печална быста велми и плакастася, рекуще, яко „Сего не было в родѣ нашемь". И ту абье собравша воѣ, придоста к Володимеру. Володимеру же с вои стоящю в бору, Володимеръ же и Давыдъ и Олегъ послаша мужѣ свои, глаголюще к Святополку: „Что се зло створилъ еси в Руьстѣй земли, и вверглъ еси ножь в ны? Чему еси слѣпилъ брат свой? Аще ти бы вина кая была на нь, обличил бы й пред нами, и упрѣвъ бы й, створилъ ему. А нонѣ яви вину его, оже ему се створилъ еси". И рече Святополкъ, яко „Повѣда ми Давыдъ Игоревичь: яко Василко брата ти убилъ, Ярополка, и тебе хощеть убити и заяти волость твою, Туровъ, и Пинескъ, и Берестие и Погорину, а заходилъ ротѣ с Володимером, яко сѣсти Володимеру Кыевѣ, а Василкови Володимери. А неволя ми своее головы блюсти. И не язъ его слѣпилъ, но Давыдъ, и велъ й к собѣ". И рѣша мужи Володимери, и Давыдови и Олгови: „Извѣта о семь не имѣй, яко Давыдъ есть слѣпилъ й. Не в Давыдовѣ городѣ ятъ, ни слѣпленъ, но в твоемь градѣ ятъ и слѣпленъ". И се имъ глаголющимъ разидошася разно. Наутрия же хотящим чресъ Днѣпръ на Святополка, Святополкъ же хотѣ побѣгнути ис Киева, и не даша ему кыяне побѣгнути, но послаша Всеволожюю и митрополита Николу к Володимеру, глаголюще: „Молимся, княже, тобѣ и братома твоима, не мозѣте погубити Руськыѣ земли. Аще бо възмете рать межю собою, поганиии имуть радоватися, и возмуть землю нашу, иже бѣша стяжали отци ваши и дѣди ваши трудом великим и храбрьствомь, побарающе по Русьскѣй земли, ины земли приискываху, а вы хочете погубити землю Русьскую". Всеволожая же и митрополитъ придоста к Володимеру и молистася ему, и повѣдаста молбу кыянъ, яко творити миръ, и блюсти землѣ Русьскиѣ; и брань имѣти с погаными. Се слышавъ Володимеръ, росплакавъся и рече: "Поистинѣ отци наши и дѣди наши зблюли землю Русьскую, а мы хочем погубити". И преклонися на молбу княгинину, чтяшеть ю акы матерь, отца ради своего, бѣ бо любим отцю своему повелику, и в животѣ и по смерти не ослушаяся его ни в чем же; тѣм же и послуша ея, акы матере, и митрополита тако же чтяше санъ святительскый, не преслуша молбы его.

Володимеръ бо такъ бяше любезнивъ: любовь имѣя к митрополитом, и къ епископомъ и къ игуменом, паче же и чернечьскый чинъ любя, и черници любя, приходящая к нему напиташе и напаяше, акы мати дѣти своя. Аще кого видяше ли шюмна, ли в коем зазорѣ, не осудяше, но вся на любовь прекладаше и утешаше. Но мы на свое възвратимся.

Княгини же бывши у Володимера, приде Кыеву, и повѣда вся рѣчи Святополку и кияном, яко миръ будеть. И начаша межи собою мужи слати, и умиришася на семь, яко рѣша Святополку, яко "Се Давыдова сколота; то иди ты, Святополче, на Давыда, любо ими, любо прожени й". Святополкъ же емъся по се, и цѣловаша крестъ межю собою, миръ створше.

Василкови же сущю Володимери, на прежереченѣмь мѣстѣ, и яко приближися постъ великый, и мнѣ ту сущю, Володимери, въ едину нощь присла по мя князь Давыдъ. И придох к нему, и сѣдяху около его дружина, и посадивъ мя и рече ми: "Се молвилъ Василко си ночи к Уланови и Колчи, реклъ тако: Се слышю, оже идеть Володимеръ и Святополкъ на Давыда: да же бы мене Давыдъ послушалъ, да бых послалъ мужь свой к Володимеру воротиться, вѣдѣ бо ся с ним что молвилъ, и не поидеть. Да се, Василю, шлю тя, иди к Василкови, тезу своему, с сима отрокома, и молви ему тако: Оже хощеши послати мужь свой, и воротится Володимеръ, то вдам ти которой ти городъ любъ, любо Всеволожь, любо Шеполь, любо Перемиль". Азъ же идох к Василкови, и повѣдах ему вся рѣчи Давыдовы. Он же рече: „Сего есмъ не молвилъ, но надѣюся на богъ. Пошлю къ Володимеру, да быша не прольяли мене ради крови. Но сему ми дивно, дает ми городъ свой, а мой Теребовль, моя власть и ныне и пождавше"; яко же и бысть; вскорѣ бо прия власть свою. Мнѣ же рече: „Иди к Давыдови и рци ему: Пришли ми Кульмѣя, а ти пошлю к Володимеру". И не послуша его Давыдъ, и посла мя пакы река: „Нѣ ту Кулмѣя". И рече ми Василко: „Посѣди мало". И повелѣ слузѣ своему ити вонъ, и сѣде со мною, и нача ми глаголати: „Се слышю, оже мя хочетъ дати ляхом Давыдъ; то се мало ся насытилъ крове моея, а се хочеть боле насытитися, оже мя вдасть имъ? Азъ бо ляхом много зла творих, и хотѣл есмь створити и мстити Русьскѣй земли. И аще мя вдасть ляхом, не боюся смерти; но се повѣдаю ти поистинѣ, яко на мя богъ наведе за мое възвышенье; яко приде ми вѣсть, яко идуть къ мнѣ берендичи, и печенѣзи, и торци, и рекох въ умѣ своемь: оже ми будуть берендичи, и печенѣзи, и торци, реку брату своему Володареви и Давыдови: дайта ми дружину свою молотшюю, а сама пийта и веселитася. И помыслих: на землю Лядьскую наступлю на зиму, и на лѣто и возму землю Лядьскую, и мьщю Русьскую землю. И посем хотѣл есмъ переяти болгары дунайскыѣ и посадити я́ у собе. И посем хотѣхъ проситися у Святополка и у Володимера ити на половци, да любо налѣзу собѣ славу, а любо голову свою сложю за Русьскую землю. Ино помышленье в сердци моем не было ни на Святополка, ни на Давыда. И се кленуся богомь и его пришествием, яко не помыслилъ есмь зла братьи своей ни в чем же. Но за мое вознесенье иже поидоша береньдичи ко мнѣ, и веселяся сердце мое и возвеселися умъ мои, низложи мя богъ и смири".

Посем же приходящю Велику дни, поиде Давыдъ, хотя переяти Василкову волость; и усрѣте й Володарь, брат Василковъ, у Божьска. И не смѣ Давыдъ стати противу Василкову брату, Володарю, и затворися в Бужьскѣ, и Володарь оступи й в городѣ. И нача Володарь молвити: „Почто зло створивъ и не каешися его? Да уже помянися, колико еси зла створилъ". Давыдъ же на Святополка нача извѣтъ имѣти, глаголя: „Ци я се створилъ, ци ли в моем городѣ? Я ся сам боялъ, аще быша и мене яли и створили тако же. Неволя ми было пристати в совѣтъ, ходяче в руку". И рече Володарь: „Богъ свѣдѣтель тому, а нынѣ пусти брат мой, и створю с тобою миръ". И радъ бывъ Давыдъ, посла по Василка, и приведъ й дасть Володарю, и створися миръ, и разидостася. И сѣде Василко Теребовли, а Давыдъ приде Володимерю. И наставши веснѣ, приде Володарь и Василько на Давыда, и придоста ко Всеволожю, а Давыдъ затворися Володимери. Онѣма же ставшима около Всеволожа, и взяста копьем град и зажгоста огнем, и бѣгоша людье огня. И повелѣ Василко исѣчи вся, и створи мщенье на людех неповинных, и пролья кровь неповинну. Посем же придоста к Володимерю, и затворися Давыдъ в Володимери, и си оступиша град. И посласта к володимерцем, глаголюще: „Вѣ не приидоховѣ на град вашь, ни на вас, но на врагы своя, на Туряка, и на Лазаря и на Василя, ти бо суть намолвили Давыда, и тѣх есть послушалъ Давыдъ и створилъ се зло. Да аще хощете за сих битися, да се мы готови, а любо выдайте врагы наша". Гражане же, се слышавъ, созваша вѣче, и рѣша Давыдови людье: „Выдай мужи сия, не бьемъся за сих, а за тя битися можем. Аще ли, — то отворим врата граду, а сам промышляй о собѣ". И неволя бысть выдати я́. И рече Давыдъ: „Нѣту ихъ здѣ"; бѣ бо я послалъ Лучьску. Онѣм же пошедшим Лучьску, Турякъ бѣжа Кыеву, а Лазарь и Василь воротистася Турийску. И слышаша людье, яко Турийскѣ суть, кликнуша людье на Давыда, и рекоша: „Выдай, кого ти хотять. Аще ли, — то предаемъся". Давыдъ же, пославъ, приведе Василя и Лазаря, и дасть я́. И створиша миръ в недѣлю. А заутра, по зори, повѣсиша Василя и Лазаря и растрѣляша стрѣлами Василковичи, и идоша от града. Се же 2-е мщенье створи, его же не бяше лѣпо створити, да бы богъ отместник былъ, и взложити было на бога мщенье свое, яко же рече пророкъ: „И вздам месть врагом, и ненавидящим мя вздам, яко кровь сыновъ своихъ мщаеть и мстить, и вздасть месть врагом и ненавидящим его". Сим же от града отшедшим, сею́ же снемше погребоша я́.

Святополку же обѣщавшюся прогнати Давыда, поиде к Берестью к Ляхом. Се слышавъ Давыдъ, иде в Ляхы к Володиславу, ища помощи. Ляхове же обѣщашася ему помагати, и взяша у него злата 50 гривен, рекуще ему: „Поиди с нами Берестью, яко се вабит ны Святополкъ на снем, и ту умирим тя с Святополком". И послушавъ ихъ Давыдъ, иде Берестью с Володиславом. И ста Святополкъ в градѣ, а ляхове на Бугу, и сослася рѣчьми Святополкъ с ляхы, и вдасть дары велики на Давыда. И рече Володиславъ Давыдови: „Не послушаеть мене Святополкъ, да иди опять". И приде Давыдъ Володимерю, и Святополкъ, съвѣтъ створи с ляхы, поиде к Пиньску, пославъ по воѣ. И приде Дорогобужю, и дожда ту вой своихъ, и поиде на Давыда къ граду, и Давыдъ затворися в градѣ, чая помощи в лясѣхъ, бѣша бо ему рекли, яко „Аще придуть на тя русьскыѣ князи, то мы ти будем помощници"; и солгаша ему, емлюще злато у Давыда и у Святополка. Святополкъ же оступи град, и стоя Святополкъ около града 7 недѣль; и поча Давыдъ молитися: „Пусти мя из града". Святополкъ же обѣщася ему, и цѣловаста крестъ межи собою, и изиде Давыдъ из града, и приде в Червенъ, а Святополкъ вниде в град в великую суботу, а Давыдъ бѣжа в Ляхы.

Святополкъ же, прогнавъ Давыда, нача думати на Володаря и на Василка, глаголя, яко „Се есть волость отца моего и брата", и поиде на ня. Се слышавъ Володарь и Василко, поидоста противу, вземша крестъ, его же бѣ цѣловалъ к нима на сем, яко „На Давыда пришелъ есмъ, а с вама хочю имѣти миръ и любовь". И преступи Святополкъ крестъ, надѣяся на множество вой. И срѣтошася на поли на Рожии, исполчившимся обоим, и Василко възвыси крестъ, глаголя, яко „Сего еси цѣловалъ, се перьвѣе взялъ еси зракъ очью моею, а се нынѣ хощеши взяти душю мою. Да буди межи нами крестъ сь". И поидоша к собѣ к боеви, и сступишася полци, и мнози человѣци благовѣрнии видѣша крестъ над Василковы вои възвышься велми. Брани же велицѣ бывши и мнозѣмъ падающим от обою полку, и видѣвъ Святополкъ, яко люта брань, и побѣже, и прибѣже Володимерю. Володарь же и Василко, побѣдивша, ста́ста ту, рекуща: „Довлѣеть нама на межи своей стати", и не идоста никамо же. Святополкъ же прибѣже Володимерю, и с ним сына его 2, и Ярополчича 2, и Святоша, сынъ Давыдовъ Святославича, и прочая дружина. Святополкъ же посади сына своего в Володимери Мстислава, иже бѣ ему от наложницѣ, а Ярослава посла в Угры, вабя угры на Володаря, а сам иде Кыеву. Ярослав же, сынъ Святополчь, приде съ угры, и король Коломанъ и 2 пископа, и сташа около Перемышля по Вагру, а Володарь затворися в градѣ. Давыдъ бо в то чинь пришедъ из Ляховъ, и посади жену свою у Володаря, а сам иде в Половцѣ. И устрѣте и́ Бонякъ, и воротися; Давыдъ, и поидоста на угры. Идущема же има, сташа ночлѣгу и яко бысть полунощи, и вставъ Бонякъ отъѣха от вой, и поча выти волчьскы, и волкъ отвыся ему, и начаша волци выти мнози. Бонякъ же приѣхавъ повѣда Давыдови, яко „Побѣда ны есть на угры заутра". И наутрия Бонякъ исполчи вои своѣ, и бысть Давыдовъ вой 100, а у самого 300; и раздѣли я на 3 полкы, и поиде къ угром. И пусти на воропъ Алтунапу въ 50 чади, а Давыда постави подъ стягом, а самъ раздѣлися на 2 части, по 50 на сторонѣ. Угри же исполчишася на заступы, бѣ бо угръ числом 100 тысящь. Алтунопа же пригна къ 1-му заступу, и стрѣливше побѣгнуша предъ угры, угри же погнаша по них. Яко бѣжаще минуша Боняка, и Бонякъ погнаше сѣка в тылъ, а Алтунопа възвратяшеться вспять, и не допустяху угръ опять, и тако множицею убивая сбиша ѣ в мячь. Бонякъ же раздѣлися на 3 полкы, и сбиша угры акы в мячь, яко се соколъ сбиваеть галицѣ. И побѣгоша угри, и мнози истопоша в Вягру, а друзии в Сану. И бѣжаще возлѣ Санъ у гору, и спихаху другъ друга, и гнаша по них 2 дни, сѣкуще. Ту же убиша и пископа ихъ Купана и от боляръ многы; глаголаху бо, яко погыбло ихъ 40 тысящь.

Ярослав же бѣжа на Ляхы, и приде Берестью, а Давыдъ заимъ Сутѣску и Червенъ, приде внезапу, и зая володимерцѣ, а Мстиславъ затворися в градѣ с засадою, иже бѣша у него берестьяне, пиняне, выгошевци. И ста Давыдъ, оступивъ град, и часто приступаше. Единою подступиша к граду под вежами, онѣм же бьющим с града, и стрѣляющим межи собою, идяху стрѣлы акы дождь. Мстиславу же хотящю стрѣлити, внезапу ударенъ бысть подъ пазуху стрѣлою, на заборолѣхъ, сквозѣ дску скважнею, и сведоша й, и на ту нощь умре. И таиша й 3 дни, и въ 4-й день повѣдаша на вѣчи. И рѣша людье: „Се князь убьенъ; да аще ся вдамы, Святополкъ погубит ны вся". И послаша к Святополку, глаголюще: „Се сынъ твой убьенъ, а мы изнемогаем гладом. Да аще не придеши, хотять ся людье предати, не могуще глада терпѣти". Святополкъ же посла Путяту, воеводу своего. Путята же с вои пришедъ к Лучьску к Святоши, сыну Давыдову, и ту бяху мужи Давыдови у Святошѣ, заходилъ бо бѣ ротѣ Святоша к Давыдови: „Аще поидеть на тя Святополкъ, то повѣмь ти". И не створи сего Святоша, но изъима мужи Давыдовы, а сам поиде на Давыда. И приде Святоша и Путята августа въ 5 день, Давыдовым воем облежащим град, в полуденье, Давыдови спящю, и нападоша на ня, и почаша сѣчи. И горожане скочиша з града, и почаша сѣчи воѣ Давыдовы, и побѣже Давыдъ и Мстиславъ, сыновець его. Святоша же и Путята прияста град, и посадиста посадника Святополча Василя. И приде Святоша Лучьску, а Путята Кыеву. Давыдъ побѣже в Половцѣ, и усрѣте й Бонякъ. И поиде Давыдъ и Бонякъ на Святошю к Лучьску, и оступиша Святошю в градѣ, и створиша миръ. И изиде Святоша из града, и приде къ отцю своему Чернигову. А Давыдъ перея Лучьскъ, и оттуду приде Володимерю; посадник же Василь выбѣже, а Давыдъ перея Володимерь и сѣде в нем. А на 2-е лѣто Святополкъ, Володимерь, Давыдъ и Олегъ привабиша Давыда Игоревича, и не даша ему Володимеря, но даша ему Дорогобужь, в нем же и умре. А Святополкъ перея Володимерь, и посади в нем сына своего Ярослава.

В лѣто 6606 [1098]. Приде Володимеръ, и Давыдъ, и Олегъ на Святополка, и сташа у Городца, и створиша миръ, яко же и в прежнее лѣто сказахъ.

В лѣто 6607 [1099]. Изиде Святополкъ на Давыда к Володимерю и прогна Давыда в Ляхы. В се же лѣто побьени угри у Перемышля. В се же лѣто убьенъ Мстиславъ, сынъ Святополчь, в Володимери, мѣсяца июня въ 12 день.

В лѣто 6608 [1100]. Выиде Мстиславъ от Давыда на море мѣсяца июня в 10. В том же лѣте братья створиша миръ межи собою, Святополкъ, Володимеръ, Давыдъ, Олегъ, въ Увѣтичих, мѣсяца августа во 10 день. Того же мѣсяца въ 30, том же мѣстѣ, братья вся сняшася, Святополкъ, Володимеръ, Давыдъ, Олегъ, и приде к ним Игоревичь Давыдъ, и рече к ним: „На что мя есте привабили? Осе есмъ. Кому до мене обида?“. И отвѣща ему Володимеръ: „Ты еси прислалъ к нам: Хочю, братья, прити к вам, и пожаловатися своея обиды. Да се еси пришелъ и сѣдишь с братьею своею на одином коврѣ: то чему не жалуешься? до кого ти нас жалоба?“. И не отвѣща Давыдъ ничто же. И сташа вся братья на коних; и ста Святополкъ с своею дружиною, а Давыдъ и Олегъ с своею разно, кромѣ собе. А Давыдъ Игоревичь сѣдяше кромѣ, и не припустяху его к собѣ, но особь думаху о Давыдѣ. И сдумавше послаша к Давыду мужи своѣ, Святополкъ Путяту, Володимеръ Орогостя и Ратибора, Давыдъ и Олегъ Торчина. Послании же придоша к Давыдови и рекоша ему: „Се ти молвять братья: Не хочемъ ти дати стола Володимерьскаго, зане вверглъ еси ножь в ны, его же не было в Рускѣй земли. Да се мы тебе не имемъ, ни иного ти зла не створим, но се ти даем: шед сяди в Бужьскѣмь въ Острозѣ, а Дубенъ и Черторыескъ то ти даеть Святополкъ, а се ти даеть Володимеръ 200 гривен, а Давыдъ и Олегъ 200 гривен". И тогда послаша слы своя к Володареви и к Василкови: „Поими брата своего Василка к собѣ, и буди вама едина власть, Перемышль. Да аще вам любо, да сѣдита, аще ли ни, — да пусти Василка сѣмо, да его кормим сдѣ. А холопы наша выдайта и смерды". И не послуша сего Володарь, ни Василко. А Давыдъ сѣде Божьскѣмь, и посемь вдасть Святополкъ Давыдови Дорогобужь, в нем же и умре; а Володимеръ вда сынови своему Ярославу.

В лѣто 6609 [1101]. Преставися Всеславъ, полоцкий князь, мѣсяца априля въ 14 день, въ 9 часъ дне, въ среду. В то же лѣто заратися Ярославъ Ярополчичь Берестьи и иде на нь Святополкъ, и заста й в градѣ, и емъ й, и окова, и приведе й Кыеву. И молися о нем митрополитъ и игумени, и умолиша Святополка, и заводиша й у раку святою Бориса и Глѣба, и сняша с него оковы, и пустиша й. Томь же лѣтѣ совокупишася вся братья: Святополкъ, Володимеръ, и Давыдъ, и Олегъ, Ярославъ, брат ею, на Золотьчи. И присласа половци слы от всѣх князий ко всей братьи, просяще мира. И рѣша имъ русскыи князи: „Да аще хощете мира, да совокупимся у Сакова". И послаша по половцѣ, и сняшася у Сакова, и створиша миръ с половци, и пояша тали межи собою, мѣсяца семтября въ 15 день, и разидошася разно.

В лѣто 6610 [1102]. Выбѣже Ярославъ Ярополчичь ис Кыева, мѣсяца октября въ 1. Того же мѣсяца на исходѣ, прелстивъ Ярославъ Святополчичь Ярослава Ярополчича, и ятъ й на Нурѣ, и приведе й къ отцю Святополку, и оковаша й. Том же лѣтѣ, мѣсяца декабря въ 20, приде Мстиславъ, сынъ Володимеръ, с новгородци; бѣ бо Святополкъ с Володимером рядъ имѣлъ, яко Новугороду быти Святополчю и посадити сынъ свой в немь, а Володимеру посадити сынъ свой в Володимери. И приде Мстиславъ Кыеву, и сѣдоша в-ызбѣ, и рѣша мужи Володимери: „Се прислалъ Володимеръ сына своего, да се сѣдять новгородци, да поимше сына твоего и идуть Новугороду, а

Мьстиславъ да идеть Володимерю". И рѣша новгородци Святополку: "Се мы, княже, прислани к тобѣ, и ркли ны тако: не хочем Святополка, ни сына его. Аще ли 2 главѣ имѣеть сынъ твой, то пошли и́; а сего ны далъ Всеволодъ, а въскормили есмы собѣ князь, а ты еси шелъ от насъ". И Святополкъ же многу прю имѣвъ с ними, онѣм же не хотѣвшим, поимше Мстислава, придоша Новугороду. В то же лѣто бысть знаменье на небеси, мѣсяца генваря въ 29 день, по 3 дни, акы пожарная заря от въстока и уга и запада и сѣвера, и бысть тако свѣтъ всю нощь, акы от луны полны свѣтящься. В то же лѣто бысть знаменье в лунѣ, мѣсяца февраля въ 5 день. Того же мѣсяца въ 7 день бысть знаменье в солнци: огородилося бяше солнце в три дугы, и быша другыя дугы хребты к собѣ. И сия видяще знаменья благовѣрнии человѣци со въздыханьем моляхуся к богу и со слезами, дабы богъ обратилъ знаменья си на добро: знаменья бо бывають ова на зло, ова ли на добро. На придущее лѣто вложи богъ мысль добру в русьскыѣ князи: умыслиша дерзнути на половцѣ и поити в землю ихъ, еже и бысть, яко же скажем послѣже в пришедшее лѣто. В се же лѣто преставися Ярославъ Ярополчичь, мѣсяца августа въ 11 день. В се же лѣто ведена бысть дщи Святополча Сбыслава в Ляхы за Болеслава, мѣсяца ноября въ 16 день.

В лѣто 6611 [1103]. Богъ вложи в сердце княземъ рускым Святополку и Володимиру, и снястася думати на Долобьскѣ. И сѣде Святополкъ с своею дружиною, а Володимеръ с своею въ единомь шатрѣ. И почаша думати и глаголати дружина Святополча, яко "Негодно нынѣ веснѣ ити, хочем погубити смерды и ролью ихъ". И рече Володимеръ: "Дивно ми, дружино, оже лошадий жалуете, ею же ктоореть; а сего чему не промыслите, оже то начнеть орати смердъ, и приѣхавъ половчинъ ударить и́ стрѣлою, а лошадь его поиметь, а в село его ѣхавъ иметь жену его и дѣти его, и все его имѣнье? То лошади жаль, а самого не жаль ли?" И не могоша отвѣщати дружина Святополча. И рече Святополкъ: "Се язъ готовъ уже". И вста Святополкъ, и рече ему Володимеръ: „То ти, брате, велико добро створиши землѣ Русскѣй". И посласта ко Олгови и Давыдови, глаголюща: „Поидита на половци, да любо будем живи, любо мертви". И послуша Давыдъ, а Олегъ не всхотѣ сего, вину река: „Не сдравлю". Володимеръ же цѣловавъ брата своего, и поиде Переяславлю, а Святополкъ по нем, и Давыдъ Святославичь, и Давыдъ Всеславичь, и Мстиславъ Игоревъ внукъ, Вячеславъ Ярополчичь, Ярополкъ Володимеричь. И поидоша на конихъ и в лодьях, и придоша ниже порогъ, и сташа в протолчех в Хортичем островѣ. И всѣдоша на конѣ, и пѣшци из лодей выседше идоша в поле 4 дни, и придоша на Сутѣнь. Половци же, слышавше, яко идеть Русь, собрашася бе-щисла, и начаша думати. И рече Урусоба: „Просим мира у Руси, яко крѣпко имуть битися с нами, мы бо много зла створихом Русскѣй земли". И рѣша унѣйшии Урособѣ: „Аще ты боишися Руси, но мы ся не боимъ. Сия бо избивше, поидем в землю ихъ, и приимемъ грады ихъ, и кто избавить й от насъ?" Русскиѣ же князи и вои вси моляхуть бога, и обѣты вздаяху богу и матери его, овъ кутьею, овъ же милостынею убогым, инии же манастырем требованья. И сице молящимся, поидоша половци и послаша пред собою в сторожѣ Алтунопу, иже словяше в них мужеством. Тако же русскиѣ князи послаша сторожѣ своѣ. И устерегоша рускиѣ сторожеве Олтунопу, и обиступивьше й, и убиша Алтунопу и сущая с ним, и не избысть ни единъ, но вся избиша. И поидоша полкове, аки борове, и не бѣ презрѣти ихъ: и Русь поидоша противу имъ. И богъ великый вложи ужасть велику в половцѣ, и страх нападе на ня и трепетъ от лица русскых вой, и дрѣмаху сами, и конем ихъ не бѣ спѣха в ногах. Наши же с весельем на конѣх и пѣши поидоша к ним. Половци же, видѣвше устремленье руское на ся, не доступивше побѣгоша пред русскими полки. Наши же погнаша, секуще я́. Дни 4 априля мѣсяца велико спасенье богъ створи, а на врагы наша дасть побѣду велику. И убиша ту в полку князий 20: Урусобу, Кчия, Арьсланапу, Китанопу, Кумана, Асупа, Куртка, Ченегрепу, Сурьбаря и прочая князий их, а Белдюзя яша. Посем же сѣдоша братья, побѣдивше врагы своя, и́ приведоша Белдюзя к Святополку, и нача Белдюзь даяти на собѣ злато, и сребро, и конѣ, и скотъ. Святополкъ же посла и́ к Володимеру. И пришедшю ему, нача впрашати его Володимеръ: „То вѣдѣ яла вы рота. Многажды бо ходивше ротѣ, воевасте Русскую землю. То чему ты не казаше сыновъ своихъ и роду своего не преступати роты, но проливашеть кровь хрестьяньску? Да се буди кровь твоя на главѣ твоей". И повелѣ убити и́, и тако расѣкоша и́ на уды. И посем сняшася братья вся, и рече Володимеръ: „«Сь день, иже створи господь, възрадуемся и възвеселимся во нь»; яко господь избавилъ ны есть от врагъ нашихъ, и покори врагы наша, и «скруши главы змиевыя, и далъ еси сих брашно людем» русьскымъ". Взяша бо тогда скоты, и овцѣ, и конѣ, и вельблуды, и вежѣ с добытком и с челядью, и заяша печенѣгы и торкы с вежами. И придоша в Русь с полоном великым, и с славою и с побѣдою великою. Сем же лѣтѣ придоша прузи, августа въ 1 день. Того же мѣсяца въ 18 день иде Святополкъ, и сруби городъ Гюргевъ, его же бѣша пожгли половци. Того же лѣта бися Ярославъ с мордвою, мѣсяца марта в 4 день, и побѣженъ бысть Ярославъ.

В лѣто 6612 [1104]. Ведена дщи Володарева за царевичь за Олексиничь, Цесарюгороду, мѣсяца иулия въ 20. Томь же лѣтѣ ведена Передъслава, дщи Святополча, в Угры, за королевичь, августа въ 21 день. Том же лѣтѣ приде митрополитъ Никифоръ в Русь, мѣсяца декабря въ 6 день. Того же мѣсяца преставися Вячеславъ Ярополчичь въ 13 день. Того же мѣсяца въ 18 Никифоръ митрополитъ на столѣ посаженъ. Се же скажем: сего же лѣта исходяща, посла Святополкъ Путяту на Мѣнескъ, а Володимеръ сына своего Ярополка, а Олегъ сам иде на Глѣба, поемше Давыда Всеславича; и не успѣша ничто же, и възвратишася опять. И родися у Святополка сынъ, и нарекоша имя ему Брячиславъ. В се же лѣто бысть знаменье: стояше солнце в крузѣ, а посредѣ круга кресть, а посредѣ креста солнце, а внѣ круга обаполы два солнца, а надъ солнцемь кромѣ круга дуга, рогома на сѣверъ; тако же знаменье и в лунѣ тѣм же образом, мѣсяца февраля въ 4 и 5 и 6 день, в дне по 3 дни, а в нощь в лунѣ по 3 нощи.

В лѣто 6613 [1105]. Постави митрополитъ епископа Анфилофия Володимерю, мѣсяца августа въ 27 день. Томь же лѣтѣ постави Лазаря в Переяславль, ноября въ 12. Томь же лѣтѣ постави Мину Полотьску, декабря въ 13 день.

В лѣто 6614 [1106]. Воеваша половци около Зарѣчьска, и посла по них Святополкъ Яня и Иванка Захарьича, Козарина; и угониша половцѣ, и полонъ отяша. В се же лѣто преставися Янь, старець добрый, живъ лѣтъ 90, в старости мастите́; живъ по закону божью, не хужий бѣ первых праведник. От него же и азъ многа словеса слышах, еже и вписах в лѣтописаньи семь, от него же слышах. Бѣ бо мужь благъ, и кротокъ и смѣренъ, огрѣбаяся всякоя вещи, его же и гробъ есть въ Печерьском монастыри, в притворѣ, иде же лежить тѣло его, положено мѣсяца иуня въ 24. В се же лѣто постриже ся Еупракси, Всеволожа дщи, мѣсяца декабря въ 6. В то же лѣто прибѣже Избыгнѣвъ к Святополку. В то же лѣто пострижеся Святославь, сынъ Давыдовъ, внукъ Святославль, мѣсяца февраля въ 17 день. Том же лѣтѣ побѣдиша зимѣгола Всеславичь, всю братью, и дружины убиша 9 тысящь.

В лѣто 6615 [1107], индикта, кругъ луны 4 лѣто, а солнечнаго круга 8 лѣто. В се же лѣто преставися Володимеряя, мѣсяця мая въ 7 день. Того же мѣсяця воева Бонякъ, и зая конѣ у Переяславля. Том же лѣтѣ приде Бонякъ, и Шаруканъ старый и ини князи мнози, и сташа около Лубьна. Святополкъ же, и Володимеръ, и Олегъ, Святославь, Мстиславъ, Вячеславъ, Ярополкъ идоша на половци къ Лубну, и въ 6 час дне бродишася чресъ Сулу, и кликнуша на них. Половци же ужасошася, от страха не възмогоша ни стяга поставити, но побѣгоша, хватающе кони, а друзии пѣпобѣши гоша. Наши же почаша сѣчи, женущи я̀, а другѣѣ руками имати, и гнаша ноли до Хорола.

Убиша же Таза, Бонякова брата, а Сугра яша и брата его, а Шаруканъ едва утече. Отбѣгоша же товара своего, еже взяша русскии вои, мѣсяца августа въ 12, и възвратишася в свояси с побѣдою великою. Святополкъ же приде в Печерьскый манастырь на заутреню на Успенье святыя богородица, и братья цѣловаша и́ с радостью великою, глаголюще, яко врази наша побѣжени быша, молитвами святыя богородица и святаго отца нашего Феодосья. Такъ бо обычай имяше Святополкъ: коли идяше на войну, или инамо, толи поклонивъся у гроба Феодосиева и молитву вземъ у игумена, ту сущаго, то же идяше на путь свой. В то же лѣто преставися княгини, Святополча мати, мѣсяца генваря въ 4 день. Томь же лѣтѣ, мѣсяца того же, иде Володимеръ, и Давыдъ и Олегъ къ Аепѣ и ко другому Аепѣ, и створиша миръ. И поя Володимеръ за Юргя Аепину дщерь, Осеневу внуку, а Олегъ поя за сына Аепину дчерь, Гиргеневу внуку мѣсяца генваря 12 день. А февраля 5 трясеся земля пред зорями в нощи.

В лѣто 6616 [1108]. Заложена бысть церкы святаго Михаила, Золотоверхая, Святополком княземъ, въ 11 иулия мѣсяца. И кончаша тряпезницю Печерьскаго манастыря при Феоктистѣ игуменѣ, иже ю и заложи повелѣньемь Глѣбовымъ, иже ю и стяжа. В се же лѣто вода бысть велика въ Днѣпрѣ, и в Деснѣ, и въ Припетѣ. В сем же лѣтѣ вложи богъ в сердце Феоктисту, игумену печерьскому, и нача възвѣщати князю Святополку, дабы вписалъ Феодосья в сѣнаникъ. И радъ бывъ, обѣщася и створи, повелѣ митрополиту вписати в синодикъ. И повелѣ вписывати по всѣмъ епископьямъ, и вси же епископи с радостью вписаша, и поминати и́ на всѣх соборехъ. В се же лѣто преставися Катерина, Всеволожа дщи, мѣсяца иулия в 11. В се же лѣто кончаша верхъ святыя богородица на Кловѣ, заложенѣй Стефаном игуменом печерьскым.

В лѣто 6617 [1109]. Преставися Евпракси, дщи Всеволожа, мѣсяца иулия въ 10 день, и положена бысть в Печерском манастырѣ у дверий, яже ко угу. И здѣлаша над нею божонку, иде же лежит тѣло ея. В то же лѣто, мѣсяца декабря въ 2 день, Дмитръ Иворовичь взя вежѣ половечскыѣ у Дону.

В лѣто 6618 [1110]. Идоша веснѣ на половцѣ Святополкъ, и Володимеръ, и Давыдъ. И дошедше Воиня, и воротишася. Том же лѣтѣ бысть знаменье в Печерьстѣм монастырѣ въ 11 день февраля мѣсяца: явися столпъ огненъ от земля до небеси, а молнья освѣтиша всю землю, и в небеси погремѣ в час 1 нощи; и весь миръ видѣ. Сей же столпъ первѣе ста на трапезници каменѣй, яко не видѣти бысть креста, и постоявъ мало, съступи на церковь и ста над гробомъ Феодосьевым, и потом ступи на верхъ акы ко встоку лицемь, и потом невидим бысть. Се же бѣаше не огненый столпъ, но видъ ангелескъ: ангелъ бо сице является, ово столпом огненым, ово же пламенем. Яко же рече Давыдъ: „Творя ангелы своя духы и слугы своя огнь палящь, и шлеми суть повелѣньем божьимь, амо же хощеть владыка и творець всѣх. Ангелъ бо приходить, кдѣ благая мѣста и молитвении домове, и ту показаеть нѣчто мало видѣнья своего, яко мощно видѣти человѣкомъ; не мощно бо зрѣти человекомъ естьства ангельскаго, яко и Моиси великый не взможе видѣти ангелскаго естьства: водяшеть бо я̀ въ день столпъ облаченъ, а в нощи столпъ огненъ, то се не столпъ водяше ихъ, но ангелъ идяше пред ними в нощи и въ дне. Тако и се явленье нѣкоторое показываше, ему же бѣ быти, еже и бысть на 2-е бо лѣто не сь ли ангел вожь бысть на иноплеменникы и супостаты, яко же рече: „Ангелъ пред тобою предъидеть", и пакы: „Ангелъ твой буди с тобою?"

Игуменъ Силивестръ святаго Михаила написахъ книгы си Лѣтописець, надѣяся от бога милость прияти, при князи Володимерѣ, княжащу ему Кыевѣ, а мнѣ в то время игуменящу у святаго Михаила въ 6624, индикта 9 лѣта; а иже чтеть книгы сия, то буди ми въ молитвахъ.

ПРОДОЛЖЕНИЕ ПО ИПАТЬ-ЕВСКОЙ ЛЕТОПИСИ

Яко же пророкъ Давидъ глаголеть: „Яко ангеломъ своимъ заповѣсть от тебе схранить тя". Яко же пишеть премудрый Епифаний: „Къ коеи же твари ангелъ приставленъ; ангелъ облакомъ и мъгламъ, и снѣгу, и граду, и мразу, ангелъ гласомъ и громомъ, ангелъ зимы, и зноеви, и осени, и весны, и лѣта, всему духу твари его на земли, и таиныя бездны, и суть скровены подъ землею, и преисподънии тьмы, и сущи връху бездны, бывшия древле верху земля, от нея же тмы, вечеръ, и нощь, и свѣтъ, и день". Ко всимъ тваремъ ангели приставлени; тако же ангелъ приставленъ къ которои убо земли, да соблюдають куюжъто землю, аще суть и погани. Аще божий гнѣвъ будеть на кую убо землю, повелѣвая ангелу тому на тую убо землю бранью ити, то онои землѣ ангелъ не воспротивится повелѣнью божью. Яко и се бяше, и на ны навелъ богъ, грѣхъ ради нашихъ, иноплеменники поганыя, и побѣжахуть ны повелѣньемъ божьимъ: они бо бяху водими аньеломъ, по повелѣнью божью. Аще ли кто речеть, яко аньела нѣсть у поганыхъ, да слышить, яко Олександру Макидоньскому, ополчившю на Дарья и пошедшю ему, и побидившю землю всю от въстокъ и до западъ, и поби землю Егыпетьскую, и поби Арама, и приде в островы морьскыя; и врати лице свое взыти въ Ерусалимъ, побидити жиды, зане же бяху мирни со Дарьемъ. И поиди со вси вои его, и ста на товарищи, и почи. И приспѣ ночь, и лежа на ложи своемь посредѣ шатра, отверзъ очи свои, види мужа, стояща над нимь и мѣчъ нагъ в руцѣ его, и обличье меча его, яко молонии. И запряже мечемь своимъ на главу цесареву. И ужасеся цесарь велми, и рече: „Не бий мене". И рече ему ангелъ: „Посла мя богъ уимати цесарѣ великии предъ тобою и люди многи, азъ же хожю Предъ тобою, помагая ти. А нынѣ вѣдай, яко умерыши понеже помыслилъ еси взити въ Ерусалимъ, зло створити ерѣемъ божьимъ и к людемъ его". И рече цесарь: „Молю тя, о господи, отпусти нынѣ грѣхъ раба твоего. Аче не любо ти, а ворочюся дому моему". И рече ангелъ: „Не бойся, иди путемъ твоимъ къ Иерусалиму, и узриши ту въ Ерусалими мужа въ обличении моем, и борзо пади на лици своемь, и поклонися мужу тому, и все, еже речеть к тобѣ, створи. Не прѣступи рѣчи ему. Вонь же день притупиши рѣчь его, и умерши". И въставъ цесарь, иде въ Ерусалимъ, и пришедъ въспроси ерѣевъ: „Иду ли на Дарья?" И показаша ему книги Данила пророка, и рекоша ему: „Ты еси козелъ, а онъ овенъ, и потолчеши, и возмеши царство его". Се убо не ангелъ ли вожаше Олександра, не поганъ ли побѣжаше и вси Елини кумирослужебници? Тако и си погании попущени грѣхъ ради нашихъ. Се же вѣдомо буди, яко въ хрестьянехъ не единъ ангелъ, но елико крестишася, паче же къ благовѣрнымъ княземъ нашимъ; но противу божью повеленью не могуть противитися, но молять бога прилѣжно за хрестьяньскыя люди. Яко же и бысть: молитвами святыя богородице и святых ангелъ умилосердися богъ, и посла ангелы в помощь руськимъ княземъ на поганыя. Яко же рече к Моисѣеви: „Се ангелъ мой прѣдыпоидеть предъ лицемъ твоимъ". Яко же рекохомъ прѣже зьнаменье се бысть мѣсяца февраля въ 11 день, исходяще сему лѣту 18.

В лѣто 6619 [1111]. Вложи богъ Володимеру въ сердце, и нача глаголяти брату своему Святополку, понужая его на поганыя, на весну. Святополкъ же повѣда дружини своей рѣчь Володимерю; они же рекоша: „Не веремя нынѣ погубити смерьды от рольи". И посла Святополкъ к Володимерю, глаголя: „Да быхови ся сняла, и о томъ подумали быхомъ съ дружиною". Послании же приидоша къ Володимеру и повѣдаша всю рѣчь Святополчю. И прииде Володимеръ, и срѣтостася на Долобьскѣ. И сѣдоша въ единомъ шатрѣ Святополкъ съ своею дружиною, а Володимеръ съ своею. И бывшу молчанью, и рече Володимеръ: „Брате, ты еси старѣй, почни глаголати, како быхм промыслили о Русьской земли". И рече Святополкъ: „Брате, ты почни". И рече

Володимеръ: „Како я хочю молвити, а на мя хотять молвити твоя дружина и моя, рекуще: хощеть погубити смерды и ролью смердомъ. Но се дивно мя, брате, оже смердовъ жалуете и ихъ коний, а сего не помышляюще, оже на весну начнеть смердъ тотъ орати лошадью тою, и приѣхавъ половчинъ, ударить смерда стрѣлою, и поиметь лошадь ту и жону его, и дѣти его, и гумно его зажжеть. То о сѣмь чему не мыслите?" И рекоша вся дружина: „Право во истину тако есть". И рече Святополкъ: „Се язъ, брате, готовъ есмь с тобою". И посласта ко Давыдови Святославичю, веляча ему съ собою. И въста Володимеръ и Святополкъ, и цѣловастася, и поидоста на Половцѣ Святополкъ съ сыномъ, Ярославъ, и Володимеръ съ сынми, и Давыдъ со сыномъ. И поидоша, возложивше надежю на бога и на пречистую матерь его, и на святыя ангелы его. И поидоша въ 2 недѣлю поста, а в пятокъ быша на Сулѣ. В суботу поидоша, и быша на Хоролѣ, и ту и сани пометаша. А в недѣлю поидоша, в ню же хрестъ цѣлують, и приидоша на Пселъ, и оттуди сташа на рѣцѣ Голтѣ. Ту пождаша и вои; и оттудо идоша Върьскла, ту же завътра, въ среду, хрестъ цѣловаша, и възложиша всю свою надежю на хрестъ со многими слезами. И оттудѣ приидоша многи рѣки въ 6 недѣль поста, и поидоша к Донови въ вторникъ. И оболичишася во бронѣ, и полки изрядиша, и поидоша ко граду Шаруканю. И князь Володимеръ пристави попы своя, ѣдучи предъ полкомъ, пѣти тропари коньдакы хреста честнаго и канунъ святой богородици. Поѣхаша ко граду, вечеру сущю, и в недѣлю выидоша из города, и поклонишася княземъ рускымъ, и вынесоша рыбы и вино. И перележаша нощь ту. И завътра, въ среду, поидоша к Сугрову, и пришедше зажьгоша и́, а в четвергъ поидоша съ Дона, а в пятницю завътра, мѣсяца марта въ 24 день, собрашася половци, изрядиша половци полки своя и поидоша к боеви. Князи же наши възложише надежю свою на бога, и рекоша: „Убо смерть намъ здѣ, да станемъ крѣпко". И цѣловашася другъ друга, възведше очи свои на небо, призываху бога вышняго. И бывшю же соступу и брани крѣпцѣ, богъ вышний возрѣ на иноплеменникы со гнѣвомъ, падаху предъ хрестьяны. И тако побѣжени быша иноплеменьници, и падоша мнози врази, наши супостати, предъ рускыми князи и вои на потоци Дегѣя. И поможе богъ рускымъ княземъ. И въздаша хвалу богу въ тъ день. И заутра, суботѣ наставшѣ, празноваша Лазарево въскресенье, благовѣщенья день, и похваливше бога, проводиша суботу, и в недѣлю приидоша. Наставшю же понедѣлнику страстныя недѣли, паки иноплеменници собраша полки своя многое множество, и выступиша яко борове велиции и тмами тмы. И оступиша полкы рускыи. И посла господь богъ ангела в помощь русьскымъ княземъ. И поидоша половецьстии полци и полъцѣ русьстѣи, и зразишася первое с полкомъ, и трѣсну аки громъ сразившима челома. И брань бысть люта межи ими, и падаху обои. И поступи Володимеръ с полки своими и Давыдъ, и возрѣвше половци вдашаплещи свои на бѣгъ. И падаху половци предъ полкомъ Володимеровомъ, невидимо бьеми ангеломъ, яко се видяху мнози человѣци, и главы летяху невидимо стинаемы на землю. И побиша я̀ в понедѣлникъ страстныи, мѣсяца марта въ 27 день. Избьени быша иноплеменницѣ многое множество, на рѣцѣ Салницѣ. И спасе богъ люди своя. Святополкъ же и Володимеръ, и Давыдъ прославиша бога давшаго имъ побѣду таку на поганыя, и взяша полона много и скоты, и кони, и овцѣ, и колодниковъ много изоимаша рукама. И въпросиша колодникъ глаголюще: „Како васъ толка сила и многое множество не могосте ся противити, но воскорѣ побѣгосте?". Си же отвѣщеваху, глаголюще: „Како можемъ битися с вами, а друзии ѣздяху верху васъ въ оружьи свѣтлѣ и страшни, иже помагаху вамъ?". Токмо се суть ангели, от бога послани помогатъ хрестьяномъ. Се бо ангелъ вложи въ сердце Володимеру Манамаху поустити братью свою на иноплеменникы, русьскии князи. Се бо, яко же рекохомъ, видинье видиша в Печерьскомъ манастыри, еже стояше столпъ огненъ на тряпезници, та же преступѣ на церковь и оттуда к Городцю; ту бо бяше Володимеръ в Радосыни. И тогда се ангелъ вложи

Володимеру въ сердце, нача понужати, яко же рекохомъ.

Тѣм же достойно похваляти ангелы, яко же Иоанъ Златоустець рече: ибо ти творцю безначално поють, милостиву ему быти и тиху человекомъ. Ангелы бо, глаголю, наша поборникы, на противныя силы воюющимъ, имъ же есть архангелъ Михаилъ, ибо со дьяволомъ тѣла ради Моисиева противяся, на князь же перьскии свободы ради людьския противяся. Повеленьемь божьимъ, всю тварь раздѣлити и языкомъ старишины наставляюще; симъ же нѣкоего перьсямъ презрѣти оправда, Михаила же сущимъ обрѣзаномъ людемъ схранити повелѣ, съставити же предѣлы ихъ прогнѣваньемъ, не по грѣховныя ярости, но от блаженаго нѣкоего неизреченьнаго слова; сему же работати июдеемъ персямъ нудящю, сему же на свободу изъвлекущю, и прилѣжно к богу молитву приносящимъ, глаголюще: Господи, вседержителю, доколѣ не помилуеши Иерусолима и градъ июдовыхъ, их же презрѣ сѣмьдесятное лѣто? Его же видѣ видиньемь и Данилъ летящее лице его, яко видъ молъиный, рещи, очи его, яко свѣщи, и мышьци его и голени, яко видъ мѣди блещащеся, и гласъ слова его, яко гласъ многаго народа. Отъ нихъ есть осла отвращая, и Валама от нечистого волъшьвлѣнья праздно творяй. От нихъ же и мѣчь извлѣкъ противу, Иисусу Наугину помощи ему на противныя образомъ повелѣвая. От нихъ есть 100 и 80 тысящь сурисъкиихъ единою нощью поразихъ, и сонъ варварьскыхъ смѣси смертью. От нихъ же есть, иже пророка Амбакума въздухомъ принесъ скончаньемь до пророка Данила, посредѣ же левъ прѣпита й. Таковии же убо и тации на враги изящьствують. Тако же есть и боголѣпный Рафаилъ: от единыя рыбы урѣза утрникы, бѣснующися отроковицю ицѣли, и слѣпа старца сълньця видѣти створи ему. Убо не великихъ ли честии достоини суть, нашю жизнь хранящѣ? Не токмо бо хранитель языкомъ повелени быша аньгели, яко же речено бысть: „Егда раздѣляше вышнии языкы, ихъ же расия сыны Адамовы, постави предѣлы языкомъ по числу ангелъ божий; ны и вѣрнымъ человекомъ комуждо достася ангелъ. Ибо отроковица ради изглаголавши апостолъ предъ дверьми стоящю Петру, Иродова лица избѣчь, глаголаху, не имущи вѣры: и ангелъ его есть. Свидительствуеть же и симъ господь, глаголя: "Видите и радите единого от малыхъ сихъ: глаголю бо вамъ, яко ангели ихъ видять лице воину отца моего, сущю на небесѣхъ". Еще же у коеиждо церкви хранителя ангелы пристави Христос, яко же открываеть Иоанъ, глаголя: "Рци ангелу, сущему въ церкьви Измуреньстѣ: видихъ твою нищету и скорбенъ, богатъ еси...". Добро извѣстьно убо есть любящимъ насъ ангеломъ, яко насъ ради къ владыцѣ молящимся. Ибо служебнии дуси суть, яко же и апостолъ глаголеть: "Въ служенье слеми хотящимъ ради наслѣдити спасенье". Ихъ же и поборники, и споборники, яко же и ныня слышалъ еси Данила, како вовѣди архангела Михаила персемь в часъ прогнѣванья нашея ради свободы. Се бо людемъ работати персямъ нужаше, яко же речено бысть, се же раздришити пленьныя тщашеся. И одалаеть Михаилъ противнику, ибо Ефратъ жидове прешедше, отьне пакы селенье прияша, и градъ, и церковь създаша. Тако же и великий Епифании вѣща: "Коемуждо языку ангелъ приставленъ"; и списанье бо к Данилу глагола: ангелъ и властеля елиномъ и Михаила властеля июдѣемъ; глаголеть же: "И постави уставы по числу ангелъ".

И се пакы, яко же Иполитъ глаголеть, толкуеть Данила: "В лѣто третьее Кура цесаря, азъ Даниль плакахься три недѣли; перваго же мѣсяца смирихся, моля бога дьний 20 и 1, прося от него откровенья таины; и услышавъ отец пусти слово твое, кажа хотящее быти имъ; и бысть на велицѣ рѣцѣ; лѣпо бяшеть ту ся явити, идѣ же хотяше и грѣхи отпущати. И возведъ очи свои, видѣхъ: и се мужь одѣнъ в багоръ. Первый рече, видѣньемъ, аки Гаврилъ ангелъ летя, сдѣ же не тако, но видъ самого господа, видъ же не свершена человека, но образомъ человекомъ являющася, яко же глаголеть: "И се мужь одѣнъ въ пъстро, и лядвия его припоясани златомъ чистомъ, и тѣло его, аки фарсисъ, и лице ему, аки молнья, и очи ему, яко свѣщи огненѣи, и мышци ему плещи подобни мѣди чистѣ, и глагола его, аки народа многа. И падохъ на земли, и се я мя аки рука, речи, человеку, и еще въстави мя на колѣну, и рече ко мнѣ: Не бойся, Даниле, вѣси, что ради приидохъ к тобѣ? Брань хочю створити съ княземъ перьскымъ. Но повѣдаю ти псанье в писаньи истинномъ, и ны никого же прящася о сѣмь со мною, развѣ Михаила князя вашего. Того бо оставихъ ту: от него же бо дьне устремися молити предъ богомъ твоимъ, услыша молитву твою, и пущенъ есмь азъ брань створити со княземь перескымъ, съвѣтъ ны который бысть не отпусти люди, да скоро убо будеть молитва твоя свершена; противихся ему и оставихъ ту Михаила князя вашего. Кто есть Михаилъ, развѣ аньгела прѣданаго людемъ?" Яко и к Моисиеви глаголеть: „Не имамъ с вами ити на путь, зане же суть людье жестокою выею"; но ангелъ мои идеть с вами.

Яко же и се с божьею помощью, молитвами святыя богородица и святыхъ ангелъ, възъвратишася русьстии князи въ свояси съ славою великою къ своимъ людемъ; и ко всимъ странамъ далнимъ, рекуще къ Грекомъ и Угромъ, и Ляхомъ, и Чехомъ, донде же и до Рима проиде, на славу богу всегда и нынѣ, и присно во вѣки, аминь.

Того же лѣта приставися княгыни Всеволожая, мѣсяца октября въ 7 день, и положена бысть у святаго Андрѣя в манастыри. Того же лѣта приставися Иоанъ, епископъ Черниговьский, мѣсяца ноября въ 23.

В лѣто 6620 [1112]. Индикта 5. Ярославъ ходи на ятвезѣ, сынъ Святополчь, и побѣди я; и, пришедъ с воины, посла Новугороду, и поя Мьстиславлю дщерь собѣ женѣ, Володимерю внуку, мѣсяца маия въ 12, а приведена бысть июня въ 29. Того же лѣта ведоша Володимерьну Офимью въ Угры за короля. Того же лѣта преставися Давыдъ Игоревичь, мѣсяца маия въ 25, и положено бысть тѣло его въ 29, въ церькви святыя богородица Влахѣрнѣ на Кловѣ. Томъ же лѣтѣ преставися Янка, дщи Всеволожа, сестра Володимѣра, мѣсяца ноября въ 3 день, положена бысть у церкви святаго Андрѣя, юже бѣ создалъ отець ея; ту бо ся бѣ и постьригла у церкви тоя, дѣвою сущи. Исходящю же сему лѣту, и поставиша Феоктиста епископомъ Чернѣгову, игумена Печерьскаго, мѣсяца генваря въ 12 день, а посаженъ на столѣ въ 19. И радъ бѣ князь Давыдъ, и княгини, бѣ бо ѣй отець духовный, и бояре, и вси людье радовахуся; бѣ бо пред нимъ епископъ боленъ и не моги служити, и лежа в болести лѣтъ 25; тѣмъ же князь и людье жадаху епискуплѣ службѣ и радовахуся, славяще бога. Сему же тако бывьшу и братьи сущи безъ игумена, совокупившимся братьи всѣй, и нарекоша в собѣ игумена Прохора попина, и възвистиша митрополиту и князю Святополку о немь. И повелѣ князь митрополиту поставити с радостью. И поставленъ бысть недѣлѣ масленоѣ в четвертъ, мѣсяца февраля въ 9 день. И тако внидоша в постъ братья и со игуменомъ.

В лѣто 6621 [1113]. Бысть знаменье въ солнци въ 1 часъ дьне; бысть видити всѣмъ людемъ: остася солнца мало, аки мѣсяца доловъ рогома, мѣсяца марта въ 19 день, а луны въ 29. Се же бывають знаменья не на добро; бывають знаменья въ солнци и в лунѣ или звѣздами не по всей землѣ, но в которой любо землѣ аще будеть знаменье, то та земля и видить, а ина земля не видить. Тако се древле, во дни Онтиоховы быша знаменья въ Ерусалимѣ, ключися являтися на въздуси на конихъ рыщуще во оружьи, и оружьемь двизанье, то се бяше въ Иерусалимѣ токмо, а по инымъ землямъ не бяше сего. Яко жь бысть знаменье въ солнцѣ, проявляше Святополчю смерть. По семь бо приспѣ праздникъ пасхы, и празьноваша; и по праздницѣ разболися князь; а преставися благовѣрныи князь Михаилъ, зовемый Святополкъ, мѣсяца априля въ 16 день за Вышегородомъ, и привезоша ѝ в лодьи Киеву, и спрятавше тѣло его, и възложиша на санѣ. И плакашеся по немь бояре и дружина его вся, пѣвше над нимь обычныя пѣсни, и положиша въ церкви святаго Михаила, юже бѣ самъ создалъ. Княгини же, (жена) его, много раздили богатьство монастыремъ и попомъ, и убогымъ, яко дивитися всѣмъ человекомъ, яко такоя милости никто же можеть створити. Наутрия же, въ семы на

10 день, свѣтъ створиша кияне, послаша к Володимеру, глаголюще: „Поиди, княже, на столъ отенъ и дѣденъ". Се слышавъ Володимеръ, плакася велми, и не поиде, жаля си по братѣ. Кияни же разъграбиша дворъ Путятинъ, тысячького, идоша на жиды, разграбиша я. И послашася паки кияне к Володимеру, глаголюще: „Поиди, княже, Киеву; аще ли не поидеши, то вѣси, яко много зло уздвигнеться, то ти не Путятинъ дворъ, ни соцькихъ, но и жиды грабити, и паки ти поидуть на ятровь твою и на бояры, и на манастырѣ, и будеши отвѣтъ имѣлъ, княже, оже ти манастырѣ разъграбять". Се же слышавъ Володимеръ, поиде в Киевъ.

Начало княженья Володимѣря, сына Всеволожа. Володимеръ Мономахъ сѣде Киевѣ в недѣлю. Усрѣтоша же и митрополитъ Никифоръ съ епископы и со всими кияне с честью великою. Сѣдѣ на столѣ отца своего и дѣдъ своихъ; и вси людье ради быша, и мятежь влеже. Слышавше же половцѣ смерть Святополчю, и съвокупившеся, и придоша къ Выры. Володимеръ же, совокупивъ сыны свои и сыновцѣ, иде къ Выру и совокупися съ Олгомъ, половцѣ же бѣжаша. Того же лѣта посади сына своего Святослава в Переяславлѣ, а Вячьслава у Смоленьскѣ. В се же лѣто преставися игуменья Лазорева манастыря, свята житьемъ, мѣсяца семтября въ 4 на десятъ день, живши лѣтъ шестьдесятъ в чернечествѣ, а от роженья девяносто лѣтъ и два. В се же лѣто поя Володимеръ за сына своего Романа Володаревну, мѣсяца семтября въ 1 на десятъ день. В се же лѣто Мьстиславъ заложи церковь камяну святаго Николы на княжѣ дворѣ, у торговища Новѣгородѣ. Того же лѣта посади сына своего Ярополка в Переяславлѣ. Томъ же лѣтѣ поставиша епископа Данила Гургеву, а Бѣлугороду Никиту.

В лѣто 6622 [1114]. Преставися Святославъ, сынъ Володимерь, мѣсяца марта 16 день, и положенъ бысть во Переяславлѣ у церкви святого Михаила; ту бо отець ему далъ столъ, выведы и изъ Смоленьска. В се же лѣто Мьстиславъ заложи Новъгородъ болии перваго. В се же лѣто заложена бысть

Ладога камениемъ на приспѣ Павломъ посадникомъ, при князѣ Мьстиславѣ. Пришедшю ми в Ладогу, повѣдаша ми ладожане; яко сдѣ есть, егда будеть туча велика, находять дѣти наши глазкы стекляныи и малыи, и великыи, провертаны, а другыя подлѣ Волховъ беруть, еже выполоскываеть вода, от нихъ же взяхъ боле ста; суть же различь. Сему же ми ся дивлящю, рекоша ми: „Се не дивно; и суть и еще мужи старии ходили за Югру и за Самоядь, яко видивше сами на полунощныхъ странахъ, спаде туча, и в тои тучи спаде вѣверица млада, акы топерво рожена, и възрастъши, и расходится по земли, и пакы бываеть друга туча, и спадають оленци мали в нѣй, и възрастають и расходятся по земли". Сему же ми есть послухъ посадникъ Павелъ ладожкыи и вси ладожане. Аще ли кто сему вѣры не иметь, да почтеть фронографа. „Въ царство Прово, дожгьцю бывшю и тучи велиции, пшеница с водою многою смѣшена спаде, юже събравше насыпаша сусѣкы велия. Тако же при Аврильянѣ крохти сребряныя спадоша, а въ Африкѣи трие камени спадоша превелици". И бысть по потопѣ и по раздѣленьи языкъ, „поча царьствовати первое Местромъ от рода Хамова, по немь Еремия, по немь Феоста", иже и Соварога нарекоша егуптяне. „Царствующю сему Феостѣ въ Егуптѣ, въ время царства его, спадоша клѣщѣ съ небесѣ, нача ковати оружье, прѣже бо того палицами и камениемь бьяхуся. Тъ же Феоста законъ устави женамъ за единъ мужь посагати и ходити говеющи, а, иже прелюбы дѣющи, казнити повелѣваше. Сего ради прозваше й богъ Сварогъ". „Преже бо сего жены блудяху, к нему же хотяше, и бяхоу, акы скот, блудяще. Аще родяшеть дѣтищь, которыи ѣй любъ бываше, дашеть: «Се твое дѣтя»; онъ же створяше празнество приимаше. Феость же съ законъ расыпа, и въстави единому мюжю едину жену имѣти, и женѣ за одинъ мужь посагати; аще ли кто переступить, да ввергуть й в пещь огнену". „Сего ради прозваша й Сварогомъ и блажиша й Егуптяне. И по семъ царствова сынъ его, именемъ Солнце, его же наричють Дажьбогъ, семъ тысящь и 400 и семдесять днии, яко быти лѣтома двемадесятьма ти полу. Нѣ видяху бо егуптяне инии чисти; ови по лунѣ чтяху, а друзии деньми лѣта чтяху; двою бо на десять мѣсяцю число потомъ увѣдаша, от нележе начаша чѣловѣци дань давати царемъ. Солнце царь, сынъ Свароговъ, еже есть Дажьбогъ, бѣ бо мужъ силенъ; слышавше нѣ отъ кого жену нѣкую отъ егуптянинъ богату и в сану сущю, и нѣкоему, въсхотѣвшю блудити с нею, искаше ея, яти ю хотя, и не хотя отца своего закона расыпати, Сварожа. Поемъ со собою мужъ нѣколко своихъ, разумѣвъ годину, егда прелюбы дѣеть, нощью припаде на ню, не удоси мужа с нею, а ону обрѣте, лежащю съ инѣмъ, с нимъ же хотяше. Емъ же ю, и мучи, и пусти ю водити по земли в коризнѣ, а того любодѣица всѣкну. И бысть чисто житье по всей земли Егупетьской, и хвалити начаша". Но мы не предложимъ слова, но рцѣмъ съ Давыдомъ: „Вся елико въсхотѣ, и створи господь на небеси и на земли, в мори, въ всихъ безнахъ, възводяй облакы от послѣднихъ земли". Се бо и бысть послѣдняя земля, о ней же сказахомъ первое.

В лѣто 6623 [1115], индикта 8, съвъкупишася братья, русции князи, Володимеръ, зовемый Монамахъ, сынъ Всеволожь, и Давыдъ Святославличь, и Олегъ, братъ его, и сдумаша перенести мощи Бориса и Глѣба: бяху бо создали церковь има камяну, на похвалу и честь телесема ею и на положение. Первое же освятиша церковь камяную, мая въ 1 день, в суботу; наутрия же въ 2 день перенесоша святая. И бысть сборъ великъ, сшедшюся народу съ всихъ странъ, митрополитъ Микифоръ съ всими епископы: съ Фектистомъ черниговьскымъ, с Лазаремъ переяславльскымъ, с попомъ Никитою бѣлогородьскымъ и с Данилою гурьговьскымъ, и съ игумены: с Прохоромъ печерьскымъ и съ Селивестромъ святого Михаила, и Сава святого Спаса, и Григорий святого Андрѣя, Петръ кловьскый, и прочии игумени. И освятиша церковь каменую. И отпѣвшимъ имъ обѣдьнюю, обѣдаша у Ольга и пиша, и бысть учрежение велико, и накормиша убогыя и странъныя по 3 дьни. И яко бысть утро, митрополитъ, епископи, игумени оболокошася у святительскыя ризы и свѣща въжгегъ с кадѣлы благовоньными, и придоша к ракама святою, и взяша раку Борисову, и въставиша й на возила, и поволокоша ужи князи и бояре, черньцемъ упрѣдъ идущимъ съ свѣщами, попомъ по нимъ идущимъ, та же игумени, та же епископи предъ ракою, а княземъ с ракою идущимъ межи воромъ. И не бѣ лзѣ вести от множества народа: поламляху воръ, а инии и покрили бяху градъ и забрала, яко страшно бяше видити народа множество. И повелѣ Володимеръ, рѣжючи паволокы, орници, бѣль, розметати народу, овъ же сребреникы метати людемъ, силно налегшимъ, а быша легко внесли въ церковь и поставиша раку средѣ церкви, и идоша по Глѣба. Тѣмъ же образомъ и сего привезоша, и поставиша у брата. Распри же бывши межи Володимеромъ и Давыдомъ, и Ольгомъ, —Володимеру бо хотящю ѣ поставити средѣ церкви и теремъ сребренъ поставити над нима, а Давыдъ и Олегъ хотяшета поставити ѣ в комару, „иде же отець мои назнаменалъ", на правой сторонѣ, иде же бяста устроенѣ комарѣ има. И рече митрополитъ и епископи: „Верзите жребий, да кдѣ изволита мученика, ту же ѣ поставимъ", и вгодно се бысть. И положи Володимеръ свой жребий, а Давыдъ и Олегъ свой жребий на святой тряпезѣ; и вынесе жребий Давыдовъ и Олговъ. И поставиша ѣ в комару тою, на деснѣй странѣ, кде ныне лежита. Принесена же бысть святая мученика, маия въ вторый день, из деревяной церкви в каменую Вышегородѣ. Иже еста похвала княземъ нашимъ и заступника земли Русцѣй, иже славу свѣта сего попраста, а Христа узлюбиста, по стопамъ его изволиста шествовати, овчате Христовѣ добрии, яже влекома на заколение, не противистася, ни отбѣжаста нужныя смерти. Тѣмъ же и съ Христосомъ въцаристася у вѣчную радость, и даръ ицѣления приемъша от Спаса нашего Иисуса Христа, неискудно подавета недужнымъ, с вѣрою приходящимъ въ святый храмъ ею, поборника отечьству своему. Князи же и бояре, и вси людие празноваша по три дни и похвалиша бога и святою мученику. И тако раздидошася кождо въ свояси. Володимеръ же окова рацѣ сребромъ и златомъ и украси гроба е ю, тако же и комарѣ покова сребромъ и златомъ, им же покланяются людие, просяще прощения грѣхомъ.

В се же лѣто бысть знамение: погибе солнце и бысть яко мѣсяць, его же глаголють невѣгласи: снѣдаемо солнце. В се же лѣто преставися Олегъ Святославличь, месяца августа въ 1 день, а во вторый погребенъ бысть у святого Спаса, у гроба отца своего Святослава. Того же лѣта устрои мостъ чересъ Днѣпръ.

В лѣто 6624 [1116]. Приходи Володимеръ на Глѣба: Глѣбъ бо бяше воевалъ дрѣговичи и Случескъ пожегъ, и не каяшеться о семъ, ни покаряшеться, но болѣ противу Володимеру глаголаще, укаряя й. Володимеръ же, надѣяся на бога и на правду, поиде къ Мѣньску съ сынъми своими и с Давыдомъ Святославичемъ, и Олговичи. И взя Вячеславъ Ръшю и Копысу, а Давыдъ съ Ярополкомъ узя Дрьютескъ на щитъ, а Володимеръ самъ поиде къ Смоленьску; и затворися Глѣбъ въ градѣ. Володимеръ же нача ставити истьбу у товара своего противу граду. Глѣбови же, узрившю, оужасеся сердцемъ, и нача ся молити Глѣбъ Володимеру, шля от себе послы. Володимеръ же съжали си тѣмъ, оже проливашеться кровь въ дьни постъныя великого поста, и вдасть ему миръ. Глѣбъ же, вышедъ из города съ дѣтми и с дружиною, поклонися Володимеру, и молвиша рѣчи о мирѣ, и обѣщася Глѣбъ по всему послушати Володимера. Володимеръ же, омирѣвъ Глѣба и наказавъ его о всемъ, вдасть ему Менескъ, а самъ възратися Киеву. Ярополкъ же сруби городъ Желъди дрьючаномъ, их же бѣ полонилъ. В се же лѣто Мьстиславъ Володимеричь ходи на чюдь с новгородчи и со пьсковичи, и взя городъ ихъ именемъ Медвѣжа Глава, и погостъ бе-щисла взяша, и възратишася въ свояси съ многомъ полономъ. В се же лѣто иде Леонь царевичь, зять Володимерь, на куръ от Олексия царя, и вдася городовъ ему дунайскыхъ нѣколко; и в Дельстрѣ городѣ лестию убиста й два сорочинина, посланая царемъ, мѣсяца августа въ 15 день. В се же лѣто князь великый Володимеръ посла Ивана Воитишича, и посажа посадники по Дунаю. В се же лѣто посла Володимеръ сына своего Ярополка, и Давыдъ сына своего Всеволода на Донъ, и взяша три грады: Сугровъ, Шаруканъ, Балинъ. Тогда же Ярополкъ приведе собѣ жену красну велми, ясьскаго князя дщерь полониве. Томъ же лѣтѣ и Предъславна, черница, Святославна предъставися. Томъ же лѣте ходи Вячеславъ на Дунай с Фомою Ратиборичемъ и, пришедъ къ Дьрьстру, и не въспѣвше ничто же, воротишася. В се же лѣто бишася с половци и с торкы, и с печенѣгы у Дона, и сѣкошася два дьни и двѣ нощи, и придоша в Русь къ Володимеру торци и печенѣзи. В се же лѣто преставися Романъ Всеславичь. В се же лѣто преставися Мьстиславъ, внукъ Игоревъ. Томъ же лѣтѣ Володимерь отда дщерь свою Огафью за Всеволодка.

В лѣто 6625 [1117]. Приведе Володимеръ Мьстислава из Новагорода, и дасть ему отець Бѣлъгородъ, а Новѣгородѣ сѣде Мьстиславичь, сынъ его, внукъ Володимеровъ. В се же лѣто иде Володимеръ на Ярослава к Володимерю и Давыдъ и ольговичи, и Володарь, и Василко и оступиша й у городѣ Володимери, и стояша дьний шестьдесять, и створи миръ съ Ярославомъ. Ярославу покорившюся и вдарившю челомъ передъ строемъ своимъ Володимеромъ; и наказавъ его Володимеръ о всемъ, веля ему къ собѣ приходити: „Когда тя позову". И тако в мирѣ разидошася кождо въ свояси. Тогда же придоша половци къ болгаромъ, и высла имъ князь болъгарьскыи пити съ отравою, и пивъ Аепа и просии князи вси помроша. Семъ же лѣтѣ преставися Лазоръ, епископъ Переяславьскый, семтября въ 6. Томъ же лѣтѣ придоша Бѣловѣжьци в Русь. В се же лѣто поя Володимеръ за Андрѣя внуку Тугърткканову. В се же лѣто потрясеся земля, семтября въ двадесять шестый. Того же лѣта въведе Глѣба из Мѣньска Володимеръ, и церковь заложи на Льтѣ мученику... Володимеръ же посла сына Романа во Володимерь княжить. Того же лѣта умре куръ Олексий, и взя царство сынъ его Иванъ.

古史纪年（译文）

古史纪年

这是对往年历史的记载，记述罗斯民族从何而来，谁是基辅的开国大公，以及罗斯国如何形成

我们开始讲述它的历史。

大洪水之后，挪亚的三个儿子闪、含和雅弗划分世界。闪分得世界的东部：波斯、巴克特里亚，南到印度，东到里诺卡鲁尔，包括叙利亚、幼发拉底河以东的米堤亚地区、巴比伦、卡尔都纳、亚述人居住地区、美索不达米亚、古阿拉伯、埃里玛伊斯、印度、大阿拉伯、基里叙利亚、科马基纳，以及整个腓尼基地区。

含分得世界的南部：埃及、毗邻印度洋的埃塞俄比亚、境内有红河发源并流往东方的另一埃塞俄比亚、菲瓦伊达、与基里尼亚相邻的利比亚、马尔马利亚、西尔西斯、另一利比亚地区、努米堤亚、马苏利亚、与加迪尔相对的毛里塔尼亚。东方属于含辖治的地区有：基里基亚、帕姆菲利亚、彼西堤亚、米西亚、里卡奥尼亚、弗利基亚、卡瓦里亚、里基亚、卡利亚、里堤亚、另一米西亚地区、特洛阿达、埃奥里达、维菲尼亚、古弗利基亚、有一些岛屿、撒丁岛、克里特岛、塞浦路斯岛，还有一条大河——盖奥那河，亦称尼罗河。

雅弗分得世界的北部和西部：米堤亚、阿尔巴尼亚、小亚美尼亚和大亚美尼亚，卡帕多基亚、帕夫拉戈尼亚、加拉西亚、卡尔希斯、博斯普鲁斯、梅奥季、杰列维亚、萨尔马堤亚、塔夫利亚、斯基泰，色雷斯、马其顿、达尔马堤亚、马罗西亚、费撒利亚、罗克里达、别列尼亚——此地区亦称伯罗奔尼撒、阿卡迪亚、伊彼罗堤亚、伊利里亚、斯拉夫人居住地区、利赫尼堤亚、亚得里亚、亚得里亚海。此外还有一些岛屿：不列颠岛、西西里岛、埃夫别亚岛、罗得岛、希俄斯岛、莱斯沃斯岛、基费拉

岛、扎金夫岛、凯法罗尼亚岛，伊萨卡岛、科西嘉岛、称为爱奥尼亚的部分亚洲土地，还有流往米堤亚和巴比伦之间的底格里斯河；雅弗的领地北到庞德海，即黑海沿岸，有多瑙河、德聂斯特河和卡夫卡斯山脉即乌果尔山脉①，从此山脉往东到第聂伯河的地区，还有其他一些河流：德维纳河、普里彼亚特河、德维纳河、沃尔霍夫河，而伏尔加河往东流入闪的属地。在雅弗的领地内居住着俄罗斯人、楚德人和其他各种族：梅里亚人、穆罗姆人、维西人、莫尔多瓦人、扎瓦洛克—楚德人、彼尔姆人、佩乔拉人、埃米人、乌果尔人、立陶宛人、济米戈拉人、科尔斯人、列特戈拉人、利比人。利亚赫人、普鲁士人和楚德人居住在瓦兰海②附近，此海沿岸东到与闪的属地交界处，西到英吉利和沃洛赫地区，居住着瓦兰人。雅弗的后裔包括：瓦兰人、瑞典人、诺曼人、哥特人、罗斯人、盎格鲁人、高卢人、沃洛赫人、罗马人、日耳曼人、卡尔利亚兹人、威尼斯人、格努埃兹人等等，——他们的西部与南部地区与含的部族相邻。

闪、含和雅弗抽签划分土地，约定兄弟间互不侵犯，各自居住在管辖范围内，当时只有一个族。后来，世上人口繁衍，在涅克坦和法莱克时代，人们决定建一座通天塔。于是人们聚集到示那地方，开始建塔，并在塔周围建巴比伦城，这座塔建了40年，还没建成。上帝从天国下来，看到了人们所建的城和塔，就说："他们是同一种族，讲同一种语言。"于是上帝把所有种族混合起来，然后把他们分成72个民族，并且把他们分散到世界各地。把种族混杂后，上帝又用飓风将所建的塔吹倒，塔的遗迹在亚述和巴比伦之间，这个遗迹高度和宽度各为5433肘③，它存留了许多许多年。

上帝毁塔和划分种族后，闪的后代占领东方土地，含的后代占领南方土地，而雅弗的后代占领西方和北方土地，从这72个族中分出斯拉夫族，这是从雅弗的一支，即所谓的诺里克人发展而来。

许多年后，斯拉夫人定居多瑙河流域，即现在乌果尔④和保加利亚地

---

① 实为喀尔巴阡山。——译者
② 瓦兰海：古代罗斯对波罗的海的称呼。——译者
③ 肘（локоть）：古代罗斯长度单位，大致等于人臂肘的长度，约合0.5米。——译者
④ 现在的匈牙利地区。——译者

区。有一部分斯拉夫人迁到各地，并且根据他们的所在地有了各自的名称。例如，一部分斯拉夫人到摩拉瓦河流域定居后，称为摩拉瓦人，另有一部分则称为捷克人。此外还有白霍尔瓦提人、塞尔维亚人、霍鲁坦人等等。沃洛赫人入侵斯拉夫人所居住的多瑙河流域后，便定居下来，并且排挤、驱赶斯拉夫人，于是这些斯拉夫人有的便迁移到维斯拉河流域定居，被称为利亚赫人，后来，这些利亚赫人中有的称波利安人，另一些称卢迪奇人、马左维亚人、波莫尔人。

原来居住在多瑙河流域的斯拉夫人，有的迁移到第聂伯河流域，称为波利安人；有的称为德列夫利安人①，因为他们居住在森林地区；有的定居在普里彼亚特河和德维纳河之间，称为德列哥维奇人；还有的居住在德维纳河流域，便根据德维纳河支流波洛塔河的名字称为波洛茨人②。定居在伊尔明湖附近的斯拉夫人仍然保留了原来的名称，他们建了一座城市，称为诺夫哥罗德。还有一些斯拉夫人定居在德斯纳河、塞姆河和苏拉河流域，称为塞维利安人③。斯拉夫人就这样分居各地。他们的语言称为"斯拉夫语"。

当波利安人单独居住于第聂伯河流域山地的时候，有一条从瓦兰居地到希腊的通道，从希腊沿第聂伯河通行，而第聂伯河上游与洛瓦季河之间有连水陆路，可以沿洛瓦季河进入伊尔明湖；沃尔霍夫河从伊尔明湖流出，注入大涅瓦湖，该湖之水注入瓦兰海。在此海上航行可通罗马，由罗马通察里格勒④，由察里格勒通庞德海，第聂伯河就注入此海。第聂伯河源于奥科夫森林流向南方，而德维纳河也发源于此地，向北流入瓦兰海。伏尔加河同样源于奥科夫森林，向东注入赫瓦利斯海⑤，有70个河口。这样，从罗斯沿伏尔加河航行可以到达保加利亚和赫瓦利斯，再往东可以

---

① 意译为"住在森林里的人"。——译者
② 意译为"波洛塔河流域居民"。——译者
③ 意译为"北方地区的居民"。——译者
④ 当年拜占庭帝国的都城，又译为"皇城"，后称为君士坦丁堡，今名为伊斯坦布尔（土耳其）。——译者
⑤ 古罗斯对里海的称呼。——译者

到达闪的属地；而沿德维纳河可以到瓦兰人住地，进而到罗马，从罗马可以到含部族的居住地。第聂伯河注入庞德海。此海因称为罗斯海而闻名于世，——传说，圣徒安德烈，彼得的哥哥，曾经在此海沿岸周游，传经布道。

安德烈在锡诺普一带传经布道时，来到赫尔松，得知不远处即是第聂伯河河口，于是他决定去罗马，在河口乘船沿第聂伯河逆流而行，途中发生了一件事：安德烈在一座大山脚下上了岸，早晨起来对同行的生徒们说："你们看到大山了吧？山上将出现上帝的恩赐：这里将有一座大城市，上帝将在这里建许多教堂。"安德烈登上山峰，行祝福仪式，竖起十字架，祈祷上帝，然后下山继续溯第聂伯河上行。后来这里出现了基辅城。安德烈来到斯拉夫人居住的地区，即现在的诺夫哥罗德，了解他们的风俗人情，看到他们洗澡时用桦树条拍打自己，感到非常惊奇。安德烈经瓦兰人住地来到罗马，讲起他施教的情况和途中见闻："来此地的途中我在斯拉夫人那儿见到非常奇异的景象，那里有木头搭成的浴室，人们洗澡前先把室内的石块烧红，然后脱衣，赤身裸体走进浴室，用明矾水浇身，拿嫩树枝拍打自己，一直拍打到精疲力竭，勉强能爬动，然后用冷水往身上淋，才能恢复元气。他们每天都这样洗澡。别人不折磨他们，他们自己折磨自己，对他们来讲，这是洁身之道，并不是痛苦之事。"听到这番话的人，都感到非常惊讶。安德烈在罗马住了一段时间，又回到锡诺普。

波利安人当时单独居住，按氏族各自治理。后来有三兄弟：长兄叫基易，老二叫契克，弟弟叫霍利夫，他们的妹妹叫蕾别季。基易住在一座山上，即现在的巴利切夫冈，契克住在另一座山上，即现在的契克峰，霍利夫住的那座山后来取名为霍利夫峰。三兄弟建起了一座小城，并以长兄的名字命名，叫做基辅①。城市周围是大片森林，人们在这里捕捉野兽。三兄弟为人明智，自称为波利安人，从他们开始波利安人居住在基辅一直到今。

---

① 意译为"基易的城市"。——译者

有些人不了解情况，说基易曾是一个摆渡者，因为当时从第聂伯河对岸到基辅有一个摆渡口，所以过去人们常说："基易的渡口。"然而，如果基易真是一个渡手的话，那他就不会去察里格勒了。事实上，基易在治理本氏族时，确实去过察里格勒，并且当时的皇帝给予他很高的荣耀，只是我们不知道这位皇帝究竟是谁。当基易从察里格勒返回时，来到多瑙河沿岸，选中一个地方，建起一座小城，决定带他的族人来此定居，但遭到当地居民的反对。所以至今多瑙河沿岸居民仍称这座小城遗址为小基辅城。基易回到自己的城市基辅后，不久便去世了，后来，他的弟弟契克、霍利夫和妹妹蕾别季也相继离开人世。

三兄弟死后，他们的后裔开始统治波利安人，而德列夫利安人、德列哥维奇人、诺夫哥罗德的斯拉夫人、波洛塔河流域的波洛茨人分别各自治理。从波洛茨人中分出克里维奇人，住在伏尔加河、德维纳河和第聂伯河的上游地区，他们的城市是斯摩棱斯克。后从克里维奇人中又分出塞维利安人，在白湖地区居住着维西人，在罗斯托夫湖地区居住着梅里亚人，在克列谢诺湖地区也住着梅里亚人。奥卡河与伏尔加河交汇地区，居住着穆罗姆人、切列米斯人、莫尔多瓦人，分别讲本族的语言。在罗斯讲斯拉夫语的种族有：波利安人、德列夫利安人、诺夫哥罗德人、波洛茨人、德列哥维奇人、塞维利安人、布然人。布然人因居住于布格河流域而得名①，后改称沃伦人。向罗斯纳贡的种族有：楚德人、梅里亚人、维西人、穆罗姆人、切列米斯人、莫尔多瓦人、彼尔姆人、佩乔拉人、雅米人、立陶宛人、济米戈拉人、科尔斯人、那罗瓦人、立沃尼亚人，——他们分别讲各自本族的语言，是住在北方的雅弗的后裔。

当斯拉夫人居住在多瑙河流域时，从斯基泰人，即从可萨人那里迁来所谓的保加利亚人，定居在多瑙河流域，排挤斯拉夫人。后来又有白乌果尔人迁居此地，赶走了以前侵占斯拉夫人土地的沃洛赫人。乌果尔人入侵是在伊拉克利王时代，这个伊拉克利王曾经领兵攻打波斯国王霍兹德罗

---

① бужане 意译为"布格河（Буг）流域的居民"。——译者

伊。当时此地还有奥布尔人,奥布尔人曾与伊拉克利王作战,差点将其擒获。这些奥布尔人既与斯拉夫人为敌,同时也欺压杜勒布人,——杜勒布人也是斯拉夫人的一支。当时奥布尔人欺压杜勒布人中的妇女:如果需要去某处,不用牛马套车,而是将三四个或五个杜勒布女人套在一起拉车。他们就是这样折磨杜勒布人。这些奥布尔人身材高大,头脑聪明,但上帝终于灭绝了他们。所有的奥布尔人都死掉了,一个也没有剩下。所以在罗斯至今还有一条俗语:"像奥布尔人一样统统死光。"这个部族不存在了,也没有后裔。奥布尔人之后曾有佩切涅格人来到罗斯,再其后是黑乌果尔人路经基辅,不过这都是后来的事,发生在奥列格统治时代。

如前所述,实行自我治理的波利安人是从斯拉夫人中分出来的,只是后来才称为波利安人,德列夫利安人也是从斯拉夫人中分出来的,他们并非一开始就称德列夫利安人。而拉迪米奇人和维亚迪奇人是从利亚赫人划分出来的。当时利亚赫人中有两兄弟:一个是拉迪姆,另一个是维亚特卡。他们来到这里,定居下来:拉迪姆居索日河流域,他的一支便称拉迪米奇人①;维亚特卡与其部族定居在奥卡河流域,称维亚迪奇人②。当年波利安人、德列夫利安人、塞维利安人、拉迪米奇人、维亚迪奇人和霍尔瓦提人和睦相处,互不侵犯。杜勒布人居住在布格河流域,即现在沃伦人居住地区。乌利奇人和特维尔人居住在第聂伯河流域直到多瑙河附近。当时这些部落人数极多,居住面积从第聂伯河一直延伸到海岸,他们建的城市至今尚存,所以当时希腊人称之为"大斯基泰"。

这些部族有其各自的风俗习惯,继承其各自祖先的条律和规矩。波利安人性情温和,恪守祖制,姑嫂妯娌,兄弟姐妹,父母儿女以及亲戚之间关系分明,长幼有序,不乱伦,他们也有婚娶的习俗:女婿不去女方领新娘,而是让人在婚前一天将新娘领来,次日带彩礼而归。德列夫利安人风俗野蛮,像畜牲一样群居,相互残杀,吃不洁的食物,无婚娶之习俗,喜欢在近水的地方抢姑娘做妻子。拉迪米奇人、维亚迪奇人和塞维利安人的

---

① 意译为"拉迪姆部族的人"。——译者
② 意译为"维亚特卡部族的人"。——译者

风俗习惯是一样的：像野兽一样住在森林里，吃不洁的食物，在长辈和女人面前说下流话，无婚娶之习俗，经常是村落间举办歌舞会，人们到一起唱歌跳舞，并按事先约好的条件抢妻成婚，一般每个男人有两个或三个妻子。如果有人去世，就为他举行追荐亡灵仪式，然后在一块大木头上挖一个槽，将死者尸体放入，点燃，烧完后将尸骨收入一个小罐子里，挂到路旁的木柱上。现在维亚迪奇人仍然这样做，克里维奇人和其他一些不懂上帝戒律的多神教徒也有这样的丧葬习俗。

乔治·阿玛尔托尔[①]在其编年史著作中写道："每个种族，要么有书面的法令，要么有一定的风俗习惯，即他们祖先定下的规矩。这要首推住在世界边缘的叙利亚人。他们将祖先制定的规矩作为法律：不淫乱，不偷窃，不诬蔑，不杀人，尤其重要的是不作恶。巴克特里亚人也恪守这种规矩，这些人又称拉赫曼人或奥斯特罗维吉安人。这些人遵守先辈的古训，不食肉，不饮酒，不淫乱，不作恶，并且敬畏神。而与之相邻的印度人则是另一种样子，他们性情暴躁，杀人，下流，在他们的内部地区，尚有吃人的习俗——杀死来此地的旅行者，然后像吃狗肉一样把人吃掉。迦勒底人和巴比伦人也有不好的习俗：与母辈的女性同床，与兄弟的孩子乱伦并将其杀死。他们做各种坏事，不以为耻反以为荣，纵然是在远离本土的异国他乡也本性难移。吉利亚人则是另外一种风俗：他们中的女人耕田建庙，做男人该干的事情，但这些女人可以随便找多个男人，并且不以为耻。这些女人中也不乏强悍之辈和狩猎能手。女人统治男人，并且像男人一样英勇善战。在不列颠几个男人可以和同一个女人同床，几个女人也可以和同一个男人寻欢作乐，这是他们祖先立下来的规矩，在他们看来无可厚非。亚马逊人中没有男子，每年中有一次，在春天即将来临之时，女人像不会言语的牲口一样，跑到邻近的村落与那里的外族男人交媾，对她们来说这是盛大的节日般的喜庆之事。一旦怀孕，她们便又回到本族居地。

[①] 乔治·阿玛尔托尔，公元9世纪拜占庭史学家，著有《年代纪》。古代罗斯的编年史家（特别是《古史纪年》的编撰者涅斯托尔）曾大段大段引用他的《年代纪》（俄语译名为《Хроника》）。——译者

到临产时，若生下男孩，便将其杀死，若生下女孩，则精心抚养，使之长大成人。"

纵然是现在，波洛韦茨人依然保持其祖先的风俗：随意杀人，并以此为荣；吃人，吃不洁的食物——狎鼠和黄鼠等；与母辈或晚辈乱伦等等。我们是基督教徒，我们信仰神圣的三位一体，信仰唯一的真神上帝，我们有共同的信仰，共同的律法，因为我们为耶稣而受洗礼，并且蒙受耶稣基督的恩惠。

基易三兄弟死后，波利安人受到德列夫利安人和周边其他种族的压迫。可萨人在山地森林中遇到了波利安人，对他们说："你们要向我们交纳贡赋。"波利安人每户交剑一把作为贡品。可萨人带剑去见他们的王公和长官，说："我们收到了新的贡品。"长官问道："你们从何处收来？"回答说："从第聂伯河畔的山地森林中收来。"长官又问："交的是什么贡品？"他们拿出剑呈上。可萨族中的老人们见了说："这不是好贡品，王公，我们所用的兵器是一边锋利，即兵刀。而这些兵器是两边锋利，就是剑：将来他们会向我们和其他部族收取贡赋的。"后来此话果然应验。因为这话不是按自己的意愿而说的，而是按上帝的意愿而言的。埃及法老时代也是如此：当时人们把摩西带到法老那里，法老手下的长官见后说："这个人将来会毁掉埃及的。"后来一切竟变成现实：起初是犹太人为埃及人做奴隶，而后来埃及人则因摩西而死。德列夫利安人也是如此：起初统治别人，而后则受别人管治。时至今日，俄罗斯大公依然统治着可萨人。

6360（852）年。罗马税纪第15年①。拜占庭帝国皇帝米哈伊尔三世（Michael III）开始执政，从此年开始才有罗斯国这个名称。我们之所以知道这些，是因为在该皇帝统治时期，罗斯有人曾去过察里格勒，此事在希腊编年史中有详细记载，所以我们也从这个时间开始逐年讲述史实。从亚当到洪水灭世，其间2242年，而从洪水灭世到亚伯拉罕有1082年，从亚

---

① 税纪（индикта）：罗马国王君斯坦丁规定每15年公布财产，以确定课税额，后世称15年为1税纪。——译者

伯拉罕到摩西出埃及有430年，从摩西出埃及到大卫王执政601年，从大卫王和所罗门王执政之始到耶路撒冷被占领相距448年，从耶路撒冷被占领到马其顿王亚历山大有318年，从亚历山大到耶稣诞生有333年，从耶稣诞生到君斯坦丁大帝有318年，从君斯坦丁到上面所提到的米哈伊尔皇帝是542年，从希腊米哈伊尔皇帝开始执政到俄罗斯大公奥列格开始执政为29年，从奥列格在基辅开始执政到伊戈尔执政为31年，从伊戈尔执政到斯维亚托斯拉夫开始执政为33年，从斯维亚托斯拉夫执政到雅罗波尔克为28年，雅罗波尔克统治了8年，弗拉基米尔统治了37年，雅罗斯拉夫统治了40年。所以，从斯维亚托斯拉夫去世到雅罗斯拉夫去世为85年，而从雅罗斯拉夫去世到斯维亚托波尔克去世为60年。

现在，让我们回到从前，追溯往年所发生的事情，我们将按时间先后，从米哈伊尔皇帝统治的第一年开始讲起。

6361（853）年。

6362（854）年。

6363（855）年。

6364（856）年。

6365（857）年。

6366（858）年。米哈伊尔大帝率领大军从海陆两路进攻保加利亚。保加利亚人闻讯，不敢抵抗，请求米哈伊尔大帝为他们施洗，并答应投降希腊。大帝为保加利亚王公和贵族们举行洗礼，并与他们签订和约。

6367（859）年。来自瓦兰海南岸的瓦兰人从楚德人、斯拉夫人、梅里亚人以及克里维奇人那里征收贡物，而可萨人则从波利安人、塞维利安人和维亚迪奇人那里按每户征收银币一个和灰鼠皮一张。

6368（860）年。

6369（861）年。

6370（862）年。楚德人等将瓦兰人赶出海外，不再向其纳贡，他们开始自己治理自己的事务，但他们没有法律，部落之间内讧不断，形成混战局面。于是他们商定："我们立一个王公，让他依法治理我们。"他们到瓦兰人的一支——罗斯人居住的地方。这一支瓦兰人称为罗斯人,其他支派称为瑞典人、诺曼人、盎格鲁人和哥特人。楚德人等对罗斯人说:"我们那儿地大物博,但缺少规章律条。请你们来当大公,治理我们。"于是罗斯人中选出3个兄弟,率领自己的部族和所有的罗斯人来到斯拉夫人地区,长兄留利克居诺夫哥罗德,西涅乌斯和特鲁沃尔分别居白湖和伊兹波尔斯克。瓦兰人到后,这块土地始称罗斯国。现今诺夫哥罗德人,正是瓦兰人的后代,而以前在这里居住的则是斯拉夫人。瓦兰人来后两年,西涅乌斯和特鲁沃尔两兄弟去世,政权集中到留利克手里,他开始将波洛茨克、罗斯托夫和白湖等城市分给手下的人治理,而自己总揽大权。原先住在诺夫哥罗德、波洛茨克、罗斯托夫、白湖和穆罗姆的居民分别是斯拉夫人、克里维奇人、梅里亚人、维西人和穆罗姆人,而瓦兰人则都是后来的。当时留利克手下有阿斯科尔德和基尔二人,他们不是留利克的族人,但也是大贵族,两人沿第聂伯河航行前往察里格勒。他们路过一座山,山上有一小城,便打听道:"这是谁家城市?"居民回答:"从前有基易、契克和霍利夫三兄弟建立这座城市,他们去世了,我们都是他们的后裔,住在这里,向可萨人纳贡。"阿斯科尔德和基尔就留了下来,聚集了许多瓦兰人,开始统治波利安人。与此同时,留利克正在诺夫哥罗德当政。

6371(863)年。

6372(864)年。

6373(865)年。

6374(866)年。阿斯科尔德和基尔进军希腊,正值米哈伊尔在希腊当政第14年。当时米哈伊尔大帝正率军讨伐阿加尔人[①],并且已经打到黑河,教士送来消息说,罗斯人正向察里格勒进军。大帝班师回希腊。此时,阿斯科尔德和基尔的军队已攻占苏德城,屠杀基督教徒并用200艘战舰包围察里格勒。大帝冒着危险才得以回到皇城,一整夜与总主教福季在弗拉赫尔纳教堂向圣母祈祷。他们唱着赞歌,手捧圣母像的金衣来到海边,用海水

---

① 古代对阿拉伯游牧部族的称呼。——译者

浸湿金衣下摆。当时万籁俱寂，海上风平浪静，刹那间风雨大作，海浪滔天，席卷了罗斯异教徒的战船，把他们在岸边摔个粉碎，只有少数人保住性命，逃回家乡。

6375（867）年。

6376（868）年。瓦西里开始执政。

6377（869）年。保加利亚人全体接受洗礼，信奉基督教。

6378（870）年。

6379（871）年。

6380（872）年。

6381（873）年。

6382（874）年。

6383（875）年。

6384（876）年。

6385（877）年。

6386（878）年。

6387（879）年。留利克去世，临终时，把王位交给自己的本家奥列格，由其摄政，同时把年幼的儿子托付给他。

6388（880）年。

6389（881）年。

6390（882）年。奥列格率领由瓦兰人、楚德人、斯拉夫人、梅里亚人、维西人和克里维奇人组成的大军攻克有克里维奇人居住的斯摩棱斯克城，并派人驻守。奥列格由此顺流而下，攻克柳别奇，亦派人驻守。当奥列格经过基辅山时得知，阿斯科尔德和基尔在此称王。于是命令部分士兵潜藏船内，其他兵士断后，自己则带着幼年的伊戈尔。当船只驶近乌果尔山时，奥列格让士兵隐藏好，然后派人去见阿斯科尔德和基尔，说："我们是往希腊去的商人，从奥列格和伊戈尔王公那里来，我们是同族人，请来会晤。"二人赴约之时，隐匿的士兵跃起，将其捕捉。奥列格说："你们不是王公，也不是王族出身，而我是。"说着他命人将伊戈尔请出来，说道："这位就是留利克之公子。"士兵们杀掉了阿斯科尔德和基尔，在山上埋葬。阿斯科尔德被葬在现在的乌果尔山上，现在那里是奥尔玛庄园，奥列格后来在奥尔玛墓地修建了圣尼古拉教堂；而基尔的墓则在圣伊琳娜教堂的后面。奥列格为罗斯王公坐镇基辅，实行统治，并说："基辅将成为罗斯众城之母。"当时在他统治下有瓦兰人、斯拉夫人和其他部族的人，统称为罗斯人。奥列格开始筑建城市，规定斯拉夫人、克里维奇人和梅里亚人纳贡的数目，诺夫哥罗德城的瓦兰人须每年交纳300格利夫纳①，用于城防，这一直持续到雅罗斯拉夫去世为止。

6391（883）年。奥列格进攻德列夫利安人，并征服之，索取黑貂皮（人均一张）作为贡赋。

6392（884）年。奥列格攻打塞维利安人并战胜之，索取较轻贡赋，但不准他们向可萨人纳贡，并说："我与可萨人为敌，你们没有理由向他们纳贡。"

6393（885）年。奥列格派人问拉迪米奇人："你们向谁纳贡？"他们回答："向可萨人纳贡。"奥列格便说："不要向可萨人纳贡，要向我纳贡。"于是拉迪米奇人像以前给可萨人纳贡一样，向奥列格进贡银币。奥列格统治着波利安人、德列夫利安人、塞维利安人和拉迪米奇人，同时又跟乌利奇人和特维尔人作战。

6394（886）年。

6395（887）年。拜占庭帝国皇帝瓦西里之子利奥执政，人称列夫。其兄亚历山大执政26年。

6396（888）年。

6397（889）年。

6398（890）年。

6399（891）年。

6400（892）年。

---

① 格利夫纳（гривна）：约合一磅重的银锭。——译者

6401（893）年。

6402（894）年。

6403（895）年。

6404（896）年。

6405（897）年。

6406（898）年。乌果尔人的一支经过基辅城，翻越现在所称的乌果尔山，来到第聂伯河畔，安营扎寨，类似波洛韦茨人的行径。他们从东麓翻过乌果尔山向前推进，与居住山那边的沃洛赫人和斯拉夫人作战。从前，此地曾是斯拉夫人居住区，后来被沃洛赫人占领，而后乌果尔人赶走沃洛赫人，征服了这个地方的斯拉夫人并与他们生活在一起，此后该地区称为乌果尔。乌果尔人南下开始攻打希腊人，占领色雷斯地区和马其顿地区，直到索伦。接着乌果尔人又开始同摩拉维亚人和捷克人作战。其实，当时居住在多瑙河流域、后来被乌果尔人征服的斯拉夫人，以及摩拉维亚人、捷克人、利亚赫人，还有现在被称为罗斯人的波利安人，他们是同族，都属斯拉夫人。最早是摩拉维亚人拥有一种称为斯拉夫文字的字母系统，后来这一斯拉夫文字也在罗斯和多瑙河保加利亚等地使用。

此时，西部和南部的斯拉夫人已接受洗礼，王公罗斯季斯拉夫，斯维亚托波尔克和科采尔遣使向米哈伊尔大帝请求："我们的人民已接受洗礼，可是无人给予指点，无人为我们讲解圣教经典，而我们既不懂希腊语，也不懂拉丁语。一些人说这样，而另一些人说那样，我们不认识书上的文字，也不懂得词语的意思。请遣派传教士前来，讲解圣经奥义。"米哈伊尔大帝便召集所有神学家，告知这一情况。神学家们说："索伦有个名叫列夫的人，生有两个儿子，都懂斯拉夫语，并且都是优秀的神学家。"米哈伊尔大帝便派人前往索伦对列夫说："命你儿子美弗迪和君斯坦丁速来见我。"列夫便派二子前往。大帝对他们说："斯拉夫人遣使前来，请求我们派人去讲解圣书。这是他们所希望的。"大帝说服了他们，派遣他们去见斯拉夫王公罗斯季斯拉夫、斯维亚托波尔克和科采尔。兄弟二人到达后，开始创制斯拉夫字母并翻译《使徒行传》和《福音书》。斯拉夫人能听懂他们用斯拉夫语讲述伟大上帝，都非常高兴。后来君斯坦丁二兄弟又翻译了《诗篇》、八重唱赞美诗集和其他经典。这时有人开始作对，抱怨他们，说什么"除了犹太人、希腊人和拉丁人外，任何其他民族都不该有自己的文字，因为彼拉多就是用这三种文字在圣十字架上题词的。"罗马教皇批驳了抱怨斯拉夫文经典的人，说："应当创制文字，'让所有的人都来赞美上帝，''让所有的人都来赞美万能的上帝，因为是圣灵让他们能说话的。'如果谁再诋毁斯拉夫文字，将被开除教籍。他们是狼，而不是绵羊，应该注意他们的言行，谨防他们作恶。孩子们，你们要听从圣训，不要反对师长美弗迪给予你们的教诲。"君斯坦丁回到希腊，接着又去保加利亚人中传教，而美弗迪则留在摩拉维亚，科采尔大公让他在帕诺尼亚担任主教，继承使徒圣保罗的学生、70个圣徒之一安德罗尼克的圣位。美弗迪找来两个快速书写的神甫协助，从3月份开始直到10月26日，用7个月的时间把所有经典都从希腊文译成斯拉夫文。完成这项工作后，美弗迪赞美上帝，感谢上帝赐福给他——圣徒安德罗尼克的继承者。圣徒安德罗尼克也曾是斯拉夫人的老师。使徒保罗也曾到过摩拉维亚并在那里传教。伊利亚也在该地，使徒保罗也去过那里，过去斯拉夫人即住在那里。因此圣保罗也是斯拉夫人的老师。我们罗斯人与斯拉夫人同族，所以保罗也是我们罗斯人的老师，因为他教诲斯拉夫人，并安排安德罗尼克在他身后为斯拉夫人的主教和修道院的主管。斯拉夫人和俄罗斯人是同一民族，只是在瓦兰人来到之后我们才称罗斯，而以前也本是斯拉夫人；波利安人居住在平原之上，因而得名①，而他们与我们的语言是共同的——都是斯拉夫语。

6407（899）年。

6408（900）年。

6409（901）年。

6410（902）年。利奥大帝雇佣乌果尔人进攻保加利亚人。乌果尔人入

---

① 波利安人：意译为"住在平原上的人"。——译者

侵后，占领整个保加利亚地区，西米昂王得知后带兵反击，大败，西米昂王仓皇逃往德列斯特尔。

6411（903）年。伊戈尔长大成人，随奥列格到各处征赋，臣民俱服，并从普斯科夫挑选了一名叫奥莉加的姑娘做他的妻子。

6412（904）年。

6413（905）年。

6414（906）年。

6415（907）年。奥列格将伊戈尔留在基辅，亲自率大军进攻希腊人。奥列格麾下有瓦兰人、斯拉夫人、楚德人、克里维奇人、梅里亚人、德列夫利安人、拉迪米奇人、波利安人、塞维利安人、维亚迪奇人、霍尔瓦特人、杜勒布人以及常被称为托尔玛奇人的特维尔人；所有这些种族希腊人统称之为大斯基泰人。奥列格带兵乘战马和战舰进攻，战船达两千艘之多。奥列格率领大军来到察里格勒；希腊人关闭苏德城，断绝交通。奥列格的士兵登岸，开始冲杀，在城郊杀死了许多希腊人，毁坏大量帐篷，并烧毁教堂。而被俘的希腊人，或被鞭笞，或遭杀害，有的甚至被抛进海里溺死。除此之外，罗斯人对希腊人还做了许多坏事，正如战时常见之情形。

奥列格命士兵制作大圆轮，安装在战船底部。趁顺风他们扬帆从田野驶向城下。希腊人看到后非常害怕，派使者与奥列格讲和："不要毁坏城市，要什么贡品，我们都给。"奥列格下令停止攻城，希腊人从城里送来食物和酒，但奥列格不接受，料定里面下了毒药。希腊人惊讶地说："这不是奥列格，这是上帝派来惩罚我们的圣者德米特里。"奥列格要求希腊人向2000艘战船上的士兵分发贡品：每艘船上有40人，每人分12个格利夫纳。

希腊人接受和谈条件，只求不要再攻打希腊。奥列格大军离开首都稍稍后退，开始与希腊的两位皇帝利奥和亚历山大议和，他派卡尔、法尔拉夫、韦尔穆德、鲁拉夫和斯捷米德去希腊都城对两位皇帝说："你们要向我们进贡。"希腊人回答："你们要什么，我们就给什么。"奥列格要求，2000艘战船上的每个桨架给12个格利夫纳，分给士兵；此外希腊人得向罗斯的城市进贡，首先是基辅，其次是切尔尼戈夫、佩列亚斯拉夫利、波洛茨克、罗斯托夫、柳别奇和其他城市，因为在这些城里的王公贵族都归奥列格统治。奥列格又对希腊人讲："罗斯使者来这里，他们要求的俸金应如数满足；罗斯商人来这里，他们应当得到足以维持半年生活的粮食、酒、肉、鱼、蔬菜水果等，并且要按照他们的需要为其修建蒸汽浴室；如果俄罗斯人要返回家乡，应当从你们皇帝那里领取旅途中用的食物、锚、绳索、帆和其他必需品。"希腊人答应这些条件。希腊皇帝和贵族们说："如果罗斯人不是来做生意，那就不应领取口粮。请罗斯大公下令禁止罗斯人到我国乡镇胡作非为。来这里的罗斯人要住在圣马蒙特教堂附近，等我们国家派人去将他们的名字登记在册后，才能领取口粮，先发给来自基辅的人，再发给来自切尔尼戈夫、佩列亚斯拉夫利和其他城市的人。他们要在我们皇帝武士的监督下只准从一个城门进城，不能带武器，每次进50人，做生意不管交易额多少，一律免税。"

利奥和亚历山大皇帝与奥列格缔结和约，答应交纳贡赋，于是在一起发誓：希腊人吻十字架，而奥列格和他的士兵则按罗斯方式发誓——他们以自己的武器，以雷神庇隆和畜牧神沃洛斯的名义发誓保持和平。奥列格对希腊人说："用锦缎为我们罗斯人做帆，用亚麻布给斯拉夫人做帆。"——希腊人遵命照办。奥列格把自己的盾牌悬挂在城门上，表示胜利，然后离开察里格勒。罗斯人拉起锦帆；斯拉夫人拉起布帆，马上被风吹破。斯拉夫人说："我们还是用自己原来的帆，他们不给我们斯拉夫人用锦缎制帆。"奥列格满载金银、锦缎、水果、酒以及各种细软回到基辅。从此以后人们称奥列格为先知，因为这些人都信奉异教，愚昧无知。

6416（908）年。

6417（909）年。

6418（910）年。

6419（911）年。西方天空出现矛状巨星。

6420（912）年。奥列格派人签订希腊人和罗斯人之间长期和平条约。文曰：

"与利奥和亚历山大皇帝所订立之和平条约副本。"

我们——卡尔、伊涅格尔德、法尔拉夫、维列穆德、鲁拉夫、古季、鲁阿尔德、卡伦、弗列拉夫、鲁阿尔、阿科杰武、特鲁安、利杜尔、福斯特、斯捷米德，均系罗斯人，兹受罗斯大公奥列格派遣，亦受大公领导下之王公贵族以及所有罗斯人之委托，前来此地，与受命于上帝之希腊皇帝利奥、亚历山大和君斯坦丁商定关于基督教徒和罗斯人长期保持友好和平之大计。此系我诸王公之愿望，亦系其统治下全体罗斯人之愿望。大公殿下高度重视巩固数度存在于基督徒与罗斯人间之友谊，和平共处，这不仅限于口头，而且要有文献可证；须按我们之信仰与法规，以手中武器发誓。

信仰和友爱就是我们和平条约之宗旨。首先，我们与你们希腊人讲和，让我们真心实意相互友爱，在我们大公殿下统治下，在我们政权范围内，决不允许任何欺骗和犯罪行为发生，我们将全力维护双方用明文和誓言确定下来之两族间长期和平。你们希腊人亦当长期保持与我们大公殿下及其臣民之深厚友谊关系。任何一方永远不得反复无常，背信弃义。

关于将来可能出现的犯罪现象，兹商定如下：明显之犯罪行为，双方无需争论，即可定谳；如罪行不能核实，申诉之一方必须发誓，以证明确无此种罪行；以本人信仰发誓后，须根据所查清罪行之轻重予以处罚。

如罗斯人杀死基督徒，或者基督徒杀死罗斯人，——应当场正法。如凶手在逃，而家有财产，受害人亲属依法可得到此财产之一部分，凶手之妻也依法保留财产应得部分；若在逃凶手家无财产，则必须予以追捕，一旦捕获，即处死刑。

如果有人用剑或其他武器伤害他人，按罗斯法律，必须付给受害者5里特拉①白银，如不能支付，则没收其全部所有，且必须立时脱下身上衣物充值，而其余无力偿付部分，必须以本人信仰发誓：确实告借无门，如是，余款不再追究。

不管罗斯人还是基督徒，如抓获正在行窃或准备行窃（两种情况均包括在内）之人并将其杀死，不追究责任，失主收回被窃财物；如偷窃者自

---

① 里特拉（литра）：古罗斯钱币单位，与格利夫纳相近。——译者

愿认罪，由失主将其抓获绑缚，偷窃者须以三倍数量偿还所窃财物。

无论罗斯人还是基督徒，如果抢劫或勒索他人财物，必须以三倍数量偿还原主。

如果飓风将商船刮到别国境内，且船上有罗斯人要回国，待船主将货物装满该船并欲开往希腊时，我们罗斯人将护送该商船绕过一切危险水域，直到达安全地带；如希腊商船在罗斯因暴风或逆风不能返航，罗斯人将帮助船上人员，保证人身及货物安全。如罗斯商船在希腊境内遇到此种情况，希腊人当将其送返罗斯，如果尚在希腊境内，则允许他们在当地出卖商品。如船上罗斯人有货物可卖，当保证他们携物登岸，不受阻拦。罗斯人若来希腊做生意或派遣使团来见希腊皇帝，希腊人当予以放行。如来希腊之罗斯人被害或其船上货物被抢劫，将追究犯罪者责任，严惩不贷。

两国中强制扣留人员，已被卖出者，如确系罗斯人或希腊人，当允许赎身回国，卖身钱偿还买主，或以家奴身价赎买；同样，战争中被希腊抓获之罗斯人，只需交纳上述金额，便可得以返回本国。

战时招募士兵，若罗斯士兵志愿为希腊皇帝效力，不管人数多少，不管何时来到，如志愿留在希腊当兵，当满足其愿望。

罗斯人抓获的第三国基督徒战俘，欲将其卖给希腊，或者由第三国带到罗斯的基督徒战俘——他们每人须交纳金币20佐洛特尼克①，方能回到希腊。

如罗斯人的家奴被盗、逃跑或被迫卖出，罗斯人提出起诉时，当证明其对家奴之所有权，然后认领回家；如商人丢失家奴，当由法庭解决，一旦找到，即可认领……如讼争一方阻止进行调查，则认其败诉。

在希腊境内皇帝身边供职的罗斯人，如果未能来得及安排好遗产而死亡，在希腊又没亲人，财产应归其在罗斯的后辈亲属，如有遗嘱，则由遗嘱中所指定之人继承财产。

关于罗斯购货人员的规定……

---

① 佐洛特尼克（золотник）：古罗斯金币单位。——译者

关于来希腊之罗斯人欠债不还者……此等无赖，如不返回罗斯，罗斯债权人可向基督徒官府投诉，一旦抓获，强行遣回罗斯。对罗斯境内之希腊无赖，亦照此法执行。

为保证你们基督徒与罗斯人之间和平友好关系长期不变，我方由伊万诺夫缮写此条约，一式两份。——贵国皇帝亲笔签字，并向十字架及你们三位一体之唯一真神宣誓，保证实行，然后交我方使臣。我们罗斯人将以本族之信仰和习惯方式向上帝委派之贵国皇帝发誓：我们一方任何人决不违反此和平友好条约之任何一款。特将此文本呈交贵国皇帝，作为确定贵我双方之间和平友好关系之基础。6420年，罗马税纪第15年，9月2日。"

利奥皇帝奖赏罗斯特使——金子、丝绸和锦缎，派人带领他们参观了华丽的教堂、金帐及其中财物：大量的黄金、锦缎、宝石，耶稣受难的遗物：棘冠、铁钉、绛袍以及圣徒们的遗骨等，向他们介绍了自己的宗教信仰。然后将他们送回了罗斯。使臣们回去参见奥列格，转达了两位希腊皇帝的话语，讲述了两国签订和约及双方发誓信守不渝等情形。

奥列格在基辅执政，与周边各族相安无事。一年秋天，奥列格忽然想起自己的坐骑。他早已经决定不再骑它，只交人细心喂养。因为奥列格曾询问术士和巫师："我将死于何物？"巫师回答："王公，您将死于您心爱之坐骑！"奥列格牢记在心，吩咐马卒："我再也不骑这马，再也不想见它。"他命人将战马细心喂养，再不要牵到他面前。这样过了几年，直到奥列格带兵攻打希腊人。从希腊回基辅后又过了4年，在第5个年头奥列格猛然想起巫师关于他将死于此马的预言。他把马夫长叫来，问道："我让你们喂养的战马呢？"马夫长回答说："死了。"奥列格大笑，嘲笑那个巫师："这些法师纯粹胡言乱语，我的马死了，而我依然健在。"他命人备马，说："我要去看一看那战马的尸骨。"奥列格来到那里，见到马的骨架和颅骨，于是下马，笑道："难道我会死于这颅骨不成？"边说边用脚踢了一下颅骨，这时忽然从里面蹿出一条蛇来，咬了他的脚，奥列格因此而死。全国为他哭泣哀悼，将他葬在契克峰上，坟墓至今还保存着。奥列格在位33年。

巫师的预言变成事实，这并不稀奇，在多米奇安①当政时也曾有过类似事情。当时有一著名巫师名叫阿波洛尼，季安人氏②，他从城市到乡村，四处周游，创造过许多奇迹。有一次，他从罗马来到拜占庭，应当地居民请求，施法驱赶城里害人的许多蛇和蝎子，并驯服了许多王公贵族所骑的烈马。他来到安提阿，深受蚊蝎之苦的当地居民向他求救，他用铜做了一个蝎子，埋到地里，上面树一块大理石小碑，然后让人们手持棍棒在城内到处挥舞，并大声喊："让城里不再有蚊虫！"此后，蚊子和蝎子果然从此城消失了。有人请他设法消除威胁城市安全的地震，他叹了一口气，在一块小木板上写道："你啊，不幸的城市，大地将震动你，大火将烧毁你，连河边的噢隆基城③也将为你哭泣。"在谈到阿波洛尼时，连伟大的阿纳斯塔西（耶路撒冷人氏）也说："阿波洛尼创造的奇迹，直到现在还在有些地方时常出现。这些奇迹，有的赶走了为害人们的四足兽和猛禽鸟，有的挡住了泛滥的洪水。当然，也有一些给人们带来损害乃至死亡。不仅在他活着时这样，就是在他死后，鬼怪仍在棺材旁以他的名字使愚夫愚妇们鬼迷心窍。"关于这些疑神疑鬼之事，谁能说得清呢？因为此人深谙异术，但又绝不与玩弄诡谲者同流，他只凭言语以售其术，而不动真格。不管发生何等天灾或鬼怪作祟，我们崇高的信仰都能经受住考验，因为我们信仰坚定，与上帝同在，决不受人类之敌和凶神所施魔法与邪恶所诱惑。有些人像巴兰、扫罗、卡伊阿法那样仅靠上帝之名分即能预卜吉凶，抑或像犹大和斯凯瓦里的儿子们那样用上帝的名字驱赶魔鬼。许多人见证，神甚至多次赐福给那些不配得福的人。巴兰曾不守教诫，不信上帝，神还是赐福给他，以使其他的人们相信上帝。法老也曾是个像巴兰一样的人，上帝给他指点迷津。纳乌霍多诺索尔曾经犯过法，上帝为他及其子孙们指点前途，以此向人们证明：许多观念不正的人，在基督降世之前，也并不是为了愚弄无知百姓而显示奇迹，像西门、梅南德尔等法师都是如此。所以，

---

① 罗马皇帝（公元51—公元96年）。——译者
② 公元1世纪希腊哲学家，以法术著称。——译者
③ 此城位于噢隆特河上。——译者

古话说得对："显示奇迹并不是为了惑众……"

6421（913）年。继奥列格之后伊戈尔开始执政。同时在希腊，利奥之子君斯坦丁开始执政。奥列格去世后德列夫利安人背叛伊戈尔。

6422（914）年。伊戈尔进攻德列夫利安人，获胜，向其索取更多的贡赋。同年，西米昂王到察里格勒与希腊人签订和约后，返回保加利亚。

6423（915）年。佩切涅格人第一次来到罗斯，与伊戈尔签订和约，继而向多瑙河方向进发。此时，西米昂王正率军征服色雷斯人，希腊人向佩切涅格人求援。佩切涅格人准备进攻西米昂军，而希腊军队内讧，佩切涅格人见希腊人自相残杀，便收回兵马。保加利亚人战胜希腊人。西米昂占领亚得连堡城。这座城市起初叫俄瑞斯忒斯，是以阿伽门农之子的名字命名的。俄瑞斯忒斯曾经在此地三条河中沐浴，治愈痼疾，于是用自己的名字为这座城市命名。后来，亚得连王修复该城，改用自己的名字命名，所以现在称之为亚得连堡城。

6424（916）年。

6425（917）年。

6426（918）年。

6427（919）年。

6428（920）年。罗曼即位为希腊皇帝。伊戈尔攻打佩切涅格人。

6429（921）年。

6430（922）年。

6431（923）年。

6432（924）年。

6433（925）年。

6434（926）年。

6435（927）年。

6436（928）年。

6437（929）年。保加利亚王国西米昂王率兵向察里格勒进发，征服色雷斯人和马其顿人，随后率大军浩浩荡荡逼近察里格勒，与罗曼皇帝签订和约后返回。

6438（930）年。

6439（931）年。

6440（932）年。

6441（933）年。

6442（934）年。乌果尔人首次来到察里格勒，攻克色雷斯人居住的整个地区，希腊皇帝罗曼与乌果尔人讲和。

6443（935）年。

6444（936）年。

6445（937）年。

6446（938）年。

6447（939）年。

6448（940）年。

6449（941）年。伊戈尔出征希腊。他派保加利亚人前往告诉希腊皇帝：罗斯人乘万艘战船向察里格勒进发。罗斯人来到希腊，登陆后便开始作战，占领维菲尼亚，攻下庞德海沿岸从伊拉克利亚到帕夫拉戈尼亚的地区以及整个尼科米基亚，并烧毁苏德城。而被俘获的人，有的遭到鞭笞，有的被当作靶子射杀，还有的被反绑起来，从头心钉进铁钉。罗斯人将许多教堂、寺院和村庄化为灰烬，苏德城中的财物也被抢劫殆尽。正当此时，杰梅斯蒂克·潘菲尔率四万兵马从东而来，帕特里茨基·福卡率马其顿人而来，斯特拉季拉特·费多尔率色雷斯人而来，一些高官贵族也率兵赶到，几路大军将罗斯人包围。罗斯人商量决定从希腊人方面突围。激烈的战斗中，希腊人勉强取胜。罗斯人临近黄昏时赶回大军驻扎处，趁夜色乘船逃离。菲奥凡率兵乘战船阻击他们，用炮火轰打他们的战船。当时一片可怕景象，罗斯人见到火焰，纷纷跳入大海，争相逃命，剩下的人得以逃回家乡。这些人回来后对自己的亲人们讲："希腊人有一种像闪电一样的东西，发射出来烧我们，所以我们未能取胜。"而伊戈尔回来后，开始大量招募兵马，并派人出海去请瓦兰人一起攻打希腊，准备再次出征。

6450（942）年。西米昂王征伐霍尔瓦提人（克罗地亚人），兵败。随后西米昂去世，其子彼得即位，统治保加利亚人。

6451（943）年。乌果尔人再次来犯察里格勒，与罗曼皇帝签订和约后返回。

6452（944）年。伊戈尔招募大批军队，有瓦兰人、罗斯人、波利安人、斯拉夫人、克里维奇人和特维尔人，还雇佣了佩切涅格人，并留下他们的人质。伊戈尔率领这些军队乘战船和战马出征希腊，以报前仇。赫尔松人闻讯，前往禀告罗曼皇帝："罗斯人来犯，战船无数，不见边际。"保加利人也来禀报："罗斯人入侵，并雇佣了佩切涅格人。"罗曼皇帝派最好的王公贵族前去哀求伊戈尔："请不要攻打，我们愿意像奥列格在世时那样向你们进贡，并且再增加一些。"希腊人还给佩切涅格人送去锦缎和许多黄金。伊戈尔来到多瑙河边，召集军士们商议，把罗曼皇帝的话告诉他们，商量对策。伊戈尔的侍从们说："既然希腊皇帝这么说，我们可以不战而获得金银财宝，那我们还打什么呢？如果真打起来，谁能预料胜败呢？谁与大海也没有交情。我们不是在陆地上，而是在这茫茫大海上作战，如若真打，谁都可能战死。"伊戈尔听取了侍从们的意见，派佩切涅格人攻打保加利亚人，而自己从希腊人那里取得了金银财宝，率兵返回基辅。

6453（945）年（上）。希腊皇帝罗曼、君斯坦丁和斯特凡派人晋见伊戈尔，谋求恢复从前的和约。伊戈尔与之商定讲和事宜，并派人去见罗曼皇帝。罗曼召集众王公贵族，并召见罗斯人的使者，让其将双方之谈话内容记录在案。

"与热爱上帝的统治者罗曼、君斯坦丁、斯特凡诸希腊君主签订之和平条约：吾等乃来自罗斯的商人及使节：伊沃尔——罗斯大公伊戈尔之特使；一般使臣：乌耶法斯特——伊戈尔之子斯维亚托斯拉夫之使臣；伊斯库谢维——大公夫人奥莉加之使臣；斯鲁德——伊戈尔之侄伊戈尔之使节；乌列布——沃洛季斯拉夫之使臣；卡尼恰尔——普列德斯拉娃之使臣；希赫别伦·斯凡德尔——乌列布夫人之使臣；普拉斯坚（杜罗德人氏）；利比阿尔（法斯托人氏）；格里姆（斯菲尔科人氏）；伊戈尔之侄使臣普拉斯坚·阿库恩；卡雷（杜德科人氏）；卡尔舍夫（杜罗德人氏）；耶格里（耶夫利斯科人氏）；沃伊斯特（沃伊斯科人氏）；伊斯特尔（阿米诺德人氏）；普拉斯坚（别尔诺人氏）；亚夫佳格（古纳列人氏）；希布里德（阿尔德人民）；科尔（科列科人氏）；斯特基（耶托诺人氏）；斯菲尔卡……；阿尔瓦德（古德人氏）；福德里（图阿德人氏）；穆图尔·乌京；商人：阿杜恩、阿杜尔布、伊基弗拉德、乌列布、福鲁坦、戈莫尔、库齐、耶米戈、图罗比德、福罗斯坚、布鲁内、罗阿尔德、古纳斯特尔、弗拉斯坚、伊格尔德、图尔别伦、莫涅、鲁阿尔德、斯维恩、斯季尔、阿尔丹、季连、阿普别克萨尔、乌兹列夫、辛科、博里奇。我等受罗斯大公伊戈尔、罗斯诸王公及罗斯臣民之委托，前来此地，目的在于恢复被仇视善良和憎恨友谊的魔鬼破坏多年的两族间往日之和平，以巩固罗斯人与希腊人间之友谊。

罗斯大公伊戈尔及其王公贵族和臣民委派我等前来谒见希腊皇帝陛下罗曼、君斯坦丁和斯特凡，与其本人和希腊王公贵族及臣民签订友好条约，直到日熄世毁永不改变。罗斯一方若有人妄想破坏此友谊关系，如果已受洗礼，则让其得到主宰一切的上帝之惩罚，处以死刑；如果未受洗礼，则让其得不到上帝及雷神庇隆之保佑，让其不能用自己的盾牌保卫自己，让其死于自己人的刀箭之下，让其来世终身为奴。

希腊人提出：如以前之规定，罗斯大公及其王公贵族可以派使节及商人乘船前来希腊晋见希腊皇帝，所派之人数按其意愿而定。以前使节及商人分别携金印和银印来希腊，今后请罗斯大公签发文书给我皇帝陛下，使节或商人所携文书中当写明船只数目及所乘人员等内容，以证明其确为和平目的而来。如有人不携文书而来，落入我方手中，我方当将其扣留并监禁，直至照会贵方大公。如有人不服而抵抗，我方当将其处死，贵方大公不得追究其死亡之责任。如有人逃跑返回罗斯，我们将以文书照会贵方大公，按贵方意愿处理。罗斯人若不为生意目的而来，则不能领取日常生活费用。贵方大公当严厉告诫来我方之使节及其他人等，保证在我境内不做犯法之事。贵方人员来希腊后，当居住于圣马蒙特教堂附近，我皇帝陛下将派人前往登记名册，发放口粮，按先基辅，后切尔尼戈夫和佩列亚斯拉夫利及其他城市的顺序发放，使节、商人各得其所。他们将在皇家侍卫不佩武器陪同下只通过一个大门进城，每次50人，可任意做生意，然后离城，皇家侍卫将保护他们的安全，如有罗斯人或希腊人为非作歹，将受审判。罗斯人入城，不得为恶，无权购买每匹50个佐洛特尼克金币以上的锦缎。如有人购买少量锦缎，而且交皇家侍卫验收，则在锦缎上盖印后，交回买主。按以前之规定，离开此地的罗斯人可从我方领取必需品：途中所需食物及船上用品，安全返回本土，不得在圣马蒙特教堂附近之住处过冬。

如罗斯人之家奴逃跑，允许到我方境内找寻，若在圣马蒙特教堂处找到，允许将其带回，若未能找到，按以前之规定，基督教徒须以其信仰发誓，非基督徒当以其法规发誓：确实丢失了家奴，然后按每个家奴两匹锦缎领取赔偿。

如我方皇家或其他城市的家奴逃往贵方，并携有财物，贵方当将其抓获送回；如其所携财物完好无损，贵方收取其捕捉费两个佐洛特尼克。

若有罗斯人图谋盗窃我方皇家子民财物，将受到严厉处罚，若已窃取，当按两倍偿还，希腊人若对罗斯人有此行为，亦按同法处理。

如果罗斯人盗窃希腊人财物，或希腊人盗窃罗斯人之财物，不仅要归还原物，而且要按所窃财物之价格赔款；如果所窃财物已经出售，按价加倍赔偿，并按希腊法规、罗斯法规及条例处罚偷窃者。

无论罗斯人送来多少基督徒战俘，每个青年男子或青年女子按10个佐洛特尼克支付；中年人按每人8个佐洛特尼克支付；老年人或小孩按每人5个佐洛特尼克支付。

如果罗斯人在希腊人手中为奴，且为战俘，则允许罗斯人按每人10个佐洛特尼克赎回，如若该罗斯奴仆系希腊人购得，则希腊人当以十字架发誓，索回以前所付金额。

关于赫尔松地区问题：罗斯大公无权在该地区及其中各城市作战，该地区亦不受贵方支配，另一方面，罗斯大公若请求我们派兵助战，我方将如数派出。

罗斯人如发现搁浅于海滩的希腊人船只，不得加害。如有人抢劫船上财物，或捕捉船上希腊人，或杀死船上希腊人，当按希腊法规和罗斯法规予以处罚。

罗斯人遇到在第聂伯河河口捕鱼的赫尔松居民，不得加害。

罗斯人无权在第聂伯河河口、别洛别列日耶和圣叶尔费利耶附近过冬，秋天来临时他们当返回罗斯家乡。

如果流窜的保加利亚人侵犯我赫尔松地区并在该地打家劫舍，我们请求罗斯大公不要放过他们，否则他们也将为害贵国。

如我希腊臣民犯罪，贵方无权处置，我方将按我皇帝陛下旨意使其得到应有惩罚。

如我希腊臣民杀死罗斯人，或罗斯人杀死希腊臣民，被害者亲属抓住凶手后可将其处死。

在凶手逃跑躲藏之情况下，如凶手有财产，则财产归被害者亲属所有；如无财产，则派人缉拿凶手，一旦抓获，立即处死。

如罗斯人用剑或矛或其他武器伤害希腊人，抑或希腊人伤害罗斯人，按罗斯人之法规，凶手当赔偿受害者5里特拉银两；如凶手无力赔偿，则责令其出售所有财物，包括身上所穿衣物，至于不足部分，凶手当以其信仰发誓，确实一无所有，如此，凶手方能得以释放。

如我皇帝陛下致函请求贵方大公派兵支援我方攻打敌人，贵方大公当如数派出兵力，唯有如此别国方能相信我们希腊人和罗斯人之间的友谊关系。

本条约一式两份，一份存于我皇帝陛下处，上画十字架，记录我等姓名；另一份存于贵方，上记贵方特使和商人的名字。将来我方皇家使节出行，他们将携此条约前往拜见罗斯大公伊戈尔并会见其臣民；罗斯人当真诚发誓，遵守弗渝。

罗斯人说：我们罗斯人中已受洗礼者，在教堂面对圣十字架和本条约文本向圣伊利亚发誓，永遵弗渝。我方如有人破坏此约，无论王公还是平民，无论是否基督徒，他将永远得不到上帝的帮助，他将终身为奴，将死于自己的刀枪之下。

未受洗礼之罗斯人当放置盾牌、出鞘之剑、镯环及其他武器,发誓:罗斯大公伊戈尔及其王公贵族和臣民将永远遵守条约中所规定内容,世世代代永不改变。

如若罗斯王公或平民不信守条约中所规定内容,无论是否基督徒,让其罪有应得,死于自己的刀枪之下,让其因破坏誓言而受到上帝和庇隆的诅咒。

罗斯大公伊戈尔发誓并承认此条约后,两族间友谊将千秋万代永不改变,直至日熄世毁。"

和约签订以后,罗斯使节与希腊使节一同前往罗斯,将罗曼皇帝的话禀报伊戈尔。伊戈尔召见希腊使者,问:"请告诉我,贵方皇帝陛下对你们有何吩咐?"使节们回答:"我皇帝陛下派我等来是为了和平,希望同罗斯大公建立和平友好关系。贵方使臣已前往希腊要求我皇帝陛下宣誓守约,我等也被委派前来要求您及您的臣民宣誓守约。"伊戈尔表示同意。次日,伊戈尔大公召来希腊使节及罗斯人中的多神教徒来到设庇隆神像的山冈上,放置盾牌、兵器及金饰,发誓守约;而罗斯人中的基督教徒则被引往坐落于义子座①尽头小河上游的圣伊利亚教堂起誓;这是一座大教堂,前来起誓的基督徒很多,有瓦兰人和可萨人等等。伊戈尔确认两族间之和平友好关系后,送别希腊使者,并赐给他们毛皮、奴隶和蜂蜡。希腊使者返回后晋见皇帝,转告了伊戈尔大公的话。

伊戈尔开始在基辅为政,与周边各国保持友好关系。秋天来临,大公开始计划攻打德列夫利安人,想从他们那里收取更多的贡赋。

6453(945)年(下)。此年侍从们对伊戈尔说:"斯维涅尔德少年卫队的人穿漂亮衣服,佩精良武器,而我们一无所有。大公,我们一起去收取贡赋,你和我们将都有所得。"伊戈尔听取他们的话,便去德列夫利安人那里征收贡赋,并且加收了一些,伊戈尔的侍卫们殴打德列夫利安人。收完贡赋后,一起回城。在返回的路上,伊戈尔想了想,对侍卫们说:

---

① 义子座(Пасынчая беседа):基辅之内一地名。——译者

"你们先带着贡品回去,我再去征收一些。"于是让卫队回家,而自己只带小部分侍卫回到德列夫利安人那里,希望得到更多的财物。德列夫利安人得知,与其王公玛尔①商量:"狼入羊群,如果不把它打死,它会吃掉整个羊群;现在如果不把伊戈尔杀掉,他会把我们全消灭光的。"于是派人去问伊戈尔:"为什么又回来?你们已经收取了所有贡赋。"伊戈尔不听,德列夫利安人冲出伊斯科罗斯坚城,杀向伊戈尔及其侍卫,因为寡不敌众,伊戈尔被杀,就葬于此地,其墓在伊斯科罗斯坚城附近,至今尚存。

当时,奥莉加与其年幼的儿子斯维亚托斯拉夫居于基辅,还有宫廷教师阿斯穆德和斯维涅尔德将军(他是姆斯季沙的父亲)。德列夫利安人说:"我们既已杀死了罗斯大公,干脆去把伊戈尔之妻奥莉加娶来,做我们玛尔王公的王后,其子斯维亚托斯拉夫任我们处置。"于是德列夫利安人派20个强壮的人乘船去见奥莉加。德列夫利安人的船停在巴利切夫冈下,因为当时河水环基辅山而流,居民不住在山下平地上,而是住在山上。当时的基辅城坐落于现在的戈尔佳塔—尼基福尔庄园处,而王府坐落于现在的沃罗季斯拉夫—丘达庄园处。"网鸟地"②当时在城外,城外还有一处庭院,在现在什一圣母教堂后面的诵经监司院处,山上有一座高楼,用石头砌成③。当时有人禀告奥莉加说,德列夫利安人来了。奥莉加召见德列夫利安人,说:"贵客来了。"他们回答说:"是的,我们来了,大公夫人。"奥莉加又问:"你们为何来此?"回答说:"我们德列夫利安人派我等来告诉你,你的丈夫被我们杀死了,因为他像恶狼一样抢劫和掠夺我们,而我们的王公治国有道,国内太平,所以请你嫁给我们的王公玛尔。"奥莉加对他们说:"你们的话我很感兴趣——我已无法使我的丈夫死而复活,明天我将在我的臣民面前给你们以荣耀,现在你们先回自己的船上休息,明天早晨我将派人去请你们,你们便说:我们不骑马,不步

---

① 据沙赫玛托夫考证,玛尔(Мал)又叫姆斯季沙(Мстиша)即姆斯季斯拉夫·柳特(Мстислав Лютый),是斯维涅尔德的儿子。——译者
② 古罗斯人在候鸟群飞的地方,于高空布大网捕捉。西伯利亚地区直到19世纪尚行此法。基辅有以"网鸟地"命名的地方。——译者
③ 这是塔楼,形似高楼,一般是金色尖顶。——译者

行,你们用船①把我们抬去。迎接的人会用船抬你们来见我。"说完,奥莉加打发德列夫利安人回自己的船上去,然后吩咐手下人在城外高楼前挖了一个又大又深的坑。次日清晨,奥莉加坐在楼上,派人去接德列夫利安人。被派来的人对他们说:"奥莉加传你们去接受奖赏。"这些德列夫利安人回答:"我们不骑马,不坐车,不步行,你们用船把我们抬去。"奥莉加派来的基辅人说:"我们唯命是从;我们的大公伊戈尔被杀,而大公夫人想嫁给你们的王公为妻。"于是将他们连船一起抬去。德列夫利安人坐在船上,胸前戴着漂亮的扣襻,单手叉腰,神气活现。人们刚把他们抬到楼前,便连船带人一并扔进预先挖好的大坑内。奥莉加来到大坑边,问他们:"给你们的奖赏如何?"德烈夫利安人答道:"我们比伊戈尔死得还惨!"奥莉加命人将其活埋。

奥莉加命人去转告德列夫利安人:"如果你们真心请我来,就派最好的人来接我,让我荣耀地嫁给你们王公,否则基辅人不会放我走的。"德列夫利安人便选出一些最好的长官去迎接奥莉加。当他们来后,奥莉加命人备好浴室②,对他们讲:"先洗澡,然后来见我。"于是在浴室内生上火,德列夫利安人进浴室洗澡。基辅人奉奥莉加之命关上浴室,在门前点上大火,将德列夫利安人全部烧死在里边。

奥莉加又派人去转告德利夫利安人:"我已经要来你们这里,请在杀死我丈夫的那座城市多准备一些蜜酒,我要在那里哀悼亡夫,为其举行追荐酒宴。"德列夫利安人便运来大量蜜酒,并且煮好。奥莉加带着少数卫队,轻装出发,来到丈夫墓前痛哭哀悼,然后命人为丈夫筑起大墓,接着举行追荐酒宴。德烈夫利安人入席畅饮,奥莉加吩咐自己的少年侍从们劝酒。德列夫利安人问奥莉加:"我们派去迎接你的卫队呢?"奥莉加回答说:"他们与我丈夫的卫队一起随后就到。"德列夫利安人大醉,奥莉加让自己的少年侍从们庆功畅饮,待她离开时又命令卫兵们杀掉德列夫利安

---

① 古罗斯国风俗:把死人放在船中埋葬。已发掘的葬身之船甚多。——译者
② 古代风俗:家中死人,家属准备好浴室,生好火,摆上食物,放好浴巾,供死者洗浴。浴室地上撒上灰,据说能看到死者留下的爪状脚印。——译者

人，死者达5000人。此后奥莉加回到基辅，召集军队，准备攻打剩余的德列夫利安人。

伊戈尔之子斯维亚托斯拉夫开始执政。

6454（946）年。奥莉加与其子斯维亚托斯拉夫召集大批精锐部队，攻打德列夫利安人，德列夫利安人奋力抵抗。当两军相接之际，斯维亚托斯拉夫把矛枪掷向敌人，而矛枪通过马的双耳之间，打在马腿上，因为当时斯维亚托斯拉夫年纪尚小，无力掷远。斯维涅尔德和阿斯穆德说："大公已经开始作战，我们卫队要紧随其后。"德列夫利安人大败而逃，躲进城堡。奥莉加决心率子攻下伊斯科罗斯坚城，因为这里的居民杀死了她的丈夫。奥莉加与其子率兵在城外驻扎，德列夫利安人躲在城里，全力抵抗，因为他们明白，是他们杀死了大公，如若投降，他们便难以活命。整整一个夏天，奥莉加久攻城池不下。于是奥莉加想出一个计策，她派人进城去对德列夫利安人说："你们还想在这里守到什么时候呢？你们其他的城市已经向我投降，答应向我交纳贡赋并且已经划分了土地，而你们，拒绝向我交贡，难道想在这里饿死不成？"德列夫利安人回答说："我们当然很乐意向你交纳贡赋，可你是在为丈夫向我们报仇的啊！"奥莉加告诉他们说："你们的人第一次和第二次去基辅时，我已经为丈夫报了仇，而我为丈夫举行追荐酒宴时，又第三次为他报了仇。我已不再想报仇之事，只想收缴一点贡品，与你们讲和，然后便离开此地。"德列夫利安人问道："你想要我们的什么呢？我们乐意向你进献蜜酒和毛皮。"奥莉加说："你们现在既无毛皮，也无蜜酒，所以我向你们要求得不多：每户交给我三只鸽子，三只麻雀，我不想像我丈夫那样给你们摊派很重的贡赋，所以要求得很少，况且你们因遭围困也已经疲惫不堪。"德列夫利安人异常高兴，每户收三只鸽子，三只麻雀，恭敬地献给奥莉加。奥莉加对他们说："现在你们已经臣服于我和我的儿子，你们回城去吧，明天我将离开这里返回基辅。"德列夫利安人欣然回城，奔走相告，全城欣然。奥莉加把鸽子和麻雀分发给兵士们，传令在每只鸽子和麻雀身上绑上点燃的火绒，用线固定往。当天色暗下来的时候，奥莉加命令兵士们放掉鸽子和麻雀。鸟儿各自纷飞：鸽子飞往鸽窝，而麻雀则飞落到屋檐下。一时间凡是有鸽子窝的地方，储藏室、草棚、草垛都着起火来，没有一个庭院例外。因为火是同时燃起来的，所以无法扑灭。德列夫利安人从城里跑出来，奥莉加命令士兵们将其捉住，终于以此攻下城池，将其烧毁，俘虏了城中长官，杀死了一些人，还有一些人充做家奴，至于剩下的人则令其交贡纳赋。

奥莉加给德列夫利安人摊派很重的贡赋。三分之二的贡品交往基辅，三分之一交往维什哥罗德，因为该城归奥莉加主管。奥莉加和儿子及其卫队在德列夫利安人当中安排贡赋之事，她当时驻跸和游猎的地方至今尚存。后来奥莉加与其子返回基辅，住了一年。

6455（947）年。奥莉加前往诺夫哥罗德，在姆斯塔地区安排墓地及贡赋之事，在卢加地区实行代役租制，收缴贡赋。她去过的许多地方至今犹存：她住过的地方，她安排的墓地，她乘坐过的雪橇保存在普斯科夫，在第聂伯河岸边有她设网捕鸟的地方，在德斯纳河边她的村庄奥莉加村至今还坐落在那里。奥莉加在诺夫哥罗德办完一切事情以后，回到基辅，与其子过着和睦的生活。

6456（948）年。

6457（949）年。

6458（950）年。

6459（951）年。

6460（952）年。

6461（953）年。

6462（954）年。

6463（955）年。奥莉加出行希腊，来到察里格勒。当时在希腊执政的是利奥（菲洛索夫）之子君斯坦丁·巴格良诺罗德内伊。当奥莉加前来见他时，他为奥莉加的美貌和聪明才智所动，对她说："你应当留在这里与我一起执政。"奥莉加猜透了皇帝的心思，知道他口出此言的意图，便回答道："我是多神教徒，如果你想为我行洗礼，那么你就要亲自来做，否则我不会接受洗礼。"于是皇帝和总主教为奥莉加行洗礼。奥莉加受启蒙，灵魂和身体都感到极度快乐。总主教要她坚守信仰，对她说："罗斯的女人中，你是最幸福的，因为你抛弃黑暗，投向光明。罗斯后代及你的子孙们将赞美你，颂扬你。"总主教告诉奥莉加教规戒律，要求她祈祷上帝，守职、行善、洁身自爱。奥莉加站在那里，低着头，像焊住了嘴唇一般，细听总主教的教诲，向总主教鞠躬说："主啊，你的话将保佑我躲避魔鬼的圈套。"像古代皇后、君斯坦丁大帝的母亲一样，奥莉加取教名为叶莲娜。总主教为她祝福，然后送她离去。受洗礼后希腊皇帝召见她，并对她说："我想娶你为妻。"奥莉加回答："你亲自为我行洗礼，认我为教女，又怎么能娶我为妻呢？你自己也明白，这对基督徒来说是不允许的。"皇帝说："奥莉加，我不如你聪明，中了你的计。"于是只好认她为教女，赐给她许多财宝：金银、锦缎，各种瓷器，然后送她回基辅。奥莉加在返回前去见总主教，求其为她祝福，并说："尽管我的臣民和我的儿子是多神教徒，可上帝会保佑我远离罪恶。"总主教说："这是肯定无疑的！上帝在古时候曾保佑以诺，赐方舟保佑挪亚，保佑亚伯拉罕免受亚比米勒的伤害。在烧毁所多玛城时，上帝派天使救出罗得；上帝帮助摩西逃避法老的追杀；保佑大卫免受扫罗的迫害；保佑三少年在迦勒底王的火窑中不受伤害；保佑但以理虽被投身狮坑而毫发无损。你既然已经接受洗礼，改信耶稣，耶稣也会保佑你的，他会让你远离魔鬼，不受诱惑。"总主教为奥莉加祝福，将她平安送返故国，回到基辅。奥莉加在希腊接受洗礼之事，恰似当年所罗门时代所发生的一件事：一埃塞俄比亚皇后耳闻所罗门之睿智和圣明，慕名远来，亲聆所罗门之教诲。不过幸福的奥莉加所追求的是真神的圣明，而那个埃塞俄比亚皇后当年所追求的只是人的圣明而已。"追求智慧的人一定能够得到智慧。""智慧向初行者歌唱，智慧使人在行程中勇往直前，智慧在通衢要道上向人们宣讲真理，智慧在城楼上、城门口大胆地说：善良者永远追求真理。"幸福的奥莉加从小追求这世上最美好、最宝贵的智慧和贤明，她终于找到了这一无价明珠——耶稣。所罗门曾经说："追随圣贤会使人心灵愉悦。""要静心沉思，""我爱那些爱我的人，而追寻我的人一定会找到我。"上帝说：

"我不会赶走任何一个投奔我的人。"

奥莉加回到基辅后，希腊皇帝派使者来问奥莉加："我给了你许多财宝，而你当时也曾许诺过，等回罗斯以后，将给我奴隶、蜂蜡、毛皮和支援我作战的军队。"奥莉加让使者转告希腊皇帝："像我到苏德城那样，你如果到我们的波恰伊纳来，我就守约给你财宝。"奥莉加与儿子斯维亚托斯拉夫住在一起，劝他接受洗礼，但他根本不考虑此事，不听母亲的话，如果有人想接受洗礼入基督教，他也并不阻拦，只是嘲笑他们，"因为在那些不信上帝的人看来，基督教简直是装疯卖傻，""因为这些置身于黑暗之中的人们愚昧、无知，"他们不懂得上帝的荣光，"他们的心冷酷无情，耳不聪，目不明。"正如所罗门之言："渎神者远离理智，""因为我召唤你们这些渎神者，你们不应，给你们教诲，你们不听；并且违背我的劝言，不接受我的责备；""你们这些渎神之人仇视圣灵，不敬畏神灵，不接受我的劝告，仇恨对你们的训导。"奥莉加常常对斯维亚托斯拉夫说："我的孩子，我信奉上帝，感到无比快乐，如果你信奉上帝，你也会感到幸福的。"而斯维亚托斯拉夫毫不在意，说："我怎么能一个人改信基督教呢？我的侍卫们会嘲笑我的。"奥莉加回答说："如果你接受洗礼，别的人也会这么做的。"斯维亚托斯拉夫根本不听母亲的话，继续按多神教的风俗习惯生活，他没有想到，不听从母亲的话，会灾难临头的，正如俗话所说："不听父母言，死亡在眼前。"斯维亚托斯拉夫甚至怨恨母亲。所罗门说："教诲恶人会给自己招来怨恨，指责渎神的人反而会使自己蒙受耻辱，因为对渎神之人的训责是祸害之源。不要指责恶人，以免招来嫉恨。"但奥莉加疼爱自己的儿子，常暗自祷告："万能的上帝啊，如果上帝要降福给我的族人和我的罗斯百姓，那么就让他们像我一样，有一颗敬奉上帝的心吧。"奥莉加一边这样说，一边日夜为儿子和百姓祈祷，直到将儿子抚养成人。

6464（956）年。

6465（957）年。

6466（958）年。

6467（959）年。

6468（960）年。

6469（961）年。

6470（962）年。

6471（963）年。

6472（964）年。斯维亚托斯拉夫长大成人，开始大量招募勇士。他像猎豹一样灵活，经常率军征战。他率军出征从不带辎重，征途中从不用锅煮肉，只是将马肉、野兽肉或咸猪肉切成薄片，在炭火上烤熟来吃。他也从不带帐篷，宿营时便拉出毡鞍垫头枕马鞍而睡。他的兵士也照他的样子做。他打仗前派人宣战："我要进攻你们！"他率兵来到奥卡河和伏尔加河流域，碰到了维亚迪奇人，问他们："你们向谁交纳贡赋？"回答说："我们向可萨人交贡，每一张木犁交一个谢略克①。"

6473（965）年。斯维亚托斯拉夫征伐可萨人。可萨人在其王公卡甘带领下进行抵抗。战斗中斯维亚托斯拉夫打败了可萨人，占领了他们的别拉亚韦扎城，继而打败了雅斯人和卡索吉人。

6474（966）年。斯维亚托斯拉夫打败了维亚迪奇人，令其交纳贡赋。

6475（967）年。斯维亚托斯拉夫率兵前往多瑙河流域攻打保加利亚人。双方激战。斯维亚托斯拉夫获胜，夺取多瑙河沿岸城市80座，驻于佩列亚斯拉韦茨城统治，同时收取希腊人之贡赋。

6476（968）年。佩切涅格人初犯罗斯国土。正当此时，斯维亚托斯拉夫远在佩列亚斯拉韦茨城，奥莉加与其3个孙子雅罗波尔克、奥列格和弗拉基米尔紧闭基辅城城门。佩切涅格人大军包围基辅城，其兵力无数。困在城内的人无法出城，也无法报信，饥渴交困，罗斯援兵的船停于第聂伯河对岸，与城中人互相隔绝。城中人悲愤不已，说道："谁能到对岸告知援军，若明晨还不来解围，我们将投降佩切涅格人？"一少年卫士挺身而出："我设法过去。"人们便派他前往。少年卫士手执马笼头出城，

---

① 谢略克（щеляг）：古罗斯钱币单位。——译者

来到佩切涅格人的营地，问："有谁见到我的马了？"因为他会说佩切涅格人的话，故敌人将其当成自己人。少年卫士来到河边，脱掉衣服，跃入第聂伯河向对岸游去。佩切涅格人发现，随即跳入水中追赶，并向他射箭，没射到他。对岸罗斯援军发现少年卫士，划船接应，将他拉上船，去见援军将领。少年卫士说："如果你们明天早晨再不去攻敌解围，城中百姓就要投降佩切涅格人了。"将军普列季奇说："我们明晨乘船过去，迅速将大公夫人及诸王孙公子救到这边，否则斯维亚托斯拉夫将会杀掉我们的。"翌日，黎明时分，援军乘战船向基辅城驶来，鼓号大作，城里人也大声回应，佩切涅格人以为罗斯大公亲自率兵赶来，狼奔豕突而散。奥莉加携孙子们和城中百姓来到船上。佩切涅格人的王公见此情景，单枪匹马返回，问普列季奇将军："这是谁赶来了？"回答说："河对岸的援军赶来了。"又问："难道你不是大公吗？"答曰："我是他的部下，率先锋部队而来，大公率大军随后就到，兵马无数。"将军这样说，是吓唬佩切涅格人。佩切涅格王公又对普列季奇将军说："请你做我的朋友吧！"回答说："好吧，我做你的朋友。"两人互相握手，王公将自己的战马、马刀和弓箭赠给普列季奇，而将军以环甲、盾牌和宝剑回赠。佩切涅格人退去。当时甚至不能牵马去河边饮水；因为退却的佩切涅格人聚在蕾别季山上挡住去路。基辅百姓派人去见斯维亚托斯拉夫，说："你啊，大公，无时不想征战别国的土地，而自己的国土却放弃不顾。你的母亲、你的孩子还有我们差点成为佩切涅格人的俘虏。如果你还不回来保卫我们，我们总有一日会被敌人掠走的。难道你不心痛故国，不心痛你的老母和孩子吗？"斯维亚托斯拉夫听了这番话，马上与卫队一起快马加鞭返回基辅，安慰自己的母亲和孩子们，并为佩切涅格人入侵之事深感痛心。他召集军队，赶走佩切涅格人，安邦治国。

6477（969）年。斯维亚托斯拉夫对母亲和王公贵族们说："我不喜欢住基辅，想到多瑙河边的佩列亚斯拉韦茨城去，那是我统治下国土的中心，各种贡品美味都送往那里：从希腊送去黄金、锦缎、名酒、多种水果；从捷克和乌果尔送去白银和宝马；从罗斯送去毛皮、蜂蜡、蜂蜜和奴仆。"奥莉加对他说："你知道，我重病在身，你想离开我去哪里？"——当时奥莉加已经卧床不起。她又继续说："等你把我葬了，随便你到哪里去。"三天以后，奥莉加去世。她的子孙们及百姓悲痛不已，将其安葬。奥莉加遗嘱后人，不要举行追荐酒宴，由她身边的一个神甫为她举行葬礼。

奥莉加是皈依基督教的先驱，她就像日出前的霞光，像黎明前的熹微，她置身于不信真神的群氓之中，就像明月照亮黑夜，如同珍珠出污泥而不染。当时人们没有接受圣洁的洗礼，是有罪的，肮脏的，而奥莉加用圣水盘洗去了罪恶，抛弃了原来罪恶的旧装，从而成为耶稣基督的忠实信徒。我们向她大呼："安息吧，我们罗斯人已认识了上帝，与上帝在一起。"她是第一个进入天国的罗斯人，她的后人将赞美她，颂扬她这位先驱和拓荒人，因为她在死后仍向上帝为罗斯祈祷。遵教者的灵魂是永生的，正如所罗门之言："人们乐于颂扬遵教者的功绩。"遵教者永远受到怀念，因他为上帝和人们所公认。奥莉加虽长眠地下多年，但尸体并未腐烂，人们至今仍在颂扬她。先知说："我颂扬那些赞美我的人们。"而大卫说："遵教者永远受到怀念，丝毫不会因风言传闻而损坏名声，因为他衷心侍奉上帝，意志坚定，决不动摇。"所罗门也说："遵教者是永生的，他们受到上帝无上的奖赏和关怀。上帝给予他们美的王国和善的荆冠，而他们用自己的双手来保卫和爱护它。"圣洁的奥莉加同样受到保护而免遭仇敌和魔鬼的损害。

6478（970）年。斯维亚托斯拉夫派雅罗波尔克驻守基辅，派奥列格去治理德列夫利安人。此时诺夫哥罗德人前来求见，请求为他们派一个王公："如果你们不派，我们将自立王公。"斯维亚托斯拉夫问道："让谁去你们那里呢？"雅罗波尔克和奥列格拒绝前往。多布雷尼亚说："派弗拉基米尔去。"弗拉基米尔乃奥莉加的女管家玛卢莎所生，而玛卢莎是多布雷尼亚的姐姐，他们的父亲是马尔科（柳别奇人氏），所以多布雷尼亚是弗拉基米尔的舅父。诺夫哥罗德人对斯维亚托夫斯拉夫说："就让弗拉基米尔去我们那里。"大公回答说："那就让他去吧。"于是，弗拉基米尔及其舅父多布雷尼亚前往诺夫哥罗德,而斯维亚托斯拉夫前往佩列亚斯拉韦茨。

6479(971)年。斯维亚托斯拉夫兵临佩列亚斯拉韦茨城下,保加利亚人闭门守城。后来保加利亚人出城迎敌,双方浴血奋战,保加利亚人占了上风。斯维亚托斯拉夫发出号召:"弟兄们,我们要誓死战斗,否则将死于此地!"傍晚时分斯维亚托斯拉夫取胜,兵士们猛攻,拿下城池,斯维亚托斯拉夫派人告知希腊人:"我将进攻你们,就像夺取此佩列亚斯拉韦茨城一样攻占你们的京城。"希腊人说:"我们无力抵抗,请你们收取我们的贡赋。你告诉兵丁人数,以便按数准备贡品。"——希腊人这样说是为了欺骗罗斯人,直到现在希腊人仍喜欢说谎。而斯维亚托斯拉夫对他们说:"我们有两万人。"——实际当时只有一万罗斯人,大公虚报了一万。闻听此言,希腊人不交贡品,出十万大军抵御斯维亚托斯拉夫,两军对峙。罗斯兵士见希腊人有那么多的部队,非常害怕,斯维亚托斯拉夫说:"我们无路可退,不管愿意不愿意——一定要战斗。我们可能战死在这里,但不会给我们的罗斯国家带来耻辱,因为战死是不可耻的。如果我们逃跑,——那将是可耻的,所以我们不能逃跑,要勇敢对敌,我率先冲杀,如果我头颅落地,你们就各自逃命。"兵士们回答说:"你战死在哪里,我们也将在哪里抛头颅、洒热血。"罗斯兵士汇聚起来迎敌,战斗异常激烈,斯维亚托斯拉夫获胜,希腊人败北而逃。斯维亚托斯拉夫率军来到希腊皇城,同时攻打其他城池,一些城池被毁,至今仍残壁颓垣,十室九空。希腊皇帝召集近臣们来到自己的住处,问道:"我们无力抗敌,如何是好?"众近臣说:"我们派人送去贡品,试探一下,看他是喜欢黄金还是喜欢锦缎布帛?"于是派机灵之人携金帛而去,并嘱咐他:"注意他的脸色,看他想要什么。"此人带上金帛来见斯维亚托斯拉夫。有人禀告大公,说希腊人携金帛前来求见,斯维亚托斯拉夫说:"带他到我这里来。"希腊人进来,鞠躬施礼,将金帛呈上。斯维亚托斯拉夫把脸转向一边,对卫士们说:"收放起来。"希腊人回禀皇帝,皇帝召众近臣商量,被派去见斯维亚托斯拉夫的人说:"我们去见他,并献上贡品,他看都不看，便派人放起来。"有一个近臣说："再试探他一次，这次给他送兵器。"众人从之，又派人送去宝剑和其他兵器。这次斯维亚托斯拉夫拿起兵器欣赏，赞不绝口，感谢和夸奖希腊皇帝。被派来的人又回去将此情景禀报皇帝。近臣们说："此人不爱金帛爱武器，必定残暴凶狠，只能给他进贡。"于是皇帝派人对斯维亚托斯拉夫大公说："请不要攻打我们的京城，你们要多少贡赋，我们都给。"由于人数不多，斯维亚把斯拉夫并未抵达察里格勒，希腊人送来贡品。在按兵士人数收取贡品时，斯维亚托斯拉夫将战死的兵士也计算在内，说："他们的亲属将代替他们领受贡品。"大公收取了大量的贡品，凯旋而归，回到佩列亚斯拉韦茨。他发现，兵士人数已经不多，因为有许多都战死沙场，暗自说："可千万别有人施诡计消灭掉我和我的军队。"又说："我要回罗斯去，增兵再来。"

此时，希腊皇帝在多罗斯托尔，斯维亚托斯拉夫派人去对他说："我要与你签订和约。"皇帝闻讯，欣喜万分，又派人送去更多的贡品。斯维亚托斯拉夫接受贡品，开始与兵士们商量："如果不与希腊皇帝签订和约，一旦他知道我们人数很少，便会带兵来围攻城市。我们远离罗斯大地，佩切涅格人又与我们为敌，谁来帮助我们？而如果与希腊皇帝签订和约，他们就应该向我们纳贡，——这对我们来讲就足够了。如果他们不纳贡，我们就回罗斯，带大批军队，直取察里格勒。"兵士们同意大公的话，就派最精明的人做使者前去多罗斯托尔，告知与希腊皇帝签约之事。次日上午，皇帝接见他们，他们说："我们大公讲，要与希腊皇帝永远和平友好。"皇帝非常高兴，吩咐记录员将斯维亚托斯拉夫所言记录在案，罗斯使者开始读，记录员开始写，内容如下：

本条约之抄件经罗斯大公斯维亚托斯拉夫与斯维涅尔德拟就，由教士费奥菲尔送达希腊皇帝约翰·甫齐米斯希，于多罗斯托尔城，时当6479年7月，罗马税纪第14年。我，罗斯大公斯维亚托斯拉夫，发誓："我和我的罗斯臣民将与从瓦西里[①]、君斯坦丁起的每一位希腊皇帝——所有受命于天

[①] "瓦西里"（译自俄语的人名Василий），在译自希腊语的材料中，写成"巴西尔"（拉丁语为Basil）。——译者

的皇帝及所有希腊百姓保持和平友好关系，直到世界毁灭之日，并以此条约证明我的誓言。决不产生进攻贵国的念头，不对贵国用兵，也不引领他族进攻贵国及贵国管辖范围内的地区，包括赫尔松地区诸城和保加利亚地区。如若谁有与贵国为敌之念，我将与之为敌并与之决战。我向诸希腊皇帝发誓，我及我罗斯臣民将遵守以前所签订之和平条约，如有违反，我们将受到上帝及雷神庇隆和畜牧神沃洛斯的诅咒，我们将像金箔那样遭受捶打，我们将死于自己的刀剑之下。我们所允诺的一切记录在案，且盖有印章，绝对可信，请勿怀疑。"

与希腊人签订和约后，斯维亚托斯拉夫率兵乘船驶往激流石滩，以取道回罗斯。他父亲的大将斯维涅尔德对他说："大公，我们还是骑马绕开石滩而行，因为那里有佩切涅格人挡路。"斯维亚托斯拉夫不听，仍然乘船而行。佩列亚斯拉韦茨城中派人去告诉佩切涅格人："斯维亚托斯拉夫将带兵从你们附近经过，他兵力不多，从希腊人那里收取了大量财宝，战俘无数。"佩切涅格人闻讯，派兵封锁那里的激流石滩。斯维亚托斯拉夫驶近，不能通过，只好留在别洛别列日耶过冬。当时罗斯人食物匮乏，饥饿难忍，一个马头卖到半个格利夫纳。斯维亚托斯拉夫在这里度过冬天。

6480（972）年。春天来临，斯维亚托斯拉夫起兵前往石滩地区。佩切涅格人王公库里亚率兵进攻，杀死斯维亚托斯拉夫，取其头颅骨做成坯子，用铁皮包钉好，用来喝酒。斯维涅尔德回基辅见雅罗波尔克。斯维亚托斯拉夫当政28年。

6481（973）年。雅罗波尔克开始当政。

6482（974）年。

6483（975）年。有一次，斯维涅尔德的儿子柳特出基辅城，在森林中追捕野兽，奥列格见之，问手下人："此人是谁？"答曰："斯维涅尔德的儿子。"奥列格追上他将其杀死，因为当时奥列格也正在此打猎。从此雅罗波尔克与奥列格结仇。斯维涅尔德欲为子报仇，多次对雅罗波尔克说："去进攻你的兄弟奥列格吧，夺取他的领地。"

6484（976）年。

6485（977）年。雅罗波尔克率兵前往德列夫利安人地区讨伐自己的兄弟奥列格。奥列格出城迎敌，双方激战，雅罗波尔克获胜。奥列格带兵逃往夫鲁奇城①，在护城河桥上，十分拥挤，许多人跌进河里，奥列格也被挤落水中。有的连人带马跌入河内，马压在人身上。雅罗波尔克攻进奥列格的城市，夺取管辖权，派人四处寻找奥列格，不见踪影。有一个德列夫利安人说："我昨日见他被挤下护城河。"雅罗波尔克派人打捞护城河里的尸体，从早晨一直到中午，才找到压在下面的奥列格。人们把他打捞上来，用毯子包好。雅罗波尔克赶来，痛哭流涕，对斯维涅尔德说："看吧，这就是你所希望看到的！"奥列格被葬在夫鲁奇近郊，坟墓至今尚存。雅罗波尔克接管奥列格的领地。雅罗波尔克的妻子是希腊人，以前是个修女，因其姿色美丽，斯维亚托斯拉夫将她领来，嫁给雅罗波尔克为妻。而弗拉基米尔在诺夫哥罗德得知奥列格被杀，惊恐万分，逃往海外。雅罗波尔克派手下行政长官进驻诺夫哥罗德，他一人统管整个罗斯。

6486（978）年。

6487（979）年。

6488（980）年。弗拉基米尔率瓦兰人回到诺夫哥罗德，对雅罗波尔克的人说："你们去告诉我的兄长，就说弗拉基米尔前来与他决战，让他做好准备。"弗拉基米尔在诺夫哥罗德驻扎下来。

弗拉基米尔派人去波洛茨克对罗戈沃洛德说："我想娶你的女儿为妻。"罗戈沃洛德问女儿："你想不想嫁给弗拉基米尔？"女儿回答："我不想侍奉一个女奴的儿子，我想嫁给雅罗波尔克。"该罗戈沃洛德是从海外而来，在波洛茨克当政，而图雷在图罗夫当政，该城正因他而得名。弗拉基米尔的侍卫返回，将罗戈沃洛德之女儿罗戈涅达的话如实禀告。弗拉基米尔率瓦兰人、斯拉夫人、楚德人和克里维奇人进攻罗戈沃洛德，而当时他们正在为罗戈涅达出嫁雅罗波尔克做准备。弗拉基米尔攻入波洛茨克城，杀死罗戈沃洛德及其两个儿子，抢其女儿为妻。

---

① 夫鲁奇（Вручий）：即奥夫鲁奇（Овруч）。——译者

弗拉基米尔率领大军前往基辅攻打雅罗波尔克，雅罗波尔克不敢迎战，与其大将军布鲁特及城中百姓闭门守城。而弗拉基米尔驻扎城外，在多罗戈日奇和卡彼奇之间挖好战壕，这条战壕至今还在。弗拉基米尔派人去见布鲁特，骗他说："请你做我的朋友！如果你能杀死我的兄长雅罗波尔克，我将认你为父，给你荣耀，——并不是我先动手杀害自己的亲兄弟，而是他。我担心被他杀害，才起兵讨伐他。"布鲁特对弗拉基米尔派来的人说："我愿意与你们合作。"——人的谎言啊，竟是如此可恶！正如大卫所言："人啊，吃我给予他们的口粮，却对我说谎。"而这个布鲁特竟然能想出奸计谋害自己的主人，自己的王公。大卫说："有些人专会玩弄巧舌奉承谄媚。上帝啊，审判他们吧，因为他们出卖自己的灵魂；惩罚他们吧，因为他们罪恶累累，他们仇恨你，万能的上帝。"大卫又说："凶残奸诈之人不得好死。"唆使他人杀人害命，是可恶的，而那些从王公、主子那里领取薪俸，反而谋害王公的人，他们丧心病狂，连魔鬼都不如。大军围城之时，布鲁特蒙骗雅罗波尔克，经常暗中派人去给弗拉基米尔送信，让他攻城，而自己设计谋害雅罗波尔克，但害怕城中的人得知，不敢动手，所以想出诡计，劝说雅罗波尔克不要出城迎敌。布鲁特对雅罗波尔克说："基辅百姓派人去见了弗拉基米尔，告诉说：'你们攻城吧，我们将把雅罗波尔克献出来。'你还是逃出城去吧。"雅罗波尔克听信他的话，逃出基辅，来到罗西河口的罗德尼亚城，而弗拉基米尔进驻基辅又派兵包围罗德尼亚城。城内闹起大饥荒，所以有一个俗语流传至今："像当年罗德尼亚城内的大饥荒。"布鲁特欺骗雅罗波尔克说："你看，你的弟弟有这么多的军队，我们是胜不了的，还是与他讲和吧。"王公回答说："也只好如此了。"布鲁特又派人去给弗拉基米尔送信："你的愿望就要实现：我带雅罗波尔克到你这里来，乘机杀之。"弗拉基米尔闻讯，带领卫队和一些兵士来到我们以前提到过的那个高楼上等候。布鲁特对雅罗波尔克说："去见你弟弟，就对他讲：无论你怎么吩咐，我都接受。"而瓦里亚日科则阻止道："王公啊，千万不要去，他们会杀害你的，你该去佩切涅格人那里，招募军队。"雅罗波尔克不听，动身去见弗拉基米尔。他刚一进门，两个瓦兰人用剑指向他的喉咙，将其擒拿。布鲁特紧闭上大门，不让自己的兵士进入。就这样，雅罗波尔克惨遭杀害。瓦里亚日科见状，逃往佩切涅格人那里，此后经常与他们一起攻打弗拉基米尔。弗拉基米尔几经周折才将他招降过来，并发誓决不伤害他。弗拉基米尔与其兄长的妻子，即那个希腊女人同居。后来她有了身孕，生下斯维亚托波尔克。祸根生不出好果子：其一，他的母亲曾是修女；其二，弗拉基米尔与这个希腊女人并未正式结婚，而是私通。所以弗拉基米尔并不喜欢斯维亚托波尔克，因为他有两个父亲：一个是雅罗波尔克，一个是弗拉基米尔。

  占领基辅以后，瓦兰人对弗拉基米尔说："这是我们的城市，因为是我们攻下来的，——既然你要在这里统治，我们要按每人两个格利夫纳收取赎金。"弗拉基米尔回答说："你们先等一个月左右的时间，我派人为你们收取雇佣费①。"瓦兰人等了一个月，根本没有得到弗拉基米尔的赎金，便对他说："你欺骗了我们，既然不给我们赎金，那就允许我们去进攻希腊。"弗拉基米尔回答："你们去吧。"弗拉基米尔从瓦兰人中挑选忠实可靠、精明能干的人分别驻守各城，其余的人进军察里格勒。弗拉基米尔则派使者先瓦兰人之前赶到希腊对皇帝说："瓦兰人来进攻你们，不要让他们滞留在皇城，否则他们会像在罗斯一样，作恶多端，把他们分散开去其他各地，不让一个人进皇城。"

  弗拉基米尔开始独自一人在基辅统治，在塔楼院后面的山冈上立起神像：有木刻的雷神庇隆的像，配以白银铸做的头和金胡须；还有霍尔斯，太阳神大日博格②，风神司特利博格、西玛尔戈尔和莫科什的神像。人们送来祭品，敬它们为神灵，他们还扶老携幼来参拜神像。可是他们的祭品却献给了魔鬼，他们的祭礼使大地受到玷污。但仁慈的上帝并不想除掉这些有罪之人，所以在这个山冈上至今还有圣瓦西里大教堂，这以后我们还要谈到，现在让我们话归正传。

  弗拉基米尔派舅父多布雷尼亚驻守诺夫哥罗德。多布雷尼亚到诺夫哥

---

① 雇佣费（кун）：旧时罗斯人风俗，花钱赎买以解除血亲的冤仇。——译者
② 大日博格（даждбог）：古代斯拉夫人的太阳神，同时也是火神。——译者

罗德以后，将神像安置于沃尔霍夫河河畔，城中百姓纷纷送去祭品，敬拜神像。

弗拉基米尔极好女色，他妻妾成群：罗戈涅达被安置在蕾别季，即现在的普列德斯拉维诺村处，她为弗拉基米尔生了四个儿子：伊贾斯拉夫、姆斯季斯拉夫、雅罗斯拉夫和弗谢沃洛特，还生了两个女儿；那个希腊女人为他生了斯维亚托波尔克；一个捷克女人为他生了维舍斯拉夫；还有一个妻子为他生了斯维亚托斯拉夫和姆斯季斯拉夫两个儿子；一个保加利亚女人为他生了鲍利斯和格列布，此外，他在维什哥罗德养有妃嫔300人，在别尔哥罗德300人，在别列斯托沃，即现在的别列斯托沃村有200人。弗拉基米尔甚至还不满足，经常招引已婚女子，强奸幼女。他像所罗门一样，淫欲无度。传说，所罗门有700个妻子和300个小妾。他是一个大智之人，最后也不免一死。弗拉基米尔是个无知之人，最后也得以彻底解脱。"上帝是伟大的，他威力强大，智慧无边。"女人的诱惑——那是一种罪恶，所以，所罗门在懊悔之中谈及坏女人时说："当远离淫妇，因为淫妇的嘴滴下蜂蜜，甜蜜的享受只是片刻，至终却是苦如胆汁。……与她亲近的人死后只能下地狱。她找不到生命平坦的道路，放荡的生活毫无理智。"而谈及贤惠的女人时，所罗门说：

"贤惠的妻子哪里去找！她的价值远胜过珠宝！

她的丈夫信赖她，绝不至于穷困。她一生使丈夫受益，从来不使他有损。

她辛勤地用羊毛和麻纱制成衣服。她像商船一样，从远方运粮供应自己的家。

她天未亮起床，为家人准备衣物，分配工作给女仆。

她用自己赚来的钱购置田地，经营葡萄园。

她健壮而勤劳，不怕繁重的工作。她知道自己所做每一件货品的价值，往往工作到深夜。

她为自己纺线，为自己织布。她乐意周济穷苦人，伸手救助贫乏人。

她用不着为下雪担忧，因为一家人都有暖和的衣服。

她织造床单，为自己制麻纱和紫布衣服。

她的丈夫很有名望，是地方上的领袖。

她缝制衣服和腰带卖给商人。她坚强，受人敬重，对前途充满信心。

她开口表现智慧，讲话显示仁慈。

她辛勤处理家务，不吃闲饭。她的儿女敬爱她，她的丈夫称赞她。

她的丈夫说：'贤惠的女子不少，但你远超过她们！'

娇艳是靠不住的，美容是虚幻的，只有敬畏上主的女子应受到赞扬。

她所做的事都有价值，她应当公开受到赞扬。"

6489（981）年。弗拉基米尔率兵进攻利亚赫人，攻占佩列梅什利、切尔文及其他城市，这些城市至今尚属罗斯辖治。同年，弗拉基米尔打败维亚迪奇人，——弗拉基米尔依照父亲老例，按地亩收取贡赋。

6490（982）年。维亚迪奇人反叛，弗拉基米尔率兵镇压，再次胜之。

6491（983）年。弗拉基米尔进攻雅特维亚吉人，获胜，占领其土地。回基辅后，他率众人向神像奉献祭品。贵族们说："我们向青年男女们抛签，签打中谁，我们就把谁作为祭品献给众神。"当时有一个瓦兰人，他的家就在弗拉基米尔后来命人修建的什一圣母大教堂处。他从希腊来并信奉基督教。他有一个儿子，面目清秀，心地善良。魔鬼嫉妒他这个儿子，视其为眼中钉，肉中刺，于是唆使众人企图将他害死。抛出的签正好落在他的身上，于是派人对那个瓦兰人说："签落在你儿子身上，众神选中了他，我们要把他作为祭品献给众神。"瓦兰人回答说："那不是圣神，只是一些木头而已。它们今天还有，明天就会消失。它们不会吃，不会喝，不会说话，只是人们用木头雕刻出来而已。真正的神只有一个，希腊人崇拜他，侍奉他，他创造出天地、星星、月亮、太阳和人，并让人生活在大地上。而你们那些神创造出什么来呢？它们本身倒是被造出来的。我不能把我的儿子给你们的那些神。"被派来的人离去，将此事告知众人。人们拿起武器，来到瓦兰人那里，抄了他的家。瓦兰人父子俩站在雪橇上，众人对他说："将你儿子交出来，去祭供圣神。"瓦兰人回答："如果他们是真神，那就让他们当中出一个来取我的儿子，你们又何必举行祭祀给他们献牲呢？"人们大喊大叫，毁坏他们的雪橇，杀死了他们。谁也不知道他们被埋葬在哪里，因为当时的人们都野蛮无知，不信基督，而魔鬼不知自己已离死不远，还暗自高兴。他企图消灭所有信耶稣的人。他被圣十字架从别处赶到这里，试图在这里为自己招罗一些人，因为使徒们没有在这里传经布道，先知没有在这里做什么预言，但是他不知道先知曾说过的话："我将把不信我的人当作信我的人一样看待。"而人们谈及使徒时也说："他们的教诲传遍整个大地，直到世界毁灭。"纵然使徒没有来过此地，但他们的教诲如同号角声一样在世上的每个教堂里回荡，我们凭使徒的教诲战胜魔鬼，将魔鬼踩在脚下，正如这两个瓦兰人所做的那样。他们如众多的殉教者和遵教者一样，为自己赢得了圣洁的花环。

6492（984）年。弗拉基米尔进攻拉迪米奇人。他有一位将军外号叫狼尾。他派狼尾将军做先锋，在皮先纳河大胜拉迪米奇人，所以俄罗斯人嘲笑拉迪米奇人说："皮先纳人见狼尾巴就逃。"拉迪米奇人是从利亚赫人中划分出来的，来此地定居，向罗斯交贡赋，服徭役，至今仍然如此。

6493（985）年。弗拉基米尔与其舅父多布雷尼亚率兵乘船攻打保加利亚人，而托尔克人则骑马沿河岸旱路而来，他们战胜了保加利亚人。多布雷尼亚对弗拉基米尔说："我察看了所有戴足枷的俘虏，他们都穿靴子，凭这一点就可以断定，他们是不会向我们交纳贡赋的，——我们该另找穿树皮鞋的队伍去。"弗拉基米尔与保加利亚人讲和，相互发誓，保加利亚人说："除非石头能漂浮，忽布①可沉水，否则我们将永远保持和平。"弗拉基米尔率兵返回基辅。

6494（986）年。信奉伊斯兰教的保加利亚人来到罗斯，对弗拉基米尔说："你是一位明智的大公，却不懂教义，你不如改信我们的宗教，崇敬穆罕默德。"弗拉基米尔问："你们的信仰如何？"他们回答："我们信仰真主，穆罕默德教诲我们：行割礼，不食猪肉，不喝酒，但死后，在

---

① 忽布（хмель）：一种植物，即啤酒花，也叫葎草。——译者

那个世界可以与女人做爱。穆罕默德给每个男人70个漂亮女人，从中挑选出一个最美丽的，使其具有所有人的美貌，让她做妻子。真主说，在那个世界，人可以随便做爱，不加禁止。如果谁在人世间贫穷，到那个世界也同样。"保加利亚人还说了其他一些谎言，甚至我们都羞于写出来。弗拉基米尔本身就淫荡好色，所以听得津津有味，但有一点他感到不满意：行割礼，不准吃猪肉，不准喝酒。他说："对我们罗斯人来说，喝酒是一桩乐事，没有酒我们就不能活。"后来，从罗马来了一些人对弗拉基米尔说："我们是主教派来的。主教说：我们两国的土地是一样的，而信仰却不相同：我们崇拜创造了天地星月及世上生灵的上帝，而你们的神只不过是一些木雕而已。"弗拉基米尔问："你们的戒律是什么？"回答说："强迫斋戒，正如使徒保罗教导我们的：'无论何人进食喝水，都是为了上帝'。"弗拉基米尔对这些外邦人说："你们滚回去，我的父辈们就没有接受你们的信仰。"信犹太教的可萨人闻讯，也赶来对弗拉基米尔说："我们听说保加利亚人和基督教徒先后来向你传教，基督教信奉那个被我们处死了的耶稣，而我们信奉的真神是我们的祖先——亚伯拉罕、以撒和雅各。"弗拉基米尔问："那你们的戒律是什么呢？"回答说："行割礼，不食猪肉和兔肉，做亡魂祈祷。"弗拉基米尔又问："那你们的国土在哪里？"回答说："在耶路撒冷。"弗拉基米尔问："确确实实在那里吗？"回答说："上帝恨我们的祖先，因我们有罪而把我们分散到各地，上帝把我们的土地给了基督教徒。"弗拉基米尔反驳他们说："你们亵渎上帝而受到惩罚，怎么还来教导别人呢？如果上帝是爱你们的，就不会把你们分散到世界各地，难道要我们也像你们一样受惩罚吗？"

后来希腊人派一个神甫来对弗拉基米尔说："我们听说保加利亚人来劝你改信他们的宗教，他们的信仰玷污大地和上苍，他们就像所多玛和蛾摩拉的居民一样，比任何人更应受到诅咒。当初上帝降下燃烧的火石灭掉了所多玛人和蛾摩拉人，在末日审判时上帝将审判那些违法为恶的人，那些不信上帝的人也将会遭灭亡。那些保加利亚穆斯林教徒把洗下身的水喝到嘴里，用来涂刷胡子，同时又向穆罕默德祈祷。他们当中的女人还做一些更肮脏的事情……"弗拉基米尔听了,向地上啐了一口唾沫,说:"实在不干净。"神甫又说:"我们也听说,罗马人来向你介绍他们的宗教信仰。他们的信仰与我们的有所不同,他们用硬面饼做弥撒,这是上帝所不允许的,耶稣吩咐我们用无酵的白饼来做弥撒,他对圣徒们说:'这是我的身体,为你们祝圣……',他又拿起一杯酒说:'这酒是用我血所立的新约……',不这样做弥撒的人,他们的信仰是不对的。"弗拉基米尔说:"犹太人来对我说,日耳曼人和希腊人所崇敬的人,正是犹太人所处死的那个人。"神甫说:"我们所信仰的正是这个人。犹太人的先知曾预言,救世主将要诞生,而另一些先知则预言,耶稣基督将被处死、埋葬,但第3天他将复活升天。犹太人残酷地杀害、虐待这些先知。但后来预言变成了现实:耶稣基督降临人世,后来被钉死在十字架上,不久后复活升天。上帝等犹太人忏悔等了46年,但犹太人没有忏悔,于是上帝便派罗马人来攻打他们,占领了他们的城市,将犹太人赶到世界其他各地为奴。"弗拉基米尔问:"上帝[①]为什么要来到大地上受苦呢?"神甫回答:"如果你想听,我就为你从头讲起,讲上帝为什么要来到大地上。"弗拉基米尔说:"我很愿意听。"于是神甫开始讲述:

"在造世之初,第1天,上帝造出天空和大地;第2天,上帝造出空气,将水隔开,这一天,一半的水分到天上,一半的水分到地上。第3天上帝造出大海、河流、源泉和结种子的蔬菜和树木;第4天上帝造出日月星辰以点缀天空。第一个天使见到这一切,心想:'我要降临大地,统治大地,我将像上帝一样,把圣位设在北方的云层之上。'他这样想着,立刻就被上帝从天上贬下来。随之一同受贬的还有第十等天使。他的名字叫撒旦,上帝让天使长米迦勒代替他原来的位置。而撒旦因为欺骗上帝而失去了原来的荣耀,所以成了上帝的敌人。后来,在第5天,上帝造出了大鱼、小鱼、爬虫,以及各种飞鸟;第6日,上帝造出野兽、牲畜、昆虫,还

[①] 这里的"上帝"——按基督教《圣经》所说,是指"上帝之子"——耶稣基督。上帝派自己的儿子来到大地上。《古史纪年》的编纂者涅斯托尔把"上帝"和"上帝之子"都用"богъ"这个词。——译者

造出一个人。在第7日，上帝休息了一天。上帝在伊甸的东边建了一座园子，把所造的人安置在里面。上帝告诉他，园中各种树上的果子可以随意吃，唯独分别善恶之树上的果子是不能吃的。亚当住在伊甸园里，可以见到上帝，向上帝和天使们祈祷。上帝让他沉睡，他就睡了，上帝取下他的一条肋骨，为他造出一个女人，领她到亚当面前。亚当说：'这是我骨中之骨，肉中之肉，可以称她为妻子。'亚当给所有的牲畜野兽、飞禽昆虫命名，甚至还给天使们起了名字。上帝将一切给了亚当，全归他统治，所有万物都听命于他。魔鬼见了，心生嫉妒，便变成一条蛇，它来到夏娃跟前对她说：'为什么你们不吃伊甸园当中那棵分别善恶之树上的果子？'夏娃对蛇说：'上帝说，不能吃，如果吃了必定死。'蛇对女人说：'你们不一定会死，因为上帝知道，你们一吃果子，眼睛就明亮了，你们便像上帝一样能知道善恶。'女人见那棵树的果子可做食物，就摘下果子来吃了；又给她丈夫吃了，他们两人的眼睛就明亮了，才知道自己是赤身裸体，便拿无花果树的叶子编制围腰的裙子。上帝说：'大地必为你的缘故而受诅咒。你必终身劳苦，才能从地里得到吃的。'上帝又说：'既然亚当和夏娃已经知道善恶，现在恐怕他们伸手又去摘生命树上的果子，那他们就能永远活着。'于是上帝将他们逐出伊甸园。亚当定居在伊甸园对面，耕种土地，抱怨万分，而魔鬼见到大地受诅咒则非常高兴。这是我们人类的第一次堕落和痛苦的代价，丢失了天堂的生活。亚当有两个儿子：该隐和亚伯。该隐是种地的，亚伯是牧羊的。该隐拿地里出产的果子为供物献给上帝，上帝不接受；亚伯将他羊群中头生的羊献上，上帝接受了。撒旦便进入该隐的体内，唆使他杀死亚伯。该隐对亚伯说：'我们到田野去走走吧。'亚伯听了他的话。当两人在田野的时候，该隐跳起来想弄死亚伯，但没有成功。魔鬼对该隐说：'拿起石头打他。'该隐便拿起石头，将亚伯打死。上帝对该隐说：'你兄弟亚伯在哪里？'该隐回答：'难道我是看守我兄弟的吗？'上帝说：'你兄弟的血从地下出声，向我哭诉，你将终生呻吟、颤抖，直到死去。'亚当和夏娃痛哭流涕，而魔鬼则幸灾乐祸，说：'凡是上帝所保佑的人，我就让他遭殃，就像现在我让亚当和夏娃为亚伯而哭泣。'亚当和夏娃哭亚伯哭了30年,亚伯的尸体没有腐烂,亚当和夏娃不知道如何埋葬他。后来按上帝的旨意飞来了两只雏鸟,一只死去,另一只挖坑将它埋葬。亚当和夏娃见了,挖一个坑,将亚伯的尸体放入坑内,哭泣着把他埋葬了。亚当230岁的时候,生了西夫和两个女儿。后来两个女儿分别为该隐和西夫所娶,从此人口在大地上繁衍。人们像畜生一样生活,不懂得敬奉创造万物的上帝,淫乱、强暴、嫉妒和其他各种不洁净的东西充满这个世界。只有挪亚在当时是个义人。挪亚生了3个儿子:闪、含和雅弗。上帝说:'我的圣灵将不再与人们在一起,'又说:'我要将所造的一切,从人到牲畜走兽,都从地上除灭。'上帝对挪亚说:'你要造一只方舟,长300肘,宽50肘,高30肘,'——埃及人称俄丈①为肘。挪亚做方舟花了100年时间,当他告诉人们将有大洪水来临时,人们都嘲笑他。方舟造成后,上帝对挪亚说:'你同你的妻子,与儿子、儿媳,都要进入方舟,地上所有的野兽、飞鸟、昆虫,每样两个,一雄一雌,你要带进方舟。'挪亚按上帝的吩咐做了。上帝发大洪水淹没了大地,凡是地上有血肉的动物以及所有的人都死了,方舟在水面上漂来漂去。洪水退去以后,挪亚和他的妻子、儿子、儿媳走出方舟。从此以后,人又开始在大地上生存繁衍。当时有很多人,讲同一种言语,他们商量:'我们要建一座通天塔。'人们开始建塔,他们的领头人是涅乌罗德。上帝说:'地上的人多起来,他们的思想却这样虚幻。'上帝下来,把人们的言语分成72种。上帝只让耶维尔一人保留了当时亚当所讲的言语,因为只有他一个人没有参与那荒唐的建塔之事,他说:'如果上帝允许建通天塔,那他会发话吩咐我们的,就像他创造天空、大地、海洋及其他世界万物一样。'正因如此,上帝没有改变他所讲的言语,后来,耶维尔的后裔发展繁衍成为犹太人。所以,当时分出71种言语,人们分散到世界各地,每个种族有其各自的风俗。他们听信魔鬼的引诱向森林、深井及河流供奉祭品,而不懂得敬奉真神。从亚当到大洪水其间有2242年,而从大洪水到

---

① 俄丈(сажень):古罗斯长度单位,相当于2.134米。——译者

分划种族是529年。后来魔鬼继续诱惑人们，他们开始塑造偶像：有木像、铜像、石像、金像以及银像等，人们供奉这些偶像，把自己的儿女杀死祭奠偶像，大地被玷污。第一个开始做偶像的人是谢鲁赫，他做偶像纪念死去的人们：纪念过去的帝王、勇士和巫师以及淫妇。谢鲁赫生了他拉。他拉有三个儿子：亚伯拉罕、拿鹤和哈兰。他拉跟父亲学会了制作偶像。亚伯拉罕在开始懂得真理之后，看着天空，看到天空和星辰，说：'只有创造天地的上帝才是真神，我的父亲是在欺骗人们。'他还说：'我要考验一下我父亲信奉的那些神。'于是亚伯拉罕对父亲说：'父亲！为什么要制作偶像欺骗人们呢？只有那创造天地的，才是真神。'亚伯拉罕放火烧毁庙宇里的偶像。亚伯拉罕的兄弟哈兰想从庙里救出偶像，结果被大火烧着，先于父亲死去。在此之前总是父亲先儿子而死，此后便出现了儿子先于父亲而死的事情。上帝喜欢亚伯拉罕，对他说：'你要离开本族本家，往我所指引你的地方去。我将让你成为一个大族之始祖。我将赐福给你，人类世世代代都将因你得福。'亚伯拉罕就按上帝的吩咐做了。亚伯拉罕带上自己的侄子罗得，罗得既是亚伯拉罕的侄子，也是他的内弟，因为亚伯拉罕娶了其兄弟哈兰的女儿撒莱。亚伯拉罕来到迦南地区一棵高大的橡树那里，上帝对亚伯拉罕说：'我要把这地赐给你的后裔。'亚伯拉罕拜谢上帝。亚伯拉罕出哈兰①的时候已75岁。撒莱不会生育，没有孩子。撒莱对亚伯拉罕说：'你与我的使女夏甲同房生个孩子吧。'于是撒莱将使女夏甲给丈夫为妾，亚伯拉罕与夏甲同房，夏甲怀孕生下一个儿子，亚伯拉罕给他取名以实玛利。当以实玛利出生时，亚伯拉罕已86岁。后来撒莱怀孕生下一个儿子，取名以撒。上帝吩咐亚伯拉罕为以撒行割礼，于是以撒在生下来的第8日受割礼。上帝喜欢亚伯拉罕和他的部族，称之为自己人，特别优待。亚伯拉罕将以撒抚养长大，亚伯拉罕175岁时去世，被葬。以撒60岁的时候，同时得二子：以扫和雅各。以扫为人奸诈，而雅各则是一个正直的人。雅各服侍了他舅舅拉班7年，想娶他的小女儿拉结。但他舅

---

① 哈兰（Харан）：本为迦南一地名，此句与《圣经》不一致。——译者

舅不允许，说：'娶我的大女儿吧！'于是把大女儿利亚嫁给雅各，并告诉他，如若想娶小女儿拉结，必须再服侍7年。于是雅各又干了7年，娶了拉结。这样雅各娶了姐妹俩，生下8个儿子：流便、西缅、利未、犹大、萨迦、西布伦、约瑟和便雅悯，两个使女又为雅各生下四个儿子：但、拿弗他利、迦得和亚设。他们都是犹太人的祖宗。当雅各130岁的时候，他带上他的子孙65人前往埃及。雅各在埃及生活了17年死去，他的后代在埃及为奴400年。在这段时间里，犹太人繁衍增多，埃及人强迫他们做苦工。这时，在犹太人中摩西出生，埃及人的巫师对国王说：'犹太人生了一个孩子，这个孩子将来会毁掉埃及的。'国王马上下令：犹太人所生的孩子都要扔进河里。摩西的母亲怕孩子被害死，便找到一个篮子，把孩子放在里面，然后把篮子搁在河边的芦苇丛中。这时法老的女儿费尔穆菲来河边洗澡，见到正在哭泣的孩子，怜爱他，为他起名叫摩西，并喂养他长大。小男孩长得俊美可爱，当他年满4岁的时候，法老的女儿领他去见父亲。父老见到摩西，非常喜欢他。摩西搂住法老的脖子，从他头上摘下王冠，戴到自己头上。巫师见此情景，说：'国王！杀死这个孩子，不然，他一人将毁掉整个埃及。'国王不但不听，反而下令不要杀死所有犹太人的孩子。摩西在法老家长大成人。后来，埃及换了另一个国王统治，大臣们开始嫉妒摩西。摩西杀死一个欺负犹太人的埃及人，逃往米甸。在途经沙漠的路上，大天使加百列告诉摩西世界是怎么形成的，谁是世上第一人，亚当以后和大洪水以后发生了什么事情，上帝如何变乱人的口音，谁活了多少年，有多少星辰及它们怎样运行，世界有多大等等。后来上帝在燃烧的荆棘中向摩西显身并对他说：'我看到了我的百姓在埃及所受的困苦，我下来就是要救他们脱离埃及人的统治，离开此地。你要去见法老，对他说："求你放以色列人走，他们要用3天的时间祭祀上帝。"如果埃及国王不容你们离开，我必施行我一切的奇事，攻击他。'后来摩西去见法老，法老不听摩西的话，上帝便给法老10种惩罚：1）河水变血之灾；2）蛙灾；3）虱灾；4）蝇灾；5）畜疫之灾；6）疮灾；7）雹灾；8）蝗灾；9）三日黑暗之灾；10）瘟疫。上帝给埃及人10种惩罚，是因为他们在10个月的时间里溺死了许多犹太人所生的孩子。当瘟疫在埃及开始蔓延,法老对摩西和他的兄弟亚伦说:'你们赶快走吧!'摩西召集犹太人,走出埃及。上帝白天升起云柱,夜间以火柱引导他们经过沙漠前往红海。埃及法老听说犹太人逃跑,便带兵追赶,将犹太人逼到海边。犹太人见状,向摩西哀告:'为什么领我们来送死呢?'摩西向上帝哀告,上帝说:'你为什么向我哀告呢?用你的杖击打海水。'摩西按上帝的吩咐用杖击水,水便分开,以色列人下海如履平地。法老见了,在他们后面追赶。以色列人上岸以后,海水便合上,淹没了后面法老和他的兵马。上帝降恩给以色列人,以色列人在沙漠里走了3天,来到玛拉。这里的水苦涩难饮,人们呼求上帝,上帝指示给他们一棵树,摩西把树放在水里,水就变甜了。人们又呼求摩西和亚伦:'我们还不如在埃及的时候,那时我们有肉,有菜和面包,吃得饱饱的。'上帝对摩西说:'我已经听到以色列子孙们的抱怨了。'并给他们吗哪[①]吃。后来上帝又在西奈山为他们立诫。当时摩西上西奈山拜见上帝时,人们铸了一只金牛犊,向它下拜献祭,奉之为神,摩西下山来,讨民之罪,杀了3000人。后来人们又向摩西和亚伦抱怨,因为没有水。上帝对摩西说:'你用手杖击打磐石,就会有水流出来。'摩西回答:'如果没有水流出怎么办呢?'上帝向摩西发怒,因为他不尊敬上帝。由于人们的抱怨,摩西未能去上帝恩赐的地方——迦南,上帝把他带上尼波山,把迦南地指给他看。摩西就死在这座山上。嫩的儿子约书亚接管权力,带领犹太人穿过沙漠,来到迦南,赶走那里的部族,率以色列的子孙们定居在这里。约书亚死后,长老犹大继位,召集了长老、首领、审判官和长官等14人。在这个时期,犹太人忘记了将他们领出埃及的上帝,开始敬奉鬼神。上帝发怒,让犹太人受到异族的抢掠。犹太人忏悔,上帝又降福给他们,可一旦上帝解救了他们,他们又开始敬奉魔鬼。当时不仅有长老,而且有审判官——统治者,再其后是先知撒母耳为王。人们对撒母耳说:'为我们立一个王。'上帝生以色列人的气,给他们立扫罗为王。但扫罗

---

① 吗哪(манна):圣经中所讲耶稣赐给以色列人的食物,可能是茶渍科地衣,小团块状,可食。——译者

不愿遵守上帝的律法，于是上帝选中大卫，立他为以色列王，大卫非常敬奉上帝。上帝向大卫承诺，他的部族里将会降生一位天神。大卫第一个预言神的出现，他说：'你将在辰星落去之前从母腹中降生。'大卫做此预言后过了40年而死去。在其后大卫的儿子所罗门为王。他仍然做此预言，而且还为上帝建圣殿，并称之为众圣之圣。所罗门是个睿智之人，但最后还是犯了罪，统治了40年而死去。后来是所罗门的儿子罗波安继位。在罗波安统治时期，以色列王国一分为二：一个在耶路撒冷，另一个在撒玛利亚。所罗门的奴仆耶罗波安在撒玛利亚统治，他铸造了两只金牛，一只放在伯特利的山冈上，另一只放在但。他说：'以色列人啊，这就是你们的神。'人们信奉金牛，忘记了上帝。而在耶路撒冷人们也忘记了上帝，信奉瓦勒，即战神，又称阿瑞斯。上帝便派先知到他们那里去。先知揭露以色列人不守律法和崇拜偶像的罪。以色列人殴打先知，上帝发怒，说：'我要改变原来的主意，另选一些听我话的信众。即使他们也有过失，我将不重提他们的罪孽[①]。上帝对先知们说：'你们去预言犹太人将被抛弃，我将挑选另一些信民。'

何西阿第一个做出预言：'我要让以色列的子孙们走到尽头……我将毁掉以色列的家园，不再为他们降福，抛弃他们。'——上帝说——'我将使他们变成流浪人，到处漂泊。'耶利米则预言：'纵然摩西和撒母耳出现在我面前，我也不会再为以色列人造福。'耶利米还说：'我以我的圣名发誓，以色列人的口中将再不会提到我的名字。'而以西结则预言："阿多纳伊神说："我要驱散你们，将你们中所剩的人分散四方……因为你们的肮脏行为玷污了我的圣名；我不再承认你们……不再为你们祝福。""玛拉基预言：'上帝说："我不再为你们祝福……从东到西世界上所有的人们都在赞美我，到处都在颂扬我的名字，向我祭献洁净的供物，我将把你们犹太人分散到各个种族之中。"'伟大的以赛亚预言：'上帝说："我将伸出自己的手驱散你们，不再召集你们。"'这位先知

[①] 此句费解。——译者

还说：'我憎恨你们的节日，也不从你们手中接纳供物。'先知阿摩司说：'你们倾听上帝的声音吧："我为你们哭泣，以色列的家毁灭了，将不再复兴。"'玛拉基预言：'上帝这样说："我将诅咒你们，诅咒你们的祈祷……驱散你们，不再与你们在一起。"'先知们还讲了许多，预言以色列人将被抛弃。

上帝又让这些先知们预言他将召唤另一些人到犹太人的地方来。以赛亚预言道：'我将为世上所有的人制定律法，施行审判。我的真理已经临近，即将升起……人们的希望寄托于我的肉身。'耶利米预言：'上帝说："我要与犹大的子孙另立新约，……我要将我的律法放在他们的脑子里，写在他们的心上，我将做他们的神，他们是我的子民。"'以赛亚说：'以前的已经过去，我将宣布新的一切来临，在宣布以前，已经给你们看了。为上帝唱新的赞歌吧！''我将给我的选民们新的名字，世上万民都将为这个名字祝福。''我的家即是世上万民祈祷的地方。'以赛亚还说：'上帝将把他神圣的肉身呈现在世上万民的眼前，世上每个角落的人都将看到我们的上帝所施的拯救。'大卫说：'世上万民们，赞美上帝吧，向他祈祷吧。'

上帝喜欢他新的选民，告诉他们，他将变成一个人降临人间，以赎回亚当的罪。先知们开始预言上帝的降临。大卫首先预言说：'上帝对我的神说："坐在我的右边，我将使你的敌人倒在你的脚下"。'又说：'上帝告诉我："你是我的儿子，我现在使你降生"。'以赛亚预言道：'上帝不派天使，不派信使，他将亲自来拯救我们。'又说：'将有一位圣婴为我们而降生，他肩负统治世界的重任，全世界都将称颂他的名字……他权力无边，他统治的范围无限广大。'又说：'一童贞女将怀孕生子，该子将取名为以马内利。'弥迦预言道：'你呀，伯利恒——以法他的家园，难道你在犹太诸城中不是最伟大的吗？将来必有一位从你那里出来，在以色列中做掌权的；他的根源从亘古、从太初就有。上帝必将以色列人交付敌人，直等那生产的妇人生下子来。那时，这位掌权者其余的弟兄必回归为以色列人王国的子民。'耶利米预言道：'这就是我们的上帝，谁也无法与他相比，他找到通往智慧之路，将其赠给自己的仆人雅各……此后他降临大地，住在人间。'又说：'他是人，有谁能知道他是神呢？因为他像人一样死去。'撒迦利亚预言：'我的子民们不听我儿子的话，我也不再听他们的声音，——上帝这样说。'何西阿则说：'上帝说："我的根在他们那里。"'

先知们还预言耶稣将受难之事，正如以赛亚所说：'他们的灵魂是有罪的，因为他们想出一个罪恶的主意，说："我们该把这位义人捆绑起来。"'这位先知还曾预言：'上帝这样说："……我不反抗，不出恶声，我的背任人打得满是伤痕，我的腮颊任人痛打，我的脸将忍受唾骂。"'耶利米则预言道：'来吧，让我们把木头放进他的食物，从大地上夺走他的生命。'摩西预言耶稣受刑的场面：'你们将看到你们的生命悬挂在你们面前。'大卫说：'在此之后，人们将慌乱不安。'以赛亚说：'他像一只羔羊，被带去受刑。'以斯拉则说：'感谢上帝，他伸出双手，拯救了耶路撒冷。'

大卫又预言耶稣的复活：'起来吧，主啊，审判万民吧，因为万民都将属于你，'又说：'上帝像从睡梦中醒来，'又说：'上帝将复活，而他的敌人将被驱散。'又说：'复活吧，我主上帝啊，你的手将高高举起。'以赛亚说：'死亡的暗影退去，光明将照耀着你们！'撒迦利亚则预言：'你为了你新约的血，把自己的囚徒从干涸的壕沟中解救出来。'

先知们还预言了许多事情，后来都一一应验了。"

弗拉基米尔问："这些事情什么时候应验？是不是已经应验了？抑或将来应验呢？"神甫回答说："耶稣诞生以后，这些事已经应验了。我已经讲了，犹太人殴打先知，他们的王者违反律法，所以遭到劫难，为自己的罪而成为亚述王的俘虏，他们俯首为奴70年。后来犹太人回到自己的土地，没有国王，于是高级僧正统治，直到后来犹太王希律开始统治。

在此以后，5500年，天使长加百列来到拿撒勒对一个已经许配给大卫后代的少女玛利亚说：'蒙大恩的女子，我向你问安，主和你同在了！'玛利亚听了这话，便从圣灵怀了孕，生下一子，取名耶稣。有几个博士从东方来，说：'那生下来做犹太人之王的人在哪里？我们在东方看见他的星，特来拜见。'希律王听了，心里不安，耶路撒冷全城的人也都不安。他召集祭司长和民间的文士，问他们说：'基督当生在何处？'他们回答说：'在犹太的伯利恒。'希律听后，便下令：'凡是两岁以内的男孩，都必须杀掉。'玛利亚非常害怕，便把所生的孩子隐藏起来。后来约瑟与玛利亚一起带着孩子逃往埃及，直到希律王死去。主的使者在埃及向约瑟梦中显现，说：'起来！带着孩子和他母亲往以色列地方去。'回去以后，他们住在拿撒勒城。当耶稣长大成人，30岁的时候，他开始创造奇迹，宣讲天国之道。他挑选出12个人，作为自己的门徒，并开始创造各种奇迹：让死人复活，使大麻风患者康复，医治瘫子，治愈瞎眼的重见光明，——还创造了许多其他的奇迹，正应验了先知们以前的预言：'他治好了我们的伤痛，承担了我们的疾苦。'耶稣在约旦接受约翰的洗礼，以新的面貌出现在人们面前。当耶稣受洗后，天忽然为他打开了，神灵仿佛像鸽子一样降落到他身上，一个声音说：'这是我的爱子，我所喜悦的。'后来耶稣派门徒四处传天国之道，教人们为过去的罪而忏悔。耶稣又预言：人子要受难，将被定死罪，第3日要复活。当耶稣在圣殿传经布道时，僧正和文士们嫉妒他，想杀死他，将他捉去见总督彼拉多。彼拉多知道耶稣无罪，想释放他，而人们对彼拉多说：'你若释放这个人，就不是恺撒①的朋友。'于是，彼拉多将耶稣交给他们去钉在十字架上。人们把耶稣带到一个叫'髑髅冈'的地方，把他钉在十字架上。从下午5点多到晚上8点多，黑暗笼罩大地，快到晚上9点时，耶稣就断了气。殿里的幔子裂为两半，已死去的许多尸体都站立起来，他们将遵照神的旨意进入天国。犹太人把耶稣的尸体从十字架上解下，放进坟墓，封石妥守，说：'可别让他的门徒把尸体偷走。'但耶稣在第3天随即复活，向门徒们显现，对他们说：'你们要去使万民做我的门徒，奉圣父、圣子、圣灵的名给他们施洗。'耶稣复活以后，与门徒们在一起过了40天。40天过后，耶稣吩咐

---

① 恺撒（цезарь）：罗马君主。——译者

门徒们前往加利利的山上。耶稣向他们显形,为他们祝福,并嘱咐他们:'不要离开耶路撒冷,要等候圣父的派遣。'说完这话,他就上升天庭。门徒们向他施礼后,回到耶路撒冷,一直住在教堂里。50天以后,圣灵降临到使徒们的身上,他们怀着圣灵的理想,奔往四方,传经布道,用水为人们施洗。"

弗拉基米尔问:"耶稣为什么要从女人体内降生,又被钉在木十字架上,为什么要用水施洗呢?"神甫回答:"人类之初是因为女人而犯罪的:魔鬼通过夏娃引诱了亚当,所以他们失去了乐园,因此上帝也这样来报复魔鬼:魔鬼最初因女人而得逞,亚当也因女人而被逐出乐园,耶稣也从女人体内降生,上帝让信奉神的人进入天国。耶稣被钉在木十字架上,是因为亚当当初就是吃了树上的果子而犯罪被逐,耶稣在木十字架上受难,也用树木来战胜魔鬼,遵神者因生命之树而得救。用水来使人们获得新生,是因为:在挪亚时代,人们犯罪太多,上帝发洪水淹没了大地和世上的人们,上帝说:'我曾因人的罪而用洪水来使他们消亡,现在我用水洗去人们的罪——让他们通过水而获得新生';另外,当初犹太人也是在海水中洗去在埃及形成的恶劣的性格;创世之初,首先有的也是水,我们已经讲过:神的灵气运行在水面上,所以直到现在要用水和气来施洗。世上首次来做试验用的也是水:神的使者去见基甸,让他去米甸,他便对上帝说:我把一些羊毛放在打谷场上,如果地面上有露水,而羊毛是干的……结果果然是这样。这表明,以前其他各地是没有露水的,而犹太人有羊毛,后来其他各地有了圣洗的露水,而犹太人却没有露水了。先知们也曾预言:将通过水而获得新生。

后来使徒们四处传经布道,我们希腊人也接受了他们的教义,全世界的人都信奉上帝。上帝还规定了日期,他将降临人间,审判所有的生者和死者,根据他们的所作所为给予他们应得的一切:遵教者将得以进天国,将有不可言喻的美妙,将有无限的快乐并获得永生,而有罪之人将受火的煎熬,痛苦不堪,永不安宁。不信上帝和耶稣基督,不受洗礼的人,将在烈火中受苦。"神甫说完,将一个画着上帝审判世人的帷帘给弗拉基米尔看：右边画着遵教者欢悦地走向天国，左边画着有罪之人前往地狱受苦。弗拉基米尔叹了一口气说："右边的人幸福，而左边的人是痛苦的。"神甫说："如果你想像右边的人那样，那就接受洗礼吧。"弗拉基米尔已经有些动念头，但还想考察一下世上所有的宗教信仰，便说："我再等一等。"弗拉基米尔给神甫许多礼品，隆重地送他返回希腊。

6495（987）年。弗拉基米尔召集所有贵族及城中长老，对他们说："保加利亚人来劝我接受他们的宗教。后来日耳曼人又来这里宣扬他们的宗教，此后犹太人也来了。最后来的是希腊人，他们贬低其他的宗教，称颂他们自己的信仰好，并且从创世之初直到后来发生的事情都讲到了。他们讲得很好，很吸引人，人人都喜欢听他们的讲述，他们还讲到另一世界的情形，说：'如果信仰我们的宗教，死后可以复生，并且永不会再死去，而如果信仰别的宗教，那死后将在另一世界受烈火的煎熬。'你们看，该如何答复这些希腊人呢？"贵族和长老们回答说："大公，你要知道，谁也不会辱骂自己的信仰，只会称赞。如果你想弄清真实情况，那就派人去各地考察一番，看看他们的教义教规如何，看看他们是怎样敬奉神的。"大公和众人对此话表示赞同，于是挑选出10个聪明伶俐之人，对他们说："先到保加利亚人那里，看他们的信仰如何。"这10个人去了保加利亚人[①]那里，看见他们所做的许多肮脏的事情，并看了他们如何在清真寺做礼拜，便返回了本国。弗拉基米尔对这10个人说："现在去日耳曼人那里，查看他们在教堂是如何做礼拜的，然后去希腊。"10人又去了日耳曼人那里，考察了他们的教义礼仪，然后到察里格勒，参见希腊皇帝。皇帝问他们为何而来，他们便如实相告。皇帝听后，欣喜万分，当日为他们举行盛典。次日皇帝派人去对总主教说："罗斯人来考察我们的宗教信仰，赶快布置好教堂，召集教士，你自己也要穿上法衣，让罗斯人一睹我主的荣耀。"总主教听后，便派人召集教士，举行宗教典礼，点燃香炉，齐唱赞美诗。总主教与罗斯人来到教堂，让他们坐在最好的位置上，向他们介

---

① 这里说的"保加利亚人"是指信奉伊斯兰教的"伏尔加保加尔人"（волжские Болгары）。——译者

绍雄伟华丽的教堂，带他们看教士们行宗教礼仪，唱赞美诗，看助祭们如何执事，并告诉他们是怎样敬奉上帝的。罗斯人惊喜万分，赞不绝口。希腊皇帝巴西尔和君斯坦丁召见罗斯人，给予重赏，送他们回国。弗拉基米尔大公召集贵族和长老们，说："我们派出去的人回来了，我们一起来听听他们讲述经历，"——又对归来的使臣们说："在大家面前讲吧。"使臣们开始讲述："我们先去保加利亚人那里，看见他们在庙里（他们说是在清真寺里）祈祷的情景，他们东倒西歪，站立不直；行礼后坐下来像疯子似的左顾右盼，他们根本无快乐可言，人人愁眉苦脸，臭气熏天，他们的规矩不好。我们又去了日耳曼人那里，看他们在教堂行各种礼仪，但一点也不美。最后我们去了希腊，人们把我们领到那敬奉上帝的地方，我们真不知道自己是在天上还是在人间：因为在人间我们从未见过这么美妙的情景，简直难以言表。我们只知道，在那里，上帝与人们同在，他们的祈祷仪式比世界其他各地的都要好得多。我们不能忘记那美妙的情景，任何人尝到了甜头，都不愿再喝苦水，所以我们也不能再信多神教了。"贵族们对弗拉基米尔说："如果希腊人的宗教教义教规不好的话，那你的祖母奥莉加也不会接受他们的信仰，她是所有人中最睿智的。"弗拉基米尔问："我们应在哪里接受洗礼呢？"众人回答："按你的意愿决定。"

6496（988）年。时过一年，——弗拉基米尔率兵攻打希腊城市赫尔松，赫尔松人闭门守城。弗拉基米尔率兵在离城一箭之地的港口上岸。城里人顽强抵抗，弗拉基米尔率兵围城。城中人处于困境，弗拉基米尔对他们说："你们如果不投降，我将在此围城3年。"城里人不听。弗拉基米尔召集兵士，命令他们挖土，堆在城墙外围，以便攻城。当城外土堆筑起来以后，赫尔松人打通城墙，将土运进城内，堆放在城中央。弗拉基米尔的兵士们继续挖土筑高。当时有一个赫尔松人，名叫阿纳斯塔斯，他用弓箭传书给弗拉基米尔："你们当切断水源，水管从东边你们身后的井里通往城中。"弗拉基米尔闻讯，仰天发誓："如果这一次成功，我将接受洗礼入教！"马上命人挖掘，切断水源，城中人因缺水而被迫投降。弗拉基米尔与兵士们进城，派人对希腊皇帝巴西尔和君斯坦丁说："我已经夺取了你们引以为荣的城市,我听说,你们有一位年轻漂亮的妹妹,如果你们不把她嫁给我,那我就让你们的皇城也像这座城市一样。"希腊皇帝闻讯,愁苦不堪,派人去对弗拉基米尔说:"基督徒不允许将女人嫁给异教徒,如果你接受洗礼,便可以娶她,同时也可以进天国,我们将有共同的信仰,否则的话,我们不能将妹妹嫁给你。"弗拉基米尔对皇帝的使节说:"告诉你们的皇帝,我愿意接受洗礼,因为我在此之前已经考察了你们的教义教规,我的使臣也给我讲了你们敬奉上帝的情景,我很喜欢。"希腊皇帝闻听此言,非常高兴,劝妹妹安娜出嫁,同时派人对弗拉基米尔说:"你先受洗,然后我们将妹妹给你送去。"弗拉基米尔回答:"同你们的妹妹一起来,给我施洗。"两位皇帝同意,携妹妹、大臣及神甫一同前往。安娜起初不愿出嫁,说:"我如同去做俘虏一般,还不如死在此地。"两位兄长对她说:"也许,上帝派你去使罗斯人忏悔,你将使希腊免遭战乱。你已经看到了,罗斯人给我们希腊带来多少灾难?如果你不去,他们又会像在赫尔松一样,到我们这里为害作乱。"安娜最终被说服。她坐上船,挥泪与亲人们告别,前往赫尔松。赫尔松人出城迎接安娜,向她行礼,迎进城里,安置在宫殿之中。而此时,由于上帝的旨意,弗拉基米尔得了眼疾,什么也看不见。他着急万分,不知所措。王后派人对他说:"若想摆脱此疾,速受洗礼,否则,你将永不得见光明。"弗拉基米尔听后说:"如果你所说的真能实现,那么上帝是真正伟大的神。"随即吩咐为他施洗。赫尔松的主教和王后的神甫为弗拉基米尔施洗。当主教把手放在弗拉基米尔的头上时,他马上便复明了。弗拉基米尔突然痊愈,非常高兴,赞美上帝说:"现在我终于找到了真神。"许多士兵见此情景也纷纷受洗。弗拉基米尔是在圣瓦西里大教堂受洗的,这座教堂坐落于赫尔松城中央,现在商人聚集贸易的地方。弗拉基米尔的临时宫室在教堂一边,一直保留到今日,而王后的宫室则在祭坛的后面。弗拉基米尔受洗后,人们将安娜领来,举行婚礼。有些人不知实情,说弗拉基米尔是在基辅受洗礼的,也有的人说是在瓦西里耶夫,还有一些别的说法。弗拉基米尔受洗时,主教等人告诉他基督教的教义,对他说:"任何异教徒都将

无法诱惑你,你要相信上帝,要发誓,誓言如下:

'我信仰天地的缔造者,唯一万能的上帝,'——这意味着将永远信守教义。誓言中又说道:'我信仰由万能的圣父及其圣子、圣灵组成的唯一的上帝,此三个位格虽各有特定位格,却结合于同一个本体,同为独一的真神。圣父是永存的,他无始无终,他是创造有形和无形万物的主,只是以其永存而区别于圣子和圣灵;圣子在万世之前,为圣父所生,并且仅仅以此区别于圣父和圣灵;圣灵超脱时空,它是无形的,但它与圣父、圣子同在一起。圣父、圣子、圣灵同为一个本体,又各有其特定的位格,不能混淆,因为他们的位格不同……并不是有三个上帝,而是只存在唯一的真神,而他由三个位格组成,是三位一体的。根据圣父、圣灵之意愿,为了解救自己所创造的一切,又不改变所创造的人,上帝使贞洁的处女怀孕,生下婴儿,同时又没有使圣母失去童贞,没有引起任何混乱和变化。但是他仍是过去的样子,可是又不像过去的样子,他真正有一副奴仆的模样,而不是想像中的那副模样。他又根据自己的意愿而死去。他的死是真实的,而不是虚幻的。他所遭受的一切苦难都是人的本性所具有的,并非是虚构的、故意做作的。他被无罪处死以后,又魂归本位,复活升天,坐于圣父之右侧,重又荣耀地审判世间所有的生者和死者。他是这样地降临人间,又是这样地升天离去……此外我将信仰用水与气的唯一一次洗礼,潜心领会圣洁奥义,全心全意信奉真理……我将遵守传统教旨,尊崇神像,尊崇十字架,尊崇诸圣徒之遗骸及各种神事法器。我同样也尊崇基督教先圣们举行的7次世界性公会议①中所确定之教义。首次公会议于尼西亚举行,有318位主教参加。会议反对阿里乌的异端邪说,并确立了基督教信仰之标准。第2次公会议在君士坦丁堡举行,有150位主教参加,会议谴责了马其顿尼的异端邪说,阐述了神圣的三位一体教义。第3次公会议在以弗所举行,有200位主教参加,该会议开除了涅斯托利的教职,并确定了崇信圣母之教义。第4次公会议在查尔西顿举行,有630位主教参加,会议开

---

① 世界性公会议(Вселенский Собор):Ecumenical Councils,基督教世界性主教会议。词源来自希腊文oikoumenikos,意为"普世性的"。——译者

除了优迪克和迪奥斯科尔的教籍，并规定了基督为三位一体之第二位，有真实的神性和真实的人性。第5次公会议在察里格勒举行，有165位主教参加，会议批驳了奥利根和耶瓦格利的学说。第6次公会议亦在察里格勒举行，170位主教参加，该会谴责了塞尔基乌斯和库尔之基督一意论学说。第7次公会议在尼西亚举行，有350名主教参加，会议讨论了如何处理破坏圣像之问题并做出了一系列决定。

不要接受拉丁人的教义——他们的教义是歪曲的：他们走进教堂，不向圣像鞠躬敬拜，只是站着行礼，然后他们却弯腰在地上画十字并吻它，直起身来又把脚放在所画的十字上——弯腰吻十字，直起腰却践踏十字。使徒的教诲不应是这样的。使徒要求我们吻十字架，向圣像鞠躬敬拜。路加第一个画了圣像，并送往罗马。正如巴西尔所言：尊崇圣像亦即尊崇像主。——况且，拉丁人称大地为母亲。如果大地是母亲，那么天即是父亲——因为上帝最初创造天，又创造地。人们常说："我们在天上的父。"如果大地是母亲，为什么要往自己母亲身上啐唾沫呢？为什么同时吻她，同时又玷辱她呢？从前罗马人不是这样做的，而是后来才变得如此。在此之前，从罗马和各教区那里派人到各教堂整理得规规矩矩。在尼西亚举行的反对阿里乌派的首次会议上，罗马教区的西尔韦斯特—亚历山大里亚教区的总主教阿凡纳西和察里格勒（即君士坦丁堡——注）教区的总主教米特罗凡都派出主教和神甫来参加会议，修正教义。参加第2次公会议的有罗马教区的达玛斯、亚历山大里亚教区的季莫费、安提阿教区的梅列季、耶路撒冷教区的基里尔，还有神学家格里高利。参加第3次公会议的有罗马教区凯列斯廷、亚历山大里亚教区的基里尔、耶路撒冷教区的尤维纳利。参加第4次公会议的有罗马教区的列昂、君士坦丁堡教区的阿纳托利、耶路撒冷教区的尤维纳利。参加第5次公会议的有罗马教区的维吉利、君士坦丁堡教区的耶夫基希、亚历山大里亚教区的阿波里纳利、安提阿教区的多姆宁。参加第6次公会议的有罗马教区的阿加凡、君士坦丁堡教区的乔治、安提阿教区的菲奥凡、亚历山大里亚教区的僧正彼得。参加第7次公会议的有罗马教区的亚得连、君士坦丁堡教区的塔拉西、亚历山大里亚教区的波利季安，安提阿教区的菲奥多里特、耶路撒冷教区的以利亚。这些先圣各带着主教、神甫前来参加会议，巩固信仰，修正教义。在这最后一次公会议之后，彼得·古戈尼维等人回到罗马，攫取罗马教会权柄，他们背叛信仰，与耶路撒冷、亚历山大里亚、君士坦丁堡及安提阿等教区分道扬镳。他们歪曲的教义使整个意大利深受其害。有的神甫，只娶一个妻子，而有的人娶妻达7个之多，却依然还做神甫。所以他们的教义应当受到批判。最糟糕的是，他们在向上帝奉献祭品时也不遵循规矩，这是有罪的。愿上帝保佑你远离这诸种罪恶。"

此后，弗拉基米尔带上王后安娜，还有阿纳斯塔斯，以及伴送圣克里门特及其弟子菲夫圣骸的赫尔松的神甫，又带上许多教堂用的祭器、神像以备做祈祷用。弗拉基米尔又在赫尔松城中央筑山，山上建起一座教堂，该教堂至今尚存。离开之前，弗拉基米尔又带上两个铜圣像和四匹铜马，这些铜像和铜马至今仍在圣母大教堂的后面，有些不懂的人还以为这圣像和马是用石头制成的。弗拉基米尔将赫尔松城作为娶安娜的彩礼，送还给希腊人，自己率兵回到基辅。返回基辅后，弗拉基米尔吩咐将以前的神像毁坏——砍掉或烧掉。他又吩咐将雷神庇隆的木像拴在马尾巴上，顺着巴利奇坡路从山上一直拖到鲁奇耶河，命12个男子杖打木像。弗拉基米尔吩咐这样做，并非因为木像会有什么感觉，而只是因为这雷神庇隆欺骗了人们，它应当受到人们的辱骂和报复。"雷神啊，你威力无比，但你与我们格格不入。"昨天雷神还受到人们的敬拜，而今天则受唾骂。当人们沿鲁奇耶河将雷神庇隆的木像拖到第聂伯河边时，一些还没受洗的多神教徒为雷神而哭泣。人们将雷神庇隆的木像抛进第聂伯河。弗拉基米尔召集众人，对他们说："如果木像在什么地方漂流到岸边，把它重新抛进河里。等漂过激流石滩，就不再管它。"众人遵命行事。当雷神的木像漂过激流石滩后，一阵大风将它刮到浅滩上，此滩因此而得名为庇隆滩，这个名称保留至今。此后弗拉基米尔又派人到全城各处对居民们说："明天，不管富人、穷人还是奴隶，如果不到河边去受洗，那就是与我为敌。"全城人闻言，欣然前往，说："如果受洗不好，那我们的大公和贵族们也不可能接受洗礼。"次日，弗拉基米尔与王后和赫尔松的神甫们一起来到第聂伯河边，那里人山人海。人们走进河里，有的走到深处，水到颈部；有的站在齐胸的水中；年少者站在近岸处，水到胸部；有些人还带着小孩；成年人到处走动；神甫们站在岸上，进行祈祷。天地皆为这诸多被拯救的灵魂而欢跃，魔鬼则痛苦地呻吟："我完了！人们将把我从此地赶走。我本以为能在这里找到敬奉我的人，因为这里的人没有听到使徒们的训诫，因为他们不知道上帝，而我只喜欢崇拜我的人。我不是败在使徒们的手里，也不是败在那些殉教者的手里，而是败在这些愚民的手下，我已无法继续在此地统治。"人们受洗完毕，各自回家。弗拉基米尔非常高兴，因为不但他本人，而且他的臣民也都认识了上帝，他对天大喊："创造天地的上帝基督啊！看看这些新的子民吧，让他们像其他基督徒一样认识你——唯一的真神，请给他们坚定正义的信仰；同时也请你给我力量和帮助，我将战胜魔鬼。"言毕，弗拉基米尔吩咐在以前供奉神像的地方建筑教堂。在以前人们供奉庇隆及其他神像的山冈上也建起了教堂，以纪念圣徒瓦西里。在其他各城市也建筑了教堂，派去了神甫，带领城乡百姓前去受洗。又派人挑选善良人家的子弟，使之读书识字。这些孩子们的母亲因为还不能坚守信仰，故像哭丧一样舍不能孩子离去。

让子弟们读书识字，这正应验了罗斯大地早先流传的预言："在那时，人们将听到琅琅书声，笨嘴拙舌者也变得口齿伶俐。"在此之前，罗斯人得不到教化，上帝根据自己的意愿降福给他们，正如先知所说："我将赐福给我喜欢的人。"我们"通过洗礼和灵魂新生"而得到上帝的赐福，这是上帝的意愿，并非取决于我们自己。是我们的主耶稣基督垂青于我罗斯大地，用圣洁的洗礼给予它光明。所以我们要敬奉上帝，对他说："耶稣基督，我们的主啊，对于你给我们这些有罪之人的恩赐，我们该如何报答呢？我们不知道怎样报答你给予的一切。你圣洁伟大，你所做的一切奇妙无比，你的威力无边，世世代代将永远称颂你。"正如大卫所言："来吧，让我们赞美上帝，我们的救世主，让我们唱着赞歌来到上帝的面前。""赞美他吧，因为他是仁慈的，他的仁爱将永远陪伴着我们。"因为"是上帝使我们摆脱了敌人",即那些多神教的偶像。大卫说:"你们要向耶和华唱新歌,世上各地都要向耶和华歌唱;要向耶和华歌唱,称颂他的名,天天传扬他的拯救之恩。在列邦中述说他的荣耀,在万民中述说他的奇事,因耶和华伟大,当受极大的赞美,他在万神之上,当受敬畏。""他的威严直到永远。"啊,这是多么快乐的事情!得到拯救的并不仅仅是一两个人。上帝说:"真正的快乐在于在天上看见有罪之人的忏悔。"现在也不是一两个人,而是无数受圣洗之民众崇信上帝,正如某先知所言:"我用洁净之水为你们施洗,你们要抛弃原来的偶像崇拜,洗涤你们的罪。"另一先知说:"有谁能如上帝那样卸去我们的罪而不怪罪我们?这样做是仁慈的,他的美善之心泽恩于我们,卸去我们深重的罪孽。"使徒圣保罗说:"弟兄们,我们既已受洗,立志至死崇信耶稣基督,我们也同他一起被埋葬,正如耶稣凭父的荣耀死而复活,我们也必将获得新生;""旧的一切已经过去,现在的一切都焕然一新;""我们就要得到拯救,……黑夜过去,白昼来临;""通过他我们找到获得神赐之道,我们信守此道,并赞美之;""现在你们从罪孽中解脱出来,成为上帝的奴仆,你们收获圣果。"正因如此,我们要敬奉上帝,赞美上帝,如大卫所言:"要怀敬畏之情供奉上帝,要有耐心赞美上帝。"我们大声赞美我们的主:"我们的主恩重如山:他使我们摆脱恶鬼的魔牙!……网被撕破,我们摆脱了'魔鬼的诱骗'。'对他们的记忆在嘈杂声中消失,而上帝是永存的',罗斯人赞美三位一体的上帝,而魔鬼则受到接受圣洗的善男信女之诅咒,这些善男信女摆脱了罪恶,他们是新的基督徒,是上帝的选民。"

弗拉基米尔接受了训教,其儿子及所有臣民也都接受了训教。弗拉基米尔有12个儿子:维舍斯拉夫、伊贾斯拉夫、雅罗斯拉夫、斯维亚托波尔克、弗谢沃洛特、斯维亚托斯拉夫、姆斯季斯拉夫、鲍利斯、格列布、斯坦尼斯拉夫、波兹维兹德、苏基斯拉夫。弗拉基米尔派维舍斯拉夫驻诺夫哥罗德,派伊贾斯拉夫驻波洛茨克,派斯维亚托波尔克驻图罗夫,而派雅罗斯拉夫驻罗斯托夫。后来长子维舍斯拉夫去世,弗拉基米尔派雅罗斯拉夫驻诺夫哥罗德，鲍利斯驻罗斯托夫，格列布驻穆罗姆人居住地区，斯维亚托斯拉夫驻德列夫利安人居住地区，弗谢沃洛特驻弗拉基米尔城，姆斯季斯拉夫驻特姆多罗干。弗拉基米尔大公说："基辅城周围的城市太少，这样不好。"于是下令在德斯纳河流域、奥斯特尔河流域、特鲁别日河流域、苏拉河流域及斯图戈纳河流域建筑城市。弗拉基米尔从斯拉夫人、克里维奇人、楚德人及维亚迪奇人中挑选勇士，让他们驻守在这些城市，因为当时正与佩切涅格人之间有战事。弗拉基米尔率军攻打佩切涅格人，胜之。

6497（989）年。弗拉基米尔饮食起居皆遵循基督教教规。他决定建圣母大教堂，派人请来希腊的工匠。教堂建成以后，用圣像画装饰，授权赫尔松人阿纳斯塔斯管理，安排从赫尔松来的神甫在教堂行法事，并将以前从赫尔松带来的圣像、祭器及十字架等赐给该教堂。

6499（991）年。弗拉基米尔筑别尔哥罗德城，从别的城市调迁居民充实其中，当时调来许多人，因为弗拉基米尔喜欢这座城市。

6500（992）年。弗拉基米尔攻打霍尔瓦堤人，得胜归来时，佩切涅格人由苏拉河方向来到第聂伯河岸边，而弗拉基米尔率兵停在对岸特鲁别日河的浅滩处，即现在佩列亚斯拉夫利所在地。两军对峙，谁也不敢贸然渡河作战。佩切涅格人的王公来到河边，向弗拉基米尔叫阵，对他说："你从你的人中选出一个勇士，我也选出一个，——让他们二人摔跤。如果你方勇士将我方勇士摔倒在地，那我们之间3年将无战事；如果我的人将你的人摔倒在地，那我们将同你们作战3年。"话毕，两人便分开了。弗拉基米尔回到自己阵营，派人查问："有没有能与佩切涅格人较量的勇士？"但没有找出这样一个人。次日凌晨佩切涅格人来到，并带来他们选出的勇士，而我们罗斯人还没有选出。弗拉基米尔忐忑不安，派人在全军细细查问寻找，有位老者前来求见大公，说："大公！我现在有一个小儿子在家；我带了四个儿子随你征战，而让他留在家里。他从小到大，没有人能将他摔倒在地。有一次我责骂他，而当时他正在揉皮革，一生气就把皮革撕碎了。"大公闻讯，非常高兴，速派人去将他带来，将事情的经过告诉他。这位老者的小儿子听后说："大公！我不知能否与佩切涅格人较量，——先试验我一下：能否找一头强壮的大公牛？"人们牵来一头强壮的大公牛，用烧红的铁烫它，将其激怒，然后放出，公牛跑过勇士的身边，勇士猛抓住公牛身体的一侧，手抓处，连皮带肉撕裂下来。弗拉基米尔对他说："你可以与佩切涅格人较量！"翌日，佩切涅人赶来，开始挑战："你们找到强手了吗？我们的勇士已经准备应战！"弗拉基米尔已吩咐在前一天夜里给勇士穿好铠甲。两军退开，佩切涅格人的勇士走出来：个子高大，面目可憎。他一见到弗拉基米尔的勇士，便大笑起来，因为对方只是一个中等个。有人量好双方的距离让二人打斗。两人互相拼杀在一起，罗斯勇士将佩切涅格人掐死，摔倒在地上。顿时呐喊声四起，佩切涅格人仓皇逃窜，罗斯人紧随追杀，将他们赶走。弗拉基米尔大喜，在浅滩处筑起一座城市，命名为佩列亚斯拉夫利，因为是这个青年人夺得了荣誉。弗拉基米尔为这位勇士和他父亲封了爵位，然后凯旋，回到基辅。

6502（994）年。

6503（995）年。

6504（996）年。弗拉基米尔见圣母大教堂既已建成，便入教堂进行祈祷："主啊，耶稣基督啊！'请你从天庭看一看你的葡萄园，请你保佑你用右手所扶植起来的'——这些新子民，是你让他们的心认识你这位真神。看一下你的殿堂吧，这是我——你不称职的奴隶，为纪念生育你的圣母而修建的。将来会有人在这里祈祷，你将会听到他们的祷告声，听到他们为圣母祈祷。"做完祷告后，弗拉基米尔又说："我将把我及各城财富的十分之一捐献给这座圣母大教堂。"当即在大教堂展纸写下誓言："将来若有人废除此约，他将受到诅咒。"弗拉基米尔遂将自己财富的十分之一交给赫尔松人阿纳斯塔斯。是日为贵族及城中长老举行大典，并将许多财物分发给穷苦百姓。

后来佩切涅格人进犯瓦西里耶夫城，弗拉基米尔率小部兵力前往迎敌。敌强我弱，弗拉基米尔战不能胜，遂躲在桥下，方未落入敌手。弗拉基米尔当即发誓要在瓦西里耶夫建一座主显圣容教堂，因为进行激战的那天，正是主显圣容节①。弗拉基米尔脱险以后，确实建起了教堂，举行了大典，酿制了300桶蜜酒，召来贵族近臣以及各城的守将和长老等许多人，向穷苦百姓分发银币300格利夫纳。弗拉基米尔在瓦西里耶夫庆贺了8日，回到基辅，当时正值圣母升天节②，于是又召来了许多人，再次举行大典。弗拉基米尔见臣民们崇信上帝，非常高兴。他也一直信守教义。弗拉基米尔非常喜欢经书。一次，他听人讲福音书："怜恤人的人有福了，因为他们必蒙怜恤；""卖光你的家产，把它施舍给穷人。""不要为自己积攒财宝在地上，地上有虫子咬，能锈坏，也有贼挖窟窿来偷；而要积攒财宝在天上，天上没有虫子咬，不能锈坏，也没有贼挖窟窿来偷。"他听到别人讲读大卫的话："眷顾贫穷的人有福了，耶和华必降福于他。"他也听到人们讲读所罗门的话："怜恤贫穷的人是值得称颂的。"听到这些话后，弗拉基米尔下令，任何贫穷百姓都可到大公府领取所需要的物品，包括食物和钱币。他还想到："老弱病残者不能到我大公府这里来。"于是派人套上车，装上面包、肉、鱼、各种蔬菜水果、成桶的蜂蜜及各种酒类，在全城查问："老弱病残者，不能去大公府领取食物用品的在哪里？"并将食物分发给他们。弗拉基米尔还为臣民做了更好的事情：每逢礼拜日在大公府的会客厅举行宴会，请贵族、卫兵、百夫长、十夫长及其他长官们前去赴宴，——而大公本人有时前往，有时则不参加。宴会上鸡鸭鱼肉，各种食物应有尽有。有人喝醉了，便开始抱怨大公："真是罪孽啊，大公让我们用木匙，不给我们银匙。"弗拉基米尔听后，吩咐工匠铸打银匙，并说："我用金银为自己招不来亲兵武士，而有了亲兵武士，我就会像我的父辈一样，可以再获得更多的金银。"弗拉基米尔喜爱自己的武士，与他们商讨国家大计、商议战争及立法之事，而与周边各国和睦相处——与利亚赫的博列斯拉夫、乌果尔的斯特凡、捷克的安德利赫（乌达尔利赫）都保持着和平友好的关系。弗拉基米尔敬畏上帝。当时，罗斯境内抢劫之事

---

① 主显圣容节：公历8月18日或19日。——译者
② 圣母升天节：公历8月27日或28日。——译者

日益增多，主教对弗拉基米尔说："我们这里盗贼日益增多，为什么不惩罚他们？"弗拉基米尔回答说："我怕有罪。"主教们说："上帝委派你惩处恶人，施福于好人，你就应当明察秋毫，惩办盗贼。"弗拉基米尔取消了为杀死自由人收取罚金的做法，开始惩办盗贼，主教和长老们又对他说："我们的兵士很多，如果保留收取罚金的做法，罚金可以用来购买武器和马匹。"弗拉基米尔说："那就按你们说的做。"此后弗拉基米尔一直遵守父辈的规矩。

6505（997）年。罗斯人与佩切涅格人之间战事不断，弗拉基米尔前往诺夫哥罗德调集北方军队，以对付佩切涅格人。而佩切涅格人趁弗拉基米尔出行之际，兵临别尔哥罗德城下。城中人困不得出，发生了饥荒，城外佩切涅格人兵马无数，弗拉基米尔手无兵将，无法营救。城中饥馑加剧，苦不能忍，城中人商量："我们很快就会饿死，却得不到大公的救援，难道我们就这样饿死吗？——我们不如投降佩切涅格人，谁生谁死由他们，反正不投降我们也会饿死。"最后大家就这样商定了。当时有一老者，没去参加聚会，问别人："大家商定的结果如何？"人们告诉他明日将投降佩切涅格人。老人闻言，派人找来城中长官，对他们说："我听说，你们想投降佩切涅格人。"他们回答："人们已经不堪忍受饥饿之苦。"老人说："你们听着，再坚持3天，按我说的去做。"大家同意按老人说的去做。老人说："每家哪怕收取一把燕麦，小麦或者糠即可。"人们按老人的要求将粮食收集起来。老人吩咐女人们把面粉、水、牛奶和成面糊，然后让人们挖一深井，井中放入一瓦罐，瓦罐内倒入面糊。然后又命人另挖一深井，井中放入瓦罐，派人去寻找一些蜂蜜来。人们从大公府的蜂房里找来蜂蜜。老人吩咐大家用蜂蜜做成甜浆，倒入井中的瓦罐内。次日，派人去见佩切涅格人，对他们说："留下我们的人质，你们出10个人到城里来，看看我们在干什么。"佩切涅格人闻言大喜，以为城里人想投降，于是留下人质，挑选出最好的兵士随罗斯人去看城里在干什么。他们来到城内，人们说："你们何必毁掉自己呢？难道你们能战胜我们吗？你们纵然在这里围城10年，又能把我们怎么样呢？我们从大地内获得食物，如若不信，你们亲眼看看便知。"人们把他们领到第一口井边，用水桶把面糊打上来，倒入罐内，做成面羹，又把他们领到第二口井边，从井内打上甜浆开始喝起来，佩切涅格人也随着人们品尝了甜浆。佩切涅格人非常吃惊，说："我们的王公如不亲口尝尝，是不会相信我们的。"人们给了他们一钵面羹和甜浆。他们出城回营，讲述了城中情景。佩切涅格王公们品尝了兵士带回来的食物，也感到非常惊奇，于是放回城里的人质，将自己的人质领回，收兵返回本土。

6506（998）年。

6507（999）年。

6508（1000）年。玛尔弗利达去世。同年，雅罗斯拉夫的母亲罗戈涅达也去世。

6509（1001）年。弗拉基米尔之子，布里亚奇斯拉夫之父伊贾斯拉夫去世。

6510（1002）年。

6511（1003）年。弗拉基米尔之孙，伊贾斯拉夫之子弗谢斯拉夫去世。

6512（1004）年。

6513（1005）年。

6514（1006）年。

6515（1007）年。基督教圣徒像搬进圣母大教堂。

6516（1008）年。

6517（1009）年。

6518（1010）年。

6519（1011）年。弗拉基米尔大公夫人安娜去世。

6520（1012）年。

6521（1013）年。

6522（1014）年。雅罗斯拉夫住诺夫哥罗德时，他每年应当向基辅交纳2000格利夫纳，向诺夫哥罗德的卫兵分发1000格利夫纳，诺夫哥罗德的地方长官们都这样交纳，而雅罗斯拉夫却不肯向其父亲交纳这笔款项。弗拉基米尔决心讨伐自己的儿子雅罗斯拉夫,于是下令:"修桥铺路,克日兴兵。"但正当此时弗拉基米尔却病倒了。

6523(1015)年。当弗拉基米尔准备讨伐雅罗斯拉夫时,雅罗斯拉夫因惧怕父亲,派人去海外请求瓦兰人援救,但上帝不让魔鬼得逞。而弗拉基米尔重病卧床时,他身边有鲍利斯伺候。当波洛韦茨人进犯罗斯时,弗拉基米尔派鲍利斯率兵御敌,而他自己病情日益加重,于7月15日去世。他死于别列斯托夫,当时斯维亚托波尔克在基辅,故人们对大公之死秘而不宣。夜里,人们在两个吊笼之间搭上木板,将大公的尸体用毯子裹起放在木板上,用绳索把尸体从楼上放到地下,然后,将尸体放在雪橇上,运到大公亲自下令建造的圣母大教堂安放。众人闻知大公死讯,纷纷前来,王公贵族哭泣,因为国家失去了一位保卫者;平民百姓哭泣,因为他们失去了一位庇护者和养育者。人们将大公的尸体放入大理石棺材内,痛哭着将其安葬。

弗拉基米尔跟罗马帝国的君斯坦丁大帝一样,不但自己受洗,而且还让他的臣民受洗而成为基督徒。尽管以前他曾崇信异教,但他后来在忏悔中洁净了心灵,正如使徒所言:"越是罪孽深重的地方,越易于得到神的恩赐。"弗拉基米尔让罗斯人受洗,行诸多善事,这足以令人惊奇。我们成为基督徒,但却无法报答他的功绩。如果不是他,我们至今还会在魔鬼的迷惑之下生活,像我们的父辈那样昏昏而死。在他去世后的日子里,如果我们怀着真诚之心为他向上帝祈祷,上帝看到我们的诚心,也会赞美他的:我们理应为他祈祷,因为我们通过他才认识了上帝。弗拉基米尔大公啊!愿上帝给你天国和义人,赐给你天国丰盛的食物,愿你和亚伯拉罕等圣人们一同欢呼,正如所罗门所言:"义人死去了,但希望不灭。"

所以,我们罗斯人,受圣灵照耀的新人,回忆圣洗,要纪念大公弗拉基米尔,要用祈祷和赞歌来颂扬上帝,等待上帝和我们的救主耶稣基督给予我们希望,拯救我们。他将会来临,按每人的所作所为赐给我们每个人不可言喻的幸福,这是所有基督徒都将得到的。

鲍利斯遭谋害。

父亲死后,斯维亚托波尔克继位,召集基辅居民,向他们散发礼品。人们接受赏赐,但大家的心不是向着他的,人们热爱鲍利斯。当时鲍利斯未与佩切涅格人相遇,正率兵返回,有消息传来:"你的父亲去世了。"鲍利斯大哭,因为父亲最疼爱他。他率兵来到阿里托,停下来。他父亲的卫士们对他说:"你率领你父亲的卫兵和军队,进军吧,回基辅继承你父亲的王位。"鲍利斯回答说:"我不忍心进攻我的兄长,既然我的父亲已经去世,那就让他继位吧!"兵士们闻言,四散而去。鲍利斯的身边只剩下少数一些卫兵。而此时斯维亚托波尔克则正图谋不轨,准备像该隐那样杀害兄弟,他派人来对鲍利斯说:"我要与你和睦相处,我将给你权力,比你从父亲那里得到的权力还要大。"这实际上是在欺骗,他想用计杀死鲍利斯。斯维亚托波尔克夜里来到维什哥罗德城,秘密召见普特沙和该城贵族,问:"你们是否全心忠诚于我?"这些人回答:"我们为你甘愿抛头颅。"斯维亚托波尔克便说:"你们去杀死我的兄弟鲍利斯,此事不可对任何人讲。"这些人答应马上去完成此事。所罗门在谈到这种人时说:"他们总是忙于杀人……毫无正义可言。他们参与流血之事,为自己招来灾祸,这是所有不守律法者的下场,因为他们多行不义,丧失灵魂。"斯维亚托波尔克派的人夜间来到阿里托,当他们走近时,他们听到鲍利斯正在做晨祷:因为他已经得到消息,知道有人来谋害他。他开始唱道:"主啊!为什么我的敌人越来越多?许多人开始与我为敌;""你的利箭射穿了我,我准备承受灾难,我的悲伤就在眼前;""主啊!请听我的祈祷,请不要对你的奴仆进行审判,因为任何活在这世上的人面对着你都无法证明自己无罪,因为我的敌人已摧残了我的灵魂。"鲍利斯诵读完6首赞美诗,发现被派来杀他的人已经到了,便开始唱圣歌:"一群硕肥的牛犊围住了我……一群恶人围住了我;""主啊,我的上帝,我乞求你,请你救我,让我免遭敌人的迫害!"然后鲍利斯又开始唱教堂赞美歌,做完晨祷,他看看圣像,说:"耶和华上帝啊!你以这种形象降临人世,拯救众生,你按自己的意愿让人们把你钉在十字架上,以赎我们的罪。现在也让我受难吧,不过,这灾难不是来自我的敌人,而是来自我的兄弟,求上帝不要怪罪于他。"鲍利斯祈祷完就躺到床上。斯维亚托波尔克派来的人像野兽一样冲入帐篷,把长矛刺向鲍利斯,鲍利斯的仆人为了保护他,用身体挡住鲍利斯,也被一并刺死。这个仆人是乌果尔人,名叫乔治。鲍利斯非常喜欢他,曾在他的颈上戴了一个金项圈,让他不离自己左右。斯维亚托波尔克派来的人还杀死了鲍利斯的许多卫兵。他们无法从乔治的脖子上摘下金项圈,便把他的头砍掉,取下金项圈,后来人们未能找到他的尸体。这些恶人回到帐篷内,把鲍利斯放上车运回,而此时鲍利斯还没有断气,斯维亚托波尔克得知鲍利斯还有气,便派两个瓦兰人去杀死他。其中的一个拔出剑,刺入鲍利斯的心脏。就这样,圣洁的鲍利斯死去了,他同其他义人一样,从上帝那里获得永生,他与众先知和使徒们并列,他被列入殉道的蒙难者之中,他永远平静地躺在亚伯拉罕的怀抱里,他与圣徒们在一起享受极乐,与天使们一起歌唱。人们把鲍利斯的尸体放在瓦西里大教堂,后秘密运往维什哥罗德。那些该诅咒的凶手们回去禀见斯维亚托波尔克,好像是他们受到称赞似的,这些无法无天的暴徒!这些凶手的名字是:普特沙、塔列茨、耶洛维特、里亚什科,他们全都是魔鬼之子。因为魔鬼是作恶的,而天使则是行善的。天使从不作恶于人,他们总是与人为善,帮助基督徒,使他们免受魔鬼的迫害。而魔鬼因妒忌人们受上帝的保佑,所以总是引诱人们为恶。恶人行恶事,比魔鬼更坏,因为魔鬼惧怕上帝,而恶人则不惧怕上帝,不感到羞耻;魔鬼惧怕主的十字架,而恶人连圣十字架也不怕。

格列布被杀害。

凶残的斯维亚托波尔克想:"我既已杀死鲍利斯,如何设法杀死格列布?"于是他又想起该隐杀兄的勾当,派人去欺骗格列布说:"赶快来吧,你父亲叫你:他病得很重。"格列布一向很听父亲的话,所以立刻上马带领一小部分卫兵前往。当来到伏尔加河边时,格列布的战马蹄子踏进坑内,伤了腿。格列布来到斯摩棱斯克,又继续前行,在斯米亚季纳停下来,此时有人从普列德斯拉娃那里去给雅罗斯拉夫送信,通知他父亲去世的消息，雅罗斯拉夫马上派人去对格列布说："不要去基辅城：你的父亲已经去世，你的兄弟鲍利斯已被斯维亚托波尔克杀害。"格列布闻讯，放声哀号，哭泣自己的父亲，更为自己的兄弟难过，他泪流满面，说："我的上帝啊！与其我活在这世上，还不如与我的兄弟一同死去！我的兄弟啊，我多想看到你的面容，多想与你一同死去，为什么让我一人留在这世上？亲爱的兄弟，你的声音如在耳畔，而我以后再也听不到你轻轻的话语！兄弟，请你为我向上帝祈祷，让我也来承受这痛苦的死亡。我宁愿与你一同死去，也不愿再活在这充满欺骗的人世之上。"格列布这样哭泣着，祷告着，斯维亚托波尔克派来的人突然赶到，踏上格列布的船，拿出武器，格列布的卫兵们被杀死。其中一个凶手，名叫戈利亚谢尔，下令马上杀死格列布，格列布的厨师托尔钦拔出刀，刺向格列布，格列布像一只无罪的羔羊，死去了。他献身给上帝，来到天国，见到日夜想念的兄弟鲍利斯，与他一起共享极乐，这是靠兄弟情谊得来的。"兄弟共处这是多么美好的事！"那些可恶的凶手们返回去见斯维亚托波尔克，正如大卫所言："有罪之人返回地狱。"他们对斯维亚托波尔克说："你吩咐的事，我们已经办成了。"斯维亚托波尔克闻言大悦，他不知道大卫所说的话："即使你是强者，但你的恶行有何可称颂的呢？你们这些人从早到晚都在蓄意干恶事……"

格列布被害后，他的尸体被抛在伏尔加河畔两口井之间，后来有人将其尸体运到圣瓦西里大教堂，与其兄弟鲍利斯的尸体并排放在一起。

鲍利斯和格列布两兄弟的尸体并排放在了一起，而在天国，在万人之君耶和华身边，在极乐世界，两兄弟的灵魂也在一起，共同保佑着罗斯大地，保佑着各地敬奉上帝的人们：他们使瘸子能走路，使盲人见光明，使病人痊愈；他们给囚徒以自由，给悲伤者以安慰，帮助被追逐者逃生。他们庇护着罗斯大地，他们是两颗巨星，照耀着罗斯大地，他们时刻为自己的黎民百姓向上帝祈祷。所以我们要真诚地赞美这两位殉难者，为他们祈祷祝福："自豪吧，两位殉难的教徒，你们是罗斯大地的庇护者，你们保佑着满怀信仰和爱的人们；自豪吧，天国的人，你们生前曾是上帝的使者，是上帝忠实的仆人，是同心同德的一双兄弟，是一心一意的圣徒，所以你们为多灾多难的人带来平安；自豪吧，圣明的鲍利斯和格列布，你们舀取生命之井的神水，施舍给信奉上帝之人治愈伤病；自豪吧，你们怀着坚定的信仰，战胜奸诈的毒蛇，如同朝霞照耀整个罗斯大地，赶走黑暗；自豪吧，忠实的信徒，你们全身心地遵行上帝的训诫；自豪吧，兄弟们，你们来到光明的极乐世界，享受无上的荣光，你们当之无愧；自豪吧，英勇的殉难者，你们与上帝同在，你们的圣明之光照耀整个世界，照耀信奉上帝的人们，保佑不幸的人，赶走魔鬼，是天国之爱呼唤你们，使你们享受天国的美丽和荣誉，天国的美餐、圣智和极乐；自豪吧，因为你们抚慰所有人的心灵，你们赶走痛苦和疾病，驱除人们的恶念，你们的鲜血染红了绛袍，你们与基督在一起，为新的基督徒和自己的同胞们祈祷祝福，罗斯大地因你们的鲜血和骸骨而添荣耀，你们圣洁的灵魂之光照耀着大地，你们在为自己的黎民百姓祈祷求福；自豪吧，你们是明亮的晨星，你们是爱基督的受难者，是我们的庇护者，请你们向上帝祈祷，保佑我们的诸王公和睦相处，团结一心，身体健康，战胜恶人，不起内讧，不受魔鬼的迷惑，也请保佑我们——纪念你们、赞美你们的百姓，永远平安直到世毁之日。"

当时，斯维亚托斯拉夫正逃往乌果尔人那里，可恶的斯维亚托波尔克派人去乌果尔山区，杀死了斯维亚托斯拉夫。斯维亚托波尔克洋洋自得地想："我要杀死众兄弟，我将一个人统治罗斯。"他根本不明白："上帝立谁为王，谁就能为王。"如果上帝满意于某个国家，他就会让一个义人，一个遵规守矩的人为君。因为国君圣明，国内便少些罪恶，反之，国君残暴狡猾，国内便多有灾祸，因为国君为一国之首。正如以赛亚所言："从头到脚都充满罪恶，即从国君到平民百姓尽皆有罪。""城邦必遭殃，如果邦主年幼无知，"疏于政事，终日与臣下沉溺于丝竹饮宴之乐。上帝树此等国君，即是为了使之受到惩罚，上帝从他们身边除掉长者和明智之人，正如以赛亚所言："上帝从耶路撒冷除掉勇士和战士、审判官和先知、长者、谋士和有技艺者，以及奉公守法者，他必使年幼者做他们的国君，使霸道者来管辖他们。"

残忍的斯维亚托波尔克开始在基辅执政。他召来臣民，散发了许多钱财。而当时雅罗斯拉夫尚不知父亲的死讯；他所雇佣的一些瓦兰人，在诺夫哥罗德胡作非为，欺凌当地居民。诺夫哥罗德人奋起反抗，在波罗莫尼庄园杀了一些瓦兰人。雅罗斯拉夫大怒，来到拉科莫村，派人去欺骗诺夫哥罗德人说："那些死去的瓦兰人，我已不能使他们起死回生。你们来吧！"他用此法骗来那些杀死瓦兰人的勇士，加以杀害。是夜其姐妹普列德斯拉娃从基辅派人给他送信："你父已死，斯维亚托波尔克在基辅继位，他杀死鲍利斯，又派人去杀害格列布，你要提防他。"雅罗斯拉夫闻讯，异常悲伤，为父亲难过，为自己的兄弟难过，也为被杀死的兵士难过。次日，他召集剩余的诺夫哥罗德人，对他们说："我的亲兵啊，昨天我杀死了他们，而今天我却需要他们。"他擦去眼泪对众人说："我父已死，斯维亚托波尔克在基辅继位并杀死了我的兄弟。"众人回答："王公啊，尽管昨日我们的弟兄被杀了，但我们愿为你战斗！"雅罗斯拉夫招募1000瓦兰人，并其他兵士40000人，起兵攻打斯维亚托波尔克，并请上帝明鉴："上帝啊！不是我先动手杀害自己的兄弟，而是斯维亚托波尔克，上帝将为我的两兄弟报仇，因为斯维亚托波尔克无故杀害了他们，或许，他也会这样对我的！主啊，审判吧！请给我正义，不能再让这等恶事继续下去。"斯维亚托波尔克闻知雅罗斯拉夫进兵讨伐，纠集无数兵士，包括俄罗斯人和佩切涅格人，大军驻守于第聂伯河畔的柳别奇地区，而雅罗斯拉夫率军隔河对峙。

雅罗斯拉夫开始在基辅执政。

6524（1016）年。雅罗斯拉夫率军攻打斯维亚托波尔克，双方各驻扎在第聂伯河两岸，不敢进攻，对峙达3月之久。斯维亚托波尔克的将军骑马在河岸巡察，嘲笑诺夫哥罗德人："你们干吗跟这个瘸子①来？你们是木匠吗？那我就让你们给我们盖些木房子②！"诺夫哥罗德人听后，对雅罗斯拉

---

① "这个瘸子"指雅罗斯拉夫，因他有一条腿跛了。"瘸子"在俄语中是"хромой"。
——译者
② "木房子"在俄语中是 хоромы（方言词）。它与"хромой"（"瘸子"）有些近音。
——译者

夫说:"明晨我们渡河进攻他们;如有不从者,杀之。"此时天气已经寒冷,斯维亚托波尔克驻军于两湖间,与亲兵们彻夜饮酒。次日清晨,雅罗斯拉夫让士兵们做好准备,天亮时渡河作战。他们上岸以后,将船推离河岸,开始进攻,双方战斗激烈。佩切涅格人隔湖无法救援,斯维亚托波尔克同一些亲兵被逼到湖边,兵士们后退到冰面上,冰层破裂,雅罗斯拉夫开始占上风。斯维亚托波尔克见状,仓皇逃跑;雅罗斯拉夫大获全胜,斯维亚托波尔克逃往利亚赫人那里。雅罗斯拉夫在基辅继承父亲的王位。当时雅罗斯拉夫在诺夫哥罗德统治了28年[①]。

6525(1017)年。雅罗斯拉夫进基辅,焚毁教堂。

6526(1018)年。博列斯拉夫与斯维亚托波尔克率利亚赫人进攻雅罗斯拉夫。雅罗斯拉夫率罗斯人、瓦兰人和诺夫哥罗德的斯洛文人来到沃伦迎战。两军对峙于布格河上。雅罗斯拉夫的将军布德开始羞辱博列斯拉夫:"你等着,我要用矛枪刺破你那大胖肚子。"博列斯拉夫个子高大,身胖体重,甚至不能骑马,但他足智多谋。博列斯拉夫对亲兵们说:"如果你们对这种侮辱不以为耻,那我情愿一个人战死。"他跨下战马,下水渡河,亲兵们紧随其后;雅罗斯拉夫尚未来得及调兵遣将,便被博列斯拉夫战败。雅罗斯拉夫带着4名亲兵逃往诺夫哥罗德。博列斯拉夫与斯维亚托波尔克入基辅城。博列斯拉夫说:"让我的兵士们去各城吃喝享受。"斯维亚托波尔克答应。雅罗斯拉夫逃往诺夫哥罗德后,欲逃往海外,当地的长官君士坦丁·多布雷尼奇与诺夫哥罗德城居民砍破雅罗斯拉夫的大船,说:"我们要与博列斯拉夫和斯维亚托波尔克再进行较量。"于是他们开始筹集钱粮,每个男丁收4个库纳[②],每个长老收10个格利夫纳,每位贵族收取18个格利夫纳。他们用这些钱雇佣瓦兰人,雅罗斯拉夫招募了大量军

---

① 此句意思不明,恐有错讹。按字面应译为"当时雅罗斯拉夫28岁"。但本书记载雅罗斯拉夫于1054年去世,享年76岁(见1054年纪事)由此推算,1016年雅罗斯拉夫应为38岁。利哈乔夫认为此句应为:И бы тогда Ярославъ Новьгородъ легь 28. 即:到1016年,雅罗斯拉夫在诺夫哥罗法统治了28年。由此推算,雅罗斯拉夫到诺夫哥罗德的时间是988年,这与本书988年的纪事相吻合。故我们采用此译法。——译者
② 库纳(куна):古俄罗斯货币单位。——译者

队。当时博列斯拉夫在基辅,可恶的斯维亚托波尔克下令:"将各城内的利亚赫人统统杀掉。"士兵们屠杀利亚赫人。博列斯拉夫逃离基辅,带走许多财物,还带走了雅罗斯拉夫的姊妹及其王公贵族,还有"十一教堂"的神甫纳斯塔斯,博列斯拉夫十分信赖他,让他管理那些财物。博列斯拉夫还带走许多人,占领了切尔文地区的诸城池,回到本土。斯维亚托波尔克又开始在基辅掌权,雅罗斯拉夫率兵攻打他。斯维亚托波尔克逃往佩切涅格地区。

6527(1019)年。斯维亚托波尔克率佩切涅格人气势汹汹而来,雅罗斯拉夫召集大批兵马赴里托①迎敌。雅罗斯拉夫停在鲍利斯被害的地方,朝天高举双手,说:"上帝啊!我兄弟的血在向你哀告!请你为这位义人鲍利斯所流的血报仇,就像你当初为亚伯报仇,罚该隐终生呻吟和颤抖那样;现在请你惩罚这个斯维亚托波尔克。"祈祷完以后,雅罗斯拉夫又说:"我的兄弟啊!你们的身躯已离开此地,请你们用祈祷助我战胜这个凶手、狂人。"说完,双方开战,兵卒遍布里托战场。是日为礼拜五,日出时双方交战,战斗之激烈前所未有,士兵们徒手格斗,三退三进,血流遍地。傍晚时分雅罗斯拉夫获胜,斯维亚托波尔克败北而逃。在逃跑时斯维亚托波尔克魔鬼附身,腿关节受伤,不能骑马,亲兵们用担架抬着他走,来到别列斯季耶,他对兵士们说:"快抬着我跑,有人追来了。"卫兵们派人去查看:"是否有人追赶我们?"后边根本无人追赶,于是继续抬他逃跑。斯维亚托波尔克有气无力地躺着,不时起身喊叫:"追来了,追来了,快跑!"——他是被上帝的愤怒所追逐。他无法在一个地方停留,于是穿过利亚赫地区,来到利亚赫地区和捷克之间的荒凉地区,在这里结束了他罪恶的生命。"正义之审判使他这不义之人受到惩罚,而死后他将永远遭受苦难。"斯维亚托波尔克的坟墓至今还在这荒凉地方,散发出臭味。这是上帝在教诲罗斯王公们,既已知道斯维亚托波尔克之下场,谁若再干谋害亲兄弟之事,亦将遭此惩罚,甚至要受比这更重的惩罚,因

---

① 里托(Льто):即上文所提到的阿里托(Альто)。——译者

为已有前车之鉴。该隐杀死兄弟亚伯，受到7次惩罚，而拉麦受到70次惩罚；因为该隐不知道杀死兄弟将受上帝的惩罚，而拉麦则是明知故犯。拉麦对他两个妻子说："我杀壮士却伤自己，我害幼童却损本身，我注定将要遭70次报应，我知道后果，但还是这样做了。"拉麦杀死了以诺家的两个兄弟，并且霸占了他们的妻子；而这斯维亚托波尔克是又一个拉麦，荒淫无耻，谋害兄弟，他就是这样一个人。

雅罗斯拉夫在基辅执政，他同自己的亲兵武士立下了汗马功劳。

6528（1020）年。雅罗斯拉夫得一子，取名为弗拉基米尔。

6529（1021）年。已逝大公弗拉基米尔的孙子、伊贾斯拉夫之子布里亚奇斯拉夫率兵攻占诺夫哥罗德，掠走财宝和百姓，返回波洛茨克。雅罗斯拉夫率兵从基辅出发，于事发后第7日截布里亚奇斯拉夫于苏多米里亚河沿岸，胜之。被掠百姓返回诺夫哥罗德，布里亚奇斯拉夫逃回波洛茨克。

6530（1022）年。雅罗斯拉夫至别列斯季耶。当此时，辖制特姆多罗干的姆斯季斯拉夫进攻卡索吉人。卡索吉人王公列杰佳闻讯，率兵迎战。两军对峙之时，列杰佳对姆斯季斯拉夫说："何必让兵士们送死呢？我们二人单独决斗一场，如果你取胜，你可获取我的财产、妻室儿女及土地；如果我能取胜，我便夺走你的一切。"姆斯季斯拉夫回答说："可以。"列杰佳又对姆斯季斯拉夫说："我们不用兵器，徒手相搏。"两人打斗在一起，久持不下，姆斯季斯拉夫渐不能支，因为列杰佳强壮有力。姆斯季斯拉夫祷告："圣母啊，请你助我！如果我取胜，我将为你兴建教堂。"说完此话，他猛地一下将列杰佳摔倒在地。姆斯季斯拉夫拔刀杀死列杰佳，占领了列杰佳的土地、财产，并夺走其妻室儿女，让卡索吉人交税纳贡。回到特姆多罗干以后，姆斯季斯拉夫修建了圣母大教堂，该教堂至今尚存。

6531（1023）年。姆斯季斯拉夫率可萨人和卡索吉人攻打雅罗斯拉夫。

6532（1024）年。雅罗斯拉夫在诺夫哥罗德，姆斯季斯拉夫趁机从特姆多罗干来基辅，城中臣民不欢迎他。他便到切尔尼戈夫即位，因当时雅罗斯拉夫在诺夫哥罗德，不在基辅。同年苏兹达尔地区术士作乱，他们在魔鬼教唆下，屠杀百姓，无恶不作，并声称兵精粮足，堪与雅罗斯拉夫对敌。此时，该地区一片混乱，饥荒蔓延，人们纷纷沿伏尔加河南下到保加利亚地区，后来运来了粮食，这些人才得以生存下去。雅罗斯拉夫得知术士叛乱之事，率兵赶往苏兹达尔地区，实行讨伐，将一部分人赶走流放，另一部分人杀死，并说："上帝降灾于任何一方土地，或是饥馑，或是瘟疫，或是干旱，或者是别的灾难，而人对此原委一无所知。"雅罗斯拉夫返回诺夫哥罗德，派人去海外请瓦兰人救援助战。瓦兰王公亚库恩率瓦兰人赶来。亚库恩长得英俊潇洒，他的帐篷乃用金线织成。雅罗斯拉夫和亚库恩一起率兵攻打姆斯季斯拉夫。姆斯季斯拉夫闻讯，率兵赶往里斯特文迎战。傍晚时分，姆斯季斯拉夫调动兵马，派塞维利安人为先锋，攻打瓦兰人，而他本人率亲兵从左右两翼进攻。夜幕降临，漆黑一片，电闪雷鸣，大雨倾盆而下。姆斯季斯拉夫对兵士们下令："攻打他们！"雅罗斯拉夫率兵迎战，先是塞维利安人和瓦兰人拼杀起来，双方死伤无数，然后姆斯季斯拉夫率亲兵从两翼攻打瓦兰人。闪电光下兵器闪烁，伴着暴风骤雨，战斗更是激烈可怕。雅罗斯拉夫与瓦兰人王公亚库恩眼看败局已定，率兵逃走。雅罗斯拉夫逃回诺夫哥罗德，而亚库恩将自己的金帐篷丢在海边，逃回本国。次日清晨姆斯季斯拉夫见战场上遍地都是塞维利安人和瓦兰人的尸体，说："这能不让人高兴吗？死的是塞维利安人和瓦兰人，而我的兵士们完好无损。"他派人去请雅罗斯拉夫，并对他说："你是长兄，你可以在基辅为王，而让我在第聂伯河以左地区实行统治。"雅罗斯拉夫因未与姆斯季斯拉夫讲和，不敢贸然前往基辅。姆斯季斯拉夫在切尔尼戈夫为王，雅罗斯拉夫居诺夫哥罗德，而基辅城内则是雅罗斯拉夫的人驻守。此年，雅罗斯拉夫又得一子，取名伊贾斯拉夫。

6534（1026）年。雅罗斯拉夫率众多将士来基辅，于戈罗捷茨与其弟姆斯季斯拉夫讲和。以第聂伯河为界：雅罗斯拉夫统治右岸地区，姆斯季斯拉夫辖治左岸地区。两兄弟和睦相处，不再有内讧和混战，罗斯大地一片安宁。

6535（1027）年。雅罗斯拉夫得子，取名为斯维亚托斯拉夫。

6536（1028）年。天空出现一蛇状兆象，当时在各地都能见到。

6537（1029）年。平安无事。

6538（1030）年。雅罗斯拉夫攻占别尔兹。同年雅罗斯拉夫得第4子，取名弗谢沃洛特。是年雅罗斯拉夫率军攻打楚德人，获胜，建尤利耶夫城。此年利亚赫王博列斯拉夫去世，利亚赫地区一片混乱：起义的人们杀死主教、神甫及贵族。

6539（1031）年。雅罗斯拉夫与姆斯季斯拉夫合兵攻打利亚赫人，再次夺回切尔文地区诸城，直攻入利亚赫本土，掠来许多利亚赫人，两兄弟平分。雅罗斯拉夫将分得的利亚赫人安置在罗西河地区，这些人至今仍生活于此地。

6540（1032）年。雅罗斯拉夫开始在罗西河流域建城池，筑堡寨。

6541（1033）年。姆斯季斯拉夫之子耶夫斯塔菲去世。

6542（1034）年。

6543（1035）年。

6544（1036）年。姆斯季斯拉夫出猎，后得重病而死。人们将其尸体存放在他建造的圣救世主大教堂内。教堂墙壁高度正如姆斯季斯拉夫站在马上，可以用手触到顶端。姆斯季斯拉夫身材高大，面色红润，大眼睛，英勇善战，待人和气，尤其是特别喜欢亲兵们。在兵士身上，财物、食物从不吝啬。姆斯季斯拉夫死后，雅罗斯拉夫接管他原来的属地，开始独立统治罗斯大地。雅罗斯拉夫至诺夫哥罗德，让儿子弗拉基米尔掌管此城，并委派日佳塔任主教。此时雅罗斯拉夫又得一子，取名为维亚切斯拉夫。雅罗斯拉夫在诺夫哥罗德获悉，佩切涅格人围攻基辅。他率瓦兰人和斯洛文人前往基辅，进入城内。城外佩切涅格人兵力无数。雅罗斯拉夫带兵出城，调兵遣将，瓦兰人居中，基辅人居右，诺夫哥罗德人居左，严阵以待。佩切涅格人进攻，双方激战。战场在现今的罗斯总教区、圣索菲亚大教堂处，当时这里是一片田地。两军浴血拼杀，傍晚时分，雅罗斯拉夫获胜。佩切涅格人四散而逃，有的溺死于塞托姆里河及别的河中，其余不知逃往何方。同年，雅罗斯拉夫逮捕同胞兄弟苏基斯拉夫，囚于普什科夫，因为有人诽谤他反对雅罗斯拉夫。

6545（1037）年。雅罗斯拉夫扩建城池，包括修建现今金门所在之城，建圣索菲亚大教堂，作为都主教公署驻地。又在金门地区建圣母报喜大教堂、圣乔治修道院和圣伊琳娜修道院。在雅罗斯拉夫时代，基督教广泛传播，修道院和修士日益增多起来。雅罗斯拉夫注重宗教礼节，非常尊重神甫，尤其是修士，并且对经书有浓厚的兴趣，经常夜以继日悉心攻读。他大量招募书记员，将经书由希腊文译成斯拉夫文，译书颇丰，信徒们可以阅读经书，接受上帝的训诫。好比一人犁地，另一人播种，其后世世代代收获果实，取之不竭。于斯亦然。雅罗斯拉夫之父弗拉基米尔率臣民受洗，正如开荒辟地，而雅罗斯拉夫将经书这一种子播入信徒们的心田，而我们则收获成果，从经书之中接受上帝之圣训。

　　攻读经书是大有裨益的，我们从经书中学会忏悔之道，从经书中获取智慧，学会自戒。这是河流，它流遍整个世界，这是智慧之源泉，高深莫测，我们的忧伤因它而得以安慰，我们的自律以它为尺度。正如所罗门在赞美智慧时所言："我智慧以灵明为居所，又寻得知识和谋略。我敬畏上帝耶和华……我有谋略和其知识，我乃信，我有能力。帝王藉我坐国位，君王藉我定公平。王子和首领，世上的一切审判官，都是藉我的权。爱我的，我也爱他；寻求我的，必将得福。"从经书中苦求智慧，对我们的心灵大有益处，因为读书即是与上帝和圣徒们交谈。饱读圣训、福音、圣徒的训诫及使徒行传，对我们的心灵将大有裨益。

　　如前所述，雅罗斯拉夫酷爱经书，将所译大量经书存放于他所建的圣索菲亚大教堂，他用金银及各种祭器等物装饰教堂，并规定时间向上帝祈祷求福。他还下令在其他各地建造教堂，派遣神甫，予以薪俸，使之向黎民百姓传经布道，让人们参拜教堂，因为这是上帝的训命。当时教堂、神甫及受洗者渐多，雅罗斯拉夫欣喜万分，而敌人对此嫉恨入骨。

　　6546（1038）年。雅罗斯拉夫攻打雅特维亚吉人。

　　6547（1039）年。罗斯总教主费奥佩姆普特举行仪式，给雅罗斯拉夫之父弗拉基米尔所建圣母大教堂祝圣。

　　6548（1040）年。雅罗斯拉夫攻打立陶宛人。

6549（1041）年。雅罗斯拉夫率军乘船攻打马左维亚人。

6550（1042）年。雅罗斯拉夫之长子弗拉基米尔率军攻打雅米人，胜之。弗拉基米尔的兵士所骑战马染上瘟疫，当马还活着时，已可以从马身上撕下皮来。

6551（1043）年。雅罗斯拉夫派儿子弗拉基米尔攻打希腊，给他许多兵士，并委派杨之父维沙塔为大将军。弗拉基米尔率军乘船至多瑙河，随后向察里格勒进发。海上骤起风暴，罗斯人的船只多被损毁，王公所乘之船也被风浪击破，雅罗斯拉夫的将军伊万·特瓦利米利奇将王公弗拉基米尔救到自己船上。其余兵士约6000人因船只毁坏被迫上岸，但王公卫队亲兵中无人愿与他们一起从旱路回罗斯。大将军维沙塔说："我与他们同行。"于是下船，并说："我在兵士们在，我亡他们亡。"说罢与他们一同上路回罗斯。希腊人得知罗斯人在海上遭难，其皇帝莫诺马赫派14艘战船追赶罗斯人。弗拉基米尔及其亲兵得知希腊人追来，率兵回击，击毁希腊人船只，然后乘船从海上回到罗斯。维沙塔和岸上的兵士被俘，被带往察里格勒，许多罗斯人被挖去双眼。3年以后，罗斯与希腊双方讲和，维沙塔才被释放回罗斯见雅罗斯拉夫。在此期间，雅罗斯拉夫将其妹妹嫁给利亚赫王卡西米尔，卡西米尔送还800名罗斯人战俘作为彩礼。这些战俘是当年博列斯拉夫打败雅罗斯拉夫时被俘获的。

6552（1044）年。雅罗波尔克和奥列格·斯维亚托斯拉维奇两大公的尸骨被从坟墓中挖出，施洗后存放于圣母大教堂。同年，已逝大公弗拉基米尔之孙，弗谢斯拉夫之父布里亚奇斯拉夫·伊贾斯拉维奇去世，弗谢斯拉夫在波洛茨克继位。弗谢斯拉夫出生时，曾有法师相助。他生下来后，头上多长一层皮①，法师对他母亲说："让他终生留着这个，直到去世。"弗谢斯拉夫一直留着这个特征，所以他杀人不眨眼。

6553（1045）年。弗拉基米尔·雅罗斯拉维奇于诺夫哥罗德修建圣索菲亚大教堂。

---

① 原文язвено，斯列兹涅夫斯基（Срезневский）解释为"皮，膜"。——译者

6554（1046）年。

6555（1047）年。雅罗斯拉夫攻打马左维亚人，胜之，杀死马左维亚人王公玛伊斯拉夫，使马左维亚人臣服于利亚赫王卡西米尔。

6556（1048）年。

6557（1049）年。

6558（1050）年。雅罗斯拉夫大公夫人去世。

6559（1051）年。雅罗斯拉夫召集罗斯各地主教开会，任命罗斯人伊拉里昂为基辅教区都主教，主持圣索菲亚大教堂。

现在让我们叙述当初洞穴修道院①是如何得名的。崇信上帝的雅罗斯拉夫大公喜欢别列斯托沃村及那里的教堂，喜欢基督教的使徒和圣徒，他对神甫很是厚待，其中有一名叫伊拉里昂者，为人正直，知书达理，严格持斋。伊拉里昂曾由别列斯托沃村去第聂伯河岸，他登上山冈，祈祷上帝，当时这里是一片大森林，而现在洞穴修道院即坐落于此。伊拉里昂来此地以后，挖了一个两立方俄丈的窑洞，在此诵经，暗中祈祷上帝。嗣后上帝便授意大公立伊拉里昂为索菲亚大教堂都主教，而这一窑洞则保留下来。过了一些时日，柳别奇城一俗家人决定外出云游四方，实际上这是上帝的意愿。他来到圣山②，遍访这里的各家寺院，喜欢上寺院生活，故来到一家修道院，请求修道院院长为其剃度。院长满足了他的请求，为其落发，取教名为安东尼，施以训导，并教其寺院之清规戒律，然后对他说："回罗斯去吧，你将身负圣山的祝福，许多修士将出自你的栽培。"院长为他祝福，送他返回，并说："平安而归吧。"安东尼来到基辅，开始计划在何处安居，他走遍所有的寺院，都不满意，——这是上帝的意愿。于是安东尼穿密林，登高山，苦苦寻求上帝指点给他的地方。他来到山冈，看到伊拉里昂所挖的窑洞，非常喜欢此地，便想在窑洞内安居，他开始含泪祈求上帝："主啊，请你将我安置在此地，请你在这里实现圣山及为我剃

---

① 洞穴修道院（Печерский монастырь）：печерский意为"洞穴的"，也有人音译为"彼切尔修道院"。——译者

② "圣山"——俄名《Святая гора》，即希腊的"阿索斯山"（Афон）。此地寺院、修道院甚多，并以此闻名于世。——译者

度的院长之祝福。"安东尼开始在这里定居,以干面包为食,隔日而餐,挖穴取水,且日夜祈祷,从不懈怠。有好心人得知,赶来看望,并为他带来所需物品。安东尼因此而成名:人们纷纷前来求福。当此时,雅罗斯拉夫大公去世,其子伊贾斯拉夫于基辅继位。安东尼当时已在整个罗斯享有盛名,伊贾斯拉夫得知,带亲兵前来求其祝福和祈祷。安东尼因此而人人皆知,备受尊敬。有12个兄弟前来投靠,安东尼收他们为徒,为其剃度。众兄弟又挖了更大的窑洞,挖成教堂和修道小室,在老修道院下面的山洞里所有这些至今尚存。12兄弟聚集以后,安东尼对他们说:"兄弟们,是上帝将你们召唤至此,你们来到这里,是因为圣山的祝福,修道院院长为我剃度,我又为你们剃度,因此你们也将被赐福,这福来自上帝,也来自圣山。"然后安东尼又对他们说:"你们住在这里,我为你们选一位修道院院长,而我本人将上山独居,我已经习惯于如此生活。"安东尼选瓦尔拉姆任院院长,而他自己单独上山,又挖一窑洞,住在其中,40年如一日,信守美德,足不出洞,直到去世。这个窑洞在如今新修道院的下面,安东尼的干尸至今尚在洞中。当时众兄弟与院长居住在自己的窑洞内,后来人数渐多,洞内已容纳不下,他们决定在洞外建一修道院。院长与众兄弟一起来见安东尼,对他说:"我们的父啊!我们人数渐多,已无法在洞内居住,请你祈求上帝,允许我们在洞外建一圣殿。"安东尼允之。众兄弟向安东尼鞠躬行礼,返回后在所居窑洞之上建成一个小殿堂,取名为圣母升天教堂。上帝按照圣母的祷告,使修士日益增多,众兄弟与院长决定建修道院。他们又去见安东尼,请求道:"我们的父啊!众兄弟人数日益增多,我们想建修道院。"安东尼欣喜地说:"上帝赐福给所有的人,圣母及圣山前辈们的祈祷将与你们同在。"说罢,安东尼派一人去见伊贾斯拉夫大公,对他说:"我的大公啊!是上帝使众兄弟的人数日益增多,而我们的地方太小,请你将窑洞上面的那座山赐给我们吧。"伊贾斯拉夫闻言大悦,吩咐手下人将山划拨给他们。院长与众兄弟修建大教堂,用栅栏将修道院围起来,单辟了许多修道小室,教堂建成后又将圣像整修一新。这便是那个修道院的来历:因为起初修士们住在洞穴之中,所以取名为洞穴修道院。该修道院的建成归功于圣山之祝福。修道院建成之后，瓦尔拉姆任院长。伊贾斯拉夫又建一修道院——圣德米特里修道院，调瓦尔拉姆任院长，他依仗自己的财富，希望该修道院能超过洞穴修道院。帝王、贵族、富人建的修道院许许多多，但都无法与那些靠眼泪、斋戒、祈祷和彻夜不眠辛勤劳作而建起的修道院相比。如前所述，安东尼没有金银财宝，但他靠眼泪和斋戒实现了自己的夙愿。瓦尔拉姆去圣德米特里修道院以后，众兄弟商定去见安东尼老人，对他说："请给我们立一个院长。"安东尼问："你们想让谁任院长呢？"众人回答："选一个上帝和你所看中的人。"安东尼说："你们当中谁也不如费奥多西那么听话、温顺、谦恭，就让他做你们的院长吧。"众兄弟欣喜万分，向安东尼行礼告退，让费奥多西任20名兄弟的院长。费奥多西主持修道院，严格禁欲，恪守斋戒，诚心祈祷，为修道院招集修士，人数达100人。费奥多西开始寻求寺院戒规，在自己主持的修道院内实行。正当此时，斯图基修道院的修士米哈伊尔与都主教乔治从希腊来此，费奥多西向米哈伊尔求教斯图基修道院的寺规：修道院内如何行宗教礼仪，如何顶礼膜拜，如何诵经，寺院内如何起居，进餐时守何种秩序，所有这一切都严格按寺规进行。费奥多西在洞穴修道院严格推行寺规，后来其他修道院也纷纷效仿，所以众人普遍认为洞穴修道院高于其他修道院。费奥多西居于修道院内，弘扬美德，信守教规，对前来见他的任何人都热情相待。笔者也曾去拜访过他，他接待了笔者，当时我才17岁，资历浅，资质不高。在此我将洞穴修道院建于何年，为何如此命名诸事记录下来。关于费奥多西的生平我们将另做叙述。

6560（1052）年。雅罗斯拉夫大公之长子弗拉基米尔于诺夫哥罗德去世，尸体存放于他下令建造的圣索菲亚大教堂内。

6561（1053）年。希腊皇帝之公主为弗谢沃洛特·雅罗斯拉维奇生一子，取名为弗拉基米尔。

6562（1054）年。罗斯大公雅罗斯拉夫去世。在临死之前大公为儿子们留下遗嘱，对他们说："我的孩子们，我就要离开这个世界了，你们一定要和睦相处，因为你们是同父同母的亲兄弟。如果你们互敬互爱，上帝将与你们同在,并使你们的敌人屈服,你们将平安而居;可如果你们相互仇视,挑起内讧,那你们将自取灭亡,并丧失我们祖辈千辛万苦打下来的江山。所以你们一定要和睦,听从兄长的话。我让我的长子①,即你们的长兄伊贾斯拉夫在基辅继承我的王位,你们一定要服从于他,就像服从于我一样。我派斯维亚托斯拉夫掌管切尔尼戈夫,弗谢沃洛特掌管佩列亚斯拉夫利,伊戈尔掌管弗拉基米尔城,维亚切斯拉夫掌管斯摩棱斯克。"雅罗斯拉夫为儿子们划分城市,意在防止他们兄弟阋墙,骨肉相残。并对伊贾斯拉夫说:"如果你们当中有人欺侮亲兄弟,你要帮助受欺负的一方。"大公谆谆教诲儿子们互敬互爱,当时他已经重病在身,到维什哥罗德以后,病情加重。而此时,伊贾斯拉夫在……②,斯维亚托斯拉夫在弗拉基米尔城,弗谢沃洛特则在父亲身边,——众兄弟中大公最疼爱他,总是把他留在身边。在费多尔斋期的第一个礼拜六,雅罗斯拉夫大公寿终正寝,他将灵魂献给上帝。弗谢沃洛特收敛父亲的遗体,放到雪橇上,由神甫唱挽歌同行,将遗体送往基辅。大公谢世,全民悲哀,遗体运往基辅后,装入大理石棺椁,置放于圣索菲亚大教堂。弗谢沃洛特同人们一起痛哭致哀。雅罗斯拉夫享年76岁整。

伊贾斯拉夫开始在基辅执政。

伊贾斯拉夫在基辅继位,斯维亚托斯拉夫居切尔尼戈夫,弗谢沃洛特居佩列亚斯拉夫利,伊戈尔居弗拉基米尔城,维亚切斯拉夫居斯摩棱斯克。是年冬弗谢沃洛特率军前往沃因攻打托尔克人获胜。同年,博鲁什率波洛韦茨人来犯罗斯,弗谢沃洛特与之讲和,波洛韦茨人退兵返回。

6564(1056)年。

6565(1057)年。维亚切斯拉夫·雅罗斯拉维奇于斯摩棱斯克病逝,伊戈尔由弗拉基米尔城被调往斯摩棱斯克。

6566(1058)年。伊贾斯拉夫胜戈利亚季人。

---

① 此处的"我的长子"实为"我的次子"。因为"长子"是弗拉基米尔,于1052年去世。次子伊贾斯拉夫因此升为"长子"、"长兄"。——译者
② 此处原文空缺。——译者

6567（1059）年。伊贾斯拉夫、斯维亚托斯拉夫与弗谢沃洛特一起释放被囚达24年之久的叔父苏基斯拉夫，让他吻十字架宣誓，出家为黑衣修士。

6568（1060）年。伊戈尔·雅罗斯拉维奇去世。是年，伊贾斯拉夫、斯维亚托斯拉夫、弗谢沃洛特和弗谢斯拉夫招募大批军队攻打托尔克人。分旱路和水路进攻，有的骑马，有的乘船，托尔克人闻讯，惊恐万状，仓皇逃窜，至今仍未返回原住地。这是上帝发怒驱赶他们，逃跑途中死亡无数，有的冻死，有的饿死，有的病死，还有的因上帝之审判而死。上帝以此保佑基督徒免遭异教徒的侵犯。

6569（1061）年。波洛韦茨人首次发兵攻打罗斯，2月2日弗谢沃洛特出兵迎战。战斗中波洛韦茨人打败弗谢沃洛特，大肆掳掠后离去，此乃我罗斯人首次遭受不信上帝的蛮貊之祸害。当时敌酋首为伊斯卡尔。

6570（1062）年。

6571（1063）年。雅罗斯拉夫之弟苏基斯拉夫去世，葬于圣乔治大教堂。是年在诺夫哥罗德有一魔法师倒行5日，此乃凶兆，4年后弗谢斯拉夫在该城燃起战火，烧毁城池。

6572（1064）年。雅罗斯拉夫之孙罗斯季斯拉夫·弗拉基米罗维奇携波列伊及诺夫哥罗德守将奥斯特罗米尔之子维沙塔奔赴特姆多罗干。罗斯季斯拉夫赶走格列布·斯维亚托斯拉维奇，抢夺了他的王公之位。

6573（1065）年。斯维亚托斯拉夫率兵前往特姆多罗干讨伐罗斯季斯拉夫。罗斯季斯拉夫弃城而去——不是因为惧怕，而是不愿与叔父兵戎相见。斯维亚托斯拉夫至特姆多罗干，重新让其子格列布驻守该城，然后返回。罗斯季斯拉夫回兵再次赶走格列布，占领特姆多罗干，格列布逃往父亲斯维亚托斯拉夫那里。是年，弗谢斯拉夫挑起内讧。

在此期间出现异象，西边天空出现一巨星，发血色光芒，每天日落后升空，一连持续7日。这是凶兆，此后内讧及异教徒入侵之事多有发生，因为此星预示将有血光之灾。在此期间，曾有一婴儿被弃于塞托姆里河，后被渔夫救起，但照料到晚上，又把他扔入水中。这个婴儿长得奇特，阴部长在脸上，其他特征更羞于细说。在此之前太阳也有所变化，变得如月亮一般，不再发光，笨愚之人说，太阳被吃掉了。所有这些迹象都不是好兆头，在古代的耶路撒冷亦是如此：全城上空突然出现全副武装的金衣骑士和手持武器的兵卒，此征兆持续40日，这预示着安提阿入侵耶路撒冷。后来在尼禄皇帝时期耶路撒冷城上空出现一颗形似长矛状的星，预示着罗马人入侵。再其后查士丁尼大帝时代，有星升于西方，其光耀目，持续20日，人称"神灯"，后来空中从早到晚众星流动，人皆以为星将坠落，太阳也不再发光：这预示着将有叛乱及瘟疫流行。在莫里斯皇帝时期，曾有这样的事：一妇女产下一子，无手无眼，肚子上长有一条鱼尾；一小狗生来有六只爪子；在非洲有两个婴妖降生：一个生有四条腿，另一个生有两个脑袋。后来在利奥皇帝之子、反对圣像崇拜的君斯坦丁帝执政时期，空中众星流动，有星坠落到地上，看到的人以为世界末日到了；当时空气也沉积于地面；叙利亚发生大地震，大地崩裂为三大块；奇怪的是，一头骡子从地中跃出，会说人话，预言将有异族入侵，后来果然应验：萨拉森人①入侵巴勒斯坦地区。天空出现异象：或星辰有变，或太阳有变，或禽鸟有变，或有别的异象，——这都不是吉兆，通常预示灾难或是战乱，或是饥荒，或是死亡等等。

6574（1066）年。罗斯季斯拉夫居特姆多罗干，收取卡索吉人及其他部族之贡赋，希腊人惧怕，暗中派一奸细潜入特姆多罗干。此奸细博得罗斯季斯拉夫信任，受到器重。有一次，罗斯季斯拉夫与卫兵们饮酒，奸细说："王公，我要为你的健康干杯。"王公说："干杯。"奸细喝下半杯，将剩余的半杯递给王公。在递酒杯时，奸细将手指偷偷伸入杯中，其指甲下藏有毒药，喝后在第7日必死。王公饮下了那半杯酒，而这个奸细回到赫尔松，说罗斯季斯拉夫必在第7日死去，结果确是如此，这个奸细被赫尔松人乱石打死。罗斯季斯拉夫王公英勇善战，英俊潇洒，对属下十分和善。他死于2月3日，葬于特姆多罗干城的圣母大教堂。

6575（1067）年。布里亚奇斯拉夫之子弗谢斯拉夫在波洛茨克挑起内

---

① 古历史学家对阿拉伯游牧民族的称呼。——译者

讧，占领诺夫哥罗德。雅罗斯拉夫的三个儿子伊贾斯拉夫、斯维亚托斯拉夫和弗谢沃洛特于严冬之时率兵讨伐弗谢斯拉夫。他们来到明斯克城下，城中人闭门守城。三兄弟攻下明斯克城，杀死城中所有男人，而妇女儿童则作为战利品；后率兵赶往涅米加河，弗谢斯拉夫率兵迎战。3月3日两军交战于涅米加河河岸，当时大雪纷飞，双方争战激烈，死伤无数，最后伊贾斯拉夫三兄弟取胜，弗谢斯拉夫败逃。7月10日伊贾斯拉夫三兄弟吻十字架以向弗谢斯拉夫宣誓："到这里来，我们决不伤害你。"弗谢斯拉夫鉴于他们已经发誓，便乘船渡过第聂伯河来见。在斯摩棱斯克附近的勒希，伊贾斯拉夫带弗谢斯拉夫走进帐篷，兵士们突起，抓住弗谢斯拉夫带往基辅，将他及其两个儿子一并囚禁起来。

6576（1068）年。外族波洛韦茨人入侵罗斯。伊贾斯拉夫三兄弟率军到里托迎战。夜幕降临之时，两军交战。上帝派异教徒入侵我土以惩罚我们所犯的罪。波洛韦茨人获胜，罗斯王公伊贾斯拉夫三兄弟败北而逃。

上帝于盛怒之下使我民蒙受异族侵凌，只有经过这场灾难，人们才会想起上帝；魔鬼则引诱人们挑起内讧。上帝不愿予人以恶，而是予人以善；魔鬼则乐于看到人们之间的争杀和流血事件，所以千方百计挑起纷争，引发嫉妒，使兄弟反目，相互诋毁。如果一国陷于罪孽之中，上帝将用死亡，或用饥荒，或用异族入侵，或用干旱，或用虫灾，或用别的方法惩罚他们，使之忏悔且听命于上帝，因为上帝借先知之口对我们说过："你们要全心向我，要斋戒，要哭泣忏悔。"如果我们这样做，那我们所有的罪都将得到宽恕，而如果我们像猪一样沉溺于罪恶和肮脏之事，那就要遭受灾难。上帝还借先知之口对我们说："我素来知道，你是顽梗的，你的颈项是铁的，"所以"我不为你们降雨，一方土地雨水丰足，而另一方则干旱无雨；""我以暑热及各种方法惩罚你们，而你们却不崇信于我；""我毁掉你们的家园，你们的果树，庄稼和柞林，但却不能消除你们心中的凶恶；""我降疾病和死亡于你们，甚至毁掉你们的牲畜，而你们仍不崇信我，反说：我们不屈服。你们何时能满足于你们的罪恶呢？你们偏离了我所指的路，并且引诱许多人，所以，我要怪罪于我的仇敌，那些为恶之人，那些不真心敬奉我的人，那些不劳而食的人，那些欺侮孤儿寡妇的人以及那些不公平的人。为什么你们不摆脱你们的罪行呢？为什么口头上诵读我的训诫却不遵守？如果你们崇信我，我将善待你们，分给你们天国的食物，消除对你们的怨恨，并且决不再毁坏你们的家园和庄稼，而你们却貌视我，说什么'敬奉上帝是徒劳之事！'""你们口头上尊敬我，心却远离我。"所以，我们祈求的东西，不能得到。上帝还说："你们呼唤我，我不答应，你们在灾难中寻求我，却找不到，因为你们不走我所指引的路，所以天将封死或倾覆，暴雨倾落，严寒冻坏你们的果实，酷暑毁坏你们的庄稼，这一切都是因为你们的罪。如果你们忏悔你们的罪过，我将像对待亲儿子一样善待你们，给你们所祈求的一切，使你们风调雨顺。我将使你们粮食满仓，你们的牛奶和蜜酒将源源不断。并且我将补偿你们在蝗灾、虫灾之年所失去的一切，我对你们施行的法力无边。"听到上帝的训诫，我们当全心向善，当立正义之审判，庇护受侮辱者，我们将忏悔我们的罪，决不以恶还恶，以牙还牙；我们敬奉上帝，用斋戒和痛哭来洗掉我们的罪，我们决不能口头上自称为基督徒，却像不信基督的人一样生活。如果我们见什么就信什么，那我们的生活与异教徒何异？或者如果有人见到黑衣僧士，回家后不声不响，管他所见的是野猪还是家猪，这难道不是异教徒的行径吗？这全是受魔鬼的教唆而为之。还有的人相信喷嚏，见了人打喷嚏便祝他健康。魔鬼总是用各种手段，用吹打乐器或者耍活宝，用古丝理琴或人鱼节游乐引诱我们背叛上帝。我们看到人们沉溺于歌舞和丝竹之中，而教堂内空无一人，祈祷之时也极少有人来到教堂。所以我们便会遭受各种灾难，包括外族人入侵等，这是上帝在惩罚我们所犯的罪。

现在让我们言归正传。当时伊贾斯拉夫和弗谢沃洛特逃往基辅，而斯维亚托斯拉夫逃往切尔尼戈夫。基辅人于市井集会，请求大公："波洛韦茨人已遍及全国，大公，请发放武器和战马，我们还要与之决战。"伊贾斯拉夫不从。人们决定去劝说大将军科斯尼亚奇克，人们从集会场直接涌上山冈，来到大将军府上，没有找到他，于是便在布里亚奇斯拉夫的住处停留下来，说："走，我们把自己的兵士们从囚牢中解救出来。"众人分作两路：一路直奔囚牢，另一路沿栈桥来到大公府。当时伊贾斯拉夫正在前堂与亲兵们计议，众人赶到，停在堂下，与大公争吵起来。大公向窗外看去，亲兵们围住他，丘金的兄弟图克对伊贾斯拉夫说："大公，你看，百姓反了，赶紧派人杀死弗谢斯拉夫。"当说这话时，另一路人已经打开牢门，从囚牢那里赶来。亲兵们对大公说："大事不好，百姓投靠弗谢斯拉夫，最好派人将他哄到窗前来，用剑刺杀他。"大公不从。人们喊叫着奔向弗谢斯拉夫的囚牢。伊贾斯拉夫见状，同弗谢沃洛特逃离府邸，人们放出弗谢斯拉夫，于大公府拥他为王——此日正值9月15日。人们焚毁大公府，抢劫了大量的金币银币。伊贾斯拉夫逃往利亚赫人那里。

此后，波洛韦茨人横行于罗斯大地，斯维亚托斯拉夫居切尔尼戈夫，当波洛韦茨人攻打切尔尼戈夫时，斯维亚托斯拉夫率领兵士前往斯诺夫斯克迎战。波洛韦茨人见之，即刻准备拼杀。斯维亚托斯拉夫见敌甚众，对兵士们说："弟兄们，向前冲啊！我们已经无路可退。"他们驱马向前，斯维亚托斯拉夫以3000兵马战胜12000之众的波洛韦茨人，一部分人被杀死，还有一些溺死于斯诺夫河中，11月1日活捉波洛韦茨人首领。斯维亚托斯拉夫凯旋。

此时弗谢斯拉夫居基辅。这是上帝在显示十字架的力量，因为当初伊贾斯拉夫吻十字架以向弗谢斯拉夫发誓决不伤害他，后来却违背誓言囚禁弗谢斯拉夫，正因如此上帝才招异族人入侵，同时也是圣十字架解救出弗谢斯拉夫。所以在十字架节（9月14日）那天，弗谢斯拉夫长叹一声，说："圣十字架啊，我信奉你，你解救我脱离了牢笼。"上帝对罗斯大地显示了十字架的威力，是为了警告人们不要宣誓后违誓，无论何人，如有违反，他将在当地遭受惩罚，而且今后永受惩罚。十字架的威力是无穷的：人们靠十字架战胜魔鬼，大公们靠十字架的威力驰骋沙场，战胜敌军，信基督的人们受十字架的保佑，战胜对手，十字架还保佑那些信仰它的人逃灾免难。魔鬼什么也不怕，唯独惧怕十字架。如果有人看到魔鬼，对他画十字，便可以赶走魔鬼。弗谢斯拉夫居基辅7个月之久。

6577（1069）年。伊贾斯拉夫与利亚赫王博列斯拉夫攻击弗谢斯拉夫，弗谢斯拉夫率基辅人迎战。他率兵来到别尔哥罗德，夜间从别尔哥罗德独自秘密逃往波洛茨克。次日晨，基辅人见大公逃走，便回到基辅，举行集会，求见斯维亚托斯拉夫和弗谢沃洛特，说："我们已经犯了罪，赶走大公伊贾斯拉夫，他现在率利亚赫人来攻打我们，你们当速来保卫你父王的城市，如果你们不愿前往，那我们迫于无奈，将焚毁城池，投靠希腊。"斯维亚托斯拉夫对他们说："我们将派人去见我们的兄弟，如果他率利亚赫人来攻打你们，我们也将对他用兵，不让他毁掉我父王的城市，而如果他是为和平目的而来，那他不会带很多的兵士。"他们让基辅人放心，斯维亚托斯拉夫和弗谢沃洛特派人去对伊贾斯拉夫说："弗谢斯拉夫已经逃遁，你不要率利亚赫人攻打基辅，这里没有你的敌人；而如果你仍然满怀怒气，决意毁掉此城，那你要明白，我们不会舍得父王之位，将奋起保卫。"伊贾斯拉夫闻言，命利亚赫人停止前进，他与博列斯拉夫率小部分亲兵前往，并派其子姆斯季斯拉夫先他而去基辅。姆斯季斯拉夫入基辅，处死了70个当初释放弗谢斯拉夫的人，另有一些人被挖去双眼，还有的未经审问就被无故杀死。当伊贾斯拉夫到基辅时，全城百姓出城迎接，5月2日伊贾斯拉夫复位。他吩咐犒赏利亚赫兵士，暗中却将他们逐一杀死；博列斯拉夫返回本国。伊贾斯拉夫将集市迁往基辅冈；将弗谢斯拉夫从波洛茨克赶走，派其子姆斯季斯拉夫驻守该地；……不久姆斯季斯拉夫在当地去世，由其弟斯维亚托波尔克继任；此时弗谢斯拉夫已逃亡在外。

6578（1070）年。弗谢沃洛特得一子，取名罗斯季斯拉夫，同年弗谢沃洛特于修道院建圣米哈伊尔大教堂。

6579（1071）年。波洛韦茨人攻打拉斯托韦茨和涅亚金地区。同年，弗谢斯拉夫将斯维亚托波尔克·伊贾斯拉维奇赶出波洛次克。同年雅罗波尔克·伊贾斯拉维奇胜弗谢斯拉夫于格洛季奇斯克。在此期间一巫师受魔鬼诱惑，来到基辅，对人们说：5年以后第聂伯河将倒流，土地将变换位置，希腊将挪到罗斯的位置，而罗斯将挪到希腊的位置，其他地方也将变换。愚昧无知之人听信巫师的胡言乱语，而受洗之基督徒则嘲笑他：

"魔鬼玩弄你，使你去死。"后来此话果然应验：一天夜里巫师消失，再无踪影。

要知道，魔鬼总是诱惑人，唆使他们去干坏事，然后又对他们加以嘲弄，让他们死去，教唆他们说假话；这正如我们刚才在上面说到的那个魔鬼的教唆和行径。

有一年，在罗斯托夫地区粮食歉收，此时出现两个由雅罗斯拉夫利来的巫师，胡说道："我们知道哪些人储有粮食和衣物。"他们沿伏尔加河而行，每到一处乡村墓地，便指着那些富裕的妇女，说这个藏有粮食，这个藏有鱼，这个藏有蜂蜜，这个藏有毛皮。人们纷纷携母亲、妻子以及姐妹来见这两个巫师。这两个巫师哄骗众人，凭妖术切开这些妇女的后背，从中或掏出粮食，或掏出鱼之类的东西，巫师用这种方法杀死许多妇女，而将她们的财物据为己有。后来他们带300人来到白湖地区。此时正逢杨·维沙季奇受斯维亚托斯拉夫之派遣来此地收取贡赋，当地居民告诉他说，两个巫师在伏尔加河流域和舍克斯纳河流域已杀死许多妇女，现在已来到这里。杨弄清这两个巫师受大公的管辖，便派人去对那些跟随巫师的人说："把这两个巫师交出来，因为他们属我和我大公之管辖。"他们不从。杨赤手空拳要去见他们，卫兵们对他说："不能不带武器，他们会伤害你的。"杨吩咐兵士们拿起武器，率12名兵士去森林捉拿巫师。巫师及跟随他们的人见杨携斧头而来，即刻准备拼杀，有几个人走出，来到杨面前，对他说："你要知道，你来是白白送死，不要再往前走了。"杨命令兵士杀死这几个人，又继续向前走去。跟随巫师的人扑向杨，有一人挥动斧头向杨砍来，杨抓住斧头，用斧背将其打倒在地，命令兵士们将其杀死。其同伙见状杀死了杨的教父，逃回森林。杨回到城里，对居民们说："如果你们不把这两个巫师抓来，那我一年内将不离开此地。"居民们随即动身追赶巫师，将他们抓来见杨。杨问他们："你们为何要杀死那么多人？"巫师们回答："他们体内储有食粮，我们杀死他们，便可以获得丰足的食物，如果你愿意的话，我们可以当着你的面从人体内掏出粮食、鱼或其他物品。"杨回答说："这纯粹是一派胡言，上帝用土造人，人由骨头及血肉组成，别无其他。人们都是无知的，只有上帝通晓一切。"巫师们说："我们知道人是如何被造出来的。"杨问："怎么造出来的呢？"他们回答："上帝在澡堂洗澡，出汗了，便用一破布擦拭，将破布从天上扔到地下。后来上帝和撒旦就谁来造人之事争吵起来，魔鬼撒旦造了人的身体，而上帝给予人以灵魂。所以，人死以后，其身体留在地上，而其灵魂升天去见上帝。"杨对他们说："你们确实受到魔鬼的诱惑，你们信什么神呢？"他们回答说："我们信反基督之神。"问："他在哪里？"回答说："在无底洞。"杨对他们说："既然是在无底洞，还算什么神呢，那是魔鬼，而上帝在天上，居神坛之上，旁边有敬畏他的天使，天使不敢看上帝。曾有一个天使因为骄傲自满而被上帝贬下无底洞，等待上帝降临对他及信仰他的人进行审判。这位被贬的天使正是你们所说的反基督之神。你们在这里也要受到我的惩处，死后你们也将到无底洞中去。"巫师们说："神对我们说，你不能把我们怎么样！"杨对巫师说："那是你们的神在欺骗你们。"巫师说："我们应当归斯维亚托斯拉夫审判，你不能把我们怎么样。"杨命人打他们，拔他们的胡子，然后问："神对你们说什么？"他们回答："我们要见斯维亚托斯拉夫。"杨命人向他们口中各塞入一个银卢布，把他们缚在船帮上，放船顺流而下，而杨在后面乘船跟着。来到舍克斯纳河河口，杨问："现在神如何对你们说？"巫师回答："神说，我们要死在你的手中。"杨说："神说对了。"巫师们说："如果你放过我们，你将得到许多好处；而如果你杀死我们，那你将饱受苦难。"杨对他们说："我如果放了你们，上帝将惩罚我，我杀掉你们，则将受到上帝的赏赐。"杨问水手们："你们当中谁的亲人曾遭其残害？"水手们纷纷回答："我的母亲被害了；""我的姐姐被他们杀死；""我的女儿深受其害。"杨对水手们说："现在为你们的亲人报仇吧。"水手们抓起两个巫师，将他们杀死，把尸体悬挂在橡树上：这两个巫师得到上帝正义的惩罚。杨返回后的第2天夜里，有熊来到橡树下，撕裂两个巫师的尸体，将其吃掉。这两个巫师终因受魔鬼的引诱而死去，他们替别人预言生死，却不能预见自己的下场。如果他知道，那就不会来到这个他们注定要被擒获的地方,当他们被擒,杨决定处死他们时,他们也不会那么坚信地说:"我们是不会死的。"他们这样做,完全是因为魔鬼的诱惑,魔鬼不知道人们的思想,不知道人们的秘密,但他们可以诱惑人的思想,只有上帝才真正知道人们所思所想的。魔鬼并不是那么强大有力,因为他们一无所知。

现在让我们看一看魔鬼是什么样子,他们是怎样诱惑人的。当时,曾有一个诺夫哥罗德人准备动身去楚德人居住的地方,他去找一个巫师,请他占卜。巫师按惯例开始召唤魔鬼。那诺夫哥罗德人坐在门口,而巫师躺在那里呆然不动,叩求魔鬼来临。稍顷,巫师起身对诺夫哥罗德人说:"神不敢来临,因为他们害怕你身上带的一件东西。"诺夫哥罗德人想起自己身上带有一个十字架,于是起身将十字架放在屋外。巫师又召唤魔鬼。魔鬼替他占卜,知道这个诺夫哥罗德人为何而来。之后诺夫哥罗德人问巫师:"为什么你们的神害怕上帝及他的十字架呢?"巫师回答:"十字架是天神的标志,我们的神害怕天神。"诺夫哥罗德人又问:"那你们的神是何样的?他们在哪里呢?"巫师回答说:"他们住在无底洞,全身是黑色的,有翅膀,有尾巴,他们也听命于你们的神,因为你们的神是在天上的。如果你们信上帝的人当中有人死去,那他将升往天国,而我们当中如果有人死去将被送往无底洞见我们的神。"实际上正是如此:有罪之人将下地狱遭受永久的苦难;而义人死后将升往天堂,与天使们在一起居住、生活。

魔鬼的魔力、他们的狰狞面目和虚弱无力就是如此。他们常通过睡梦或人昏迷之时诱惑信仰不坚定的人,特别是通过女人而作祟,因为女人自古以来便受魔鬼诱惑,转身又诱惑男人。所以现在有一些女人也用魔力妖术来诱惑人,干不少坏事。但未受洗的男人有时也经常受到魔鬼的诱惑,如在早期基督教时代,西门[①]做巫师的时候,他曾行魔法使狗吠出人言,他自己时而变做老头,时而变做年轻人,或变成其他样子。阿纳尼和玛姆夫

[①] 即使徒彼得,他原名西门,后来耶稣给他改名为彼得,又称西门彼得。——译者

利也是如此：他们行奇事与摩西作对，但不久后便无计可施。库诺普受魔鬼之唆使，施行妖术，能在水上行走，还能变幻象引诱众人，可到头来害人害己。

格列布王公居诺夫哥罗德时，也曾有这样一位巫师，他装神弄鬼，蒙骗众人，侮辱基督教，似乎他能预知一切，并说"可以在所有人面前行法术"，全城哗然，人们都被他欺骗，决定杀死主教。主教身着法衣，手执十字架而出，对众人说："相信这个巫师的，就跟他走；相信上帝的，到十字架这边来。"人们分为两派：格列布王公和亲兵们站到主教的身边，而所有百姓站到巫师一边。人群中骚乱起来。格列布将斧头藏在衣服内，走近巫师问："你是否知道，早晨将发生什么事，晚上将发生什么事？""巫师答："我能预知一切。"格列布又问："你是否知道，你今天将遇到什么事？"巫师说："我今天要创造大奇迹。"格列布抽出斧头，砍向巫师，巫师当场毙命，人们四散而去。这巫师的肉体死去了，但他的灵魂却交给了魔鬼。

6580（1072）年。神圣的殉教者鲍利斯及格列布之遗骸迁移。雅罗斯拉夫之子伊贾斯拉夫、斯维亚托斯拉夫、弗谢沃洛特，当时的总主教乔治，佩列亚斯拉夫利城主教彼得，尤里耶夫城主教米哈伊尔，洞穴修道院院长费奥多西，圣米哈伊尔修道院院长索夫罗尼，救世主修道院院长格尔曼，佩列亚斯拉夫利修道院院长尼古拉及其他修道院院长聚在一起，举行大典，将鲍利斯和格列布之遗骸迁往伊贾斯拉夫新建之大教堂，此教堂至今还在。先是迁移鲍利斯的遗骸，伊贾斯拉夫、斯维亚托斯拉夫和弗谢沃洛特肩抬鲍利斯的木棺而行。前面有黑衣修士手执蜡烛，修士后面是手提香炉的教堂执事，跟着是其他修士，再其后是主教及都主教，最后是随棺而行的人们。把遗骸抬到新教堂以后，人们打开神龛，教堂内顿时芳香四溢，在场的人齐声赞美上帝。都主教感到一阵惊恐，因为他不是很坚定地相信这两人，但他随即拜倒在地，请求宽恕。人们亲吻鲍利斯的遗体，将其放入石棺内。此后又运格列布的遗骸，将石棺放于雪橇之上，拴上绳索，拉往新教堂，及至大门，石棺不得过，百姓们大声祈祷："上帝啊，降福吧！"才把石棺拉进去。5月2日为鲍利斯和格列布举行了葬礼。做完弥撒后，兄弟们在一起进餐，每人都带有各自的近臣，相互之间关系和睦，互敬互爱。当时丘金辖管维什哥罗德，拉扎尔在维什哥罗德的教堂执事。当所有这一切结束以后，人们各自散去。

6581（1073）年。魔鬼使雅罗斯拉夫诸子之间发生纷争。纷争中斯维亚托斯拉夫与弗谢沃洛特站在一边，反对伊贾斯拉夫。伊贾斯拉夫逃离基辅，斯维亚托斯拉夫与弗谢沃洛特于3月22日入驻基辅，并违背父王的遗训，在别列斯托沃即位。斯维亚托斯拉夫首先挑起纷争，他想获得更大的权力，于是诱劝弗谢沃洛特："伊贾斯拉夫与弗谢斯拉夫相互勾结，要与我们作对，如果不把他除掉，他会赶走我们的。"这样，他使弗谢沃洛特也与伊贾斯拉夫为敌。伊贾斯拉夫携大批财宝逃往利亚赫，并说："凭这些财宝我将招募军队。"而利亚赫人夺走伊贾斯拉夫的财宝，将其赶走。而此时斯维亚托斯拉夫于基辅继位，违背了父王的遗训，更主要的是他违背了上帝的训诫。违背父命，这是大罪：当初含的后代侵犯希伯的后人，400年后他们遭到上帝的报复，希伯部族后来发展为犹太人，他们消灭了迦南地区各部族，夺回自己应得的土地。以扫当初违背父命，后被杀死。侵占别人的土地——这是不仁不义之事。同年，斯维亚托斯拉夫在基辅称大公，都主教乔治在希腊之际，米哈伊尔主教及费奥多西院长为洞穴修道院教堂奠基。

6582（1074）年。洞穴修道院院长费奥多西去世。让我们简短叙述一下他去世时的情景。费奥多西严守教规，在大斋来临之际，在谢肉节的礼拜日晚上，他与弟兄们告别，告诫他们如何守斋，如何做白日祈祷及夜间祈祷，如何洁身自爱，远离污浊的思想和魔鬼的诱惑。他说："要知道，魔鬼会让修士们产生私欲和幻想，这样他们的祈祷也是有害无益的。所以要以圣十字架护身，避免这些想法，要祈祷：主耶稣基督啊，我们的上帝，赐福给我们吧，阿门！除此之外，不可狂饮暴餐，无节制的吃喝会导致私欲产生，既有私欲就容易犯罪。"费奥多西院长又说："所以，你们要避免受魔鬼的诱惑和蒙骗，不要懒惰贪睡，而要精神饱满地在教堂祈祷，赞美上帝，学习前辈修行之道，诵读经书；要让所有修士都时时诵读大卫的诗篇，驱除魔鬼之诱惑，当信守尊老爱幼之美德，年长者应关心和爱护晚辈，予以管教，做他们节制、砥砺、勤勉、仁和之典范，教会他们这些美德，予以慰抚，并严守斋戒。"院长又说："上帝让我们用这40天的时间来净化自己的灵魂，这是我们每年献给上帝的十分之一：1年365天，我们把每10天中的1天献给上帝，这就是40日的斋期，我们得以净化和脱俗，然后庆祝耶稣华诞，赞美上帝。斋期净化人的思想和灵魂。斋戒之事自古即有：在创世之初亚当不该食禁果，摩西斋戒40日才有幸于西奈山亲聆上帝圣训，见到上帝面容；撒母耳在其母亲斋戒时降生；尼涅维吉安人以斋戒使上帝息怒；但以理因斋戒得奇功而能善解异象和梦兆；因为斋戒伊利亚被接往天庭享受天国圣筵；因为斋三少年熄灭了烈火；上帝也曾斋戒40日并为我们规定了斋戒时日；圣徒们也凭斋戒消除魔鬼之邪说；因为斋戒我们的前辈方能在死后仍留芳人间，成为后辈勤勉、节欲之典范。弟兄们，我们现在不正是在遵循安东尼、叶夫菲米、萨瓦及其他诸前辈之道吗？"费奥多西院长就这样教导兄弟们，喊着每个人的名字，与他们一一告别，然后离开修道院，带着干粮进入窑洞，将门关上，用土封好，再不与人交谈。如有必要之事请求他，他也只是在礼拜六或礼拜日通过小窗与外面的人说很少几句话，其余的时间全部用来斋戒，祈祷，并严守节制。他于礼拜五，即拉撒路节的前一天回到修道院，因为到此日为止40天斋戒结束。斋期从费多尔周的礼拜一开始，到拉撒路节礼拜五结束；而复活节前一礼拜的斋戒是为纪念耶稣受难而设。费奥多西回来以后，按惯例与弟兄们见面并与他们共度复活节前的礼拜日，礼拜日那天他过得很愉快，——后来就病倒了。弟兄们将他放在雪橇上，拉到教堂对面。他要求将所有弟兄都召集起来，于是人们敲钟，弟兄们全都来到他的身边。费奥多西对他们说："我的弟兄们，我的孩子们，诸位神父！当我在窑洞斋戒之时，上帝已经告诉我，我就要离开你们，就要离开这个世界。你们希望谁来做院长呢？我要为他祝福。"弟兄们回答说："你是我们的父，你希望谁来当院长，那他就是我们的院长和父，我们将像听从你一样服从于他。"我们的父费奥多西说:"你们走吧,去商量一下让谁做院长,除了尼古拉和伊格纳特两位弟兄,其他的人,不管是年老的还是年轻的,都可以选。"众弟兄遵命,离开他后朝教堂方向走了几步,商量了一下,然后派两位弟兄对院长说:"上帝想要谁,你觉得谁合适,你就任命谁吧。"费奥多西对他们说:"如果你们让我来选派院长,那我不是根据我自己的意愿,而是遵从上帝的安排。"于是便任命亚科夫修士为院长。众兄弟不从,说:"他不是在这里剃度出家的。"因为亚科夫与其兄弟保罗乃从列季茨而来。众兄弟请求任命当时教堂合唱领队、费奥多西的门徒斯特凡为院长,说:"他在你的培养下长大,并在你手下服侍,你就任命他做院长吧。"费奥多西对他们说:"我按上帝的意愿为你们任命亚科夫做院长,而你们却要按自己的意愿行事。"费奥多西答应了弟兄们的请求,任命斯特凡为院长,并为他祝福,对他说:"我的孩子,我把整个修道院交给你管理,你要好好护持,我所制定的规矩,你要严格遵守。不能改变修道院的清规戒律,一切都要依教规及教义而行。"此后弟兄们将费奥多西抬往修道小室,放在床上。第6日,他的病情已经很重,斯维亚托斯拉夫大公与其子格列布前来探望,两人坐到他身边后,费奥多西说:"我就要离开这个世界,如果修道院内出现混乱,我拜托你予以关照。我将院长之位交给斯特凡来担任,望予以辅佐。"大公答应关心修道院之事,告别离去。第7日费奥多西感到死亡将至,召唤斯特凡及弟兄们,对他们说:"在我死后,如果上帝喜欢我,接受我,那么我们的修道院会继续繁荣和发展,你们就应明白:上帝已经接纳了我;反之,如果在我死后修道院内修士减少,出现差错,那你们就会知道,上帝不喜欢我。"当他说这番话的时候,弟兄们痛哭流涕,对他说:我们的父啊!为我们向上帝祈祷吧,我们知道,上帝不会忘记你的功劳。"弟兄们在他身边坐了一整夜,在第8日,即复活节后的第2个礼拜六,亦即第11个税纪年的5月3日下午2时许,费奥多西将灵魂献给了上帝。弟兄们为他哭泣。费奥多西留下遗言,将他葬在曾多年操劳的窑洞之内,并说:"要在夜里埋葬我的尸体。"弟兄们按他所说的做了。夜幕降临之际,弟兄们抬着他的尸体,唱着祭歌,手执蜡烛，将他葬于窑洞之内。葬礼秩序井然，严格遵守我主耶稣基督的圣训。

在斯特凡管理修道院的时期，费奥多西所召选的虔诚信士——修士们，……这些修士们如盏盏明灯照耀着整个罗斯大地；他们当中有的严格持斋，有的常砥砺自己的德行，有的一心敬神，有的以长斋敬神，或隔日进食，或每3日进食一次，或只用干粮和水，或只食蔬菜，或只用生食。他们心怀慈爱，晚辈听从、敬畏长辈，甚至在他们面前不敢大声说话；而长辈关心、爱护晚辈，予以教诲，像对待亲生孩子一般抚爱。如果兄弟之中有人违背教规，大家共同规劝抚慰；如一人受罚，三四兄弟共同承担，以示互爱之情。兄弟间之情谊及戒律由此可见。如果兄弟之中有人离开修道院，大家都感到痛苦忧伤，派人去找他，劝他回修道院，大家齐去拜求院长，当离去的兄弟被接回修道院，大家欣喜万分。修士们就是这样一些节欲、持斋、仁爱和蔼之人。现在我列举他们之中最出色的几位。

首先是杰米杨修士，他严格禁欲，持斋，除了面包和水，从不食用别的东西，直到去世。如有人带患病的小孩，或患病的成年人来修道院求见费奥多西，费奥多西便命杰米杨为病人祈祷，杰米杨便马上为病人祈祷，用橄榄油涂抹病人前额，以示降福，不管得什么病，病人即刻便会痊愈。当杰米杨重病卧床将要去世之时，天使化作费奥多西的模样来见他，让他升入天国以奖赏他生前的功劳。然后费奥多西与众兄弟来到他的身边，当时他已经十分虚弱，他看了看院长，说："院长，不要忘记你所许诺我的。"费奥多西马上明白他刚才见到了天使，便对他说："杰米杨兄弟，我所许诺的，你定能得到。"杰米杨合上双眼，将灵魂献给了上帝。院长及众兄弟将其尸体掩埋。

还有一位兄弟叫叶利米，他见过当初罗斯受洗的情景。上帝给他以特殊的本领：能预言未来。如果见到某人有什么念头，他就暗地里说明真相，使其不受魔鬼之诱惑，如果叶利米发现众兄弟中有人想离开修道院，就明言指出他的想法，并劝其改正。他对别人所说的，不管是好事还是坏事，后来总能应验。

还有一位老人，叫马特维，他目光敏锐。有一次，他在教堂做晨祷，抬眼环视在两边席位上做晨祷的弟兄们，他看见一魔鬼化作利亚赫人模样，衣服里藏有粘人花。魔鬼绕着正在做晨祷的弟兄们而行，掏出花，抛向弟兄们。如果花粘在唱诗的某人身上，此人就会思想混乱，找一个借口离开教堂，回到自己室内昏睡，再不会回教堂把诗唱完。如果花不粘在人身上，此人就能不受诱惑，一直站在这里做完晨祷再回去。马特维见状，便将此事告诉弟兄们。另有一次，黎明前，做完晨祷后，弟兄们各自回到修道室，马特维像往常一样，最后一个离开教堂。他在钟下坐下来休息一会儿，因为他的住处离教堂较远，他忽然看到，一群人离开大门而去，抬眼细看，见有一个人骑在猪身上，其他的人与他同行。马特维喊道："你们往何处去？"骑在猪身上的魔鬼回答说："我们去找米哈利·托尔别科维奇。"他在胸前画了个十字，就回到自己的小修道室去。天亮以后，他明白了刚才发生的事情，对同室的人说："去问一问，米哈利是否在修道室？"回答说："前几天，做完晨祷以后，米哈利跳出围墙离去。"马特维将所见的情景告诉院长及弟兄们。费奥多西去世，斯特凡继任院长时，马特维在世；斯特凡以后尼孔任院长时，老人依然健在。有一次，做晨祷时，马特维抬头想看看院长尼孔，结果发现有一头驴子站在院长的位置上，老人立刻明白，院长还没有起床。马特维还曾见过许多异象。他享有高寿，后来在该修道院去世。

此外还有一位修士，名叫伊萨基。他出生于托罗佩茨，在出家前曾是商人，家境富裕。他一心要出家，将家中财物分发给穷人及修道院，然后来到窑洞见安东尼，求安东尼为其剃度。安东尼接受他为徒，为他穿上修士黑袍，并为其取名伊萨基，而他原来的名字叫切尔尼。伊萨基过着苦行僧的生活：他身着粗毛衣服，吩咐人买来一只山羊，将其皮剥下来缝在衣服上，羊皮穿在他身上逐渐变干。他在一个四肘方圆的窑洞小室内闭门不出，真诚地祈祷上帝。他只食用圣饼，并且隔日而食，水也限量饮用。安东尼亲自为他送饭，通过一个只可伸进一只手的小窗口递送食物。伊萨基就这样足不出户地生活了7年，从不躺下，一直坐着并且很少睡觉。每到晚上，伊萨基便坐到自己的位置上，开始敬拜上帝，唱赞美诗，直到半夜。

有一次，他照例坐下来，吹熄蜡烛，准备做祷告，突然窑洞内金光闪闪，耀眼炫目。有两个少年面目清秀，脸上发光，来到他面前说："伊萨基，我们是天使，耶稣基督到你这里来了，你要跪拜。"伊萨基没有明白这是魔鬼作祟，忘记了在胸前画十字，便起身像拜上帝一样跪拜魔鬼。魔鬼喊叫起来："伊萨基，你已经是我们的人了！"几个魔鬼把伊萨基拉进修行小室，然后坐在他周围，整个窑洞都占满了。那个自称是耶稣基督的魔鬼说："拿起芦笛，铃鼓演奏起来，让伊萨基为我们跳舞。"魔鬼们敲打乐器，玩弄伊萨基。侮辱、玩弄一番以后，魔鬼们离去，而伊萨基已经奄奄一息。次日清晨，吃饭的时候，安东尼照例来到小窗口，对里面说："上帝保佑你，伊萨基。"窑洞内没有回音，安东尼说："他已经死了。"安东尼到修道院喊来费奥多西和弟兄们。大家挖开密封的入口，进入窑洞，把伊萨基抬出来，放在窑洞前。大家以为他已经死了，可他仍然活着。费奥多西院长说："这是魔鬼作怪而致。"弟兄们把伊萨基放到床上，安东尼照看他。而当此时，伊贾斯拉夫正巧从利亚赫回到罗斯，因弗谢斯拉夫而迁怒于安东尼，斯维亚托斯拉夫夜间派人将安东尼接往切尔尼戈夫。安东尼到切尔尼戈夫后，十分欣赏博尔纳山，便在这里挖了一个窑洞，定居下来。直到如今博尔纳山上仍有圣母修道院。费奥多西院长得知安东尼去切尔尼戈夫后，便与弟兄们一起把伊萨基接往自己的住处，亲自照顾他。当时伊萨基身体十分虚弱，不能翻身，不能起床，也不能端坐，只好侧面躺着，大小便也无法下床，由此他的臀部生满了蛆，费奥多西亲自为他洗涤，为他换衣服，两年如一日，从不怠慢。令人惊奇的是，在两年的时间内，伊萨基不吃，不喝，也不说话，就这样默默无声地躺了两年。费奥多西日夜为他向上帝祈祷，到第3年，伊萨基开始说话，也能听懂别人所说的话，并且能起身下床，开始像小儿学步一样走动。他看不惯弟兄们去教堂祈祷，大家便强拉他去教堂，逐渐教会他去教堂做祷告。后来伊萨基又逐渐学会了与众兄弟共同进餐，大家让他单独坐在一处，把面包放在他面前；可只有把面包放在他的手中，他才吃。费奥多西对众兄弟讲："把面包放在他面前，但不要给他放在手中，让他自己拿着吃。"伊萨基一个礼拜没有进食,后来他向四周观望,慢慢地开始自己拿面包吃,费奥多西终于使他摆脱了魔鬼。后来伊萨基又开始严格节制自己。当费奥多西去世,斯特凡任院长之时,伊萨基曾经说:"魔鬼啊,当我单独在窑洞的时候,你曾迷惑我,现在我不把自己封闭在窑洞内,我要留在修道院,我要战胜你。"他穿上修士长袍,在长袍之外又穿上粗布长袍,开始装疯卖傻地实践苦行,并开始帮助伙夫为弟兄们做饭。每天做晨祷他总是第一个赶到,站在那里,一动不动。在冰天雪地的严冬,他穿着掉了脚后跟的破鞋子做晨祷,脚在石头地面上冻住了,但他不挪动双脚,直到晨祷结束。晨祷后他又赶到厨房生火,挑水,劈柴,直到其他伙夫弟兄赶来。有一个伙夫,也叫伊萨基,有一次嘲笑他,对他说:"那边有一只黑乌鸦,你去把它捉住。"伊萨基向他叩头下拜,然后当着众伙夫的面将乌鸦捉来给他,众伙夫却非常惊奇,将此事告知院长及弟兄们,于是大家开始尊敬他。但伊萨基并不希望这些人世的荣耀,仍然装疯卖傻,或是作弄院长,或是戏弄弟兄们和俗家人,以求遭受别人的殴打而达到其苦行的目的。后来他开始沿街乞讨化缘为生,仍然装疯卖傻。当时安东尼已经去世,伊萨基住进原来住过的窑洞,招一些年轻人来,给他们穿上修士长袍,他因此受到院长尼孔和这些孩子父母的打骂。伊萨基忍受这一切,他忍受打骂并日夜赤身裸体忍受寒冷,以修苦行。有一次,他在窑洞附近的小茅屋内生起炉子,炉火冒出来,因为炉子已经破旧不堪,火从裂缝中窜出来,当时没有东西可以用来熄火,他便赤脚站在火上,直到炉火熄灭才下来。关于他的传说很多很多,我也曾亲眼见过他所行的一些奇事。他就是这样战胜了魔鬼,不再受他们的诱惑,他说:"你们当初诱骗我而得逞,因为我不知道那是你们的诱惑。而现在,我主耶稣基督与我同在,我的教父费奥多西的祷告与我同在,我依靠我主耶稣基督将战胜你们。"有许多次,魔鬼企图加害于他,对他说:"你是我们的人,因为你当初曾经跪拜过我们和我们的王。"伊萨基回答说:"你们的王是反基督的,而你们则是魔鬼。"伊萨基在自己面前画十字,魔鬼便消失了。又有一次,魔鬼深夜赶来,恐吓伊萨基,造虚幻之象,似乎有许多人带着锄镐来,并喊道:"挖开窑洞,我们要把这个人埋掉。"还有的大喊:"快跑,伊萨基,他们要把你埋掉。"而伊萨基对他们说:"假如你们果真是人,那你们就会白天来。而你们在黑夜中出现,你们不是人,黑暗将会把你们吞没。"伊萨基在胸前画十字,魔鬼即刻消失得无影无踪。魔鬼时而变为熊,时而变为猛兽,时而变为豺狼、毒蛇或癞蛤蟆、老鼠及各种虫豸来恐吓他,但并不能拿他怎么样,便对他说:"伊萨基,你战胜了我们。"而伊萨基回答说:"第一次你们装做耶稣基督和天使的样子,所以骗了我。而现在,你们变做毒蛇猛兽来我这里,并不能拿我怎么样,化作耶稣基督及天使的样子与你们不相符,而毒蛇猛兽之相与你们本身是一样的,都是肮脏凶恶的。"魔鬼即刻离他而去,从此以后魔鬼再也不敢与之作对,正如他自己所言:"我与他们斗争了3年。"后来伊萨基信仰坚定,坚持守斋、禁欲,做夜间祈祷,直到去世。他病于窑洞之内,众兄弟将他抬回修道院,到第八天便去世了。修道院院长约翰和弟兄们一起为他收敛尸体,将他安葬。

费奥多西主持的修道院中修士们就是这样,他们虽死犹生,光照人间,他们向上帝祈祷,为修道院的弟兄们祈祷,为生活在尘世的弟兄们祈祷,也为那些捐助修道院的人们祈祷。现在,弟兄们在修道院过着修身行善的生活,赞美万能的上帝,向他祈祷,听命于万能的上帝。因为上帝将垂听永远荣耀的费奥多西的祈祷,保佑着修道院的弟兄们。阿门。

6583(1075)年。斯特凡院长续建已经奠基的洞穴修道院教堂,该教堂由费奥多西奠基,而斯特凡于该年着手起建。两年后的7月11日教堂完工。同年,德意志王国亨利四世派使者来见斯维亚托斯拉夫。斯维亚托斯拉夫妄自尊大,向使者们显耀财富,使者们看到无数的金银丝帛,说:"这些东西一钱不值,因为它们是一堆死物,拥有这些东西还不如拥有兵马,因为有了人可以得到更多的金银丝帛。"当初犹太王希西家将府库宝物展示给亚述王国的使者,后来,希西家去世,其所有财产均化为乌有,全被掳到巴比伦。

6584(1076)年。弗谢沃洛特之子弗拉基米尔和斯维亚托斯拉夫之子奥列格出兵帮助利亚赫人攻打捷克人。同年12月27日雅罗斯拉夫之子斯维亚托斯拉夫因肿瘤切开而死,葬于切尔尼戈夫圣救世主教堂。1月1日弗谢沃洛特在基辅继任斯维亚托斯拉夫之位。

6585(1077)年。伊贾斯拉夫率利亚赫人来犯,弗谢沃洛特出兵迎战。5月4日鲍利斯·维亚切斯拉维奇入驻切尔尼戈夫,8日后逃往特姆多罗干去见罗曼。弗谢沃洛特在沃伦与伊贾斯拉夫相遇,双方讲和,伊贾斯拉夫于7月15日入基辅复位。斯维亚托斯拉夫之子奥列格当时在切尔尼戈夫弗谢沃洛特那里。

6586(1078)年。斯维亚托斯拉夫之子奥列格4月10日从弗谢沃洛特处逃往特姆多罗干。同年,斯维亚托斯拉夫之子格列布在扎沃洛奇耶被杀。格列布对穷人慷慨施舍,厚待云游的教徒,关心教堂之事,并笃信基督,他面目清秀,且性格温顺。7月23日其遗体安葬于切尔尼戈夫圣救世主教堂的后面。此后,伊贾斯拉夫之子斯维亚托波尔克继格列布在诺夫哥罗德即位。而当此时,雅罗波尔克·伊贾斯拉维奇驻维什哥罗德,弗拉基米尔驻斯摩棱斯克,——奥列格和鲍利斯却引异族人进攻罗斯,率波洛韦茨人攻打弗谢沃洛特。8月25日弗谢沃洛特在索日察迎战,波洛韦茨人胜,我方有许多人战死于沙场:伊万·日罗斯拉维奇、丘金的兄弟图克、波列伊等等。奥列格和鲍利斯入切尔尼戈夫城,他们以为已经完全取胜,他们为罗斯大地带来了灾难,使许多基督徒流血死亡,上帝为此将惩罚他们,他们将为基督徒们的死付出代价。当时弗谢沃洛特逃往基辅见其兄伊贾斯拉夫,兄弟俩见面,相互问候,然后坐下来。弗谢沃洛特讲述自己的遭遇。伊贾斯拉夫对他说:"兄弟,不要悲伤,你看,我经历得还少吗?当初,我不是也曾经被赶走过吗?我的财产不是也被抢劫一空吗?而后来,我又犯了什么过错呢?我不是曾被你们——我的亲兄弟给赶走的吗?我失去一切,流浪于他乡异国,但从不做恶事。现在,兄弟,我们不要忧伤,在罗斯境内,只要我有土地,你就有;我没有,你也就没有,为你我甘愿抛头颅洒热血。"伊贾斯拉夫一边安慰弗谢沃洛特,一边下令召集所有兵士准备出征。伊贾斯拉夫及其儿子雅罗波尔克,弗谢沃洛特及其儿子弗拉基米尔一同率军出征。他们来到切尔尼戈夫城下,城中人闭门守城。

当时奥列格和鲍利斯不在城内。城中人闭门不出,伊贾斯拉夫和弗谢沃洛特率军包围了城池。弗拉基米尔率军从斯特列热尼亚方向攻打东门得手,夺下外城,并放火焚之,城中守兵纷纷逃入内城。伊贾斯拉夫和弗谢沃洛特得知奥列格与鲍利斯前来助战,先发制人,率军准备迎战。奥列格对鲍利斯说:"我们不要再前进了,我们无力与四位王公对敌,最好还是前去求和。"而鲍利斯却说:"你看,我们已经严阵以待,我将与他们拼战到底。"鲍利斯不可一世,他不知道,上帝反对骄傲自满之人,而总是帮助谦恭温顺之辈,以惩戒强者不可显耀自己的武力。两军交战于涅扎金一带的田野之中,拼杀激烈:骄横的鲍利斯·维亚切斯拉维奇首先被杀死,而伊贾斯拉夫骑马冲杀之时,有一人骑马冲来,用长矛刺中了他的肩膀,伊贾斯拉夫·雅罗斯拉维奇战死。战斗继续进行,奥列格率残兵败将仓皇逃往特姆多罗干,始得活命。伊贾斯拉夫王公战死于10月3日,人们用船将其尸体运往戈罗捷茨。基辅百姓倾城而出,迎接王公的遗体,人们将其遗体放在雪橇上,神甫和修士们唱着哀歌将尸体运往城内。全城百姓痛哭哀泣,哭声震天,淹没了神甫和修士们的歌声。雅罗波尔克率亲兵紧随王公的遗体之后,哭道:"父亲啊,我的父亲!你在这个世上度过才几个无忧无虑的日子啊!你遭受了多少来自百姓甚至同胞兄弟的责难和攻击啊!你不是死在亲兄弟的手里,而是为亲兄弟献出了性命。"人们将王公的尸体敛入大理石棺内,安葬在圣母大教堂。伊贾斯拉夫身材魁梧,相貌堂堂,他为人正直,憎恨虚伪之人,追求正义。他从不玩弄诡计,性格率直,决不以恶还恶。基辅百姓曾经那样恶待他:将他赶走,抢劫了他的府邸,但他从不进行报复,没有做对不起基辅百姓的事。也许有人会说:"他杀过一些兵士。"可那不是他杀的,而是他的儿子所为。后来,他的同胞兄弟又将他赶走,他被迫流落于异国他乡。而当他回到基辅,就位执政,弗谢沃洛特兵败而求助于他,他没有对弗谢沃洛特说:"我受你们的迫害还少吗?"没有以恶还恶,进行报复,而是安慰弗谢沃洛特,对他说:"我的兄弟,因为你喜欢我,你让我又重新回到自己的王位上来,并且尊我为长,所以,我不计前嫌,你是我的弟弟,我是你的哥哥,我甘愿为你而抛头颅洒热血。"他确实就这样做了。伊贾斯拉夫没有对弗谢沃洛特说："你们以前加害于我，而现在轮到你倒霉了。"他也没有说："这不关我的事。"而是遵从使徒之言："安慰忧伤的人们。"显仁爱之心，急兄弟之所急。诚然，如果他在世上犯过什么罪的话，他也会得到宽恕的，因为他是为自己的兄弟而战死的，而不是为了夺取更大的权势和更多的财物。上帝说："真正的朋友就是愿为朋友而献身的人。"而所罗门说："患难之中相互帮助的才算真兄弟。"友情高于一切，所以约翰说："上帝——就是仁爱，仁爱之人与上帝同在。"仁爱无处不在，但愿我们能在末日审判之时有所呈给上帝的，但愿我们都能像伊贾斯拉夫王公那样施爱于人，仁爱中没有恐惧，真正的仁爱排斥恐惧，因为恐惧是一种折磨，是痛苦的。"感到恐惧的人并不是真正的仁爱。"如果有人说："我崇敬上帝，但我恨我的兄弟。"这是谎言。你不爱看得见摸得着的兄弟，又怎么能爱看不见摸不着的上帝呢？这告诫我们，热爱上帝，也要热爱自己的兄弟。所有的人都要爱。由于爱，我们的罪可以消释；由于爱，上帝之子从天上降临，代我们有罪之人受刑，使自己被钉在十字架上，他给我们十字架，让我们用来驱除魔鬼的嫉恨；因为爱，受难者们流尽了自己的血；同样也因为爱，伊贾斯拉夫王公遵从上帝的训诫，为自己的亲兄弟献出了生命。

弗谢沃洛特开始在基辅执政。

弗谢沃洛特在基辅即位，继承其父王及其兄长的权力，统辖整个罗斯。他派儿子弗拉基米尔驻切尔尼戈夫，派雅罗波尔克·伊贾斯拉维奇驻弗拉基米尔城，同时兼管图罗夫城。

6587（1079）**年**。罗曼率波洛韦茨人进军沃因。弗谢沃洛特前往佩列亚斯拉夫利与波洛韦茨人讲和。罗曼与波洛韦茨人返回，波洛韦茨人于8月2日将其杀害。至今，斯维亚托斯拉夫的儿子，雅罗斯拉夫的孙子罗曼的尸骨依然在此。可萨人将奥列格·斯维亚托斯拉维奇抓获，送往察里格勒。弗谢沃洛特派拉季博尔驻守特姆多罗干。

6588（1080）**年**。佩列亚斯拉夫利地区的托尔克人进攻罗斯，弗谢沃洛特派其子弗拉基米尔率兵迎敌。弗拉基米尔获胜。

6589年（1081）。达维德·伊戈列维奇与沃洛达里·罗斯季斯拉维奇于5月18日逃跑。他们来到特姆多罗干，将拉季博尔抓获，然后在此驻守下来。

6590（1082）年。波洛韦茨人酋长奥谢尼去世。

6591（1083）年。奥列格从希腊逃到特姆多罗干，抓住达维德和沃洛达里，在此留了下来。他处死参与杀害其兄罗曼及与他为敌的可萨人，将达维德和沃洛达里释放。

6592（1084）年。雅罗波尔克·伊贾斯拉维奇前往弗谢沃洛特处过复活节。就在此时，罗斯季斯拉夫的两个儿子从雅罗波尔克处逃走，回来后赶走雅罗波尔克，弗谢沃洛特派儿子弗拉基米尔率兵赶走罗斯季斯拉夫的两个儿子，让雅罗波尔克重回弗拉基米尔城。同年达维德在奥列什耶阻击希腊人，夺取他们的财产。弗谢沃洛特派人将其接回，让他驻守多罗哥布日。

6593（1085）年。雅罗波尔克听信谗言，意欲攻打弗谢沃洛特。弗谢沃洛特闻讯，派其子弗拉基米尔讨伐雅罗波尔克。雅罗波尔克将母亲及其亲兵留在鲁切斯克，独自逃往利亚赫。弗拉基米尔率军来到鲁切斯克城，城中百姓投降。弗拉基米尔调达维德代替雅罗波尔克驻守弗拉基米尔城，将雅罗波尔克的母亲、妻子及其亲兵带往基辅，雅罗波尔克的财产也被一并带走。

6594（1086）年。雅罗波尔克由利亚赫返回，与弗拉基米尔讲和，之后弗拉基米尔率军返回切尔尼戈夫城。雅罗波尔克在弗拉基米尔城过了一些时日，动身前往兹维尼哥罗德。在前往兹维尼哥罗德的路上，他于11月22日被受魔鬼和恶人唆使的罪大恶极的涅拉杰茨刺死。当时，雅罗波尔克正躺在车上前行，涅拉杰茨骑马赶上抽出马刀向他刺去。雅罗波尔克跳起身，拔出刺入体内的马刀，大喊一声："哎呀，这死敌他害了我！"可恶的涅拉杰茨逃往佩列梅什利城的留利克那里，亲兵拉德科、沃伊基纳等将雅罗波尔克的尸体运往弗拉基米尔城，而后运往基辅。圣明的弗谢沃洛特大公率其子弗拉基米尔、罗斯季斯拉夫和所有近臣，总主教约翰率神甫、修士们出城迎接。基辅百姓放声痛哭，神甫修士们唱着哀歌，做着祷告，将雅罗波尔克的尸体运往圣德米特里修道院。12月5日，人们将其尸体敛入大理石棺内,葬于使徒圣彼得教堂,这个教堂是雅罗波尔克在世时命人修建的。雅罗波尔克曾遭受许多苦难,曾被亲兄弟们驱赶、掠夺而受尽屈辱,最后又在痛苦中死去,但他获得了永生和安宁。雅罗波尔克性情温顺,待人和善,与弟兄们和睦相处,每年将自己所得的十分之一捐献给圣母大教堂,并且每每向上帝祈祷总是说:"主啊,我的上帝,让我像我的前辈鲍利斯和格列布两兄弟那样死于别人的手下吧,以让我用自己的鲜血洗掉我的罪,让我摆脱这喧嚣的尘世和敌人的魔掌。"仁慈的上帝答应了他的请求,雅罗波尔克得福了,这福是他以前从未见过、从未听过、从未想过的,这是上帝为其喜爱的人所恩赐的。

6595(1087)年。

6596(1088)年。拉扎尔任洞穴修道院院长期间,都主教约翰及卢卡、伊赛、伊万三主教行仪式净化弗谢沃洛特大公所建的圣米哈伊尔教堂。同年,斯维亚托波尔克·伊贾斯拉维奇由诺夫哥罗德迁往图罗夫。同年,洞穴修道院院长尼孔去世,拉扎尔继任洞穴修道院院长。伏尔加河流域的保加利亚人占领穆罗姆。

6597(1089)年。在治理罗斯国土的、德高望重的弗谢沃洛特大公及其子弗拉基米尔、罗斯季斯拉夫参与下,都主教约翰、别尔哥罗德主教卢卡、切尔尼戈夫主教伊赛等举行仪式净化洞穴修道院圣母大教堂,当时,杨任基辅城督军,约翰任洞穴修道院院长。同年,都主教约翰去世。约翰学识渊博,对贫穷百姓仁慈相待,救济鳏寡孤独,待人和善,性情温顺,他平日话语不多,但善于演说辩论,用圣经来安抚悲愁的人们,使人们得以解脱。像约翰这样的人,罗斯以前没有过,以后也不会再有。在这一年,弗谢沃洛特大公的女儿杨卡公主前往希腊,关于杨卡其人我们以前提到过。杨卡将阉割派约翰(都主教)带到罗斯来。人们见到约翰,都说:"瞧,死人来了。"过了一年,他便死去。此人不通经书,且思想单纯,说话平易。同年,佩列亚斯拉夫利城圣米哈伊尔教堂由都主教叶夫列姆举行净化仪式。该教堂为叶夫列姆所建,因以前的都主教教区在佩列亚斯拉夫利城,所以该教堂的规模很大,且多加修饰。叶夫列姆是阉割派教徒,身材高大，他建了许多教堂，建成圣米哈伊尔教堂以后，他于城门口为蒙难圣徒费多尔教堂奠基，后来在它附近又建了圣安德烈教堂和石浴房，石浴房在俄罗斯是前所未有的。叶夫列姆又在费多尔教堂附近建一石城，筑起教堂及其他建筑物加以修饰。

6599（1091）年。洞穴修道院院长及修士们在一起商量："费奥多西是我们教堂的奠基者，是他将众修士召集到这里来的，而他的遗体不在修道院和教堂内，这不好。"于是大家决定在修道院内存放我们的教父费奥多西的遗体。3天后，是圣母升天节，院长命人挖掘费奥多西的遗体。笔者——一个有罪之人，是第一个目击者，所以关于此事，我所讲的并不是道听途说，而是亲眼所见。那一天，院长对我说："我们一起到费奥多西的窑洞去。"我和院长避开众人，前往窑洞察看，并在入口旁边选好挖掘的地方。院长对我说："不要告诉其他人，不要让弟兄们知道，你自己找一两个人帮你来挖。"我那天准备好铁锹镐头。礼拜二那天，傍晚时分，我带上两个兄弟，避开众人，来到窑洞，先唱赞美诗，然后开始挖掘。我挖累了，便由另一个弟兄继续挖。我们就这样一直挖到半夜，仍未能挖到，我着急起来，以为偏离了坟墓，便拿起镐头，奋力挖起来。而我的兄弟在洞前小睡。突然，他对我喊道："敲钟了！"而恰在此时，我挖到了费奥多西的尸骨，在我的朋友告诉我"敲钟了"的同时，我对他说："我挖到了。"我挖到费奥多西的尸骨，异常惧怕，喊道："上帝保佑！"当时，院长还没有告诉众兄弟将把费奥多西的遗体迁往修道院之事，有两个兄弟坐在修道院里向窑洞方向观看。当敲钟时，他们看到有3条明亮的光柱从窑洞方向而来，辗转于教堂上空，后来，费奥多西的遗体就存放在这个教堂内。当年曾继费奥多西而任院长的斯特凡主教此时在修道院看到了窑洞上空一片光亮。斯特凡知道该搬迁费奥多西的遗骸了，他不能不参加，于是骑上马，带上克里门特，即刻前往。克里门特后来被斯特凡任命为修道院院长。两人在前往窑洞的路上，都见到了一片光亮，再往前走，他们看到有无数燃烧的蜡烛在窑洞上空闪烁，走近窑洞，便什么也看不见了，而当时我们正坐在费奥多西的遗骸旁。我挖完以后，派人去对院长说：

"来吧，我们一起将费奥多西的遗骸抬出来。"院长带了两个兄弟赶来，我又将入口挖宽一些，大家一起钻进去，看到了费奥多西的遗骸，骨节还没有分裂开，头上的毛发黏在一起。我们把长袍铺在一木板上，将遗骸放在上面，用肩抬着出来，放在窑洞前面。次日，佩列亚斯拉夫利城主教叶夫列姆，弗拉基米尔城主教斯特凡，切尔尼戈夫城主教约翰，尤里耶夫城主教马林，各修道院的院长和修士，以及许多虔信正教之人纷纷赶来，手持神香和蜡烛，参加搬迁费奥多西的遗骸。下午1时，遗骸运到修道院，存放于教堂右边的门廊内，并举行了大典。此日为第14个税纪年的8月14日，礼拜四。

下面我简要讲述一下费奥多西的预言是如何应验的。费奥多西生前任修道院院长之时，不仅关心爱护上帝委托于他的众修士们，而且还关照尘世的人们，帮助他们获得灵魂的救赎，费奥多西特别关心那些前来忏悔的信徒，安慰他们，开导他们，有时甚至还亲自到他们家中，为他们祝福。有一次，费奥多西前去看望杨及其妻子玛利亚——费奥多西非常喜欢他们，因为他们遵从上帝的训诫，互敬互爱，和睦相处。他来到他们家后，费奥多西开导他们要善待穷人，还谈到义人要升入天国，罪人要下地狱受苦，以及谈到死。当谈起把尸体入殓棺材这个话题时，杨的妻子说："有谁知道，我死后会葬在什么地方呢？"费奥多西对她说："我葬在哪里，你也就会被葬在哪里。这是真的。"这话竟确确实实得到应验。费奥多西先玛利亚而去世，18年之后此事应验：就在这一年的8月16日，杨的妻子玛利亚去世，修道院的修士们赶来，唱完赞美诗后，将其遗体运往圣母大教堂，其棺材放置于教堂门廊的左边，与费奥多西的棺材相对。费奥多西葬于8月14日，而玛利亚葬于8月16日。

我们的教父圣费奥多西的预言应验了。你是圣明的牧人，他真诚地、温和地、细心地放牧着会说话的羊群，他照顾他们，守护着他们，为整个罗斯祈祷；你虽然离开了人世，但你仍在为信徒们以及你的门徒们祈祷求福，这些人见到你的遗体，想起你的教诲和你的言行，赞美你，颂扬你。我是你有罪的奴仆和门徒，我不知用怎样的话语来赞美你的一生，我只想说:"自豪吧,我们的教父,我们的导师!你抛弃尘世的喧嚣,你喜欢沉默寡言,在宁静的修道生涯中侍奉上帝,你恪守斋戒,憎恨情欲及其诱惑,抛弃七情六欲,离开这花花世界,效法圣明的前辈并赶上他们,默默无闻地刻苦修道,不断自我完善,并以著书立说为乐。自豪吧,我们的教父,你坚信永恒的真善,并以此战胜为罪恶之源的淫欲,摆脱魔鬼的诱惑,成为圣洁的义人,你遵从前辈的教诲,学习他们的美德和为人之道,你得到了所应得的一切。"后人们特别遵从费奥多西的美德及其修行之道,他们恪守斋戒,在每件事上都以费奥多西为典范,手提香炉,不断地向上帝祈祷求福。费奥多西战胜了尘世的淫欲,战胜了魔鬼,战胜了敌人的攻击和骄纵之情,他坚信上帝,他是真正的胜者。费奥多西,我们圣洁的父,为我祈祷吧,让我摆脱魔鬼的罗网,求你为我向上帝祈祷,保佑我免受敌人的伤害。

就在这一年的5月21日下午2时许,太阳发生异象,似乎消失了一般,只剩下月亮大小的一块。同年,弗谢沃洛特在维什哥罗德城外狩猎,人们撒开捕兽网,并且大声喊叫,忽然一巨蛇从天而降,在场的人都大吃一惊。当时,大地受到撞击发出砰的巨响,有许多人听见。同年,一巫师出现于罗斯托夫城内,不久后消失。

6600(1092)年。波洛茨克城内出现惊人的奇象。夜间,有魔鬼在街上游荡,像人一样呻吟,并伴随着嘈杂的脚步声,一旦有人出门观看,即刻会被魔鬼打伤,不治而死。因此谁也不敢出门。后来在白天城里也闹鬼——有人骑着马,但人们看不见他们,只看得见他们坐骑的蹄子。魔鬼伤害了波洛茨克城及周围地区的许多人。人们说,这是鬼魂在伤害波洛茨克人。闹鬼之事先从德鲁茨克城开始。在这一年,空中也出现异象——天空中出现一个很大的圆圈。是年,干旱无雨,大地干裂,许多树林及沼泽地无缘无故燃烧起来。当时各地都出现诸多异象,波洛茨克人同其他地区发生过大战:夺占了佩索琴、佩列沃洛卡、普卢克3座城池,洗劫了河流两岸的许多村庄。同年,瓦西里科·罗斯季斯拉维奇率波洛韦茨人与利亚赫人交战;留利克·罗斯季斯拉维奇去世。在这一年,有许多人死于各种疾病，棺材匠说："我们从腓力节①到谢肉节②卖出7000具棺材。"这一切全都是因为我们有罪，而且我们的罪孽和不义之事不计其数。这是上帝对我们的惩罚，他要求我们忏悔，弃绝罪恶，不要心存忌妒，他警告我们不要再干那种种罪恶勾当。

6601（1093）年。税纪第1年。是年4月13日，老弗拉基米尔之孙、雅罗斯拉夫之子弗谢沃洛特大公去世，葬于14日，时值受难周③的礼拜四，其遗体葬于圣索菲亚大教堂。弗谢沃洛特大公从小敬奉上帝，热爱真理，救济穷人，尊敬主教和神甫，特别关心修士们，并赐给各种生活用品。他本人不嗜酒，不贪色。因此，他的父王非常疼爱他，曾经对他说："我的孩子！我听见别人称赞你为人和善，非常高兴，我已年老体衰，你的所作所为使我感到安慰。你的兄长们死后，如果上帝能让你通过正道，而不是通过暴力取得我的王位，那么，你死后，要与我葬在一起，你们众兄弟中，我最疼爱你。"他父亲所讲的话果然实现了：弗谢沃洛特在众兄长们死后继承了父亲的王位。他在基辅统治时，比在佩列亚斯拉夫利更多操劳，他的两个侄子争夺领地，弗谢沃洛特为使他们和解，分别划给领地。就在这期间，他身染疾病，年纪也大了。他开始喜欢与年轻人在一起，与他们议事，而这些年轻人开始左右他，使其疏远原来的侍卫亲兵们；在外他们巧取豪夺，贩卖家奴，百姓无法将实情上告大公，而大公因生病而对这些年轻人的事一无所知。当大公病重之时，他派人去切尔尼戈夫召回儿子弗拉基米尔。弗拉基米尔赶到基辅，看到父亲病情严重，不禁痛哭流涕。弗谢沃洛特去世时，有弗拉基米尔和大公的次子罗斯季斯拉夫（晚到1小时）为其送终。大公就这样静静地、安详地去世了，他去同列祖列宗们会合了。弗谢沃洛特大公在基辅统治了15年，在佩列亚斯拉夫利1年，在切尔尼戈夫1年。弗拉基米尔哭悼父王，与胞弟罗斯季斯拉夫一起收敛遗体。各教堂主教、各修道院院长、修士、神甫、王公近臣及百姓们纷纷赶来，抬起大公

---

① 俄历11月14日，此日为纪念耶稣基督的弟子使徒圣腓力。——译者
② 复活节节前40天为大斋期，大斋期前一周为谢肉节。——译者
③ 复活节前一周。——译者

的遗体，唱着赞美诗，将其葬于圣索菲亚大教堂，正如前面所讲述的。

弗拉基米尔开始想："如果我现在继承父亲的王位，势必要与斯维亚托波尔克发生纷争，因为在我父之前该王位是属于他父亲的。"斟酌再三，弗拉基米尔派人前往图罗夫请斯维亚托波尔克来基辅即位，而他自己返回切尔尼戈夫，罗斯季斯拉夫返回佩列亚斯拉夫利。复活节后，正值多马周①，在4月24日那天，斯维亚托波尔克来到基辅。百姓倾城迎接，斯维亚托波尔克继承了父亲及叔父的王位。正当此时，波洛韦茨人入侵罗斯。当他们得知弗谢沃洛特去世的消息后，派使节前往求见斯维亚托波尔克，要求讲和。斯维亚托波尔克不与父亲及叔父的侍卫们商量，而是与他自己的身边之人策划，将波洛韦茨人的使节关押在小屋之中。波洛韦茨人得知，驱兵开战。波洛韦茨人兵马无数，将托尔切斯克城层层包围。斯维亚托波尔克被迫释放波洛韦茨使节，以求讲和。波洛韦茨人则拒绝议和，继续进攻。斯维亚托波尔克开始召集兵马，以与波洛韦茨人对战。有睿智之人告诉他："不要与敌人对抗，因为你的兵马太少。"但他却说："我有亲兵700人，足以与之对抗。"一些无知之人也喊道："进攻吧，大公。"有见识的人们说："你纵然有8000人马，亦不算多：我国因战争及贩卖人口，兵力已经相当匮乏。你要求救于你的兄弟弗拉基米尔，请他援助。"斯维亚托波尔克采纳了意见，派人向弗拉基米尔求援。弗拉基米尔召集人马，同时派人去佩列亚斯拉夫利通知自己的兄弟罗斯季斯拉夫，要他派兵支援斯维亚托波尔克。弗拉基米尔赶到基辅，与斯维亚托波尔克在圣米哈伊尔教堂会面，两人争吵起来，后来相互吻十字架和解。当时波洛韦茨人依然在我罗斯境内为非作歹，睿智之人对两位王公说："眼下异族践踏我疆土，你们自己人之间还争吵什么？内部的事情以后再说，现在要一致对外，赶走外邦人——要么讲和，要么与之决战。"弗拉基米尔主张讲和，而斯维亚托波尔克则主张与波洛韦茨人决战。斯维亚托波尔克、弗拉基米尔和罗斯季斯拉夫3人前往特列波利，来到斯图戈纳河岸边。3人召集将士

---

① 多马周（Фомина неделя）：复活节后一周。——译者

们商量是否渡河作战。弗拉基米尔说："我们暂时以河为障，不能渡河，要设法与敌军议和。"当时杨等一些明理之人都表示赞成。而基辅人则反对弗拉基米尔的意见，说："我们要与波洛韦茨人决战，要渡河。"结果后一种意见占了上风，罗斯军队决定渡河。当时斯图戈纳河正在涨水，波涛汹涌。斯维亚托波尔克、弗拉基米尔和罗斯季斯拉夫3人召集兵士，开始渡河。斯维亚托波尔克居右翼，弗拉基米尔居左翼，罗斯季斯拉夫居中。罗斯军队绕过特列波利，通过河堤，下水渡河。波洛韦茨人派弓箭手在前，开始进攻。我军兵士处于两河堤之间，打出自己的战旗，我弓箭手也从河堤后跃出。波洛韦茨人冲近河堤，也扯起军旗，他们首先杀向斯维亚托波尔克一边，冲进他的队伍。斯维亚托波尔克奋力作战，而兵士不堪一击，丢盔弃甲，争相逃命，后来斯维亚托波尔克自己也败阵而逃。然后波洛韦茨人又杀向弗拉基米尔一边，两军混战，异常激烈，弗拉基米尔和罗斯季斯拉夫无力克敌，率兵败逃。他们赶回斯图戈纳河岸边，下水渡河，弗拉基米尔看见其弟罗斯季斯拉夫沉入水中，他想伸手拉起罗斯季斯拉夫，自己也险些沉水。就这样，弗谢沃洛特之子罗斯季斯拉夫溺水而亡。弗拉基米尔失去许多将领和贵族近臣，率残兵败将渡河，来到第聂伯河对岸，在这里，弗拉基米尔痛哭自己的兄弟罗斯季斯拉夫及阵亡的将士们，满腔悲情返回了切尔尼戈夫。斯维亚托波尔克逃入特列波利城内，躲藏起来，直到天黑，于当夜返回了基辅。波洛韦茨人既已获胜，一部分前往进攻基辅城周围地区，另一部分返回托尔切斯克。此事发生于该年5月26日，正是我主耶稣基督的升天节。后来，人们在河中找到罗斯季斯拉夫的尸体，打捞上岸，运往基辅，其母亲哀伤悲啼，人们也因他年少而亡感到异常惋惜。主教、神甫及修士们聚集起来，唱着赞歌，将其葬于圣索菲亚大教堂，其遗体放在他父亲遗体的旁边。当时波洛韦茨人围攻托尔切斯克城，城中百姓英勇对敌，杀死许多敌军。波洛韦茨人开始进逼，他们切断城中水源，城中人饥渴难忍，无力抗敌，他们派人去见斯维亚托波尔克："你如果不给我们送来食粮，我们将投降外邦。"斯维亚托波尔克派人送去食粮，可城外敌军无数，根本无法进城。波洛韦茨人围城9周，后分成两路：一路继续围城，一路前往基辅，侵袭基辅和维什哥罗德之间地区。斯维亚托波尔克率军赶往热拉尼亚，与波洛韦茨人相遇，发生激战。罗斯兵力不能胜敌，败逃，受伤者多数投降敌人，阵亡者较上次战役还多。斯维亚托波尔克逃回了基辅，随行者只剩下两人，而波洛韦茨人返回了托尔切斯克。此次战斗发生于7月23日。次日，即24日，正值鲍利斯和格列布殉难纪念日，基辅城内哭声一片，毫无节日喜庆气氛。我罗斯人一败再败，全是因为我们所犯下的罪，因为我们丧失仁义。

上帝使异邦进攻我们，并不是降福于波洛韦茨人，而是以此来惩罚我们，使我们远离邪恶之事。异族之入侵，正如上帝手执的长鞭，惩罚我们所做的恶事，使我们忏悔，回归正途。上帝为达到惩戒我们之目的，使我们在耶稣升天节首次战败，而在罗斯的新节日——鲍利斯和格列布纪念日再次败于敌手。正如先知所言："我要使你们在节日里充满悲哀，使你们的歌声变成哀号。"我罗斯大地传来哭泣之声，城市村落空无一人，人们纷纷逃离敌人。先知曾经说："你们将败给你们的敌人，你们将被仇人驱赶。你们将到处逃窜，虽然无人追赶；我要消除你们的骄横和放肆，你们所做的一切都将是徒劳，你们将被异族人的剑刺死，你们的土地和家园将荒芜无人。因为你们愚昧，狡诈，我也将以此来惩罚你们。"这是以色列人的主耶和华所言。以实玛利的后代焚烧了村庄、禾场和许多教堂，这并不令人惊奇，因为"哪里的罪孽深重，哪里就要受到惩罚"。正因如此，灾祸殃及天下，怨气传播四方。且黎民百姓亦因此受苦：有的被俘，有的被杀，有的遭报复而痛苦地死去，有的见到别人被杀而恐惧万分，战战兢兢，还有的饥寒交迫，苦受煎熬。同是一种惩罚，一种处置，但却造成各种不同的创伤，引起各种各样的灾难和苦痛，有人被五花大绑，遭拳打脚踢，有人被置于冰天雪地之中受冻。更令人备感震惊的是，因为这灾难，对信念的动摇及恐慌心态在基督徒中传播开来。可以说，上帝这样来惩罚我们是正确的，是我们罪有应得，这样可以使我们坚守信念，我们既已受到惩戒，我们"败于异邦外敌的手下，败于世上最不守律法之人的手下"，我们大声叫喊："主啊，你是对的，你的审判是公正的。"让我们用强盗为例来说："天网恢恢,善恶有报。"也正如约伯所言:"上帝愿意的事,就会发生,圣父的名将永远被赞美。"通过外邦的入侵及他们的折磨,我们认识了曾为我们所憎恨的万世之主:曾经受过他的赞美——但我们却没有赞美他;曾经受到他的爱——但我们却不尊敬他;曾经受他的启蒙——但我们却不明理;我们是他的奴隶——却不劳作;我们降生人世,却耻于承认他是我们的父。我们犯下了罪——所以也就受到惩罚。以前作恶,现在就要痛苦:所有城镇村落,十室九空,满目疮痍,万户萧疏。曾经放牧马群、羊群、牛群的草地和田野,如今野草丛生,野兽出没,成了它们的巢穴。但是,我们还是指望得到上帝的仁慈。圣明的我主正在有效地惩罚我们。"他惩罚我们不是因为我们的无法无纪,而是因为我们犯下的罪孽,"圣明的我主就应该这样来惩罚我们,但不是因为我们累累的罪恶。我主给我们做了这样的事:他创造了我们人类,他扶起堕落的人们,他宽恕了亚当所犯的罪,他赐予永生的沐浴,他为我们而流血。上帝看到我们不守义,于是便用战争和忧伤来惩戒我们,以使我们在未来得福,摆脱苦难,上帝不愿为同一种过错而惩罚人类两次。这是对人类怎样的爱啊!上帝看到我们不愿崇信他,却依然关照着我们,他对我们的爱是无限的!我们曾经不听从上帝的圣训,现在,尽管我们不愿受到惩罚,但我们必须忍耐,不管愿意不愿意。这都是应该的。我们何曾如此激动过?而现在我们眼含热泪。我们何曾叹息?而现在我们到处可听到哀悼为外邦人所杀同胞的哭声。

波洛韦茨人多次征战后,又返回了托尔切斯克,城中人饥渴难忍,无力抗敌,被迫投降。波洛韦茨人既已占领城市,纵火焚之,而将城中人划分几种:或据为己有或分给亲属为奴。这些人多是受洗的基督信徒,他们受尽折磨,饥寒交迫,骨瘦如柴,忧心忡忡;他们身单衣薄,光着脚,脚上扎满荆棘,被带往他邦异国;他们眼含热泪,相互告知各自曾家住何方:"我就是这城里人。""我是从某个村子来的。"他们唉声叹气,仰天乞求上帝保佑。

没有人敢说,上帝憎恨我们,这永远不会!有谁能像我们这样受到他的爱护？又有谁能像我们这样受到他的降福和扶持呢？没有！上帝之所以对我们发怒，是因为我们最受他的怙念，最多受他的训示，我们本应懂得上帝的意愿，然而我们的罪孽却比其他人更深重，所以我们所受的惩罚也最重。我，一个有罪之人，也时常埋怨上帝，且每日都有罪。

在这一年的10月1日，姆斯季斯拉夫之子、伊贾斯拉夫·雅罗斯拉维奇之孙罗斯季斯拉夫去世，11月16日葬于什一圣母大教堂。

6602（1094）年。斯维亚托斯拉夫与波洛韦茨人讲和，并娶波洛韦茨酋长图戈尔坎之女为妻。同年，奥列格·斯维亚托斯拉维奇率波洛韦茨人由特姆多罗干进军切尔尼戈夫。弗拉基米尔闭门守城，奥列格赶到后，放火焚烧城池周围地区及修道院。弗拉基米尔与奥列格讲和后便赶往佩列亚斯拉夫利继承父位，奥列格入切尔尼戈夫城继承其父之位。波洛韦茨人仍然在切尔尼戈夫周围地区扰乱，因为奥列格根本不加制止，且唆使他们如此。这已经是奥列格第3次引异族军队入侵罗斯，但愿上帝会饶恕他的罪！许多基督徒被杀、被俘或被带往异邦。同年8月26日，罗斯大地上发生蝗灾，所有野草和庄稼均被吃光。如此大范围的蝗灾在罗斯历史上前所未有，这也是因为我们的罪孽所致。这一年的4月27日，凌晨6点钟，洞穴修道院前院长、弗拉基米尔城主教斯特凡去世。

6603（1095）年。杰夫盖涅维奇率波洛韦茨人入侵希腊，横行于希腊境内，希腊皇帝抓获杰夫盖涅维奇，命人给他挖去双眼。同年，波洛韦茨人派伊特拉里和基坦求见弗拉基米尔·弗谢沃洛多维奇要求讲和。伊特拉里入佩列亚斯拉夫利城求见弗拉基米尔，而基坦率兵士驻扎在河堤边等候。弗拉基米尔将儿子斯维亚托斯拉夫作为人质交给基坦，而伊特拉里带着最好的卫士居于城中。此时正值斯拉维亚塔因事受斯维亚托波尔克派遣从基辅前来求见弗拉基米尔。见此情景，拉季博尔所率领的亲兵们想与弗拉基米尔王公一起杀死伊特拉里的卫士们，但弗拉基米尔不愿这样做，他回答说："我既已对他们发誓，怎能这样做呢？"而侍卫们对弗拉基米尔说："王公啊！你杀死他们，也是无罪的：他们多次向你发誓，然而多次入侵我罗斯土地，流基督徒之血。"弗拉基米尔采纳了他们的意见。当天夜里，派斯拉维亚塔率小部分亲兵赶往河堤。他们先救出斯维亚托斯拉夫，然后杀死基坦及其亲兵。那天是礼拜六，夜间伊特拉里与亲兵们睡在拉季博尔家里，根本不知道基坦发生了什么事。次日是礼拜日，在做晨祷的时候，拉季博尔召几个侍卫来，令他们全副武装准备行动，又派人在小房内生火。然后弗拉基米尔派其侍卫比杨久克去请伊特拉里及其侍卫们。比杨久克对伊特拉里说："小房很暖和，你们在那里穿戴好，在拉季博尔家吃过饭，请到我们弗拉基米尔王公这里来。"伊特拉里回答说："好吧！"这些人一走进小屋，拉季博尔的人便把门死死关上，拉季博尔的儿子奥利别戈爬上屋顶，挖开一个洞，拉弓搭箭，直射伊特拉里的心脏，侍卫们也被一一杀死。伊特拉里就这样送了一条命，时值谢肉节的最后一天，2月24日中午1时。斯维亚托波尔克和弗拉基米尔两人派人去通知奥列格，令其与他们一起攻打波洛韦茨人。奥列格答应前往，但出城后却不与他们同路而行。斯维亚托波尔克和弗拉基米尔率军攻向波洛韦茨人，夺取他们的帐篷以及牲畜、战马、骆驼，抓获他们的奴仆，胜利归来。斯维亚托波尔克和弗拉基米尔开始恼恨奥列格没与他们一道进兵攻打波洛韦茨人，便派人去对奥列格说："你不与我们一道去攻打践踏我罗斯国土的异教徒，并且伊特拉里的儿子还住在你这里——要么你自己杀死他，要么将他交给我们。他是我们的敌人，也是罗斯人的敌人。"奥列格坚决不从，自此，斯维亚托波尔克和弗拉基米尔二人与奥列格之间结下了仇。

同年波洛韦茨人兵临尤里耶夫城下，整个夏天久攻不克，斯维亚托波尔克率兵予以平息。波洛韦茨人渡过罗西河，尤里耶夫城内百姓纷纷逃离赶往基辅。斯维亚托波尔克命人在维吉切夫岭上筑起一城，以自己的名字为其命名，叫斯维亚托波尔克城，并命马林主教及尤里耶夫人、扎萨科夫人和其他城来的人居住在该城内，尤里耶夫城成为一座空城，被波洛韦茨人焚毁。在该年年底达维德·斯维亚托斯拉维奇从诺夫哥罗德去斯摩棱斯克，诺夫哥罗德人则去罗斯托夫请求姆斯季斯拉夫·弗拉基米罗维奇来治理，并对达维德说："你不要再到我们城市来。"达维德返回斯摩棱斯克并在此镇守，姆斯季斯拉夫坐镇诺夫哥罗德。当此时，伊贾斯拉夫·弗拉基米罗维奇由库尔斯克到穆罗姆。当地人拥戴伊贾斯拉夫为王，伊贾斯拉夫将奥列格任命的长官关押起来。同年8月28日，再次发生蝗灾，蝗虫遮天盖地，令人触目惊心，这次蝗灾向北方地区漫延，草木庄稼被糟蹋殆尽。

6604（1096）年。斯维亚托波尔克和弗拉基米尔派人对奥列格说："你到基辅来，由各教堂的主教及各修道院的院长作证，由我们父辈的王公大臣作证，由基辅百姓作证，我们一起签订条约，以保卫罗斯大地不受异族的侵犯。"而奥列格态度蛮横，口出狂言，说："那些主教、院长及百姓们不会为我说话的。"他听信谗言不去签约。斯维亚托波尔克和弗拉基米尔对他说："你要与我们为敌，帮助异族人，所以你既不与我们一起进攻敌人，又不来签约，——既然如此，上帝会惩罚你的。"斯维亚托波尔克和弗拉基米尔率兵前往切尔尼戈夫讨伐奥列格，5月3日，礼拜六，奥列格逃离切尔尼戈夫。斯维亚托波尔克和弗拉基米尔紧追不舍。奥列格逃入斯塔罗杜布城内，闭城不出。斯维亚托波尔克和弗拉基米尔率兵围攻，与城里人发生激战，双方伤亡惨重。围城33日，城里人再也无力抵抗。奥列格出城求和，弗拉基米尔和斯维亚托波尔克应允，对他说："你去告诉你的兄弟达维德，然后与他一起到基辅来，那是罗斯最古老的城市——面对我们父辈、祖辈的宝座宣誓效忠，只有在这个地方才可以尽释前嫌，签订规约。"奥列格答应按他们所说的做，并吻十字架宣誓。

就在此时，礼拜日晚，博尼亚克率波洛韦茨人进攻基辅，占领基辅城周围地区并放火焚烧在别列斯托沃的大公府。与此同时，库里亚率波洛韦茨人入侵佩列雅斯拉夫利一带，并于5月24日烧毁了乌斯季耶。奥列格离开斯塔罗杜布城前往斯摩棱斯克，城中军民不接纳，他又转往梁赞。斯维亚托波尔克和弗拉基米尔各自返回本城。同一月内斯维亚托波尔克之岳父图戈尔坎于5月30日率兵至佩列雅斯拉夫利城下，开始围城，城中军民闭门防守。斯维亚托波尔克和弗拉基米尔率兵从第聂伯河右岸赶来，至扎鲁布河，并涉过浅滩，上帝保佑他们，没有被敌军发现。他们稍事休整就向城池进发。城中人见之，欣喜万分，出城迎接，波洛韦茨人亦在特鲁别日河对岸准备作战。斯维亚托波尔克和弗拉基米尔率兵渡过特鲁别日河冲向波洛韦茨人，弗拉基米尔本想调整一下阵势，军士们则不顾一切，驱马杀向敌军。敌军见状，仓皇逃窜，罗斯军队紧紧追赶，全力杀敌。7月19日，上帝降福于我们：异族战败，敌酋图戈尔坎及其儿子和其他首领被杀死，敌军死伤无数。次日清晨兵士们找到了图戈尔坎的尸体，他既是斯维亚托波尔克的岳父，同时又是他的敌人，斯维亚托波尔克将其尸体运往基辅，葬于通往别列斯托沃和通往修道院两条路之间的地方。同月20日，礼拜五，下午1时许，博尼亚克这个卑鄙无耻、不敬上帝的强盗突然再次偷袭基辅城，波洛韦茨人险些冲入城内，他们放火焚烧了前城的高台，然后转向修道院，放火烧毁斯特凡修道院、周围村庄及格尔曼内。之后他们又冲到洞穴修道院，当时我们刚做完晨祷，正在各自的小室内休息，修道院周围忽然喊声四起，他们把两杆旗子插在修道院的大门前，而我们——有的跑到修道院的后面，有的躲到教堂的上敞廊内。以实玛利的这些不敬上帝的子孙们砸破修道院的大门，冲入我们的修行小室，将里面的东西洗劫一空。然后他们放火烧毁圣母堂，赶往教堂，毁坏教堂南门，另一些人捣毁了北门，他们进入教堂门廊内，来到费奥多西的棺材周围，抓起圣像，放火烧毁大门，——他们以此来侮辱我们的上帝和我们的戒律。上帝在忍耐，因为这些强盗的罪孽还没有到头，他们还在胡作非为，无法无天。他们仍在狂叫："他们罗斯人的上帝在哪里呢？让上帝来帮助他们，拯救他们吧！"他们用各种脏话辱骂和嘲笑圣像。这些粗野愚昧之人，他们不知道，这是上帝用战争和灾难来教训自己的奴仆们，使他们像炼金炉中的金子一样经受磨炼；因为基督徒要经过无数次灾难和痛苦才能进入天国。而这些愚昧无知的异教徒，他们尽管在这个尘世上快活逍遥，而在那个世界他们将受苦受难，魔鬼将使他们在烈火中永远受罚。当时，弗谢沃洛特大公在维多比奇山冈上修筑的"红院"①也被这些可恶的强盗付之一炬。我们要像先知大卫那样向上帝呐喊："主啊，我的上帝！求你用滚滚向前的车轮把他们轧得粉碎；求你用一把大火把他们烧毁，就像顺风的烈火把林中树

---

① 红院（Красный двор）——指王公们在郊外的别墅，不仅画栋雕梁，而且坐落在风景优美的地方。——译者

木烧光烧尽；求你用狂风暴雨来惩罚他们，求你用悔恨和懊丧涂满他们的脸面。"是他们玷污教堂，放火焚烧你的及圣母的殿堂，是他们焚烧你奴仆的遗体。当时我们众兄弟中有几个人被这些派来杀害基督徒的、不敬神不信上帝的以实玛利的后裔用刀枪杀死。

这些波洛韦茨人来自于世界东北方的耶特利夫沙漠，当时他们有4支从沙漠中迁居出来：托尔科缅人、佩切涅格人、托尔克人和波洛韦茨人。麦弗迪证明，当初基甸追杀异族人，有8支逃入沙漠之中，事实的确如此，不过其中的4支为基甸消灭。有人说，托尔科缅人、佩切涅格人、托尔克人和波洛韦茨人4支是亚扪的后裔，其实并非如此，赫瓦利斯人是摩押的后裔，而保加利亚人是亚扪的后裔。而萨拉森人本来是以实玛利的后裔，却自称是萨拉的后裔，"萨拉森"意即"萨拉的子孙"。罗得与他的两个女儿同居生下摩押和亚扪，其子孙繁衍发展为赫瓦利斯人和保加利亚人，所以说这些部落是不洁净的。而以实玛利有12个儿子，其后代发展为托尔科缅人、佩切涅格人、托尔克人和库曼人，库曼人亦即后来从沙漠中迁出的波洛韦茨人。而在这8支异族人之后，被马其顿王亚历山大封在山内的那些愚蒙之民也将于世界末日迁居出来。

训诫书[①]

我，一个平庸之人，教名瓦西里，罗斯名字为弗拉基米尔，我乃圣明、荣耀的雅罗斯拉夫大公之孙，我的上辈为莫诺马赫王族之人……[②]也为了所有受洗之信徒，因为上帝出于仁慈之心，垂听我们先辈的祈祷，保佑基督徒们摆脱了诸多灾难！在我进入垂暮之年时，总是静心沉思，不禁要赞美一直保佑我这有罪之人的上帝。我的子孙们，或者是别的人，听了下面的训诫，幸毋河汉斯言，当牢记在心，奉行勿懈。

首先，为了上帝，也为了自己的心灵，要真心敬畏神明，真诚地向神

[①] 弗拉基米尔·莫诺马赫的这一篇《训诫书》原见于《拉夫连季编年史》。插在6604年间。弗拉基米尔的母亲是拜占庭皇帝君斯坦丁·莫诺马赫之女，他随母姓，故名。——译者
[②] 此处原文空缺。——译者

祈求降福——这是百善之始。如果有人不乐意听我这番话，就任他们去说：此人坐上爬犁，首途远行，信口空谈。①

我曾在伏尔加河畔见到我兄弟们派来的使节。他们对我说："你与我们结盟吧，我们一起去赶走罗斯季斯拉夫的儿子们，夺取他们的领地，不然的话，从此以后我们分道扬镳，——你干你的，我们干我们的。"我对他们说："纵然你们对我发怒、怨恨，我也不能与你们同干此事，我不能违背誓言。"

送走弟兄们派来的使节以后，我满怀忧伤地打开赞美诗集，我读道："我的心灵啊，你为什么如此忧伤？为什么让我感到如此抑郁不乐？"我还读了一些别的诗句。然后我将这些绝妙的诗句抄录下来，排列在一起，并且写道："如果你不喜欢后面的几句，那就选择前面的。"

"我的心灵啊，你为什么如此忧伤？你为什么让我感到如此抑郁不乐？向上帝祈祷吧，因为我将我心中的一切都对上帝诉说。""不要与那些卑鄙之人去争强弱，不要羡慕那些不守戒律之人，因为卑鄙奸诈之人将被毁灭，而只有那些听命于上帝的人方能主宰大地。在不久的将来——世上将再也没有有罪之人；有罪者将无地自容。敬上帝的、温顺的人们将承接这个世界，享受这世上的太平。罪人总是仇视虔诚的义人，对他们总是恨得咬牙切齿；我主上帝嘲笑这些罪人，并且预知他们末日的到来。有罪之人拔出武器，张弓搭箭，企图射杀那些贫困不幸的人们，企图刺中正义人们的心脏。但他们的刀枪伤害的是他们自己，他们的弓箭将被折断。义人之家虽简陋贫困，总比有罪之人的万贯家财要好得多。因为有罪之人的双手将被捆绑，上帝扶持正义的人们。有罪之人必将毁灭，上主降福给正义的人们。所以，赞美上帝的人将主宰大地，诅咒上帝的人将被剪除。多亏了上帝人们的步履才稳健向前。有人摔倒在地，却不受伤害，因为上帝会伸手扶住他。我从小到老活了一辈子，从未见过一个义人被上帝抛弃，也没见过义人的孩子们沿街乞讨。义人每天都行善布施，他的后人们也将

---

① 这里的意思是：此人已进入迟暮之年（即老糊涂了），所以信口开河，不足为训。

受到赞美和祝福。人一生中一定要远离罪恶,乐善好施,追求和平,享受太平。"

"如果我们做恶事太多,百姓起来造反,会把我们生吞活剥;如果上帝对我们发怒,我们会遭到灭顶之灾。"

"上帝啊,请你降福给我,因为有人在侮辱我;整天都在向我进攻,挤压我。我被我的敌人欺侮。因为许多同我作对的人来自上层。""义人们将获得欢乐,在报仇之日,他将用罪人的血来洗涤双手。"人们曾经说过:"既然义人能善有善报,就说明上帝在大地上进行审判。""上帝啊,请你将我从敌人的手中拯救出来,使我免受反对我的人的攻击。请你让我远离这些不守戒律的、杀人成性的罪人,因为他们已在毒化我的心灵。""他朝三暮四,喜怒无常:夜晚还在伤心哭泣,次日清晨却又欣喜万分。""上帝啊,你的恩惠重于我的生命,所以我要口口声声赞美你。我一生一世都赞美你,我要以你的名义举起双手向你致敬。""请让我摆脱那些阴险狡诈和多行不义的人们。""让所有义人的心快活起来吧,我将时时刻刻赞美上帝,对上帝的赞美永不间断",等等。

瓦西里也曾教诲年轻人,要有纯洁、善良的心灵,要保持身体洁净无瑕,说话和气,轻声细语,要充分相信上主的话:"吃喝东西不可有太大响声,长者面前要少说多听,要聆听智者的话,服从长者,对同辈及晚辈要体贴爱护,不可有虚情假意,要善于思考多动脑筋;不说假话,不吐狂言,不随便大笑,不以年长者为耻,不与坏女人讲话,见到她们当垂眼静心躲避;不可教唆人贪权求利,任何时候都要尊重别人。如果你们当中有人能为别人做有益之事,他将得到上帝的赏赐,将永远快乐。""啊,圣母啊,请你驱除我可怜的心中的高傲和蛮横,以免我在这尘世之中自高自大。"

信奉上帝的人啊,要学会和善为人,要学会像《福音》上所要求的那样去做:"目光敏锐,沉默少语,头脑冷静,约束身体,和气息怒,保证心地纯洁,为了上帝要使自己乐善好施。有所失的人不要报复,被人仇恨的人要学会爱,受到迫害的人要学会忍耐,受非难的人要学会祈祷,在上帝面前洗清自己的罪。""要解救那些受到非难的人,对孤寡之人要公正相待。主说：你们都来吧，让我们联合在一起；如果将来你们的罪孽被染成血红色，那我也会把它们刷成雪一般的洁白。""守斋如明媚的春天，而忏悔则如灿烂的花朵，兄弟们，让我们洗刷掉身体上和心灵上的血污，对我们的主说：荣誉属于你，仁慈的上帝！"

我的孩子们，你们要真正懂得，上帝是多么宽容和仁慈。我们乃有罪之人，平凡之人，如若有人对我们施恶，我们恨不得马上浸其皮，食其肉。而我们的主，掌生死之大权，却总是格外地对我们开恩，容忍我们所犯的罪过。上帝之于我们，就像慈父之于孩子，打他，惩罚他，然后又将其拉到身边予以慰抚。上帝教导我们如何战胜敌人，如何用忏悔、眼泪和善行这三大法宝来回避敌人和战胜敌人。这对于你们，我的孩子们，并不是什么沉重的戒律，而是使你们摆脱罪恶，得以进入天国的三大法宝。

我告诫你们，为了上帝，不能懒惰，不能忘记这三件事情，因为这并不难做到："这不像有些高尚之人所修炼的隐遁、独身、戒食等苦行，但就凭这几件小小的事情人们就可以得到上帝的降福。"

"什么是人，你如何看待人？""主啊，你崇高伟大，你所做的事妙不可言，任何人类的智慧都无法讲述你所创造的奇迹。"我们还要说："主啊，你崇高伟大，你所成就的事妙不可言，你的名在大地上被传颂，直到永远。""上帝啊，有谁能不赞美你的力量以及你在这世上所创造的奇迹呢：天空、太阳、月亮、星星是怎样形成的，黑暗和光明是怎样分开的，大地是怎样位于四面的水中——是你上帝的意愿！大地上何以有多种多样的禽鸟、走兽、游鱼——是你上帝的意愿！更令我们感到惊奇的是：你在这大地之上创造了人，且每个人各有不同的面孔，纵然将所有的人全召集起来，绝对找不到同一模样的人，而是长相各异，这也是你上帝的智慧。还让我们感到惊奇的是，天国的鸟儿首先是飞到我们的手中，矫健的和柔弱的不生长在一处，而是遵照主的旨意，分散在世界各地，布满各地的森林和田野。上帝做这一切，都是为了使人们受益，有食物吃，能高兴地生活。主啊，你为我们有罪之人所降的福是如此洪大。并且那天国的鸟儿都是你智慧的结晶，它们听从你的意愿：当你让它们歌唱，它们便唱起动听的歌,使人们欢悦,当你不让它们歌唱,它们便沉默无声。""主啊,你将受到传颂,你将受到赞美!所有的奇迹和所有的善行都是你上帝所为。如若有人不赞美你,如若有人不是全心全意信奉圣父、圣子和圣灵,他将受到诅咒!"

我的孩子们,我的受到神庇佑的孩子们,读完这些美妙的词句,你们要赞美降福于我们的上帝,这是我凭愚钝之智慧所能给予你们的训导。你们要听从我的话,如果不能全部按我说的去做,哪怕能做到一半也好。

如果上帝使你心肠变软,你要流泪坦言自己的罪孽,向上帝祈祷:"主啊,你是怎样宽容淫妇、强盗和税吏,那就请你也这样降福给我们这些有罪之人。"——无论在教堂,还是在睡觉前,都要这样做。每天夜里都要如此,不可违反。如果你能够做到的话,那你要对着上帝叩头下拜,如果你突然感到不舒服,那你要叩拜3次。要坚持如此,不可忘记,不可懒惰,因为人就是靠这种睡前的跪拜和祈祷而战胜魔鬼的。如果有人在白天犯罪作孽,他也要靠这种方法去掉罪孽。如果你是骑马赶路,旁无他人,你又不会说出别的祈祷辞,那你就要不停地在心中默默念叨:"上帝保佑!",——这样祈祷比什么都好,比你骑在马上胡思乱想要好得多。

平日千万不可忘记帮助贫困的人,要尽你所能施舍,收养那些孤寡之人,你要亲自为他们主持公道,并且不许强者欺压弱者。不论是正义的人,还是有过失的人,都不要伤害他们,也不能唆使别人残害他们。如果有人确实罪该万死,也当注意不可伤害任何一个基督徒的灵魂。在与人的谈话中,不管谈论的是好事还是坏事,不可指天发誓,不可在自己身上画十字,这对你来讲毫无必要。如若因为某事要对兄弟或其他人吻十字架以发誓,首先扪心自问,想想自己能做到哪一步,然后再吻十字架发誓。既已发誓,则必须严格遵守,绝不可违反诺言,背信弃义,丧失良心。要充满爱心接受主教、神甫和修道院院长的祝福,不要疏远他们,尽你所能地爱戴他们,关怀他们,以通过他们得到上帝的降福。平日要特别注意不可骄横自大,我们要对上帝说:"我们是平凡之人,今天活着,明天也许就会死去。你所给我们的一切,并不属于我们,而是属于你,只是你让我们短暂地拥有它们而已。""不可深藏财宝于地下,这对我们来说是大罪。要尊重老人,就像对待自己的父亲一样,要爱护年轻之人,就像对待自己的兄弟一般。身处家中不可懒散,要事事考虑周全,不要全都指望仆人和侍从,否则你的客人会嘲笑你,家无主事,款待不周。外出征战,亦不可懒惰,不可全部依靠将领,不可贪吃、贪喝、贪睡,要亲自派兵布哨,夜间要将兵士在四周派驻岗哨后再入帐休息,次日要早早起床。兵到一处,不可匆忙卸下兵器,要仔细观察四周,确无敌情再卸下兵刃,战斗中有许多人就因为懒散而丧失性命。不可听信谎言,不可酗酒,不可淫乱,否则你们的灵魂和性命将会因此而丧失。在自己的国土上,无论在什么地方,都不要让士兵们——无论是自己,还是他人带领的士兵——骚扰村寨,践踏庄稼,为害黎民百姓,免得因此受人诅咒。不管你驻扎在何处,要尽力施舍给那些贫穷之人和老人。不管客人来自何处,也无论他是普通百姓还是贵人、使节,纵然不能赠送礼物,也要用酒食热情款待,因为客人会一路上在各个地方,或者宣扬你是善人或者指责你是恶人。要探视病者,为其治疗,要为死者送葬。因为我们都有生老病死。路上遇见任何人都要向他问候,向他祝福。要爱你的妻子,但不可受制于她。最后我还要对你们说:要敬畏神,这比任何事都重要。

如果你开始忘记我说的这些话,那你要反复阅读:这使我感到无憾,于你们则大有裨益。

不要忘记你所拥有的长处。而你不会的事情,要认真学习——正如我的父亲,居家之时,他学会了5种外语,这在其他国家也受到赞誉。懒惰会使任何事情变坏:你所擅长的,会因此而忘记;你所不会的,将永远学不会。所以,对于任何好的事情,都不可懒惰,特别是对于敬奉神的事情:千万不能等太阳出来了你还躺在床上。我的圣明的父亲及诸多前辈都是非常勤奋的,他们一生操劳,赢得了荣誉。晨祷唱完赞美诗以后,要在日出之时满怀喜悦地赞美上帝:"主啊,请照亮我的双眼,因为你已经把自己美丽的光明赐给了我。""主啊,请你再给我一些时光,让我在有生之年为我的罪孽而忏悔。"——我就是这样来赞美上帝的。无论是与侍卫们共同议事，还是进行审判，无论是出外狩猎还是收取贡赋及至睡眠都要注意：上帝规定中午是要睡觉休息的。要知道，飞禽走兽以及人都是按时休息的。

现在，我的孩子们，让我来向你们讲述我13岁以来四处征战和狩猎过程中所做的事情。我先是经过维亚迪奇人居住地区前往罗斯托夫，是我的父亲将我派往该地的，而他自己去了库尔斯克。后来我与斯塔沃克·戈尔佳季奇前往斯摩棱斯克，斯塔沃克·戈尔佳季奇后与伊贾斯拉夫转往别列斯季耶，而我则去了斯摩棱斯克，又从该地前往弗拉基米尔城。同年冬天我的兄弟弗谢沃洛特和斯维亚托斯拉夫派我前往别列斯季耶，当时利亚赫人在这里烧毁了城池，我赶到后将该地管理得秩序井然。此后，我去佩列亚斯拉夫利见我的父亲，复活节以后又赶往弗拉基米尔城与利亚赫人在苏捷伊斯克签订和约，后又返回弗拉基米尔城度夏。

在此之后，斯维亚托斯拉夫派我前往利亚赫：我出戈洛戈夫城一直走到捷克森林，在利亚赫境内跋涉达4个月之久。这一年，我的大儿子在诺夫哥罗德降生。当时我从利亚赫赶往图罗夫，次年初春赶往佩列亚斯拉夫利，后又返回图罗夫。

斯维亚托斯拉夫·雅罗斯拉维奇去世之后，我前往斯摩棱斯克，同年冬天由斯摩棱斯克前往诺夫哥罗德；次年春天带兵为格列布·斯维亚托斯拉维奇助战。同年夏，与我父率兵至波洛茨克城下，次年冬，我与斯维亚托波尔克·伊贾斯拉维奇又率兵至波洛茨克，烧毁了该城。之后，斯维亚波尔克前往诺夫哥罗德，而我前往奥德列斯克与波洛韦茨人作战，之后去了切尔尼戈夫。后来我又从斯摩棱斯克赶往切尔尼戈夫见我的父亲。当此时，奥列格被赶出弗拉基米尔城，也来到切尔尼戈夫，我请他到红院与我和父亲一同进餐①，我给了父亲300格利夫纳金币。又有一次，我从斯摩棱斯克一路拼杀经过波洛韦茨人占据地来到佩列亚斯拉夫利，正赶上父亲刚

---

① 大概当年复活节（4月8日）莫诺马赫请弗谢沃洛特吃饭，席上弗谢沃洛特与奥列格争吵。事后（4月10日）奥列格逃往特姆多罗干。当时大公都在郊外有休憩用的"红院"。——译者

刚出征回城。该年我又同父亲及伊贾斯拉夫一起带兵前往切尔尼戈夫与鲍利斯作战，战胜了鲍利斯和奥列格。之后我们一同返回佩列亚斯拉夫利，驻扎在奥布罗夫。

弗谢斯拉夫焚毁斯摩棱斯克之后，我带切尔尼戈夫人前往追赶，尽管我们一路换马赶路，但未能在斯摩棱斯克抓到……①。在追赶弗谢斯拉夫的过程中，我们一路烧杀，打到卢科姆利和洛戈日斯克，后来又打到德鲁茨克，之后返回切尔尼戈夫。

同年冬，波洛韦茨人夺占了斯塔罗杜布城，我带切尔尼戈夫人及另一部分波洛韦茨人在德斯纳河一带抓获波洛韦茨人酋长阿萨杜科和萨乌科，将其兵士全部歼灭。次日，在新城②城外，我们把别尔卡特金之精锐部队打得溃不成军，一些塞麦人③和全部俘虏被杀。

我曾连续两个冬天带兵进攻维亚迪奇人霍多塔及其儿子，第一年冬天还曾攻打卡里顿。后来，我们又前往米库林追赶罗斯季斯拉夫诸子，但未能追赶上。同年春，我前往布罗德与雅罗波尔克议事。

同年我曾带兵过霍罗尔河追赶占领戈罗申城的波洛韦茨人。

同年秋，率切尔尼戈夫人及波洛韦茨族中的契捷耶维奇人进攻明斯克，夺取该城，掳获全部奴仆和牲畜。

同年冬，前往布罗德与雅罗波尔克议事，签订和约。

次年春，我父在众兄弟之中首派我前往佩列亚斯拉夫利。途中，我们渡过了苏波伊河，将至普里卢克城时，一支由几位波洛韦茨酋卡率领的8000人的队伍突然与我相遇。我们当时极想与其拼杀一番。无奈我们的武器已随辎重车队前行，我们只好避入城中；波洛韦茨人只抓获了一个年轻家丁④和几个奴仆，而我们的军士杀死、抓获波洛韦茨人的许多兵士。敌军不敢下马滞留，当夜逃往苏拉河一带。次日，正值升天节，我们率军前往别洛韦

---

① 此处原文空缺。——译者
② 新城（Новый город），即诺夫哥罗德—塞维尔斯克。——译者
③ 即"塞麦人"——按семечи译音，此词来源不明。——译者
④ 原文为семдю，意思不明，我们按照索勃列夫斯基（А. И. Соболевский）的解译而译。——译者

日河。多蒙上帝和圣母的帮助，我们消灭波洛韦茨人达900人之多，活捉敌酋长巴古巴尔斯的兄弟奥谢尼和萨克济。敌军中只有两人得以逃脱。

后来，我等率兵前往斯维亚托斯拉夫利追逐波洛韦茨人，追至托尔切斯克，最后追到尤里耶夫城。我们又在第聂伯河河畔，克拉斯诺一带，战胜波洛韦茨人，此后我与罗斯季斯拉夫在瓦林一带缴获了敌军的帐篷及武器。此战役后我前往弗拉基米尔城，再次派雅罗波尔克驻守该城，后来雅罗波尔克在此地去世。

我父去世以后，在斯维亚托波尔克执政之时，我们曾带兵在斯图戈纳河畔哈列普一带与波洛韦茨人拼杀一整天，直到夜幕降临，最后与图戈尔坎及其他波洛韦茨酋长讲和。后来我们从格列布的军士中带走了他的全部亲兵。

后来奥列格联合波洛韦茨人前往切尔尼戈夫攻打我，我的兵士与其在护城河的土堤之上拼杀达8日之久，未让他们进入城内。我当时看到基督徒在战斗中流血，看到燃烧着的村庄和寺院，心中极其不安，我说："决不能让波洛韦茨人得逞。"于是我将切尔尼戈夫原属斯维亚托斯拉夫的领地还给其子奥列格，而我率兵前往佩列亚斯拉夫利继承我父之位。我们是在鲍利斯节（7月24日）那天出切尔尼戈夫城的，一行约100人，包括妇女和孩子。当时城外到处都是波洛韦茨人，他们站在捷斯纳河的渡口边和周围山麓之下，像狼一样舔着爪子，露出獠牙，紧盯着我们。是上帝和圣明的鲍利斯保佑我们免遭伤害，我们一路平安地到达了佩列亚斯拉夫利。

我率自己的兵士在佩列亚斯拉夫利执政整整3年，在此期间因战争和饥荒我们经受了许多的灾难。我曾率兵前往里莫夫一带追歼波洛韦茨人，是上帝助我，杀死波洛韦茨人无数，其余全部活捉。

后来在戈尔塔夫一带歼灭伊特拉尔的部队，缴获其辎重武器。

后来又曾率兵前往斯塔罗杜布攻打奥列格，因为他勾结波洛韦茨人。我曾与斯维亚托波尔克一起率兵渡过罗西河，前往布格河一带讨伐博尼亚克。

与达维德议和之后，我曾去斯摩棱斯克城。第2次又从沃罗尼察出发前往斯摩棱斯克。

当时曾有托尔克人联合波洛韦茨族的契捷耶维奇人攻打我，我率兵在苏拉河一带与之对敌。

后来我再次去罗斯托夫过冬，在那里度过了3个冬天后又去了斯摩棱斯克。后来我又从斯摩棱斯克去罗斯托夫。

又曾与斯维亚托波尔克一同追歼博尼亚克，但只是杀死了……①，没有追赶上他们。后来又渡过罗西河追赶博尼亚克，也没有追上他。

入冬之时我前往斯摩棱斯克，复活节之后始离开此地，是时，我的妻子（即幼子尤里之母）去世。

夏天，我到佩列亚斯拉夫利，召集众兄弟议事。

博尼亚克纠集波洛韦茨人向科斯尼亚金进发，我们从佩列亚斯拉夫利出发渡过苏拉河追赶，上帝帮助我们取胜，歼灭了他们的部队，抓获了他们的几位酋长，在圣诞节之后与阿耶帕签订了和约，我娶了阿耶帕的女儿，后我们去了斯摩棱斯克，不久后我又去了罗斯托夫城。

从罗斯托夫返回后，我又与斯维亚托波尔克一起率兵攻打乌鲁巴一支的波洛韦茨人，上帝保佑我们取胜。

后来率兵前往鲁滨一带攻打博尼亚克，上帝保佑我们取胜。

在此之后我与斯维亚托波尔克一起率兵进攻沃因地区，又与斯维亚托波尔克、达维德一起攻打顿河地区，上帝再次帮助我们获胜。

阿耶帕和博尼亚克曾率兵到达韦里地区，妄图占领该地。于是我与奥列格及孩子们向罗蒙地区进军攻打他们，阿耶帕和博尼亚克得知我们要进攻的消息，仓皇逃窜。

后来我率兵前往明斯克讨伐格列布，因为他绑架了我们的人，是上帝帮助我们大获全胜，达到目的。

再后来我无法容忍雅罗斯拉夫所做的恶事，率兵前往弗拉基米尔城予以讨伐。

---

① 此处原文空缺。——译者

我曾上百次从切尔尼戈夫到基辅拜见我的父亲，每每是早晨出发，夜晚返回。我记得清的就达83次之多，其他拜见的次数记不清楚了。我父亲在世时及他去世之后我曾与波洛韦茨酋长议和达19次之多，我曾捐献出属于自己的许多牲畜和衣物。我将抓获的许多波洛韦茨人首领释放，他们是：沙鲁甘家族二兄弟，巴古巴尔索夫三兄弟，奥谢尼四兄弟，还有其余的将领近百人。我曾按上帝的旨意将下列敌酋领杀死：科科苏西及其儿子、阿科兰·布尔切维奇、塔列夫王阿兹古卢伊，还有其他年轻将领15人，我将这些人杀死，抛入萨里尼亚河。另外，于各次战斗中我曾杀死敌兵200人左右。

以上就是我在切尔尼戈夫当政期间四处征战的情况。下面我谈狩猎的情况。我在切尔尼戈夫主政期间以及离开该城后到今年为止，我每年约有上百次全力以赴地进行狩猎活动。不仅如此，我还曾陪同我父在图罗夫一带猎取各种野兽。

我在切尔尼戈夫执政时曾经历过许多事：在森林之中我曾独自抓住并驯服10至20匹野马，在草原上出征时，我也曾亲手抓获并驯服野马。曾有两头原牛用角将我和坐骑一起撞倒在地。我曾受到鹿的攻击，它用角抵我。还有一次，两只驼鹿，一只用脚踢我，而另一只用角抵我。曾有一只野猪咬着我的大腿，我将它的一颗獠牙折断。我也曾受到熊的袭击，熊咬坏了我膝部绑着的护膝垫，还有一次，一只野兽跳起要撕咬我的大腿，我连人带马摔倒在地，但上帝保佑我没有受伤。我曾多次从坐骑上摔下地，头曾两次碰伤，我的手脚也曾多处受伤，虽然年轻时多次受伤，但我从来不怕死，从不吝啬自己的气力和性命。

凡是我的侍卫们该做的事情，我也同样亲自动手——不管是外出打仗还是狩猎，不管是白天黑夜，也无论是严寒酷暑，我从不懒散。我从不依靠仆人、侍从，所需要办的事情，每每亲自动手劳作。无论是狩猎还是饲马放牧，也无论是驯鹰放鹰，我都事必躬亲，安排料理。

我也同样怜悯那些贫困之人和孤寡之人，不让他们受到强者的欺辱，亲自过问教会诸事及教堂祈祷等。

我的孩子们，或是别的人，读了这段文字之后，你们不要指责我：我并不是吹嘘自己，也不是在宣扬自己的勇敢和无畏，而是在赞美上帝，赞美他赐福给我们，是上帝使我这有罪之人多次化险为夷，是上帝使我这平庸之人能勤奋劳作，成为于人们有用之人。读过我写的这段文字，你们要尽力做善事，赞美上帝及其圣子圣灵。你们要像上帝教诲的那样，努力履行一个男子汉大丈夫的职责。无论是在战斗中，还是在凶禽猛兽面前，都不要贪生怕死。既然我在战斗中，在凶兽面前，在洪水中，以及从马上摔下来以后都未能丧命，那么你们当中谁也不会因此而受到伤害，丧失性命，因为上帝没有让你们死去。而如果上帝决定让你死去，那无论是你的父母还是兄弟都无法帮你免于一死。况且，为了正义之事而牺牲生命，那也是好事——在天国之中受上帝的保佑总比在人间要好得多。

啊，我是一个历尽磨难、忧国忧民之人！我的灵魂啊，你总是与我这颗心相争，又总是战胜我的心。我们总是要死亡的，因此我在想，我将如何面对可怕的末日审判而问心无愧，不受惩罚。①

先哲曾说："有人说爱上帝，但不爱自己的兄弟，这是谎言。"又说："如果你不能原谅兄弟的错，那么你在天的父也不会原谅你。"先知曾说："不要与阴险狡诈之人相争，更不要羡慕那些为恶之人。""有什么能比兄弟之间和睦相处更美好呢？"而我们的国内却曾战事不断，在我善良圣明的父辈之时也曾连年战火，这全是由于魔鬼的教唆！魔鬼一心想使人类陷入灾难，所以总是不断使我们相争。这信是我写给你的，是我的儿子②促使我这样做，他现在就在你附近。他曾派人送给我一封信，信中写道："让我们讲和吧，我的小弟已经受到上帝的审判。我和你将不再向他们复仇，我们要寄希望于上帝，他们（伊贾斯拉夫和奥列格）将要面对上帝的审判。我们不能再使罗斯大地遭殃。"从信中我看得出儿子的宽容之心，自己也心软下来，我怀着敬畏上帝的心情说道："我的儿子尽管

---

① 从这段起插进了莫诺马赫写给奥列格·斯维亚托斯拉维奇的一封信，提出讲和。——译者

② 这是莫诺马赫指他的儿子姆斯季斯拉夫，后者是奥列格给施洗的，所以劝父亲写信议和。——译者

年幼无知,却懂得如此宽容,懂得求助于上帝,而我却比任何人的罪孽都重。"

我采纳了我儿子的建议,给你写信:至于你如何对待,是善意看待呢还是辱骂于我,这我从你的回信中将可得知。我说这些话是事先提醒你,我等待你的答复,我怀着宽容仁厚及悔恨之情等待上帝宽恕我过去的罪孽。因为我们的上帝不是普通之人,而是整个宇宙的神,他如果想干什么事情,可以在眨眼间便干成,而他自己也曾亲身忍受侮辱、唾骂和殴打,并且献出自己的生命,然后才掌握人类生死之大权。而我们呢,是有罪之人。我们今天还活着,明天或许就会死去,今天还是满载荣誉,受到颂扬,明日也许会躺进棺材,被人遗忘,其他人会瓜分我们所积蓄的财物。

兄弟,让我们看看我们的父辈:他们得到了什么,财宝衣物对他们来说又有何用?现在让人们想起他们的,只是他们当年凭自己的灵魂和良心所做的一切。其实,我的兄弟,应该首先由你对我来讲这些话。当你看到我的或你的孩子在你面前被杀,看到他们所流的血,看到他们倒地的躯体像萎谢的花朵,像被杀死的羔羊,你站在他们身边,扪心自问,你该说:"天哪!这究竟干了些什么呀!我利用他们的年幼无知,为这个尘世间的不义之事而犯了罪,而让父老为他的死流泪哭泣!"

我该用大卫王所说的话来向你表白:"我知道,我的罪孽总是由我负责。"这并不是因为我使别人流血,大卫王是上帝所立的受膏者,他在犯了淫乱之罪后,悔罪不已,痛哭流涕——就在此时上帝卸去了他所犯的罪。你也该为你的罪向上帝忏悔,你该给我写信来安慰我,并将我的儿媳送还给我,因为她毫无过错——等她返回我处,我将拥抱她,为她的夫君和他们不幸的婚姻而哭泣,而不是歌唱:因为我的罪孽,我未能使他们快乐和荣耀。所以,请你看在上帝的面上派特使将其送回,我要与她一同哭泣,然后将她安置在身边,使她像失伴的斑鸠回到自己树上的巢穴,我会因此而得到安慰,同时也告慰上苍。

我们的先辈也是走这条路的:审判他伊贾斯拉夫的应当是上帝,而不是你。你当时如果依照你的意愿夺取穆罗姆,而不是占据罗斯托夫,然后派人至我处，我们当时就会把事情调解好。可你自己想一想，是我该派人来你处呢还是该你派人到我处？可是你当初却对我的儿子说："去跟你父商量商量。"我也曾十次八次地派人去你那里。

勇士在战斗中牺牲生命，这难道还值得惊奇吗？我们的先辈中就有许多人战死在沙场。但他不该觊觎别人的土地，不该让我感到耻辱和忧伤。是他的仆从唆使他去夺取别人的东西，他才因此而作了恶。所以，如果你能在上帝面前忏悔并诚心待我，那你就派来一个使节和主教，并且要写信给我许诺保持和好，那你可以得到领地，并且能赢得我们的爱心，我们之间将比以前更加友好：我不是你的敌人，也决不会向你报复。我不想见到你在斯塔罗杜布城被杀流血，但我也同样不愿你或你下的命令，或者你的兄弟唆使手下人伤害别人。如果我说假话，那让我受到上帝和圣十字架的审判！我当时曾因你勾结异族人而派兵前往切尔尼戈夫讨伐你，那是我的错，我已经悔过，并且已不止一次向兄弟们表达遗憾之情，这次再向你道歉，我毕竟是一个普通人，苍天明鉴。

如果你现在身体还好的话，那么……①，而如果你现在身体不好，那就让你的教子及其幼弟二人相伴在你身边，我们就这样约定了。而如果你想杀死他们，他们二人也在你手中。我真心希望众兄弟间及我罗斯大地之上充满和平友好气氛，而不想为恶。你又何必要动武呢，你所需要的东西，我们已经给了你，并且在斯塔罗杜布给了你领地。上帝作证，我与你兄弟只是谈了谈条件，没有你的参与他也不能与我们签约。我们没有做任何坏事，也没有说一定要谈判到签约为止。如果你们当中有人不希望基督徒得到和平和安宁，那他在另一个世界上将受到上帝的惩罚，灵魂永不得安宁。

我并不是因为陷入困境，或是因为上帝降给我灾难才对你说这些话。这你自己会听得出来。在这个世界上，我的良心，我的灵魂重于一切。

---

① 此处原文空缺。——译者

在那可怕的最后审判中我将坦白自己所做的一切，等等①。

"主啊，你充满智慧，传播道义，你引导愚昧无知的人们，庇护贫困的人。主啊，求你使我的心充满智慧，求你给我说话的本领，求你不要让我失声而不能向你祈祷：慈善的主啊，请你拯救跌倒的人！" "上帝是我的希望，耶稣是我的庇护者，圣灵保护着我！求你不要抛弃我，我的希望。我的庇护神！在我忧伤和病难之时，是你帮助我，使我躲过各种灾难，我将颂扬你，赞美你！人们啊，你们要明白，上帝能考验我们的心，知道我们所思所想，能揭示事物的真谛，惩罚罪恶，并且给贫困孤寡之人以公正。" "我的心灵啊，你要信奉上帝，你要认真思索你所做的一切，你要流泪向上帝倾诉你所做的一切和你的所思所虑，你要洗涤自身的罪孽。" "圣明的安德烈啊，我荣耀的教父，克里特的牧人！求你不停地为我们这些敬奉你的人祈祷，保佑我们远离忧愁、怒火、腐朽和灾难，我们将永远真正地敬奉你。圣母啊，求你保佑你的城池②，让它强大昌盛，帮助它战胜敌人，使敌人驯服。啊，圣母，是你说出最圣明的话语！求你垂听我们的祈祷，保佑我们躲避敌人的攻击和一切灾难！我们是你的奴隶，我们向你祈祷，向你跪拜。圣母啊，求你垂听我们的祈祷，拯救我们这些忧伤的人，保佑你的城池不受任何敌人侵犯！上帝啊，求你怜悯你的后人，免去我们的罪，你已经看到，我们在大地之上向你祈祷，这大地也曾生育了你，你曾化为人形使大地充满你的恩赐。" "救世主啊，你虽是童贞女所生，但你出生后一直保持肉体不朽灵魂不灭；如果你坐下来审判我的所作所为，求你宽恕我，因为你是仁慈的、圣洁的神，你是热爱人类的救主。"圣洁的童贞女，我们的圣母啊，你虽没有成亲结婚，但你受到上帝的宠幸，而上帝信守自己的训言；圣母啊，请拯救我这个垂危之人，我在向你的儿子大声求救：赐福吧，主啊，赐福给我吧！基督啊，如果你要审判我，求你不要判我受烈火之刑，请不要狂怒地谴责我——生你的童贞

---

① 莫诺马赫给奥列格·斯维亚托斯拉维奇的信至此结束。从下一段开始（据说）是莫诺马赫的祷告词。——译者
② 指基辅城，圣母是其保护神。——译者

女在为我向你祈祷，还有众多的天使和大群的蒙难圣者在为我向你祈祷。

啊，我主耶稣基督啊！你当永受敬奉，永享荣光，三位一体的圣父、圣子、圣灵将永远永远与我们同在！

现在我为你们讲述4年前我从一个诺夫哥罗德人久里亚塔·罗戈维奇那里听到的事情，他对我说："我曾派我的侍从去伯朝拉。因为伯朝拉向诺夫哥罗德交纳贡赋。我的侍从由伯朝拉那里又去往尤戈拉人居住地区。尤戈拉人所讲的话，我们不懂。他们居住在北方与萨莫亚季相连。当时尤戈拉人对我的侍从说：'3年前我们这里出现了一件怪事。以前从未听说过。我们这里有一座大山，傍依海湾，山势险峻，高耸入云，山里常传出说话声及叫喊声，有人曾挖此大山，想将其打通，后来在山上挖穿了一个小洞，说话声就是从那边传出来的。山那边的人说话我们听不懂，那些人指着铁器做手势，要求山外的人给他们铁器，如果有人给他们刀子或斧头，他们便用毛皮交换。有一条通往那山的路，但由于途中多深渊、积雪和密林而难以通行，这条路往前直通北方。"我当时对久里亚塔说："这是当年被马其顿王亚历山大封在山里的人。"正如帕塔尔·麦弗迪所言："当时马其顿王亚历山大来到世界东方，海边一个叫太阳地的地方，见到雅弗的部族内有一些很不洁净的人住在这里，他们吃蚊子、苍蝇、猫、蛇等各种不洁的东西，人死后也不埋葬，而是将其吃掉，并且还吃女人的早产胎儿和各种不洁净的牲畜。亚历山大王看到这些，担心这些人日益繁衍，会玷污整个大地，便将他们追赶至世界北方的大山之内，然后根据上帝之意愿使两侧大山对合起来，可两山之间还留有12肘的距离，于是亚历山大叫人铸了大铜门，上面覆以松克利特①，谁想搬也无法搬走，想放火也无法烧坏，因为这种材料火烧不化，刀砍不开。最近几年将有8个部族从耶特利夫沙漠迁出；这些不洁净的部族，当时是根据上帝的意愿被封在世界北方大山之内的，他们也将破封迁出。"②

① 松克利特（сунклит）：传说中的一种混合材料。——译者
② 莫诺马赫的训诫书到此结束。——译者

现在让我们回到原来的话题。当时奥列格尽管口头上答应要去斯摩棱斯克见达维德并与他一起到基辅签约，实际上他并不想这么做，他到斯摩棱斯克以后，纠集军队，向穆罗姆进军。当时伊贾斯拉夫·弗拉基米尔罗维奇镇守穆罗姆，得知奥列格率兵来犯，即刻派人前往苏兹达尔和罗斯托夫请求援兵，并请白湖人援助，招集了大量的部队。奥列格派使臣去见伊贾斯拉夫，并说："你要离开这里，去你父亲的领地罗斯托夫，这里是我父亲的领地。我要在这里驻守，并与你父亲签约讲和。是你父亲把我从我父亲的领地内赶了出去。本应属于我的，难道你也不想归还于我吗？"伊贾斯拉夫手下有大量的兵士，有恃无恐，不予理睬。而奥列格则仗着自己有理，率兵攻城。伊贾斯拉夫在城外布置兵阵，准备迎战。两军相遇，一场激烈厮杀。此日为9月6日，弗谢沃洛特的孙子伊贾斯拉夫·弗拉基罗维奇战死，他手下的兵士们四散而逃，有的逃往森林里，还有的退回城内。奥列格率兵入城，城中百姓纳之。人们将伊贾斯拉夫的尸体收敛好，置于救世主修道院，后又运往诺夫哥罗德，存放于圣索菲亚大教堂的左侧门廊内。奥列格攻取穆罗姆城以后，大肆搜捕罗斯托夫人、白湖人及苏兹达尔人，并给他们戴上镣铐，接着又觊觎苏兹达尔。他率兵前往苏兹达尔，苏兹达尔人献城投降。奥列格率兵入城，建立秩序，城中百姓有的被关押，有的被剥夺财产后遭驱逐。随后奥列格率兵至罗斯托夫，罗斯托夫人亦降。这样，奥列格占领了穆罗姆和罗斯托夫周围的全部地区，分派守城长官，并开始收取贡赋。姆斯季斯拉夫从诺夫哥罗德派出使节，去见奥列格，对他说："你要离开苏兹达尔，回穆罗姆去，不要侵占别人领地。我将派人去见我父，使你们二人讲和。你虽然杀死了我的兄弟，这没什么，战场上，纵然是王公、勇士也会战死。"奥列格对这些话不但不听，甚至还想攻占诺夫哥罗德。他派自己的兄弟雅罗斯拉夫带兵侦察，而自己率兵驻守于罗斯托夫周围地区。与此同时，姆斯季斯拉夫在出行之前同诺夫哥罗德人进行商议，然后，派多布雷尼亚·拉古伊洛维奇带先头部队外出侦察。多布雷尼亚首先捉获了奥列格所派的收取贡赋的人。当时雅罗斯拉夫正在梅德韦季察河边的哨所，得知收贡赋的人被抓，当夜便跑去见奥列格，告诉他说姆斯季斯拉夫率兵前来，攻占了哨所，正往罗斯托夫方向进发。姆斯季斯拉夫来到伏尔加河岸边得知，奥列格正转往罗斯托夫，于是率兵紧随其后。奥列格到达苏兹达尔，得知姆斯季斯拉夫率兵在身后追赶，于是下令焚烧苏兹达尔城，只有洞穴修道院及圣德米特里教堂得以幸存，这教堂及周围村庄是当年叶夫列姆捐赠给修道院的。奥列格逃回穆罗姆，姆斯季斯拉夫入苏兹达尔城，并在此驻扎下来，然后派人去向奥列格求和说："我比你小，但你应当去见我的父亲，并放回被俘的兵士，所有的事我都可以答应你。"奥列格派人去见姆斯季斯拉夫，佯装议和。姆斯季斯拉夫信以为真，将手下亲兵都分派到各个村落。当时，费多尔周斋期临近，礼拜六那天，姆斯季斯拉夫正在用膳，有人来报，说奥列格率兵前来偷袭，已到克利亚济马河。姆斯季斯拉夫仍然以为奥列格会诚心讲和，所以根本没有派兵侦察，但上帝才知道如何使正义之人躲避敌人的蒙骗。奥列格驻兵在克利亚济马河畔，心想，姆斯季斯拉夫不敢与之对敌，必将逃离苏兹达尔。就在当天和第2天，兵士们及诺夫哥罗德人、罗斯托夫人、白湖人汇集于姆斯季斯拉夫麾下。姆斯季斯拉夫布阵于城前，两军对垒，相持达4日之久。此时有亲兵来报姆斯季斯拉夫："你父亲派维亚切斯拉夫带波洛韦茨人前来为你助战。"维亚切斯拉夫于费多尔礼拜日后的第4天率兵赶到。次日，奥列格率兵向城池逼近，准备拼杀，姆斯季斯拉夫率诺夫哥罗德人及罗斯托夫人迎战。姆斯季斯拉夫将弗拉基米尔的大旗交给波洛韦茨人库努伊，派其率步兵从右翼进攻。库努伊展开大旗，率领步兵冲向敌军。奥列格及其兵士们见到弗拉基米尔的大旗，十分害怕，他和他的将士们惊恐万状。两军拼杀起来，奥列格对姆斯季斯拉夫，雅罗斯拉夫对维亚切斯拉夫。姆斯季斯拉夫率诺夫哥罗德人穿过大火后的废墟，诺夫哥罗德人纷纷下马，于库拉奇察河（科洛克沙河）河岸与敌军相遇。一场激烈的拼杀之后，姆斯季斯拉夫开始占优势。奥列格眼见弗拉基米尔的大旗向前移动，并开始包抄他的后路，异常吃惊，仓皇逃窜，姆斯季斯拉夫取胜。奥列格逃往穆罗姆，派雅罗斯拉夫镇守此地，他自己逃往梁赞。而姆斯季斯拉夫率兵至穆罗姆城，与城中百姓讲和，并将关押在这里的罗斯托夫人、苏兹达尔人等解救出来，然后领兵尾随奥列格赶到梁赞。奥列格逃离梁赞，姆斯季斯拉夫又与梁赞人议和，救出被奥列格关押在该城的自己人。姆斯季斯拉夫派人去对奥列格说："不要再逃了，赶紧派人去见你的弟兄们，哀求他们不要使你失去在罗斯的领地，我将派人去为你向我父亲求情。"奥列格答应照所说的去做。姆斯季斯拉夫率兵返回苏兹达尔，后来他应诺夫哥罗德城主教尼基塔的请求，返回自己的城池诺夫哥罗德。当时是6604年，税纪的第4个年头。

6605（1097）年。斯维亚托波尔克、弗拉基米尔、达维德·伊戈列维奇、瓦西里科·罗斯季斯拉维奇、达维德·斯维亚托斯拉维奇及其兄弟奥列格聚于柳别奇，以签订和约，他们说："我们为什么要自相残杀而使我们罗斯大地沦丧于敌手？波洛韦茨人蹂躏我疆土，坐视我等相互间内讧不断而幸灾乐祸，从今往后，我等要精诚团结，同心同德，共同保卫罗斯疆土，且各人要治理好各自的领地：斯维亚托波尔克驻其父伊贾斯拉夫的领地基辅，弗拉基米尔驻原弗谢沃洛特的领地，达维德、奥列格及雅罗斯拉夫驻原来斯维亚托斯拉夫的领地，其他城市按弗谢沃洛特当初的规定划分：达维德·伊戈列维奇驻南弗拉基米尔城，罗斯季拉夫的两个儿子沃洛达里及瓦西里科分别驻佩列梅什利和杰列博夫利。"他们吻十字架发誓："如果有人企图侵占别人的领地，我们将以圣十字架的名义，共同与之为敌，全罗斯亦将与之为敌。"众人签约宣誓后，各自返回领地。

斯维亚托波尔克与达维德回到基辅，众人皆欢喜，只有魔鬼因众王公联合一致而嫉恨在心。魔鬼开始蛊惑人心，那些受迷惑的人便对达维德·伊戈列维奇说："弗拉基米尔与瓦西里科密谋，要除掉你和斯维亚托波尔克。"达维德竟然听信谗言，开始劝说斯维亚托波尔克与瓦西里科为敌："是谁杀死了你的兄弟雅罗波尔克？现在是谁在密谋要除掉你我二人？又是谁同弗拉基米尔勾结起来？你须当心才是。"斯维亚托波尔克闻听此言，将信将疑，说："我不知你所说的究竟是真是伪。如果所说是真，上帝将为你作证，否则，如果你因嫉妒而挑拨离间，那上帝会惩罚你的。"斯维亚托波尔克思念自己被杀的兄弟雅罗波尔克，又想到自己，心想达维德所言未必不是真事，他相信了达维德的谎言，二人开始谋划如何对付瓦西里科。而瓦西里科和弗拉基米尔二人对此事竟一无所知。达维德对斯维亚托波尔克说："如果不除掉瓦西里科，那你就不可能在基辅任大公，我在弗拉基米尔城也待不住的。"当时，11月4日，瓦西里科渡过第聂伯河前往维多比奇，去修道院参拜圣米哈伊尔，并在那里吃晚饭，而其辎重则停放于鲁基察河岸。晚上，瓦西里科返回鲁基察河边。次日，斯维亚托波尔克派人来对瓦西里科说："你既已来到我的领地，不要走，在这里待些时日。"瓦里西科拒绝了。他说："我不能在此久留，我担心我的领地内会发生战事。"达维德又派人来见瓦西里科："兄弟，不要走，你不能不听从长兄之言。"瓦西里科仍然不肯答应斯维亚托波尔克的要求。达维德据此对斯维亚托波尔克说："你看到了吧，尽管在你的领地内，他却并不服从于你。如果你让他返回自己的领地，他会占领图罗夫、平斯克及其他你的城市。到那时，你会后悔不听我的话。不如现在将他诱来，抓住他交给我处理。"斯维亚托波尔克听从了达维德的诡计，派人去请瓦西里科："既然你不想在我的领地内久住，你至少现在来看看我，我们一起与达维德畅谈一番。"瓦西里科不知是达维德的奸计，答应前往。他骑上马，准备去见斯维亚托波尔克，迎面碰见一个侍卫，侍卫对他说："王公啊，你不要去，他们想把你抓起来。"瓦西罗科心中暗想："他们为什么要抓我呢？不久前我们刚刚吻十字架起誓，如果有人侵犯他人的领地，所有王公都将讨伐他。"想到此，他在胸前画了十字，说道："一切都按上帝的意愿而行。"然后带着小队侍卫前往大公府，没有听那个侍卫的劝告。及至大公府，斯维亚托波尔克出来迎接，二人一起走进堂内，此时达维德也赶来，一起就坐。斯维亚托波尔克对瓦西里科说："留下来一起欢度节日吧"（11月8日为米哈伊尔节）。瓦西里科回道："我不能久留，我已经命令车队动身返回。"此时达维德坐在一边，一声不吭，如同哑巴一般。斯维亚托波尔克又说道："你哪怕在我这里吃完饭再走也好。"瓦西里科答应在这里吃饭，斯维亚托波尔克说："你们在这里坐一会，我去安排一下就来。"说完，便起身走出去，达维德与瓦西里科留在屋里。瓦西里科开始与达维德闲谈，达维德既不听，也不回答，他心怀鬼胎，恐惧万分。两人坐了一会儿，达维德问："我的兄长哪里去了？"侍卫回答："大公在外屋站着。"达维德站起身来，说："我去叫他，兄弟，你先在这里坐着。"达维德转身出门，他刚刚出门，斯维亚托波尔克的侍卫们便将瓦西里科擒拿，加上镣铐，并派人日夜看守。是日为11月5日。次日，斯维亚托波尔克召集近臣及基辅百姓，告诉他们当初达维德所说的原话："瓦西里科杀死了你的兄弟，他现在与弗拉基米尔密谋要除掉你，占领你的城市。"大臣及百姓们说："大公啊，你应当头脑清醒，不可糊涂。如果达维德所说是真，那就要惩罚瓦里西科，反之，如果达维德亚说的是假话，应当让他受到上帝的报复和审判。"各修道院院长们得知此事，纷纷为瓦西里科向斯维亚托波尔克求情，斯维亚托波尔克回答："这是达维德所为。"达维德得知后，唆使斯维亚托波尔克将瓦西里科双眼剜去，并说："如果你不这样做，反而放了他，那么你我都将完蛋。"斯维亚托波尔克想释放瓦西里科，达维德则主张不放，担心瓦西里科报复。当夜，他们用囚车将瓦西里科拉往离基辅约10俄里的小城别尔哥罗德，瓦西里科戴着镣铐，被从囚车内拉出，押入一小屋内，瓦西里科坐在小屋内，看见一个刽子手正在磨刀，意识到他们要将他剜目，顿时悲痛万分，泪流满面，哀求上帝保佑。斯维亚托波尔克的马夫斯诺维德·伊泽切维奇和达维奇的马夫德米特尔走进屋内，开始铺毯子。毯子铺好后，他们抓住瓦西里科，想把他摔倒，瓦西里科奋力反抗，未被摔倒。又有一些人走进屋内，将瓦西里科摔倒在地，并捆绑起来，从炉灶中取下一块烧红的铁板，放在瓦西里科的胸脯上烙，皮肉被烧烫，吱吱作响。当时，斯诺维德和德米特尔各在一边，也未能将瓦西里科压住。又有两个人走近来，又从炉灶中取出一块铁板，在瓦西里科的肩膀上烙烫。斯维亚托波尔克的牧羊人贝伦季手持钢刀走近，想刺瓦西里科的眼睛，可一失手，刀刺在脸上，——瓦西里科的脸上至今还有一个刀痕。贝伦季又刺，分别将他两个眼珠挖了出来。瓦西里科躺在地上，奄奄一息。这些人把他放在毯子上，抬进囚车，拉往弗拉基米尔城。途经兹维日坚桥，他们在集市上停下来，从瓦西里科身上扒下血衣，交给牧师的妻子令其洗涮干净。当时这些人正在吃饭，牧师的妻子将血衣洗干净，给瓦西里科穿上，放声痛哭。瓦西里科听到哭声，问："我这是在哪里？"人们告诉他："在兹维日坚城。"瓦西里科要水喝，众人把水给他，他喝了水，恢复知觉，明白过来，伸手摸摸身上的衣服，说："为什么要给我脱下来洗呢？我宁愿穿着血衣死去，去见上帝。"这些人吃完饭，又押着囚车继续前行，当时正是11月，天寒地冻，冰天雪地。第6天，他们到达了弗拉基米尔城。当时达维德也与他们一同前往，押着瓦西里科，似乎是押着战利品一般洋洋自得。他们把瓦西里科关押在瓦克耶夫庄园，并派30人看守，又派两个王公侍卫乌兰和科尔切克掌管。

弗拉基米尔闻知瓦西里科被抓且被剜目，异常吃惊，痛哭流涕，说："我祖宗在上，从古到今在罗斯还未有过此等恶劣之事。"他即刻派人去请斯维亚托斯拉夫之子达维德和奥列格，对他们说："速来戈罗捷茨，在罗斯，在我等诸兄弟之间发生恶事——如同一把刀插在我们的身上。我们要进行惩治，如若不然，祸患将会更大，兄弟之间将相互混战，罗斯大地将毁于一旦，我们的大敌波洛韦茨人又将践踏我们的疆土。"达维德和奥列格闻听此事，为瓦西里科感到悲伤，痛哭道："我族之中从未有过此等事情。"他们立刻率军来见弗拉基米尔。当时弗拉基米尔率兵驻于森林之中，他与达维德、奥列格二人派人去质问斯维亚托波尔克："你为什么竟然给罗斯带来如此罪恶，就像在我们身上插刀一般？你为什么要将自己的兄弟剜去双眼？如果他有什么事情对不起你，你应当带他来见我们，证明他有什么过错，然后再处置他也不晚。现在你要说明白，他到底有什么过错，你竟然如此残害他。"斯维亚托波尔克回答说："达维德·伊戈列维奇告诉我说，瓦西里科杀了我的兄弟雅罗波尔克，还想杀死我，侵占我的领地：图罗夫、平斯克、别列斯季耶、波戈里纳，并说瓦西里科与弗拉基米尔发誓相约，让弗拉基米尔在基辅，瓦西里科驻弗拉基米尔城。达维德让我当心自己的性命。是达维德将瓦西里科剜去双眼，并把他运到自己那里去了，不是我干的。"弗拉基米尔、达维德和奥列格所派的人对斯维亚托波尔克说："你不要把一切都推到达维德身上，瓦西里科是在你的城市内被抓并被剜去双眼,而不是在达维德那里。"说完,这些人便离开了。
次日晨,弗拉基米尔等3位王公决定率兵渡第聂伯河讨伐斯维亚托波尔克,而斯维亚托波尔克企图逃离基辅,被城中百姓拦住,他们派弗谢沃洛特的遗孀和总主教尼古拉去见弗拉基米尔:"王公啊,我们恳请你和众兄弟们不要使罗斯大地遭殃。如若你们相互残杀,只能令亲者痛,仇者快;你祖祖辈辈洒血挥汗辛辛苦苦打下的江山将落入敌手,难道你们想这样吗?"弗谢沃洛特的遗孀和总主教极力劝说弗拉基米尔,并转告基辅百姓的请求——兄弟议和,一致对外,保卫罗斯领土不受侵犯。弗拉基米尔放声大哭:"是啊,我前辈保卫罗斯疆土,而我们却要毁灭它。"弗拉基米尔答应了大公夫人的请求——弗拉基米尔怀念自己的父亲弗谢沃洛特,他曾经受到父亲的疼爱,不管父亲在世时还是死后,他从没有违抗父命,所以他也将大公夫人看成是自己的母亲,听从她的话,同时他也尊总主教为圣洁之人,答应他的请求。

弗拉基米尔是一个充满爱心的人:他尊敬都主教、主教及修道院院长们,特别是善待修士,有人到他那里去,他总是热情款待,如同母亲对待孩子一般。如发现有人发怒或遭污辱,他主持正义,予以调和和抚慰。现在让我们言归正传。

大公夫人在弗拉基米尔的领地过了一段时间,回到基辅,告诉百姓双方将议和,并将弗拉基米尔的要求转告斯维亚托波尔克。双方开始互派使节,进行议和。最后,弗拉基米尔等3位王公对斯维亚托波尔克说:"既然此事由达维德引起,那么你带兵去讨伐达维德。要么将其擒拿,要么将其赶走。"斯维亚托波尔克答应照办,双方言和,且吻十字架发誓守约。

如上所述,当时瓦西里科被关押在弗拉基米尔城,正值大斋期,我此时也在弗拉基米尔城。有一天夜里达维德派人请我去。我去见他,他的周围是一些侍卫,达维德让我坐下,对我说:"今天夜里瓦西里科对乌兰和科尔切克说:'我已经听说,弗拉基米尔和斯维亚托波尔克正率兵来讨伐达维德;如果达维德同意,我愿派人去见弗拉基米尔,劝其返回,我知道如何劝说他。'瓦西里啊,我选派你,你去与你同名①的瓦西里科那儿。你带这两位侍卫去,将我的话转告他:'如果你能派人去见弗拉基米尔,并使他退兵,那我的城池,或是弗谢沃洛日,或是舍波利,或是佩列梅什利任你挑选。'"我就去见瓦西里科,并将达维德的话转告他。瓦西里科说:"我并没有说过那些话,我寄希望予上帝。不过我将派人去见弗拉基米尔,让他们不要因为我的缘故而造成流血事件。令我奇怪的倒是,达维德竟然舍得将自己的城市给我,而我的杰列博夫利城,我的领地,不管是现在还是将来,将永远属于我。"后来瓦西里科的话果然应验了,他不久便得到了自己的领地。瓦西里科当时对我说:"你去转告达维德,让他派库利梅伊来见我,我将派他去见弗拉基米尔。"但达维德却不答应瓦西里科的要求,让我去回复瓦西里科说:"库利梅伊不在这里。"瓦西里科对我说:"你在这里坐一会儿,我有话要对你讲。"他让仆人们回避,在我身旁坐下,开始对我说:"我已经听说,达维德想把我出卖给利亚赫人。他让我流的血还少吗?现在又想把我交给利亚赫人,让我受更多的苦。以前我曾征伐利亚赫人,现在,借此机会,我想再为我罗斯人民报仇雪恨。如果达维德将我出卖给利亚赫人,我倒并不怕死,我跟你说实话,上帝之所以让我遭如此灾难,纯粹是因为我的高傲和目中无人:当时,我得到消息说贝伦季奇人、佩切涅格人和托尔克人前往我处,当时我心中暗想,有了他们,我就可以对达维德和我的兄弟沃洛达里说:给我一小部分你们的军队,你们自己就尽情享乐吧!我想率兵于冬季进攻利亚赫,次年夏季便可以占领利亚赫,为我罗斯人民报仇雪恨,然后再征伐多瑙河流域的保加利亚人,将他们置于我的管辖之下,然后我要经过斯维亚托波尔克和弗拉基米尔的领地攻打波洛韦茨人,要么立下赫赫战功,要么为我罗斯壮烈牺牲。当时我心里根本没有想到要与斯维亚托波尔克和达维德为敌,我可以以上帝的名义发誓,绝没有想到要加害于自己的兄弟。就因为贝伦季奇人前来投靠我,我就洋洋自得,目中无人,头脑发热——所以上帝如此惩罚

---

① 瓦西里科(Василько)是瓦西里(Василий)的昵称。此处的瓦西里应是编年史作者的名字。——译者

我，不允许我轻举妄动。"

后来，复活节临近，达维德出兵企图占领瓦西里科的领地。在博格斯克城附近，达维德碰见了瓦西里科的兄弟沃洛达里。达维德不敢与沃洛达里作战，躲入博格斯克城内，沃洛达里率兵围城。沃洛达里责问达维德："你做了恶事，为什么还不忏悔？你应当扪心自问，你已经做了多少坏事？"达维德开始将罪责推到斯维亚托波尔克身上，他说："难道这事是我做的吗？难道此事发生在我的城内吗？我心中害怕有一天我也会被捉，也会被剜目，我现在跟斯维亚托波尔克一样受到谴责，实在冤枉至极。"沃洛达里对他说："上帝将为此事作证，现在你只要放了我的兄弟瓦西里科，我就与你讲和。"达维德非常高兴，他派人将瓦西里科请来，交给沃洛达里，两人讲和，各自散去。瓦西里科回到杰博波夫利，而达维德率兵返回弗拉基米尔城。春天来临，沃洛达里和瓦西里科一起率兵讨伐达维德，攻至弗谢沃洛日城，达维德闻讯躲于弗拉基米尔城内不出。沃洛达里和瓦西里科布兵于弗谢沃洛日一带，接着攻下城池，并放火焚之，城中百姓纷纷逃命。瓦西里科命令士兵追杀他们，可怜无辜的百姓因此而受到报复，流血受害。此后沃洛达里和瓦西里科又率兵前往弗拉基米尔城，达维德躲在城内，兄弟二人率兵围城。他们派人去告知弗拉基米尔城中百姓："我们并非来攻打你们的城市，也不是来攻打你们，而是要捉拿我们的敌人图里亚克、拉扎尔和瓦西里，是他们几个人挑拨达维德，致使达维德听信谗言，做出如此恶事。如果你们想为这几个人而战，那我们奉陪，如果你们不愿为这几人卖命，那请把他们交出来。"城中百姓闻听此言，聚会商量，然后对达维德说："将这几个人交出去吧，我们可以为你而战，但不愿为这几个人卖命。你如果不答应，我们将打开城门，你自己就逃命去吧。"达维德不愿交人，说："他们不在这里，已经走了。"——达维德已经将他们送往鲁切斯克。这3人到鲁切斯克后，图里亚克逃往基辅，拉扎尔和瓦西里又回到图里斯克。人们听说他们仍在图里斯克，便对达维德怒吼道："赶紧将他们交出去！否则，我们将投降瓦西里科和沃洛达里。"达维德无奈，派人将拉扎尔和瓦西里带来，交给瓦西里科和沃洛达里。双方于礼拜日讲和退兵。次日清晨，瓦西里科的儿子们将拉扎尔和瓦西里二人绞死，并用乱箭射其尸体，然后退兵离去。——瓦西里科这已经是第2次实施本不应该的报复，他应当相信上帝，因为上帝会为他报仇的。正如先知所言："我的敌人，那些憎恨我的人将得到报复，因为上帝将为其子孙所流的血而报仇。"瓦西里科和沃洛达里退兵后，人们将拉扎尔和瓦西里的尸体取下埋葬。

斯维亚托波尔克当初答应弗拉基米尔、达维德和奥列格的要求，要赶走达维德，他前往别列斯季耶，求助于利亚赫人。而达维德得知此事，也前往利亚赫向弗拉基斯拉夫求救。利亚赫人答应帮助他，索取其50个金格利夫纳，然后对他说："你和我们一起去别列斯季耶，因为斯维亚托波尔克也向我们求援，在别列斯季耶我们可以使你们二人讲和。"达维德便与弗拉基斯拉夫一起赶往别列斯季耶。当时斯维亚托波尔克率兵驻守城内，而利亚赫人军队在布格河岸驻扎。斯维亚托波尔克开始与利亚赫人交涉，并送给他们许多财宝以求他们交出达维德。弗拉基斯拉夫对达维德说："斯维亚托波尔克不同意我替你们讲和，你还是回去吧！"达维德逃回弗拉基米尔城。而斯维亚托波尔克与利亚赫人相约后，前往平斯克，并派人去请援兵。他到多罗哥布日，援兵亦赶到，于是率兵继续讨伐达维德，达维德闭门守城，指望能得到利亚赫人的救援。——利亚赫人当初对他说："如果罗斯大公讨伐你，我们将给予援助。"利亚赫人欺骗达维德，同时从他这里和斯维亚托波尔克那里索取金银钱财，而达维德却把利亚赫人的话信以为真。斯维亚托波尔克率兵围城达7周之久。达维德开始向斯维亚托波尔克求饶："请将我放走吧。"斯维亚托波尔克答应他的请求，二人吻十字架发誓后，达维德离开弗拉基米尔城前往切尔文，斯维亚托波尔克于大斋期的礼拜六入驻弗拉基米尔城，后来达维德从切尔文城逃往利亚赫。

斯维亚托波尔克赶走达维德后，开始计划进攻瓦西里科和沃洛达里，并说："他们现在所占的是我父亲和我兄弟的领地。"他率兵进攻。沃洛达里和瓦西里科得知此事，率兵迎敌，并带上斯维亚托波尔克当初发誓时所吻的十字架。当时斯维亚托波尔克吻十字架向瓦西里科和沃洛达里发誓："我去进攻达维德，我将与你们保持和平友好。"而现在，他依仗自己兵多势众，竟然违反誓言。瓦西里科、沃洛达里率兵与斯维亚托波尔克会于罗仁河。两军对峙之时，瓦西里科举起十字架，对斯维亚托波尔克说："你当初吻这个十字架发誓要与我们保持和平，而现在你又来进攻我们。你先是挖去了我的双眼，现在你又来取我的性命。这个十字架将为我们作证！"两军拼杀起来，当时有许多虔诚信徒都曾看到，在瓦西里科兵士们的上方有一个大十字架闪现。激战之时，双方多有伤亡。斯维亚托波尔克见战斗愈加激烈，料到无法取胜，逃往弗拉基米尔城。沃洛达里和瓦西里科既已取胜，说："我们只保卫自己的领地足矣，"没有继续追赶。而斯维亚托波尔克带着自己的两个儿子，雅罗波尔克的两个儿子，达维德·斯维亚托斯拉维奇的儿子斯维亚托沙及一些侍卫们逃到弗拉基米尔城。斯维亚托波尔克派他与嫔妃所生的儿子姆斯季斯拉夫镇守弗拉基米尔城，又派雅罗斯拉夫去乌果尔地区，驱赶乌果尔人进攻沃洛达里，斯维亚托波尔克自己前往基辅。斯维亚托波尔克的儿子雅罗斯拉夫，乌果尔王科洛曼及两个主教率乌果尔人来到瓦戈尔河河边的佩列梅什利城周围，沃洛达里闭门守城。而当时达维德已从利亚赫返回罗斯，将妻子留在沃洛达里处，自己去往波洛韦茨人那里。博尼亚克接见达维德，并与他一起折回进攻乌果尔人。在行军的路上他们停下来宿营，半夜时分，博尼亚克起身穿衣，离开营地，开始在远处学狼叫，有一只狼随即应声而嗥，许多狼马上也跟着叫起来。博尼亚克回到营地，对达维德说："明天我们必定会战胜乌果尔人。"次日晨，博尼亚克开始挥兵布阵，达维德率兵100，他自己率兵300，他将这些士兵分成三路，然后向乌果尔人驻扎的方向前进。博尼亚克先派阿尔图诺帕率50兵士做先锋，派达维德率兵执大旗跟进，他将自己所带领的100人又分成两路，每路50人。而对阵的乌果尔人有兵士10万，列成几排，准备迎战。阿尔图诺帕率兵猛冲向乌果尔人的前阵，放箭射敌，然后转身后撤。乌果尔人越过博尼亚克，向前追赶阿尔图诺帕，博尼亚克开始从背后追杀乌果尔人。与此同时，阿尔图诺帕又回转过来，与乌果尔人正面拼杀，乌果尔人腹背受敌，挤作一团。博尼亚克的三路人马猛杀乌果尔人,如同老鹰抓乌鸦一般。乌果尔人仓皇而逃,沿桑河岸边逃窜,相互拥挤,许多人溺死于瓦戈尔河和桑河内。博尼亚克和达维德连续两天率兵追杀,杀死了乌果尔人的主教库班和许多大臣,据传,死亡者达4万人。

达维德打败乌果尔人之后,雅罗斯拉夫逃往利亚赫,来到别列斯季耶,而达维德先后攻下苏捷伊斯克和切尔文两座城市,随即率兵进攻弗拉基米尔城,并俘获弗拉基米尔人,姆斯季斯拉夫紧闭城门,城内埋伏有别列斯季耶人、平斯克人及维戈舍夫人。达维德率兵围城,并不时地发动进攻。一次,达维德的兵士们以帐篷为掩护攻城,守城者于城墙之上奋力反击,两军相互对射,箭矢如同雨点一般。当时,姆斯季斯拉夫正在城墙上的射孔前瞄准射箭,忽然其胸部中箭,人们立即将他从城墙上抬到城内,当天夜里便死去。起初人们对姆斯季斯拉夫的死秘而不宣,到第4天才公布于众。大家说:"现在,王公已死,假如我们投降达维德的话,那斯维亚托波尔克会把我们全部杀掉。"他们派人去见斯维亚托波尔克,对他说:"你的儿子已经战死,而我们缺少口粮,饥饿难忍,无力抗敌,你如果还不率兵救援,城中百姓饥饿不堪,就要投降达维德。"斯维亚托波尔克听后,当即派自己的督军普佳塔[①]率兵救援。普佳塔率兵前往鲁切斯克见斯维亚托沙·达维多维奇。当年达维德的人在斯维亚托沙这里时,他曾经向达维德发誓:"如果斯维亚托波尔克向你进攻,我会及时通知你做好准备。"但他并没有履行誓言,他将在他这里的达维德手下的人关押起来,反而自己率兵攻打达维德。达维德的兵士们仍在围城。8月5日中午,达维德正在睡觉,普佳塔和斯维亚托沙率兵赶到,并向达维德发动进攻,城中的人也一跃而起,奋力拼杀,达维德与其侄子姆斯季斯拉夫仓皇而逃。斯维亚托沙同普佳塔二人率兵夺取了弗拉基米尔城,让斯维亚托波尔克的人瓦西里镇守此城,而后,斯维亚托沙回鲁切斯克,普佳塔返回基辅。达维德兵败后逃往波洛韦茨人那里去见博尼亚克。达维德与博尼亚克一起率兵前往鲁切斯克攻打斯维亚托沙,将其围困于城中,双方讲和。斯维亚托沙

---

① 维沙塔之子,曾任斯维托波尔克二世的督军,参加过王公内讧。——译者

离开鲁切斯克前往切尔尼戈夫见其父亲。达维德得鲁切斯克城，而后率兵进军弗拉基米尔城，守将瓦西里逃走，达维德拿下弗拉基米尔城，并在此驻守。次年，斯维亚托波尔克、弗拉基米尔及斯维亚托斯拉夫二子达维德和奥列格召达维德·伊戈列维奇来见，不允许他在弗拉基米尔城驻守，而给他另一座城市多罗哥布日，后来达维德就死在此城之中，斯维亚托波尔克收回自己的城池弗拉基米尔并派其子雅罗斯拉夫在此镇守。

  6606（1098）年。弗拉基米尔、达维德、奥列格3人率兵讨伐斯维亚托波尔克，围攻戈罗捷茨，双方言和——这我在前一年已经讲述过。

  6607（1099）年。斯维亚托波尔克率兵前往弗拉基米尔城讨伐达维德，将其赶往利亚赫。同年，乌果尔人在佩列梅什利一带被歼。同年6月12日，姆斯季斯拉夫·斯维亚托波尔克维奇战死于弗拉基米尔城。

  6608（1100）年。6月10日，姆斯季斯拉夫脱离达维德，去往海外。8月10日，斯维亚托波尔克、弗拉基米尔、达维德及奥列格诸兄弟聚于乌韦季奇讲和。8月30日，斯维亚托波尔克、弗拉基米尔、达维德·斯维亚托斯拉维奇及奥列格·斯维亚托斯拉维奇又聚于此地，达维德·伊戈列维奇赶到，对他们说："你们召我来为什么事情？我来了，你们对我有什么要指责的？"弗拉基米尔回答他说："你自己曾经派人来对我们说：兄弟们啊，我要见你们，诉说我心中所受的冤屈。现在众兄弟都在这里，你也在这里，你为什么不诉说你的冤屈呢？我们当中，你对谁有意见？"达维德一言不发。于是众兄弟各自带着卫队离去。后来，他们聚会专门商量如何处置达维德·伊戈列维奇的问题。当时，达维德·伊戈列维奇未被邀请与会。众兄弟商量完以后，斯维亚托波尔克派普佳塔，弗拉基米尔派奥罗戈斯季和拉季博尔，达维德和奥列格两兄弟派托尔钦去见达维德·伊戈列维奇并对他说："你的兄弟们对你如是说：'我们不想把弗拉基米尔城的治理权给你，因为你曾剜去瓦西里科的眼睛，此等恶事在罗斯前所未有。我们也不想伤害你——你就去博格斯克城堡管辖吧，斯维亚托波尔克将杜边和恰尔托雷斯克两地划给你，弗拉基米尔给你200个格列夫纳，达维德和奥列格也给你200个格列夫纳。'"弗拉基米尔众兄弟又派人前往瓦西里科和沃洛达里处，对沃洛达里说："带上你的兄弟瓦西里科，你们二人将有一处领地，即佩列梅什利。如果愿意，你们二人便一起在那里，如果不愿意，那就让瓦西里科到我们这里，我们将养活他。而我们的奴隶和平民要还给我们。"闻听此言，瓦西里科和沃洛达里二人皆不接受这一安排。而达维德·伊戈列维奇按众兄弟的要求居于博格斯克，后来斯维亚托波尔克又将多罗哥布日划归给他，达维德也就死于此地。斯维亚托波尔克当时还将弗拉基米尔城分给他的儿子雅罗斯拉夫镇守。

6609（1101）年。4月14日，礼拜三，上午9时，波洛茨克王公弗谢斯拉夫去世。同年，雅罗波尔克之子雅罗斯拉夫于别列斯季耶挑起战火，斯维亚托波尔克率兵讨伐，将其抓获，加以镣铐，带往基辅。总主教及各修道院院长纷纷向斯维亚托波尔克为雅罗斯拉夫求情，令其在圣鲍利斯和格列布的灵柩旁发誓悔过，卸掉镣铐，将其释放。同年，斯维亚托波尔克、弗拉基米尔、达维德、奥列格及其兄弟雅罗斯拉夫等人聚于佐洛特洽，波洛韦茨人派使节向众兄弟求和。罗斯诸王公对他们说："如果你们想讲和，那我们双方在萨科夫会面议事。"于是当即派人去请波洛韦茨人。9月15日，双方会于萨科夫，讲和并交还人质，然后各自散去。

6610（1102）年。10月1日，雅罗波尔克之子雅罗斯拉夫逃离基辅。10月末，斯维亚托波尔克之子雅罗斯拉夫设计诱骗雅罗波尔克之子雅罗斯拉夫，在努拉将其抓获，交给父亲斯维亚托波尔克，给他戴上镣铐，关押起来。同年12月20日，姆斯季斯拉夫·弗拉基米罗维奇带诺夫哥罗德人前往基辅。当时斯维亚托波尔克和弗拉基米尔二人曾经相约：诺夫哥罗德归斯维亚托波尔克所有，他可以派其儿子镇守，而弗拉基米尔将派自己的儿子前往弗拉基米尔城。姆斯季斯拉夫带人入基辅城，住了下来，弗拉基米尔的人对斯维亚托波尔克说："弗拉基米尔已将其儿子姆斯季斯拉夫派来，而现在这里住的是诺夫哥罗德人，让他们带上你的儿子去诺夫哥罗德，同时让姆斯季斯拉夫去弗拉基米尔城。"而来基辅的诺夫哥罗德人却对斯维亚托波尔克说："王公啊，我们是被人派到你这儿来的，但有人对我们说：'我们（注：这里指基辅人）既不要斯维亚托波尔克，也不要他的儿子；如果你的儿子有两个脑袋，否则就不要派他来。'姆斯季斯拉夫是弗谢沃洛特·雅罗斯拉维奇派给我们的王公，我们敬奉他，而你当时抛弃了我们。"斯维亚托波尔克极力争辩，但诺夫哥罗德人不听，带上姆斯季斯拉夫返回诺夫哥罗德。这一年的1月29日，天空出现异象，从南到北，从东到西，如同大火的反光一样，通红一片，即使夜间也有这样的光亮，如同满月照耀一般，一连3天。同年的2月5日，月亮发生异象，7日，太阳亦发生异象：三条弯虹将太阳围在其中，同时空中还出现一些虹，背与背相接。看到这些异象，虔诚的信徒眼含着泪，唉声叹气地向上帝祈祷、祈求，因异象有多种多样，有的主凶，有的主吉。上帝在来年使我罗斯诸王公萌生善念：他们决定发兵攻打波洛韦茨人，并付诸行动，关于这一点我在下一年将详细描述。在这一年的8月11日雅罗斯拉夫·雅罗波尔科维奇去世。同年11月16日，斯维亚托波尔克之女斯贝斯拉娃嫁给利亚赫王博列斯拉夫。

6611（1103）年。上帝授意给我罗斯王公，斯维亚托波尔克和弗拉基米尔两人会于多罗比斯克共同计划进攻波洛韦茨人之事。斯维亚托波尔克和弗拉基米尔各带着侍卫来到帐篷内坐下。斯维亚托波尔克的侍卫们说："现在是春天，发兵攻打波洛韦茨人不合适，会伤害他们的农夫和牲畜。"弗拉基米尔反驳说："我很吃惊，武士们，你们竟然可怜那些用来耕地的牲畜！你们为什么不想想，现在农夫们正开始耕种，我们带兵到那里，可以用弓箭射杀波洛韦茨人，夺取他们的战马，冲进村落，可以抢来他们的妻子儿女以及他们的财物，你们可怜牲畜，难道就不为我们自己的百姓着想吗？"斯维亚托波尔克的侍卫们无言以对。而斯维亚托波尔克坚定地说："我已经决定发兵。"斯维亚托波尔克站起身来，弗拉基米尔对他说："兄弟，你将为我们罗斯带来荣耀。"他们即刻派人去对奥列格和达维德说："速发兵攻打波洛韦茨人，要么成功，要么成仁。"达维德马上答应出兵，而奥列格则很不情愿，推辞说："身体不适，不能作战。"弗拉基米尔同自己的兄弟告别后，即刻率兵来到佩列亚斯拉夫利，斯维亚托波尔克紧随其后赶到，达维德·斯维亚托斯拉维奇、达维德·弗谢斯拉维奇、伊戈尔的孙子姆斯季斯拉夫、维亚切斯拉夫·雅罗波尔科维奇、雅罗波尔克·弗拉基米罗维奇等人亦先后率兵赶到。他们分别乘船和骑马，沿河而下，经过河流石滩，停驻在霍尔季切夫岛附近的河汊一带。随后，有人骑上马，有人离船上岸步行。他们在田野里行军4天，到达苏坚。波洛韦茨人得知罗斯大军将至，召集大量人马商量对策。乌鲁索巴建议说："我们最好与罗斯人讲和，否则他们必定会与我们奋力拼杀，因为我们曾经为害罗斯大地。"但一些年轻人对乌鲁索巴说："你害怕罗斯人，可我们不怕，我们不但要杀掉这些来犯的罗斯人，还要打入他们的国土，占领他们的城镇。谁能率领我们打退罗斯人？"当时，罗斯诸王公及将士们虔诚地祈祷上帝，向上帝及圣母许愿：有人奉献祭品，有人供献蜜粥，有人施舍穷人，有人承诺给各修道院送大量祭品。正当此时，波洛韦茨人赶来，且素以勇敢闻名的阿尔图诺帕为先锋。罗斯王公们亦派出先锋队，罗斯先头部队避开阿尔图诺帕，迂回将其率领的部队包围，杀死阿尔图诺帕及其手下的兵士，无一人逃脱。波洛韦茨人大军赶来，黑压压一片，不见边际，罗斯将士率兵迎敌。上帝将恐惧降到波洛韦茨人头上，他们见到罗斯兵士惊恐万分，慌作一团，而他们的战马如同套上了羁绊，不能前行。而我们的兵士士气高昂，向前猛冲。波洛韦茨人见我军向他们冲来，惊恐万分，还未等交战，便仓皇而逃。我罗斯兵士紧紧追赶，奋力杀敌。这一天是4月4日，上帝降福于我们，使我们大败敌军。战斗中，波洛韦茨人的20个首领被杀，他们是：乌鲁索巴、克奇伊、阿勒斯拉纳帕、基塔诺帕、库曼、阿苏普、库尔特克、切涅格列帕、苏里巴里等等，并活捉其首领别尔久济。激战过后，弗拉基米尔诸兄弟安排将士们休息，兵士们将别尔久济带来见斯维亚托波尔克，别尔久济表示愿意交出金银牲畜以求赎身。斯维亚托波尔克派人将其押到弗拉基米尔处。弗拉基米尔对别尔久济说："正是你们的誓言使你们遭受如此大灾！你们多少次发誓不侵犯我们，却总是再三蹂躏践踏我罗斯疆土。你为什么不阻止你的子弟及你的族人破坏誓言？为什么不阻止他们流我们基督徒的血？现在也该轮到你断头流血了！"弗拉基米尔下令处决别尔久济，兵士们将其劈成几块。然后众兄弟相聚在一起，弗拉基米尔说："今天是我主创造的好日子，让我们来庆贺这个喜庆的日子吧！"因为我主让我们摆脱了我们的仇敌，是上帝战胜了我们的仇敌，是上帝"砍断了毒蛇的头颅"；"是上帝你将食物赐给人们，赐给我们罗斯人"。罗斯兵士带上战斗中缴获的马、羊、骆驼等牲畜，诸多帐篷、财物及奴隶返回。同时还征服了佩切涅格人和托尔克人。罗斯大军满载荣誉，胜利而归。这一年的8月1日发生蝗灾。8月18日斯维亚托波尔克带人重建被波洛韦茨人烧毁的尤里耶夫城。该年雅罗斯拉夫与莫尔多瓦人作战。3月4日雅罗斯拉夫兵败。

6612（1104）**年**。7月20日沃洛达里之女远嫁察里格勒，嫁给希腊皇帝奥列克辛之子。同年8月21日，斯维亚托波尔克之女佩列德斯拉娃嫁给乌果尔王子。同年12月6日都主教尼基福尔前来罗斯；12月13日维亚切斯拉夫·雅罗波尔科维奇去世；12月18日都主教尼基福尔就位任职。我们继续往下讲述：在该年年底，斯维亚托波尔克派普佳塔去进攻明斯克，弗拉基米尔派其子雅罗波尔克率兵前往，而奥列格带上达维德·弗谢斯拉维奇，亲自率兵去讨伐明斯克的格列布，三路人马一无所获，各自回返。这一年，斯维亚托波尔克得一子，取名为布里亚奇斯拉夫。这一年空中又出现异象：太阳处于一圆圈之中，圆圈内有一十字形，太阳正处在大十字的正中，圆圈之外左右两边各有两个太阳，且每个太阳的上方有一道虹，虹的角朝北，在夜间月亮亦出现此种异象，2月4—6日连续三天三夜，一直如此。

6613（1105）**年**。8月27日，都主教任命安菲洛菲伊为弗拉基米尔城主教；11月12日，任命拉扎尔为佩列亚斯拉夫利城主教；11月13日任命明纳为波洛茨克城主教。

6614（1106）**年**。波洛韦茨人入侵扎列奇斯克一带，斯维亚托波尔克派杨和伊万·扎哈里伊奇前往退敌，二人率兵将波洛韦茨人赶走，俘获甚多。在这一年，杨去世，他是一个善良的老人，享年90岁，德高望重，备受人们的尊敬。他一向敬奉上帝，遵守上帝的训诫，不逊于那些前辈的圣人。我从他那里听到许多往年的故事，并记在这本史书之中。杨性情温顺，和善待人，从不为恶。其遗体于6月24日葬于洞穴修道院的门廊内，至今仍在。该年的12月6日弗谢沃洛特之女叶夫普拉克西娅剃度出家。这一年，伊兹贝格涅夫前来投奔斯维亚托波尔克。同年2月17日，斯维亚托斯拉夫·雅罗斯拉维奇的孙子斯维亚托斯拉夫·达维多维奇剃度出家。这一年，济梅戈拉族人战胜弗谢斯拉夫诸子，杀其将士9000人。

6615（1107）年。税纪末。周来复第4年。朔来复①第8年。5月7日弗拉基米尔大公夫人去世。这一个月内，博尼亚克入侵佩列亚斯拉夫利地区并夺取牲畜。同年，博尼亚克与年迈的沙鲁甘及其他波洛韦茨人首领驻扎在鲁滨地区。斯维亚托波尔克、弗拉基米尔、奥列格、斯维亚托斯拉夫、姆斯季斯拉夫、维亚切斯拉夫、雅罗波尔克诸王公率军前来此地征伐波洛韦茨人，他们于凌晨6时许涉过苏拉河，呐喊着冲向敌军。波洛韦茨人见状，惊恐万分，甚至连大旗都未能树起来，便仓皇逃窜。在此期间，他们相互抢夺战马，有的则步行逃跑。我罗斯兵士奋力追歼敌兵，有的杀死，有的活捉，一直追到霍罗尔河。战斗中，博尼亚克的兄弟塔兹被杀死，而苏戈尔及其兄弟被俘，沙鲁甘得以逃脱。8月12日罗斯大军缴获波洛韦茨人逃跑时扔下的辎重，胜利归来。斯维亚托波尔克王公前来洞穴修道院的圣母升天大教堂做晨祷，众兄弟热情欢迎王公的到来，并说，我罗斯大军讨伐波洛韦茨人获胜，是因为圣母及我们的教父圣费奥多西的祈祷感动了上帝。斯维亚托波尔克王公有这样一个习惯：每当他要率兵打仗或要外出某地，他便来修道院参拜费奥多西的遗骸，求院长祝福，然后再上路。在这一年的1月4日，伊贾斯拉夫大公夫人，即斯维亚托波尔克的母亲去世。同是在1月，弗拉基米尔、达维德和奥列格率兵进攻奥谢尼的儿子阿耶帕及基尔根的儿子阿耶帕，双方讲和。1月12日，弗拉基米尔之子尤里娶奥谢尼之孙女

---

① 朔来复（круг Луны）：是古罗斯一种纪年法，每19年为一周期，因为每隔19年，朔日（新月之日）与星期重复相合（如×月×日、×月×日等重复是朔与19年前相同。）周来复（круг Солнца）是另一种纪年法。每28年为一周期，因为每隔28年，日期与星期重复相合（如×月×日、×月×日等重复是星期几，与28年前相同。）换言之，中国阴历日子的星期排列次序每19年循环一次，阳历日子的星期排行次序每28年循环一次。——译者

为妻，奥列格之子娶基尔根之孙女为妻。2月5日黎明前曾发生地震。

6616（1108）年。7月11日，斯维亚托波尔克王公为圣米哈伊尔金顶大教堂奠基。同年，费奥克蒂斯特院长在任，洞穴修道院食堂竣工，该食堂当初根据格列布的嘱托修建，格列布并为该食堂提供材料。在这一年，第聂伯河、德斯纳河及普里彼亚特河河水大涨。同年，上帝授意洞穴修道院院长费奥克蒂斯特，使他向斯维亚托波尔克请求，要求将费奥多西记入追荐亡人名簿。斯维亚托波尔克王公欣然应允，并吩咐总主教将其录入名册。总主教下令各教堂将费奥多西的名字录入追荐名簿，各主教均欣然照办，以使各教堂均祈祷费奥多西的灵魂得到安息。这一年的7月11日，弗谢沃洛特之女卡捷琳娜去世。同年，洞穴修道院院长斯特凡曾为之奠基的圣母大教堂于科洛瓦封顶竣工。

6617（1109）年。7月10日，弗谢沃洛特之女叶夫普拉克西娅去世，葬于洞穴修道院南大门附近，且在其安息之地建起神龛。同年12月2日，德米特尔·伊沃罗维奇于顿河一带大败波洛韦茨人，斩获甚多。

6618（1110）年。斯维亚托波尔克、弗拉基米尔及达维德于春天率军讨伐波洛韦茨人，打到沃因，然后返回。这一年的2月11日，在洞穴修道院出现异象：深夜1时许，修道院内出现一道火柱，连接天地，闪电照耀着大地，空中响起雷声。所有的人都看到了这一异象。这火柱最初是在修道院石砌的食堂上方，过了一会儿，朝教堂方向转移，停在费奥多西灵柩上方，后来又转向教堂上空，似乎面朝东方，然后便消失了。实际上这不是什么火柱，而是天使降临：因为天使总是这样出现的，或是化作一道火柱，或者火焰。正如大卫所言："创造万物的上帝将天使化为神，将他的仆人化为燃烧的火，派往他们该去的地方。"天使总是去圣洁的地方，并且隐去自己的真形，只是让人们看见即可。所以人们不可能见到天使的真形，就连伟大的摩西当年也不能见到天使真形，他在白天只是看到前方有一云柱，而夜间则为火柱。实际上这也不是云柱和火柱，而是天使在前方带领犹太人前行。修道院这一异象所预兆的事情后来得以应验。次年，未必不就是这位天使导引我罗斯人发兵讨伐异族人、异教徒。正如常言道：

"天使带你前行。""你的天使将与你同在。"

我乃圣米哈伊尔修道院院长西尔韦斯特尔，于6624年，罗马税纪第9年，弗拉基米尔·莫诺玛赫任基辅大公期间，写成此史书，以期求得上帝降福。此书读者，请为我向上帝祈祷求福。

《伊巴吉夫编年史》续《古史纪年》

正如先知大卫所说:"我主上帝命令他的天使保佑你不受你本身的干扰。"也正如圣明的叶皮尼亚所写:"奉上帝之命,天使派往万方,护佑万物;天使化作云、雾、雷、雹和严寒酷署,化作各种声音和闪电雷鸣;天使主宰着春夏秋冬四时交替,主宰着严寒酷暑的变换;天使化为精灵主管大地的各种生物,还主管神秘的深渊——地下有各种各样腐朽、污秽、肮脏的东西,充满黑暗;这黑暗就是万丈深渊的绝顶。而在远古时代它还是大地的绝顶;由大地产生白天与黑夜,产生光明与黑暗。"天使受命于上帝而主宰这世间的一切,当然也主宰着每一方土地;但愿人们保护每一方土地,纵然这方土地是归未开化的番人野民所有,如果上帝发怒于某一方土地的人们,而命这方土地的天使惩罚世人,天使决不敢有所违抗。这对于我们罗斯也同样如此:上帝因为我们所犯的罪,而让异族人攻打我们,他们便按上帝的意愿来侵犯我们的疆土,打败我们。他们是受天使的导引而来,是按上帝的意愿而来。如果有人说,异族人的土地上没有天使存在,这是不对的。当年马其顿王亚历山大发兵讨伐达里取胜,占领了从东到西的大片土地,又打败埃及,杀死阿拉姆,然后率兵经过诸海岛,杀往耶路撒冷,决心战胜犹太人,因为当时犹太人与达里之间交往甚密。亚历山大在行军途中停下来扎营休息,夜幕降临,他躺在自己的帐篷内,忽然睁开眼睛,看到有一个人当头站在空中,手中的剑光芒四射,如同闪电一般。那人挥动手中的剑向他头上砍来,亚历山大惊恐万分,喊道"不要杀我!"天使对他说:"上帝派我来辅助你,我已经使许多首领、许多人臣服于你,我曾经一直走在你的前边,引导你,帮助你。而现在你将死去,因为你要进攻耶路撒冷,你要侵犯上帝的亲选的子民犹太人。"亚历山大说:"上帝,我的主啊,我向你祈祷,请你宽恕奴仆的这一罪孽。既然你不愿意我进攻耶路撒冷,我将率兵返回。"天使对他说:"你不要害怕,你可以继续率兵前往耶路撒冷,在那里你会见到一个像我这个模样的人。一见到这个人,你要马上向他跪拜,并且按他所说的去做。如果你违反这个人所说的话,你将即刻死去。"次日,亚历山大继续率兵前行耶路撒冷。到达那里以后,他问犹太人:"我该不该攻打达里?"人们给他看先知但以理写的书,并且对他说:"你是山羊,他是绵羊,你将会打败他,攻占他的王国。"——难道不正是因为天使导引马其顿王亚历山大,那些崇拜偶像的番人异族才兵败而逃吗?——此事于我罗斯亦然。正是因为我们的罪孽,上帝才让异族来攻打我们。应当明白,基督教徒们并不仅仅有一个天使,这世上有多少受洗者,也就会有多少个天使,况且那些圣明的王公们每人也都有一个天使在导引和辅佐他们。这些天使不能违抗上帝的意愿,他们为世上的基督徒们而向上帝祈祷求福。——事实正是这样:圣母和众天使们的祈祷感动了上帝,上帝又派天使来帮助我罗斯诸王公战胜异族人。这正像摩西所言:"我的天使将导引着你。"而我们前面讲过:6618年2月11日出现异象,这异象也正是预兆着我罗斯诸王公将战胜番人异族,取得胜利。

6619(1111)年。上帝授意弗拉基米尔,让他劝说其兄弟斯维亚托波尔克于春季共同讨伐异族人。斯维亚托波尔克将弗拉基米尔的话告诉侍卫们。侍卫们说:"现在发兵攻敌不是时候,会伤害庄稼人,耽误他们耕种。"于是斯维亚托波尔克便派人去对弗拉基米尔说:"我们最好聚在一起与将士们商量一下。"于是弗拉基米尔与斯维亚托波尔克于多罗比斯克会面。两人各带自己的将士,在帐篷内落座。沉默片刻,弗拉基米尔说:"兄弟,你比我年长,你先说,我们应该如何为我罗斯国家考虑一个万全之策?"斯维亚托波尔克说:"兄弟,还是你先讲吧。"弗拉基米尔说:"只要我一开口,你我的将士都会冲着我说,说我要伤害我们的庄稼人和毁坏他们耕种的田地。但是,让我惊奇的是:你们怜惜庄稼汉和他们的马匹,而完全不想想:春耕时,还是这些庄稼人,使用的还是这些马匹来耕作。波洛韦茨人一来,用弓箭射杀我们的庄稼人,掠夺的马匹还是这些马匹,同时还掳走我们庄稼人的妻子儿女,放火焚烧他们的谷场粮仓。关于这一点,难道你们就没有想过吗?"将士们齐声应道:"是的,确实如此。"斯维亚托波尔克也说道:"现在,兄弟,我意已决,与你一起发兵攻打波洛韦茨人。"于是兄弟二人又派人去通知达维德·斯维亚托斯拉维奇,要求他一同出兵。兄弟告别散去,斯维亚托波尔克、弗拉基米尔和达维德各自带上自己的儿子们,还有雅罗斯拉夫一起率兵伐敌。他们仰赖上帝、圣母及天使保佑。罗斯大军于大斋期的第2个礼拜日出师,礼拜五到达苏拉河边。礼拜六,来到霍罗尔,在此处离开雪橇继续步行。礼拜日,到达普塞尔河河边。在这里渡河到戈尔塔安营扎寨。在这里,大军稍作休息,等待后续兵士赶来,然后直奔沃尔斯克拉,于次日,礼拜三到达。罗斯兵士吻十字架向上帝祈祷,求上帝降福保佑。从这里继续行军,我罗斯大军渡过许多河流,于大斋期第6周的礼拜二到达顿河岸边。他们穿上铠甲,列好队阵,前往沙鲁甘城。弗拉基米尔王公命走在队伍前列的神甫们唱起祈祷歌和赞美歌。傍晚时分,罗斯大军抵达沙鲁甘城下。礼拜日那天,城中百姓带着鱼肉及酒出城拜见罗斯王公们并慰劳大军将士。罗斯大军在此处过夜。次日,礼拜三,大军攻克苏戈罗夫,随后将其焚毁;礼拜四横渡顿河。次日,礼拜五,即3月24日,波洛韦茨人汇集列阵,迎战罗斯大军。我罗斯王公寄希望于上帝的赐福,对兵士们说:"弟兄们,我们要与异族人决一死战,要顽强杀敌。"他们仰望上苍,乞求上帝的帮助。两军相接,战斗激烈异常。这时上帝发怒于异邦异族人,他们开始在我基督徒面前溃败。我罗斯大军大获全胜,在捷格伊一带杀死许多敌兵。是上帝帮助罗斯王公战胜了敌人,他们赞美万能的上帝;次日是礼拜六,他们欢度拉撒路安息日、报喜节,赞美上帝,就这样度过了礼拜六和礼拜日。在受难周的礼拜一,波洛韦茨人又纠集大批部队赶来,人马成千上万,黑压压一片。罗斯大军列阵相迎。上帝又派天使来帮助我罗斯王公们作战。波洛韦茨人与罗斯大军拼杀在一起,刀剑之声震耳欲聋。双方各有伤亡,然后,弗拉基米尔和达维德各率人马开始进攻,波洛韦茨人见状,仓皇逃窜。波洛韦茨人在弗拉基米尔大军面前一个个倒下了,因为他们被天使用无形的剑砍死,当时许多人都看到了这一场面:被无形之剑砍下的头颅到处乱飞,滚落地面。这一天,3月27日,是耶稣受难周的礼拜一,波洛韦茨人在萨尔尼察河一带死伤无数。上帝拯救了自己的子民——罗斯人。斯维亚托波尔克、弗拉基米尔和达维德3人赞美使他们战胜敌人的上帝,抓获了许多俘虏,缴获了大量牲畜、马匹,徒手抓住了许多戴足枷的囚犯。他们问这些俘虏:"你们有这么多的人马,有这么强的兵力,为何不能与我们拼杀,反而逃跑呢?"俘虏们回答说:"在你们上方空中有人拿着闪闪发亮的可怕的武器帮助你们,我们怎能与你们对敌呢?"——俘虏所说的,只能是上帝派来帮助我们基督徒的天使,而不是别的。因为当初是天使让弗拉基米尔·莫诺马赫萌生了与兄弟们一起讨伐异族的念头。这个天使就是我们前面所讲的出现于洞穴修道院的火柱,这火柱先是在修道院食堂的上空盘旋,后来移到教堂上空,后来又移往戈罗捷茨,而当时弗拉基米尔正在拉多森。就在那时天使使弗拉基米尔产生了讨伐波洛韦茨人的念头,于是弗拉基米尔开始率兵征战,正如我们所讲述的那样。

正因为这样,所以我们应当赞美天使的功德,正如金口约翰所言:应当赞美天使,因为他们总是在祈求万能的上帝降福于世间。天使是我们的庇护神,他们受天使长米迦勒的管辖,保佑我们战胜敌人。天使曾为保护摩西而与魔鬼搏斗,曾为解救犹太人而惩罚波斯王。天使遵循上帝的意愿将世间的生灵分开,给各部族的人们选派首领,让这些波斯人推翻自己的首领,并保护受洗且崇拜天使长米迦勒之人,将他们之间的界线加以巩固。天使做所有这一切事情,并非出于恶意,而是遵循上帝无言的命令,天使一方面根据上帝的意愿使犹太人成为波斯人的奴隶,另一方面又为解救犹太人而虔诚地向上帝祷告:"上帝,万能的主啊,你什么时候才能降福给耶路撒冷和犹太人的其他城市呢?你已经70年没有关照他们。"但以理看到天使时,感到自己如在梦中,天使飞在空中,他的脸如同闪电一般明亮,他的眼睛像烛火一般发光,他的四肢也发着铜一般的光芒,他开口说话,如同许多人的呐喊。芸芸众生中,会出来这样一个人,他挡住巴兰的驴子,阻止巴兰前往摩押国去诅咒侵犯摩押国的以色列人;他在约书亚的面前拔出宝剑,激励约书亚去帮助人们战胜强敌;他在一夜之间杀死18万叙利亚人,使蛮夷之人的美梦化为死亡;他带着小先知哈巴谷在空中飞行,让哈巴谷去给身处狮群中的但以理送食物——这样的人就是天使,能够与他们在一起的人们无论何时何地都会战胜敌人。圣明的拉法伊尔也是如此：他从鱼身上取下一块肉，便可以将魔鬼附体的小姑娘治好，并且让失明的老人重见天日，这些随时保佑着我们的天使，难道不值得赞美吗？天使不仅仅遵照上帝之意愿而成为我们的庇护者，当初万能的上帝变乱口音，将亚当的子孙们分往世界各地，按天使的数目而分配各部族的居住范围，而且，我们和虔诚信仰基督的人都有一位各自的天使。当小姑娘罗蒂开始说话，门口站着逃避犹太国王希律迫害的彼得，——人们不相信她所说的话。实际上，这不是普通小姑娘在说话，而是彼得的天使。我主耶稣基督以此来证明天使的存在，并且说："你们看到了，不要轻慢地对待任何一个普通小人物，我告诉你们，他们的天使能够看到在天上我父的脸。"除此之外，耶稣基督在每一处教堂都派天使保护，正像约翰所说的："告诉在伊兹姆林教堂的天使：——我看到你贫穷和忧伤，但你是富有的。"我们受到天使的保佑和庇护，这是好事，为我们而向上帝祈祷的天使们，受我们爱戴的天使们知道自己的职责。天使是给世人以帮助的，使徒说："天使受上帝派遣，来帮助那些值得拯救的人们。"信徒们总是受到天使的庇护和帮助。就像当年，在上帝发怒之时，但以理引导天使长米迦勒去惩罚波斯人以拯救犹太人。米迦勒天使长当初使犹太人成为波斯人的奴隶，现在他又尽力解救犹太人。米迦勒打败了波斯人。犹太人渡过幼发拉底河，又重新获得土地，开始重建家园和教堂。伟大的叶皮凡尼曾说："上帝派天使主宰每一个部族。"在致但以理书中也曾写道："天使选出了希腊人的王，也选派了天使长米迦勒主宰着犹太人。"还写着："上帝按天使的数目而分配各部族的居住范围及做出定规。"

希波吕托斯曾引用但以理的话来赞美天使："在基尔王统治的第3个年头，我但以理大哭了3个礼拜。在1月底我沉静下来，在这21天里我祈求上帝指点迷津。圣父听到我的祈祷，预知他们命定的种种事情和在大河岸边所发生的事。希望恕罪的时候，正好上帝显形，这是多么好的事情啊！我抬起头来看，只见一个人在空中飞行，身着一身红衣，乍一看，像天使长加百列，但这不是加百列，也不是一个普通人，而是我主自身，他只是以人的形象显现而已。正如书中所讲的：这个人，身着一身红衣，他的双腿如金子一样闪光，他的身体像黄玉一般，他的脸像闪电一样明亮，他的眼睛像烛火一般，他的肩膀和双臂就如黄铜一样，他开口讲话，就像许多人在呐喊。——我惊吓得摔倒在地，接着，有人用一只手将我扶起，让我跪着，然后对我说：但以理，你不要害怕，你可知道我为什么要赶来见你？我想讨伐波斯王。但我告诉你，书中所写的都是真的。除了你们的天使长米迦勒以外，谁也没有敢跟我争吵过，我把他放在那个天使的位置上，我也就接受他的请求。我听到了你的祈祷，于是准备下来讨伐波斯王。有的神反对这样做，他们不想答应你的祈祷，但天使长米迦勒坚持要讨伐波斯，解救犹太人。——从但以理所讲的话看来，米迦勒如果不是帮助人们的大天使，又能是谁呢？"上帝当初曾跟摩西说过："我不会与你们一起去攻打敌人，因为你们不屈不挠，是可以战胜敌人，但我的天使将与你们同往。"

现在，对于我们罗斯来说，此事亦然。由于圣母和众天使的祈祷，由于上帝的降福和帮助，我罗斯诸王公战胜了强敌，胜利归来。他们的战功不仅为我罗斯人传颂赞扬，而且远远传往希腊、乌果尔、利亚赫、捷克，甚至罗马等国，上帝的降福，罗斯诸王公的功德，将世世代代为人们传颂，赞美。阿门。

这一年10月7日弗谢沃洛特大公的遗孀去世，葬于修道院内的圣安德烈教堂。同年11月23日切尔尼戈夫城主教约翰去世。

6620（1112）年。税纪第5年。斯维亚托波尔克之子雅罗斯拉夫率兵攻打雅特维亚吉人并大获全胜。出征归来后，他于5月12日派人前往诺夫哥罗德要求娶弗拉基米尔的孙女、姆斯季斯拉夫的女儿为妻，姆斯季斯拉夫的女儿于6月29日被带往雅罗斯拉夫处。同年，弗拉基米尔的女儿叶菲米娅嫁给乌果尔王。这一年5月25日达维德·伊戈列维奇去世，29日葬于科洛瓦河边的弗拉基赫尔纳圣母大教堂。这年11月3日弗谢沃洛特的女儿、弗拉基米尔的姐姐杨卡去世，葬于当年她父亲弗谢沃洛特建造的圣安德烈教堂，杨卡年轻时就是在这教堂剃度出家的。这一年1月12日洞穴修道院院长费奥克蒂斯特被任命为切尔尼戈夫城主教,并且于1月19日即位。达维德王公及夫人非常高兴,因为费奥克蒂斯特是他的教父,大臣百姓也欣喜万分,因为在费奥克蒂斯特之前的主教重病卧床25年,不能料理教会事务,所以有了新任主教以后,王公百姓尽皆欢悦,赞美上帝降福。洞穴修道院的兄弟们也为费奥克蒂斯特被任命为主教而感到高兴,他们聚在一起,选出普罗霍尔神甫为新任院长,并将此事呈禀总主教和斯维亚托波尔克大公。斯维亚托波尔克大公欣然应允,吩咐总主教任命普罗霍尔为洞穴修道院院长。谢肉节的礼拜四,2月9日,普罗霍尔受命上任,院长与洞穴修道院的弟兄们共守大斋期。

6621(1113)年。3月19日中午1时前,太阳发生异象,所有的人都曾看到:太阳只剩下一小部分,如同下弦月一般,3月19日月亮亦发生此种异象。这不是吉兆,预示灾祸。太阳、月亮或者星星等发生异象,并不是在世界各地均能看到,在一个地方可以看到,而在另一地区则未必可见。在古时候,安提阿时代,在耶路撒冷发生异象:空中出现一些人,骑着战马,挥舞着武器呐喊,这种异象只是在耶路撒冷才被人看到,在别的地方则没有这种异象。3月19日的太阳异象预兆斯维亚托波尔克大公的去世。这次异象发生后,复活节来临,人们纷纷庆贺节日,节日之后,斯维亚托波尔克大公便病倒了。4月16日,圣明的米哈伊尔大公,即人们所称的斯维亚托波尔克于维什哥罗德去世,人们将其尸体收敛好,用船运往基辅,放在雪橇上,大臣及侍卫们痛悼大公,为其唱赞美歌,将其葬于他当年自己建造的圣米哈伊尔教堂。斯维亚托波尔克大公夫人重赏各修道院、神甫们及穷苦百姓,其慷慨程度前所未有。次日,4月17日,基辅百姓聚会商议,派人去见弗拉基米尔·莫诺马赫王公:"王公啊,请你前来基辅继承你父及你祖父的王位。"弗拉基米尔得知斯维亚托波尔克的死讯,悲痛万分,没有去基辅继位。基辅百姓中有人抢劫了千人团总普佳塔的府院,袭击犹太人,抢劫他们的财产。基辅百姓又派人去对弗拉基米尔王公说:"王公啊,请你来基辅继位理政,如果你不来,还会出现更多的祸事,不仅是千人团总的府院或百夫长的府邸遭抢劫,也不仅是犹太人遭抢劫,那些歹徒和暴民还会去抢劫已故大公的遗孀——你的嫂嫂，抢劫其他王公贵族，甚至还会抢劫修道院。一旦修道院遭抢，王公啊，你可要对此负责的。"弗拉基米尔闻听此言，即刻动身前往基辅继位。

弗谢沃洛特之子弗拉基米尔开始执政。

弗拉基米尔·莫诺马赫于礼拜日在基辅即位。当时，总主教尼基福尔率所有主教及基辅百姓隆重欢迎弗拉基米尔大公的莅临。弗拉基米尔大公继承前辈的王位，百姓欣喜万分，祸乱得以消除。而当时，波洛韦茨人得知斯维亚托波尔克死讯，纠集部队，来到维尔城。弗拉基米尔率领自己的儿子和侄子们，来到维尔城与奥列格联合迎敌，波洛韦茨人逃跑。在这一年弗拉基米尔派自己的儿子斯维亚托斯拉夫驻守佩列亚斯拉夫利，派维亚切斯拉夫驻守斯摩棱斯克。这一年的9月14日，拉撒路修道院女院长去世，享年92岁，而她的修女生涯长达60年。同年9月11日，弗拉基米尔之子罗曼娶沃洛达里之女为妻。同年，姆斯季斯拉夫于诺夫哥罗德集市附近的王公府为圣尼古拉石砌教堂奠基。这一年，弗拉基米尔派其子雅罗波尔克驻守佩列亚斯拉夫利。同年，丹尼尔被任命为尤里耶夫城主教，尼基塔被任命为别尔哥罗德城主教。

6622（1114）年。弗拉基米尔之子斯维亚托斯拉夫于3月16日去世，葬于佩列亚斯拉夫利圣米哈伊尔教堂，因为他父亲将其从斯摩棱斯克调往此地，命其驻守佩列亚斯拉夫利城。同年，姆斯季斯拉夫于诺夫哥罗德为新城奠基，新城面积比旧城要大。同年，姆斯季斯拉夫在任，地方长官帕维尔以散石为拉多加城奠基。后来我到过拉多加，当地人对我说："我们这里，当乌云密布时，孩子们雨后可以拾到从天上降落的玻璃球，有大有小，圆圆的，上面有小孔，有的人在沃尔霍夫河一带也可以找到被水冲出的这种玻璃球。"我收集了一百多块这样的石头，样子各不相同。当时我对此感到十分惊奇，当地人对我说："这并不奇怪，以前曾有人去尤戈拉和萨莫亚季，亲眼看见北方有的地区下雨时从天上降下小松鼠，如同刚生出来一般，长大后到处乱跑。还有的地方下雨时降下小鹿来，长大后到处乱跑，看到这种奇事的老人现在还活着。"关于这些，拉多加的地方长官帕维尔和所有当地人都可以为我作证。如若有人不相信，请他读一读《古年代记》中所写的：“在普罗夫王国时代，有一次下雨，小麦混同雨水一起从空中降下，人们纷纷将小麦收集起来，屯进粮仓；在阿乌列里亚时代曾有大银块从空中降到地上；在非洲曾有3块巨石从空中降到地面。”在大洪水及世界划分各种族之后，先是"含部族的梅斯特罗姆开始执政，在其之后是耶利米，再其次是菲奥斯塔"。菲奥斯塔又被埃及人称之为斯瓦罗格①。"就在这个菲奥斯塔执政时期，曾有铁树从天而降，人们用来打造兵器，而在此之前，他们则是用木槌和石头作为打仗的武器。这个菲奥斯塔制定律法，妇女只能嫁给一个男人，所有的人都必须节欲，如有人淫乱，则将其处死。正因为这样，人们称其为斯瓦罗格火神。""在此之前，女人可以跟任何一个男人性交，如同牲畜一般，当女人生了孩子以后，便将小孩交给她喜欢的人：这是你的孩子。对方便要举行仪式，接管抚养这个小孩。而这个菲奥斯塔则取消了这一风俗，规定一个女人只能嫁一个男人，一个男人也只能娶一个女人，如有违反，则将处以火刑。""因此，埃及人为了纪念他，称之为斯瓦罗格火神。在他之后，他的儿子索尔采统治了7470天，约合20年又半年的时间，人们又称他为达日博格神。当初埃及人不会计时：有的以阴历计时，还有的以天数计年，后来他们受国王的统治，向国王纳贡，才知道一年有12个月。斯瓦罗格的儿子索尔采王，即达日博格，是个坚强之人。有一次，他听说有个埃及富婆与一男人通奸，便决定要在她犯罪时将其当场抓获，以维护父亲斯瓦罗格神立下的规矩。他弄清这个埃及富婆犯罪的时间，带着几个侍卫将埃及富婆与奸夫于夜间在床上当场捉拿，经审讯后他命人押着这个埃及富婆在全埃及游街示众，以示羞辱，而那个奸夫则被砍头。自此以后埃及百姓生活平静安宁，人们都赞美达日博格的功劳。"我们不再往下讲述这个故事，让我们回想大卫所说的话：“上帝按其自己的意愿创造出天上、地上、水中及深渊中的万物，在天空中升起云朵。”这是我们当初所提到的国家中的最后一个国度。

---

① 斯瓦罗格（Сварог）：古斯拉夫神话中司天火的神。——译者

6623（1115）年。税纪第8个年头。罗斯诸王公：弗谢沃洛特之子弗拉基米尔·莫诺马赫、斯维亚托斯拉夫的两个儿子达维德和奥列格兄弟相聚商定：将鲍利斯和格列布的遗骸迁进新教堂——为了纪念这两位兄弟的功绩，特建了一座石砌的教堂存放他们的遗骸。诸王公先于5月1日，礼拜六，为新教堂行净化仪式，于5月2日迁移鲍利斯和格列布的遗骸。当时从各地聚拢来很多人：除都主教尼基福尔外，还有切尔尼戈夫城主教费奥克蒂斯特、佩列亚斯拉夫利城主教拉扎尔、别尔哥罗德城主教尼基塔、尤里耶夫城主教丹尼尔，此外还有各修道院院长：洞穴修道院院长普罗霍尔、圣米哈伊尔修道院院长西尔韦斯特尔、救世主修道院院长萨瓦、圣安德烈修道院院长格里高利、科洛夫修道院院长彼得等等。众人一起举行净化教堂仪式，为鲍利斯和格列布唱完赞美诗以后，众人一起在奥列格府邸用餐，奥列格热情款待众神甫和院长，并为穷苦百姓放赈3日。5月2日都主教及主教、院长们穿上法衣，点燃蜡烛和香炉，取出鲍利斯的圣骨匣，放在车上，王公大臣们用绳子拉着车向教堂走去，走在最前面的是手执蜡烛的修士们，中间是神甫、院长们和众主教，王公们拉着放有圣骨匣的车走在最后，车上的圣骨匣两旁树起木栅栏挡着。当时来参加迁移圣体的人成千上万，车子无法前进，车上的木栅栏被挤断，城墙上和台架上都站满了人。看见这人山人海的场面真让人感到害怕。弗拉基米尔命人将巾帛、丝带及兽皮等扔向人们，在有的地方甚至将银币抛向拥挤的人们，人们纷纷从地上拣拾钱物，王公们才得以顺利地拉着圣骨匣车来到教堂，将圣骨匣置于教堂的正中，又返回去取格列布的圣骨匣。格列布的遗体也被用同样的方法运到新教堂，并置于其兄鲍利斯的圣骨匣旁边。此时弗拉基米尔大公与达维德和奥列格二人之间发生分歧：弗拉基米尔主张将圣骨匣放在教堂正中，并在其上建银阁楼，而达维德和奥列格二人则希望按其父亲的指示将圣骨匣放于教堂右侧的拱顶下，并且已经在那里建起了一个拱顶。这时，总主教和主教们调解说："你们还是用抽签的方法决定这两位殉难圣者的位置。"王公们也都同意如此。弗拉基米尔、达维德和奥列格3人开始抽签，达维德和奥列格2人中签，于是将鲍利斯和格列布的圣骨匣置放于教堂右侧的拱顶之下，直到现在。就这样，5月2日这天，两位圣徒的遗体从原来的木教堂移往维什哥罗德城的石教堂。鲍利斯和格列布是罗斯诸王公的荣耀，是罗斯大地的庇护者，他们赢得了这个世界上的荣誉，他们热爱耶稣基督，沿着他的足迹前进。他们是上帝温顺的羔羊，当他们受迫害时，他们不反抗，当他们被刺杀时，他们不躲避！正因如此他们能与上帝一起在极乐世界之中，并且得到我们的救世主耶稣基督的抚慰，他们也在天国之中为世间虔诚参拜神殿的人们降福，保佑自己的同胞们。王公大臣及百姓们大庆3天，赞美上帝，赞美鲍利斯和格列布两位殉难圣者的功勋，然后各自返回。弗拉基米尔用金银打造两个装骸骨的圣匣并以此来装饰灵堂，人们纷纷到这里参拜，乞求自己的罪得到宽恕。

这一年曾发生异象：太阳变得如同月亮一般，光线很弱，那些愚昧无知的人说：太阳被吃掉了。这一年的8月1日奥列格·斯维亚托斯拉维奇王公去世，次日葬于圣救世主大教堂其父斯维亚托斯拉夫的灵柩旁。同年弗拉基米尔命人在第聂伯河上修建一桥。

6624（1116）年。 弗拉基米尔发兵讨伐格列布·弗谢斯拉维奇，因为格列布与德列哥维奇人为敌，烧毁了斯鲁切斯克城，他不但不忏悔，反而傲气十足，更加与弗拉基米尔作对。弗拉基米尔依靠上帝和真理之力量，与达维德·斯维亚托斯拉维奇、奥列格诸子及自己的儿子们一起率兵前往明斯克，维亚切斯拉夫攻克奥尔沙城和科贝萨城，达维德与雅罗波尔克攻克德鲁茨克，弗拉基米尔亲自率兵前往斯摩棱斯克，将格列布围困于城中。弗拉基米尔在城外营地上建起一座小房，与城相对，以备长期围城。格列布见状，万分惊恐，派人去向弗拉基米尔求和。弗拉基米尔不愿在大斋期内杀人流血，于是与格列布讲和。格列布率诸子及侍卫们出城拜见弗拉基米尔，与其讲和，并答应一切听从弗拉基米尔的命令。弗拉基米尔与格列布讲和后，予以训导，让他驻守明斯克，然后自己率兵返回基辅。雅罗波尔克为其俘虏的德鲁茨克人建一木城，让他们居住。这一年姆斯季斯拉夫·弗拉基米罗维奇率诺夫哥罗德人及普斯科夫人攻楚德人，攻取其熊头城，并抓获大量战俘，胜利归来。同年，弗拉基米尔的女婿、希腊王的儿子利奥攻打阿列克赛王，夺取多瑙河流域数座城市，并于8月15日在德列斯特尔城用计杀死阿列克赛王委派在此的两个萨拉森人。同年，弗拉基米尔大公派伊万·沃伊季希奇领兵扩展疆土，随后委派他为多瑙河地区的总督。同年，弗拉基米尔和达维德各派儿子雅罗波尔克和弗谢沃洛德率兵攻打顿河流域，攻克那里的3座城池：苏戈罗夫、沙鲁甘和巴林。雅罗波尔克娶被俘的雅斯人首领之美丽的女儿为妻。这一年，斯维亚托斯拉夫之女、修女普列德斯拉芙娜去世。同年，维亚切斯拉夫与福马·拉季博里奇率兵前往多瑙河流域，兵至德列斯特尔城后，没有采取任何军事行动就返回。同年，弗拉基米尔于顿河流域与波洛韦茨人、托尔克人及佩切涅格人作战，战斗持续两天两夜，后来托尔克人和佩切涅格人前来罗斯与弗拉基米尔讲和。这一年，罗曼·弗谢斯拉维奇去世，伊戈尔的孙子姆斯季斯拉夫去世。同年，弗拉基米尔之女阿加菲娅嫁给弗谢沃洛特科。

　　6625（1117）年。弗拉基米尔将其子姆斯季斯拉夫由诺夫哥罗德调往别尔哥罗德，由姆斯季斯拉夫的儿子、弗拉基米尔的孙子驻守诺夫哥罗德；同年，弗拉基米尔与达维德、奥列格诸子、沃洛达里、瓦西里科等一起发兵讨伐雅罗斯拉夫，将其围困于弗拉基米尔城中，围城达60日之久，最后与雅罗斯拉夫讲和。雅罗斯拉夫屈服并跪拜其教父弗拉基米尔，弗拉基米尔予以训导，"无论我何时召唤"，他都要随时听从调遣。如此，王公们和平地各自散去。这一年波洛韦茨人攻打保加利亚人，保加利亚国王派人给波洛韦茨人送去毒酒，诱其上当，波洛韦茨人首领阿耶帕等饮用毒酒，尽皆死去。同年9月6日，佩列亚斯拉夫利城主教拉扎尔去世。这一年，别拉亚韦扎人进攻罗斯。同年，图戈尔坎之孙女嫁给弗拉基米尔之子安德烈。同年9月26日发生地震。同年，弗拉基米尔大公将格列布从明斯克城调出，并在里托为教堂奠基，此教堂为纪念殉难者……①而建。这一年，弗拉基米尔派儿子罗曼前往弗拉基米尔城驻守。同年，阿列克赛王去世，其子伊万继位。

---

① 此处原文空缺。——译者

译 后 记

1988年至1991年期间，我在武汉华中师范大学从杨隽先生学习古俄语，获益匪浅。从1993年开始，我又师从黑龙江大学李锡胤先生。此译稿就是1993—1994年期间在李先生指导下完成的。时隔十余年，在此译稿付印之际，由衷感谢两位导师的培养和教诲。在本书翻译过程中，李锡胤先生给予耐心的帮助和指教，尤其使我感动的是，李先生当时年近古稀，仍利用寒假校对译稿，使译稿质量大有提升。

在本译稿由商务印书馆正式出版之前，又得到北京大学年近八旬的左少兴教授两度（2008年和2009年）认真审校。在左先生对照古俄语原文、逐字逐句的推敲下，译稿质量又得到进一步提高。在此也致以我崇高的敬意和深深的谢意！

国内俄语界十分关心并支持本书的出版，译者谨向他们表示衷心的感谢！

译文不妥之处，恳请方家指正。

译者于2009年年末